Stefanie Waske

Mehr Liaison als Kontrolle

Stefanie Waske

Mehr Liaison als Kontrolle

Die Kontrolle des BND durch Parlament und Regierung 1955 – 1978

VS VERLAG FÜR SOZIALWISSENSCHAFTEN

Bibliografische Information der Deutschen Nationalbibliothek
Die Deutsche Nationalbibliothek verzeichnet diese Publikation in der
Deutschen Nationalbibliografie; detaillierte bibliografische Daten sind im Internet über
http://dnb.d-nb.de abrufbar.

Gleichzeitig Dissertation zur Erlangung des Grades eines Doktors der Philosophie
an der Philipps-Universität Marburg.
Einreichungsjahr: 2007
Als Dissertation angenommen am 30.10.2007 – Disputation: 30.10.2007
Gutachter: Prof. Dr. Dr. Wilfried von Bredow und Prof. Dr. Wolfgang Krieger

1. Auflage 2009

Lektorat: Frank Schindler

VS Verlag für Sozialwissenschaften ist Teil der Fachverlagsgruppe
Springer Science+Business Media.
www.vs-verlag.de

Umschlaggestaltung: KünkelLopka Medienentwicklung, Heidelberg
Druck und buchbinderische Verarbeitung: Krips b.v., Meppel
Gedruckt auf säurefreiem und chlorfrei gebleichtem Papier
Printed in the Netherlands

ISBN 978-3-531-16347-5

Inhaltsverzeichnis

Einleitung

Über den Bundesnachrichtendienst zu forschen, erst Recht über seine Kontrolle durch Parlament und Regierung ist kein einfaches Unterfangen: Geheimhaltungsvorschriften und Schutzfristen bremsen den Wissenschaftler. Zudem löst allein das Thema in vielen Archiven Skepsis aus – für einige klingt es nach einer Skandal-Suche unter dem Deckmantel der Wissenschaft. Per se wird unterstellt, dass es sich um eine abträgliche Darstellung handelt, dass sie versuchen will, Personen der Zeitgeschichte mit Nachrichtendiensten in Verbindung zu bringen und damit die historischen Abläufe verzerrt. Eine Suche quasi in der dunkelsten, schäbigsten Ecke der Politik, in die besser kein Licht fällt. Wer sich forschend in diesen Bereich begibt, über den fällt ebenfalls ein ‚Schatten'.

Gerade diese ‚Dunkelheit' schadet und ist nicht angebracht. Denn es gibt zuverlässige Quellen, einige wenige: Untersuchungsausschussberichte, zahllose Vermerke und ein umfangreicher Schriftwechsel von Bundestagsabgeordneten. Auch wenn Verfehlungen oder Schwachpunkte der Kontrolle, der Regierung oder des Nachrichtendienstes auf Grund der Forschung hervortreten – sie werden ohne Schlagzeilen analysiert, aufgearbeitet und es werden Zusammenhänge hergestellt. Wichtig ist, dass sich der Wissenschaftler der Vorläufigkeit, der Bruchstückhaftigkeit seiner Arbeit bewusst ist. Sprich: Der Forscher muss die Grenzen seines Wissens erkennen, darf nicht deuten, wo er noch keine Deutungshoheit besitzt. Je mehr der Akten freigegeben werden, desto mehr wird das Thema entmystifiziert.

Vor diesem Hintergrund verwundert es nicht, dass die wissenschaftliche Forschung über die Nachrichtendienste der Bundesrepublik keine wurde bisher in der Hauptsache von Staats- und Verfassungsrechtlern geleistet. Aus diesem Bereich stammt das bekannteste Werk zur Kontrolle des BND, die Dissertation von Alexander Hirsch.[1] Neben Hirsch sind Gesetzeskommentare, z.B. „das Recht der Geheimdienste" von Hermann Borgs-Maciejewski und Frank Ebert, ebenso Michael Brenner, Verfassungsrechtler, „Bundesnachrichtendienst und Rechtsstaat"[2] weitere einschlägige juristische Standardwerke.[3]

---

[1] Hirsch, Alexander: Die Kontrolle der Nachrichtendienste: vergleichende Bestandaufnahme, Praxis und Reform, Berlin, 1996.

[2] Brenner, Michael: Bundesnachrichtendienst und Rechtsstaat, zwischen geheimdienstlicher Effizienz und rechtsstaatlicher Kontrolle, Baden-Baden 1990.

Die meisten Veröffentlichungen zum Thema Nachrichtendienste erschienen im Bereich der Publizistik, z.B. von Udo Ulfkotte, ehemals bei der Frankfurter Allgemeine Zeitung, oder Peter-Ferdinand Koch, ehemals beim ‚Spiegel'. Dies ist einerseits positiv, da ansonsten kaum Literatur zum BND bestehen würde, andererseits fehlen dem Wissenschaftler in vielen Fällen die Quellen oder sie sind in Zweifel zu ziehen. Viele der Bücher wurden durch so genannte „Whistleblowers" möglich, durch Geheimdienstmitarbeiter, die Indiskretionen und Missstände an die Öffentlichkeit bringen wollten. Gerade aus diesem Grunde rückten die Autoren in das Blickfeld der Nachrichtendienste. Für das Parlamentarische Kontrollgremium ermittelte der ehemalige Richter am Bundesgerichtshof, Gerhard Schäfer[4] als Sachverständiger die Beziehungen zwischen BND und Publizistik in den 90er Jahren. Sein Bericht vom Mai 2006 enthüllt, dass Journalisten sowohl als Quellen geführt als auch bespitzelt wurden. Auch der Geheimdienstautor Erich Schmidt-Eenboom[5], der seit vielen Jahren Bücher über den BND verfasst, geriet in die Kritik.

Diese Arbeit wird zeigen, dass die Unabhängigkeit der Publizistik im Bereich Nachrichtendienste oft hinterfragt werden muss – gerade mit Blick auf die Geschichte. Zwei Monografien erheben jedoch den Anspruch, die Geschichte des BND zu schreiben: Als erstes Hermann Zolling und Heinz Höhne mit ihrem Buch „Pullach intern"[6], zum anderen Peter F. Müller und Michael Mueller, sowie Erich Schmidt-Eenboom im Hintergrund, mit „Gegen Freund und Feind".[7] „Pullach intern" entstand aus einer Serie des „Spiegel", „Gegen Freund und Feind" u.a. aus dem Archiv Schmidt-Eenbooms. Beide Bücher weisen Quellen aus, die nicht alle einer wissenschaftlichen Sichtweise standhalten. Zum Beispiel zitieren beide den Autor der Staatssicherheit Julius Mader als Quelle. Der britische Historiker Paul Maddrell[8] wies zwar nach, dass Maders Informationen meist auf Tatsachen beruhen, doch ist dies ein klassisches Vorgehen bei Desinformationskampagnen.[9] Bei Zolling und Höhne stammen viele Informationen

3 Borgs-Maciejewski, Hermann; Ebert, Frank: Das Recht der Geheimdienste – Kommentar zum Bundesverfassungsschutzgesetz sowie G 10, Stuttgart, München, Hannover 1986.

4 Schäfer, Gerhard: Bericht des Sachverständigen, Ausschussdrucksache des PKGr, Deutscher Bundestag, 26. Mai 2006.

5 siehe dazu: Süddeutsche Zeitung, Ramelsberger, Annette: Geheimdienst-Affäre, Maus spielt Katz, 19. Mai 2006. http://www.sueddeutsche.de/deutschland/artikel/222/76146/

6 Zolling, Hermann/Höhne, Heinz: Pullach intern, Hamburg 1971.

7 Müller, Peter F.; Mueller, Michael: Gegen Freund und Feind, Der BND: Geheime Politik und schmutzige Geschäfte, Hamburg 2002.

8 Maddrell, Paul: What we have discovered about the Cold War is what we already knew: Julius Mader and the Western secret services during the Cold War, Cold War History , Vol. 5, No. 2, 2005, S. 235-258.

9 Das beachtete Maddrell selbstverständlich.

aus persönlichen Gesprächen mit Geheimdienstmitarbeitern, die sich nicht nachprüfen lassen. Sie sind nur da zitierbar, wo die Quellen klar nachgewiesen und nicht in Zweifel zu ziehen sind. Müller und Mueller bieten allerdings einen großen Fundus an personenbezogenen Informationen.

Der Bereich der Memoiren umfasst einige wenige Werke. Darunter Gehlens Autobiografie, die jedoch nicht in die Tiefe geht. Fast noch zu diesem Bereich zu rechnen ist das Buch von James Critchfield „Partners at the Creation“[10], das mehr bietet als allein persönliche Sichtweisen. Der Autor war CIA-Mitarbeiter und dafür zuständig, die Organisation Gehlen zu beaufsichtigen und zu betreuen. Das Buch zeigt den Aufbau des Auslandsnachrichtendienstes und endet 1956 mit der Übernahme als Bundesbehörde. Das vielgelobte Buch gilt als zuverlässige Quelle.

Der Bereich der Organisation Gehlen wird noch von zwei weiteren Publikationen beleuchtet, einmal dem Buch von Mary Ellen Reese „The CIA-Connection“[11] und dem von Edward Henry Cookridge[12], das historisch den Zeitrahmen bis 1961 erfasst. Ersteres gilt als einschlägig, stützt sich auf amerikanische Quellen und Interviews. Aus den USA stammt auch eine wichtige neue Studie für den Bereich NS-Belastung von BND-Mitarbeitern. Richard Breitman, Norman J.W. Goda, Timothy Naftali und Robert Wolfe analysieren dazu Dokumente, die im Rahmen des „Nazi War Crimes Disclosure Act“ 1998 freigegeben wurden. [13]

Hilfreich für diese Arbeit waren die Werke des Historikers Hubertus Knabe. Seine beiden hier verwandten Werke „Der diskrete Charme der DDR“[14] über die Staatssicherheit und die Westmedien, als auch „Die unterwanderte Republik“[15] waren von großem Nutzen. Wie sich herausstellte, behandelten die Mitglieder des Vertrauensmännergremiums in ihren Sitzungen vorrangig Desinformationskampagnen der DDR und der Sowjetunion. Die Bücher Knabes fußen auf einer breiten Quellenbasis und warten mit einem großen Detailwissen auf.

2003 erschienen zwei Aufsatzsammlungen: einmal „Geheimdienste in der Weltgeschichte“[16] von Wolfgang Krieger und „Konspiration als Beruf“[17] von

---

10 Critchfield, James H.: Partners at the creation, the men behind Postwar Germany's Defense and Intelligence Establishment, Annapolis 2003.

11 Reese, Mary Ellen: General Reinhard Gehlen: The CIA-Connection, Fairfax (Virginia) 1990.

12 Cookridge, Edward Henry: Gehlen, Spy of the century, London 1972.

13 Breitman, Richard/Goda, Norman J.W./Naftali, Timothy/Wolfe, Robert: U.S. Intelligence and the Nazis, Cambridge, New York [u.a.] 2005.

14 Knabe, Hubertus: Der diskrete Charme der DDR, Stasi und Westmedien, Ulm 2003.

15 Knabe, Hubertus: Die unterwanderte Republik, Stasi im Westen, Berlin 1999.

16 Krieger, Wolfgang: Geheimdienste in der Weltgeschichte, München 2003.

17 Krüger, Dieter; Wagner, Armin (Hg.): Konspiration als Beruf – Deutsche Geheimdienstchefs im Kalten Krieg, Berlin 2003.

Dieter Krüger und Arnim Wagner. Dabei handelt es sich um Überblicksdarstellungen, die dies treffend leisten.

Politikwissenschaftliche Forschung existiert kaum. Eine Veröffentlichung, die man dazu rechnen könnte, ist der „ND-Report - Die Rolle der geheimen Nachrichtendienst im Regierungssystem“ [18] von Thomas M. Walde. Eine Untersuchung mit einer der vorliegenden Arbeit verwandten Fragestellung, jedoch in einem engeren Rahmen, ist die des Bonner Historikers Reinhard Schiffer: „Verfassungsschutz und parlamentarische Kontrolle in der Bundesrepublik 1949 bis 1957“.[19] 2006 erschien zudem eine Aufsatzsammlung zum Thema „Geheimhaltung und Transparenz“[20], in der ein internationaler Vergleich der Geheimdienstkontrolle unternommen wird. Hilfreich sind selbstverständlich Standardwerke und Quelleneditionen zu den Bundestagsfraktionen.

Zum Bundeskanzleramt existiert nur eine Veröffentlichung, die für diese Arbeit verwertbar und hilfreich war. Thomas Knoll stellt die Organisationen und Funktionen von 1949 bis 1999 der Regierungszentrale in bisher unbekannter Ausführlichkeit dar.[21]

Doch nicht nur die Literaturgrundlage ist dürftig, das gleiche gilt für das Quellenmaterial. Die tatsächlichen parlamentarischen Entscheidungsprozesse können nur annährend abgebildet und Netzwerke nur in Teilen rekonstruiert werden. Ohne die offiziellen Protokolle des Bundestages bzw. des Kanzleramtes lassen sich hier nur vorläufige Urteile fällen. Die Arbeit des Vertrauensmännergremiums kann allein an Hand der Protokolle, die Karl Carstens für ca. drei Jahre mitschrieb, näher beschrieben werden.

In gewisser Weise ist die Arbeit eine Archäologie des Wissens. Aus Puzzlestücken einer verdrängten und fast vergessenen Parlamentswirklichkeit muss Geschichte rekonstruiert werden - und dies sehr mühsam. Am Ende enttäuscht es den Leser und die Leserin an so mancher Stelle. Es liegt nahe, die Arbeit als unvollständig und unfertig anzusehen, zum Beispiel „Verbindung Wehrkunde und BND“. Dazu gab es wochenlange Recherchen. Dass Verbindungen oft nur angedeutet werden liegt daran, dass damals wie heute sich kaum jemand offen zu ihnen bekennt.

---

18 Walde, Thomas: ND- Report: Die Rolle der geheimen Nachrichtendienste im Regierungssystem der Bundesrepublik Deutschland, Hamburg, 1971.

19 Schiffers, Reinhard: Verfassungsschutz und parlamentarische Kontrolle in der Bundesrepublik 1949-1957, Mit einer Dokumentation zum „Fall John“ im Bundestagsausschuss zum Schutz der Verfassung, Düsseldorf, 1997.

20 Smidt, Wolbert; Poppe, Ulrike; Krieger, Wolfgang; Müller-Eenbergs: Geheimhaltung und Transparenz – Demokratische Kontrolle der Geheimdienste im internationalen Vergleich, Berlin 2007.

21 Knoll, Thomas: Das Bundeskanzleramt, Organisation und Funktionen von 1949-99, Wiesbaden 2004.

Diese Dissertation besteht aus Hunderten von Puzzleteilen, die jedes für sich, monatelange Recherchen erforderten, um sie zu erklären und einzuordnen. Schmerzlich war, manche bedeutungsvollen Querbezüge wegzulassen. Der wichtigste ist der zur Bundeswehr, der ausführlich recherchiert wurde, unter anderen mit Besuchen im Militärarchiv. Der Abschnitt wurde weggelassen, weil es sich nicht um ein Thema der Kontrolle handelt. Ein Vergleich „Kontrolle der Bundeswehr" mit „Kontrolle des BND" wäre allerdings reizvoll.

Was wissen wir über die politische Kontrolle des BND von 1955 bis 1978 an Hand der zur Verfügung stehenden Quellen? Aus der gerade beschriebenen Literaturlage wird ersichtlich, dass diese schmal ausfällt und zu großen Teilen auf zu wenig nachgewiesenen Quellen und Unabhängigkeit beruht. Aus diesem Grunde ist diese Arbeit zum überwiegenden Teil aus Quellenmaterial verfasst, das für diese Arbeit untersucht wurde. Der wohl umfangreichste Teil davon stammt aus dem Parlamentsarchiv des Deutschen Bundestages. Dessen Ausschussdrucksachen, die Materialien der Untersuchungsausschüsse und die Gesetzesdokumentationen wurden gesichtet. Eigens für diese Arbeit wurden die Protokolle des Untersuchungsausschusses zur Telefon-Abhöraffäre (1964) und die geheimen Protokolle des Guillaume-Untersuchungssausschusses (1974) herabgestuft.

An zweiter Stelle sind die Parteiarchive zu nennen, wobei sich hier die Funde in ihrer Quantität stark unterscheiden. Das Archiv der sozialen Demokratie der Friedrich-Ebert-Stiftung bot mit den Fraktionsbeständen und zahlreichen Nachlässen die zweitwichtigste Quelle dieser Dissertation. Die Unterlagen sind detailliert beschrieben und wissenschaftlich gut bearbeitet.

Vom Material her weniger umfangreich, jedoch eine entscheidende Quelle war das Archiv für Christlich-Demokratische Politik. Die Fraktionsbestände der CDU/CSU sind weniger gut überliefert als die der SPD. Nachlässe von Heinrich Krone, Hans Globke, Kurt Georg Kiesinger und Werner Marx geben Einblicke in die Beziehungen der Politiker zum BND. Selbstverständlich wurden noch weitere personenbezogene Bestände gesichtet. Es muss jedoch festgestellt werden, dass zahlreiche Nachlässe, Teile von ihnen, sowie Fraktionsakten gesperrt sind. Aufschlussreich für diese Dissertation wären zum Beispiel die Nachlässe von Reinhold Mercker, ehemals Staatssekretär im Bundeskanzleramt, Fritz Baier, Mitglied des Vertrauensmännergremiums sowie von Walter Wallmann, Vorsitzender des Guillaume-Untersuchungsausschusses, gewesen. Es befinden sich klassifizierte Dokumente in den Akten, die erst noch vom Bundesarchiv herabgestuft werden müssen. In diesem Bereich fehlt eine unbürokratische Lösung. Das Archiv des Liberalismus bietet für diese Arbeit relativ wenig Material, da die Fraktionsarbeit der Partei allein auf Grund ihrer Größe geringer ausfiel. Jedoch verbessert sich diese Lage ab den 70er Jahren. Das Archiv für Christlich

Soziale Politik (der CSU) erklärte, dass keine einschlägigen Akten zum Thema vorhanden seien. Die Fraktionsbestände enthielten dann auch nur einige wenige Einladungen des Vertrauensmännergremiums, die aus anderen Beständen schon überliefert waren.

Eine entscheidende Quelle war das Bundesarchiv mit seinem Bestand zum BND beim Kanzleramt, den Nachlässen von Karl Carstens, Rainer Barzel, Heinrich von Brentano und Karl Theodor Freiherr von und zu Guttenberg, sowie den Prozessunterlagen zum Verratsfall Felfe. Das Archiv verwaltet auch die neu an das Bundesarchiv abgegebenen Bestände des Bundesnachrichtendienstes, die sich aus der periodischen Berichterstattung, z.B. dem Lagebericht West und Ost, zusammensetzen.

Allgemein wurden folgende Archivbestände systematisch untersucht::

- Die Nachlässe der Bundeskanzler
- Die Nachlässe der Fraktionsvorsitzenden
- Die Nachlässe der Mitglieder des Vertrauensmännergremiums
- Weitere Nachlässe, z.B. von Staatsekretären oder Politikern mit thematischem Interesse am BND
- Die Bestände der Bundestagsfraktionen
- Die Bestände des Kanzleramtes

Laut einer mündlichen Auskunft des Bundeskanzleramtes sind die Protokolle des Vertrauensmännergremiums in ihrem Archiv vorhanden, wurden aber nicht freigegeben. In welchem Umfang und für welchen Zeitraum sie existieren, ist nicht bekannt. Friedrich Zimmermann, viele Jahre Mitglied im Gremium, erklärte in einem Interview, es habe keine Protokolle gegeben, Mitschriften seien nicht erlaubt gewesen. Dies geht zurück auf den § 12 der Ausführungsbestimmungen zur Geheimschutzordnung. Wenn es tatsächlich Protokolle gibt, dann mit großer Wahrscheinlichkeit erst ab der Großen Koalition. Nur ein Protokoll fand den Weg in die Öffentlichkeit. Dieses stammt von 1976. Ein großer Glücksfall für diese Arbeit war, dass Karl Carstens während seiner Zeit als Fraktionsvorsitzender von 1973 bis 1976 und damit auch Mitglied des Vertrauensmännergremiums, zu allen Sitzungen den Verlauf mitschrieb. Das war, wie gerade festgestellt, eigentlich nicht erlaubt.

Größere Forschungsfortschritte in diesem Bereich sind nur möglich, wenn das Kanzleramt seine Haltung überdenkt. Ebenso wäre eine Aktenfreigabe des BND zu diesem Themenkomplex sehr hilfreich. Die Fraktionsbestände und Nachlässe, selbst wenn das Archiv für Christlich-Demokratische Politik alle Akten öffnen würde, würden vermutlich nicht ausreichen, um zu einem grundlegend neuen Forschungsstand zu gelangen.

Interviews mit Zeitzeugen halfen, die Arbeit um neue Sichtweisen zu bereichern und falsche zu korrigieren. Hierfür danke ich Wolfram Dorn, Horst Grabert, Annemarie Renger, Helmut Schmidt, Manfred Schüler, Friedrich Zimmermann und Albrecht Zunker (Stiftung Wissenschaft und Politik). Qualitative Interviews wurden zu Beginn der Recherchen erwogen, stellten sich jedoch nach kurzer Zeit als wenig hilfreiches Mittel heraus. Das lag vor allem daran, dass nur noch sehr wenige Mitglieder des Vertrauensmännergremiums leben und deren Mitgliedschaft in dem Gremium teils sehr kurz war. Von den Bundeskanzlern kam nur Schmidt in Frage, der zu einem Gespräch bereit war. Von den Chefs des Kanzleramtes leben nur noch Manfred Schüler, Horst Grabert und Horst Ehmke. Letzterer lehnte ein Interview aus Geheimhaltungsgesichtspunkten ab. Über langjährige Erfahrung im Vertrauensmännergremium verfügte allein Friedrich Zimmermann. Dorn wurde befragt, weil er sich für eine Reform der Dienste engagiert hatte. Renger berichtete über die Kontakte Schumachers zu Gehlen. Es ist jedoch eine Überforderung für die Zeitzeugen, Detailwissen wiederzugeben und nach Jahrzehnten Zusammenhänge zu deuten. Die Interviews sind daher ein ergänzendes Mittel.

Die entscheidende Aufgabe dieser Dissertation besteht darin, dass sie rekonstruiert, die Funde erklärt, Zusammenhänge knüpft und eine Chronologie schafft. In der zeitlichen Abfolge wird nachgezeichnet, wie sich die exekutive und die parlamentarische Kontrolle entwickelt haben. Zu Recht hat das Handbuch für Abgeordnete des Genfer ‚Centre for the Democratic Control of Armed Forces' 2003 als Voraussetzung für eine gute parlamentarische Kontrolle eine funktionierende Dienst- und Fachaufsicht benannt.[22]

Die Funde dieser Dissertation zeigen, dass die parlamentarische Kontrolle ein stumpfes und oft halbherzig geführtes Schwert war. An Hand der fünf wichtigsten Themen - belegbar durch immer wiederkehrende Wiederholung in den Aktenbeständen – wird aufgezeigt, dass den Abgeordneten stets Informationen über Missstände vorlagen. Es gelang Ihnen jedoch nicht, sie abzustellen.

Damit sind folgende Themen gemeint:

- NS-Belastung der BND-Mitarbeiter
- Beobachtung der SPD
- Beobachtung von Politikern (Stichwort: Politikerdossiers) und Personen des öffentlichen Lebens
- Journalistenbeobachtung und ihr Einsatz als Quelle

---

[22] Born, Hans (Lead Author): Parliamentary oversight of the Security Sector, Geneva Centre for the Democratic Control of Armed Forces, Genf 2003, S. 75f.

- Verstrickung in den Waffenhandel.[23]

Bis auf das erste Thema waren alle Gegenstand des Guillaume-Untersuchungsausschusses. Der Hauptgrund, weshalb diese Probleme nicht gelöst wurden, lag in der Exekutive. Hier wird deutlich, dass parlamentarische Kontrolle als wichtigste Vorraussetzung eine gute Fach- und Dienstkontrolle der Exekutive benötigt: ein Kanzleramt mit Kompetenz und Durchsetzungsfähigkeit. Daran mangelte es von 1963 bis 1968.

In dieser Phase gelang es nicht:

- Die Unterstellung des BND unter das Kanzleramt durchzusetzen
- Einen Fachmann für die Materie Nachrichtendienst einzustellen.
- Die Nachfolge Reinhard Gehlens zu regeln. Im Gegenteil, diesem gelang es, den damaligen Referenten des Kanzleramtes abzulösen.

Die Folgen waren im Mercker-Untersuchungsbericht, der ersten Evaluation des BND durch das Kanzleramt, nachzulesen. Zwei Punkte sollen hier stellvertretend genannt werden, erstens die führungslosen Außenstellen des BND, die in mühseliger Arbeit von 1969 bis 1973 aufgelöst werden mussten, und zweitens die Vertrauenskrise im Dienst. Auch nach der Zäsur 1968 mit Karl Carstens als Kanzleramtschef und Gerhard Wessel als BND-Präsidenten verlief der Weg zu mehr Kontrolle durch das Kanzleramt nicht einheitlich positiv. 1970 verspielte die SPD mit der Benennung von Dieter Blötz, dem ehemaligen Leiter des SPD-Landesverbandes Hamburg zum Vizepräsidenten, das Vertrauen des Geheimdienstes.

Die Geheimdienstkontrolle ist immer ein schwieriges Metier. Der Grund liegt im Interessenkonflikt zwischen Transparenz und Geheimhaltung, dem Informationsvorsprung der Exekutive und der störanfälligen Vertrauensbasis zwischen Geheimdienst und Abgeordneten. Anders als in anderen westlichen Demokratien verfügte Deutschland sehr früh über ein eigenes Gremium zur Kontrolle des Auslandsnachrichtendienstes[24]. Das Vertrauensmännergremium entstand 1955 und begleitete die Übernahme der Organisation Gehlen als Bundesbehörde. Die Idee eines Kontrollgremiums war noch früher vorhanden, die Kontakte zwischen Gehlen und den Abgeordneten ebenfalls. Es gab demnach ein frühes Bewusstsein, dass parlamentarische Kontrolle und Austausch zwischen

[23] Gemeint ist nicht, dass der BND als Auftraggeber Waffenhandel betrieb, sondern ein Teil seiner (freien) Mitarbeit verstrickt war.

[24] So zum Beispiel Großbritannien, wo der MI6 seit 1994 durch ein Kontrollgremium kontrolliert wird.

Dienst und Parlamentariern notwendig ist. Doch der Charakter des informellen Gremiums bedingte, dass es bis in die 70er Jahre zu wenig Kontinuität in der Kontrollpraxis gab. Dabei wandelte sich das Problem von zu seltenen Sitzungen und Pausen von mehreren Jahren hin zu einem zu schnellen Wechsel bei den Kontrolleuren. Für die großen Sitzungspausen und die seltenen Treffen waren vor allem die Bundeskanzler verantwortlich. In ihrer Hand lagen bis 1972 die Einberufung und die Themenfestlegung. Jedoch auch die Abgeordneten spürten 1963 beim Fall Felfe, der als Doppelagent enttarnt wurde, dass sie sich selbst über Jahre zu wenig engagiert hatten.

Der zweite Schwerpunkt dieser Arbeit wird hier als Liaison bezeichnet. Es ist schwer eine passende, wissenschaftliche Vokabel zu finden. Von der Liaison waren sowohl das Parlament als auch die Regierung betroffen. Die Verflechtungen zwischen ihnen und dem Geheimdienst gingen zu Lasten der Objektivität. Hier verläuft eine schwer auszumachende Grenze zwischen legitimer und nicht legitimer Unterstützung. So war es sicher gerechtfertigt, dass der BND über Verleumdungskampagnen informierte. Nicht gerechtfertigt jedoch war, dass die Regierungsseite Informationen über den Koalitionspartner erhielt oder einzelne Abgeordnete bevorzugt Material. Sicher ist, dass nicht allein die Politik zum Geheimdienst derartige wechselseitige Beziehungen pflegte, sondern zum Beispiel auch Mitarbeiter anderer Bundesbehörden, Journalisten und Wirtschaftsvertreter.

Ähnlich wie bei den Reformen der Exekutive gab es diese beim Parlament: Das Vertrauensmännergremium ähnelte immer mehr dem heutigen Kontrollgremium. 1978 gelang es mit dem Kontrollgesetz einige Verbesserungen in der parlamentarischen Praxis durchzusetzen. Die meisten Kritikpunkte an der Organisation der Kontrolle wurden so beseitigt. Die Liaison hingegen ließ sich nicht verbieten.

Die Kritik dieser Arbeit – das muss deutlich betont werden – erstreckt sich auf die Frage der Kontrolle. Sie ist keine an der Leistung des BND. Das mögen andere Forscher eruieren, zum Beispiel mit der freigegebenen Berichterstattung des BND im Bundesarchiv in Koblenz. Das Vertrauensmännergremium war, wie beschrieben, ein stumpfes und teils schlecht geführtes Schwert. Es ist jedoch sicher ein Verdienst des Parlaments, dass es eine derartige Einrichtung überhaupt gab. Seine Erfahrungen trugen maßgeblich zum Kontrollgesetz bei. Nicht ohne Grund ließ seine Qualität es in den 90er Jahren zum Vorbild für viele ehemals kommunistische Staaten werden.

Chronologisch beginnt diese Arbeit mit der ersten Kontaktaufnahme Reinhard Gehlens zur Bundesregierung und zu Politikern der Opposition, 1950. Sie endet im März 1978 mit dem ersten Kontrollgesetz. Der Zeitrahmen umfasst somit die Phase, in der das Parlament keinen gesetzlich festgelegten Ausschuss besaß, dem die Kontrolle des BND oblag. Es wäre somit falsch, parlamentarische Kontrolle allein auf das Vertrauensmännergremium zu beschränken, denn Kontrolle besteht aus mehr als diesen seltenen Sitzungsterminen und diesen wenigen Stunden Parlamentsarbeit. Der Bundestag gab seine Rechte auch nicht an das vertrauliche Gremium ab. Die Untersuchungsausschüsse zu den Nachrichtendiensten sind ein wichtiges Kontrollelement.

Diese Arbeit will folgende Elemente der Kontrolle untersuchen:

1 Entwicklung der exekutiven Kontrolle
2 Entwicklung der legislativen Kontrolle
2.1 Kontrolle durch den Bundestag und dessen Ausschüsse
2.2 Kontrolle durch gesetzliche Legitimation
2.3 Kontrolle durch Information, allgemeines Austauschverhältnis Fraktionen, Bundesnachrichtendienst und Kanzleramt
2.4 Kontrolle durch das Vertrauensmännergremium
2.5 Kontrolltätigkeit der Fraktionen unabhängig vom PVMG
2.6 Haushaltskontrolle.[25]

Diese Arbeit ist zudem entsprechend den Regierungszeiten der Bundeskanzler gegliedert. Denn, vielmehr als heute beim institutionalisierten Parlamentarischen Kontrollgremium, prägten diese die Ausgestaltung der Kontrolle. So führte z.B. Konrad Adenauers gespaltenes Verhältnis zu Gehlen wohl dazu, dass er das Gremium nicht mehr zusammenrief. Ludwig Erhards geringes Interesse am BND zeigte sich darin, dass der Bundesminister für Angelegenheiten des Bundesverteidigungsrats, Heinrich Krone, die Geschäftsführung übernahm. Bis 1963 unterstand der BND zudem direkt dem Kanzler, in die Praxis umgesetzt wurde dies erst 1968[26].

Das Parlament trat seine Kontrollrechte nicht an das Vertrauensmännergremium ab. Zuerst einmal hat der Bundestag an sich und haben seine Ausschüsse das Recht, vielleicht weniger die Möglichkeiten, den Geheimdienst der Regierung zu kontrollieren. Das beginnt mit der jährlichen Diskussion über den Haushalt und endet mit dem schärfsten Sanktionsmittel, dem Untersuchungsausschuss. Die Untersuchungsausschüsse und ihre Protokolle sind für diese Arbeit eine sehr entscheidende Quelle. Zwei von ihnen hatten zum Ergebnis, die Kon-

[25] Entfallen Punkte, rücken die anderen nach oben.

[26] Der Kabinettsbeschluss, in dem der BND dem Kanzleramt offiziell unterstellt wurde, wurde 1963 gefasst.
Gehlen gelang es in seiner Dienstzeit bis 1968 zu verhindern, dass er in die Praxis umgesetzt wurde.

trolle zu verbessern.[27] Die inhaltlich umfangreichste und wichtigste Untersuchung des BND erfolgte im Rahmen des Guillaume-Untersuchungsausschusses. Anders als vielen bekannt, vereinigte dieser zwei Komplexe, den des Falles Guillaume und den des BND vor allem in den 60er Jahren. Ausführlich wurde von den Abgeordneten untersucht, ob der Nachrichtendienst versucht hatte, innenpolitischen Einfluss auszuüben, z.B. an Hand von Politikerdossiers. Der Guillaume-Untersuchungsausschuss ist für diese Arbeit eine wichtige Quelle, da er die Kontrolle der Exekutive untersuchte, die sich so aus keiner anderen Quelle beleuchten lässt.

Unter „2.1 Kontrolle durch den Bundestag und dessen Ausschüsse“ fallen daher:

- Plenardebatten
- Ausschusssitzungen
- Kleine Anfragen
- Enquetekommissionen
- Untersuchungsausschüsse

Bei der Kontrolle durch die Ausschüsse ist anzumerken, dass diese die vorherrschende Rolle des Vertrauensmännergremiums akzeptierten. Für diese Arbeit wurden der Verteidigungsausschuss (ausgewählte Zeiträume), sein Vorläufer, der Ausschuss für die Fragen der Europäischen Sicherheit, der Innenausschuss und der nur bis 1957 bestehende Ausschuss zum Schutze der Verfassung untersucht. Große Anfragen, Regierungsbefragungen und Aktuelle Stunden, alles Möglichkeiten der Parlamentarier Einfluss zu nehmen, fanden in diesem Zeitabschnitt nicht mit BND-Bezug statt.

Zwei weitere wichtige Handlungsmöglichkeiten bieten sich dem Parlament: Erstens die Möglichkeit Gesetze zu erlassen (2.2) und zweitens den Haushalt aufzustellen (2.6). Mit Hilfe der Gesetze wird das Handeln der Exekutive bzw. des BND eingeschränkt und somit im weitesten Sinn kontrollierbar. In diese Kategorie fallen für diese Arbeit das Gesetz zum Grundgesetz Artikel G 10 und das erste Kontrollgesetz, das den Abschluss dieser Arbeit bildet. Die Haushaltskontrolle (2.4) wird deshalb als letzter Punkt behandelt, weil sie durch ein spezielles Gremium ausgeübt wird – durch den Unterausschuss zu Titel 04 04 (BND). Es bietet sich daher an, diese nacheinander zu analysieren. Ein spezielles Gremium, das in die gleiche Kategorie gehört, wird nicht dargestellt, das G 10-Gremium, welches sehr allgemein die Abhörmaßnahmen kontrollieren sollte.

[27] 2. UA der 4. WP: Telefon-Abhöraffäre und 1. UA der 5 WP: HS-30-Ausschuss, 2. UA 5. WP: Nachrichtendienste und 7. WP, 2. UA: Guillaume-Ausschuss.

Der Grund ist, dass keinerlei Quellen über dessen Arbeit gefunden wurden und daher der Darstellung die Grundlage fehlt.

Auf den ersten Blick ungewöhnlich erscheinen die Punkte 2.3 „Kontrolle durch Information, allgemeines Austauschverhältnis, Fraktionen, Bundesnachrichtendienst und Kanzleramt“ und 2.5 „Kontrolltätigkeit der Fraktionen unabhängig vom Parlamentarischen Vertrauensmännergremium“. Nur ein Abgeordneter, der ständig bemüht ist, Informationen des Geheimdienstes zu analysieren, Mängel zu erkennen und kritische Fragen zu stellen, kann in den Sitzungen mit fachlicher Kompetenz aufwarten. Information zu erhalten ist eine entscheidende Voraussetzung, damit Kontrolle gelingt. Wichtig ist, dass Gehlen bis zu seinem Ausscheiden als BND-Präsident 1968 in vielen Fällen (nicht im Rahmen von Standardinformationen, wie Lageberichte Ost oder West) selbst entschied, wer welche Informationen bekam. Das gilt in gewisser Weise selbst für die eigene Regierung. Wer über einen guten Kontakt verfügte, angesehen oder wichtig war, konnte mit Einladungen nach Pullach rechnen, bekam Einblicke und konnte bis zu einem gewissen Maß Einfluss nehmen. Die SPD nutzte diese Möglichkeit bis zum Tod Erlers 1967. Ihre besondere Form der Kontrolle bildet den Abschnitt 2.5. Fast zehn Jahre lang statteten die Sozialdemokraten dem BND regelmäßig Besuche ab. Diese vereinten Informationswünsche mit Anregungen und Kritik sowie eigenen Aufklärungswünschen. Diese Form der Kontrolle ist deshalb einen eigenen Abschnitt wert, da sie gerade in der Zeit stattfand, in der die Arbeit des Vertrauensmännergremiums ruhte.

Gehlen war bemüht, seine Beziehungen zu Parlament und Regierung intensiv auszugestalten. Das heißt, er bat die Abgeordneten um Hilfe und bot gleichzeitig Hilfe an. Die Kontrolle fand daher im Rahmen komplexer Abhängigkeiten statt. Das führte zu teils ungewöhnlich engen Beziehungen. Ein Beispiel dafür ist das zum SPD-Abgeordneten und langjährigen Mitglied im Haushaltsausschuss, Heinrich Ritzel. Dieser war bemüht, publizistisch für den BND zu wirken. Gehlen lieferte dazu das Hintergrundmaterial. Der Abgeordnete sandte gelegentlich Material an den Dienst. Andererseits war Ritzel einer der wenigen Parlamentarier, die immer wieder sehr kritisch und offen Fragen stellten, unter anderem nach der NS-Belastung von BND-Mitarbeitern. Er verfolgte einige Fälle über einen langen Zeitraum.

An dieser Stelle zeigt sich auch im Aufbau die Hauptthese dieser Arbeit, die sich durch alle Kapitel und deren Abschnitte zieht: Die Form der gegenseitigen Abhängigkeit, der Liaisons, die eine effektive Kontrolle verhinderte. Erstere war für die Abgeordneten, aber auch für Regierungsmitglieder, oft interessanter und hilfreicher, als das schwierige Feld der Kontrolle. Darunter fallen die BND-Meldungen über den sozialdemokratischen Koalitionspartner der Großen Koalition an den Parlamentarischen Staatssekretär des Bundeskanzleramtes genauso wie die Unterstützung der SPD bei Verbindungsaufgaben.

1 Erste Kontakte
Von der Organisation Gehlen zum Bundesnachrichtendienst, 29. Juni 1950 – 31. Dezember 1955

1.1 Werben für gute Beziehungen
Gehlens erste Kontakte zur Bonner Politik

Die Beziehungen des BND-Präsidenten Reinhard Gehlens zur ersten Bundesregierung, den Fraktionen und Parteien begannen vor der Gründung des Auslandsnachrichtendienstes 1956. Der Geheimdienstchef arbeitete über Jahre daran, tragfähige Beziehungen im Bonner Raum zu entwickeln. Innenpolitische Ablehnung hätte die Übernahme seiner Organisation zur Bundesbehörde erschweren, wenn nicht verhindern können. So suchte er die entscheidenden politischen Persönlichkeiten für sich und sein nachrichtendienstliches Konzept zu gewinnen. Dies verband sich mit der Frage der Wiederbewaffnung. Über die Diskussion war Gehlen nicht zuletzt durch Adolf Heusinger, seinen Leiter der Auswertung, der gleichzeitig militärischer Berater des Bundeskanzlers Konrad Adenauer war, bestens informiert.

Am 29. Juni 1950 kam es zum ersten Gespräch im Kanzleramt. Dr. Hans Globke, damals Ministerialdirektor, Leiter der Hauptabteilung für innere Angelegenheiten und Personalfragen[1], wurde von Gehlen über die Korea Krise unterrichtet.[2] Den Bundeskanzler lernte der Geheimdienstchef am 20. September des gleichen Jahres kennen. Sie sprachen darüber, wie dessen Arbeit von der des gerade entstandenen Bundesamtes für Verfassungsschutz abgegrenzt werden könne.[3]

Nur einen Tag später war Gehlen zu Gast bei der SPD. Das Treffen fand in Hannover statt und wurde von Helmuth von Grolman vermittelt, einem Vertrau-

---

[1] Krüger, Dieter: Das Amt Blank – Die schwierige Gründung des Bundesministeriums für Verteidigung, Freiburg im Breisgau 1993, S. 73. In Globkes Terminkalender finden sich jedoch erst ab Oktober Eintragungen mit ‚Dr. Schneider' dem Decknamen Gehlens.

[2] Critchfield, James H.: Partners at the creation, the men behind Postwar Germany's Defense and Intelligence Establishment, Annapolis 2003, S. 135.

[3] Gehlen, Reinhard: Der Aufbau und die Integration des Bundesnachrichtendienstes, in: Gotto, Klaus: Der Staatssekretär Adenauers, S. 186.

ten des SPD-Vorsitzenden Kurt Schumachers.[4] Von Grolman war zu dieser Zeit Staatssekretär im niedersächsischen Landesministerium für Flüchtlinge und Vertriebene. Gehlen brachte Heusinger mit, Schumacher seinen Vertreter Erich Ollenhauer und den niedersächsischen Minister für Flüchtlinge und Vertriebene, Heinrich Albertz. Offizielles Thema war die deutsche Remilitarisierung.[5] Auch Annemarie Renger, Mitarbeiterin Schumachers, Fritz Erler, Mitglied des Bundestages und Militärexperte der Partei, und Prof. Dr. Carlo Schmid, Justizminister in Württemberg-Hohenzollern, sollen Teilnehmer an dem Gespräch gewesen sein.[6] In den wesentlichen Punkten habe er, Gehlen, mit Schumacher übereingestimmt. Die SPD, sei ihm versichert worden, werde die Arbeit der Organisation unterstützen und es befürworten, sie später zu übernehmen.[7] Im Januar 1951 regte der Geheimdienstchef Adenauer dazu an, über Globke dem SPD-Vorsitzenden ausgesuchte Informationen zukommen zu lassen.[8] Es gab ab August des Jahres sogar Lagevorträge für Schumacher. Doch bei allem Zuspruch hatte dieser Bedenken besonders in Bezug auf die Belastung der Organisation Gehlen mit ehemaligem SS-Personal und jüngeren Offizieren, die allein im Nationalsozialismus sozialisiert worden waren.[9]

Der Kontakt mit Gehlen blieb sogar noch bestehen, als der SPD-Vorsitzende bereits durch seinen Schlaganfall schwer erkrankt war. Das letzte Treffen von Gehlen und Schumacher fand vier Monate vor dessen Tod statt.[10] Danach fungierte vor allem Ollenhauer, der den Partei- und Fraktionsvorsitz übernommen hatte, als Ansprechpartner für den Nachrichtendienst.

Die Beziehungen zwischen der Organisation Gehlen und der FDP begannen erst 1954. Der Chef des Nachrichtendienstes, zwei seiner Mitarbeiter, der neue Parteivorsitzende der Liberalen, Dr. Thomas Dehler, und der stellvertretende Fraktionsvorsitzende, Dr. Erich Mende, trafen sich. Das Gespräch drehte sich darum, wie Nachrichten aus dem Osten beschafft und ausgewertet, gegnerische Spionage abgewehrt sowie Bundesorgane vor Agenten und Subversion geschützt werden könnten.[11]

Gehlens erster Auftritt vor einem parlamentarischen Gremium fand am 11. Dezember 1953 statt. Es handelte sich um eine Sitzung, in der zwei Ausschüsse

[4] Merseburger, Peter: Der schwierige Deutsche – Kurt Schumacher – eine Biografie, Stuttgart 1995, S. 480

[5] Scholz, Günther: Kurt Schumacher, Düsseldorf, Wien, New York, 1988, S. 273f.

[6] Gehlen, Reinhard: Der Dienst, Hamburg, München, 1971, S. 167.

[7] Ebd.

[8] Ebd.

[9] Scholz: Kurt Schumacher, S. 280.

[10] Ebd., S. 282.

[11] Mende, Erich: Die neue Freiheit, 1945-61, München, Berlin 1984, S. 307.

zusammen tagten: der Ausschuss für Fragen der europäischen Sicherheit[12] und der Ausschuss zum Schutze der Verfassung. Über die Sitzung wurde kein Protokoll angefertigt. Es wurde nur nachträglich festgehalten, dass Gehlen Material weiterleiten wolle, das den Verfassungsschutz interessieren könnte.[13]

Nicht nur die Abgeordneten machte sich Gedanken: Ein Brief des Mitarbeiters des Landesamtes für Verfassungsschutz in Bremen, Hans Meisner, enthält ausführliche Vorschläge, wie ein bundesdeutscher Nachrichtendienst zu kontrollieren sei.[14] Der spätere Mitarbeiter des MAD und BND schrieb im Juli 1954 an den Bremer Senator des Inneren, Adolf Ehlers. Der Brief besitzt eine frühe und sehr differenzierte Passage zur Kontrolle der Nachrichtendienste und befindet sich in den Unterlagen der SPD-Bundestagsfraktion der zweiten Wahlperiode. Meisners Überlegungen waren an Erler weitergeleitet worden. Parlamentarische Kontrolle, so stellte er klar, sei für ihn weder eine ungehörige noch eine phantastische Anmaßung der Parlamentarier oder eine Überschätzung des parlamentarischen Gedankens oder Systems. Es erscheine ihm manches Potential ungenutzt, betonte der Mitarbeiter des Verfassungsschutzes: „Gerade in Deutschland sollte man eigentlich klarer als anderswo doch wissen, was ein in der Anlage verfehlter Nachrichtendienst an Unheil anrichten kann (...).“[15]

Meisner schwebte ein Kontrollorgan mit Parlamentariern vor. Was, fragte er, sei dagegen einzuwenden, wenn eine parlamentarische Kommission inklusive der Opposition nicht nur persönlichen Kontakt mit der nachrichtendienstlichen Führung habe, sondern auch Einblick nehme, wie Nachrichten gewonnen und ausgewertet würden? Der Nachrichtendienstler fügte hinzu: „Das englische Fremdwort ‚Kontrolle' bedeutet ja keine gewissermaßen polizeiliche oder gar sittenpolizeiliche Überwachung des Nachrichtendienstes, sondern auch gemeinsame Bemühung um Sicherung gegen Missbrauch und Missverständnis.“[16] Dadurch werde bewirkt, dass der Nachrichtendienst als staatliche Institution weder als undurchsichtig noch als unberechenbar wahrgenommen werde. Diese Art demokratischer Kontrolle liege ganz besonders im Interesse des Dienstes.[17] Meisner hatte eine sehr differenzierte Vorstellung, wie die Kontrolle der Nach-

[12] Auch als EVG-Ausschuss bekannt.

[13] 2. WP, Kurzprotokoll Nr. 5 des Ausschusses zum Schutze der Verfassung, PA-DBT, 25. Februar 1954.

[14] Brief von Hans Meisner an Adolf Ehlers, 28. Juli 1954, AdsD, SPD-BT-Fraktion, 2. WP, Mappe: 234.

[15] Brief von Hans Meisner an Adolf Ehlers, 28. Juli 1954, AdsD, SPD-BT-Fraktion, 2. WP, Mappe: 234, S. 13.

[16] Ebd.

[17] Ausarbeitung von Hans Meisner, 12. September 1954, AdsD, SPD-BT-Fraktion, 2. WP, Mappe: 234.

richtendienste aussehen könnte. Bemerkenswert ist besonders der frühe Zeitpunkt der Ausarbeitung und die grundlegende Analyse des Begriffs ‚Kontrolle'.

1.2 Organisation Gehlen wird BND
Die Federführung liegt im Bundeskanzleramt

Das Referat 5 des Kanzleramtes für Grundsatzfragen und Koordinierung[18] nahm schon in den Jahren vor der Übernahme der Organisation Gehlen eine nach außen hin nicht erkennbare Funktion wahr: Sie war die Kontakt- und Anlaufstelle für die Organisation Gehlen. Deren Erkenntnisse wurden der Bundesregierung nach Absprache mit den Amerikanern ab Herbst 1950 zur Verfügung gestellt. Die letzte, konkrete Übernahmephase begann 1953 mit Gehlens Anregung für den BND eine Kommission des Bundesbeauftragten für Wirtschaftlichkeit in der Verwaltung einzusetzen. Dies bedeutete, dass der Auftrag beim Bundesrechnungshof lag. Grund waren die vielen Sonderregelungen, die erlassen werden mussten[19], da ein Nachrichtendienst immer eine besondere unter den Bundesbehörden sein würde.[20] Die Leitung lag in den Händen des Ministerialrates Dr. Medicus[21]. Die Beamten des Bundesrechnungshofes untersuchten ein halbes Jahr lang alle Bereiche des Dienstes und erstellten schließlich ein Gutachten. Während Gehlens Amtszeit, so der Geheimdienstchef, war dies für seine Arbeit eine verbindliche Leitlinie. Darin war auch festgehalten, welche Grundsätze und Bestimmungen der Bundesverwaltung nicht auf den BND übertragen werden konnten.[22] Ebenso mussten für eine Vielzahl der Geheimdienstmitarbeiter Arbeitsplatzbeschreibungen erstellt werden, was nicht einfach war, da diese schließlich einer geheimen Tätigkeit nachgingen. Die Tarifordnung verlangte dies jedoch.[23] Leider ist das Gutachten nicht im Bestand des Bundesarchivs überliefert.

---

18 Die genaue Bezeichnung des Referats 5 lautete: Grundsatzfragen, Koordinierung und Kabinettssachen aus dem Geschäftsbereich des AA, BMdJ Abt. VI, BMigitFr, Dienststelle des Beauftragten des Bundeskanzlers für die mit der Vermehrung der alliierten Truppen zusammenhängenden Fragen, Der Bevollmächtigte der Bundesrepublik Deutschland in Berlin.

19 Vergl. zum Gutachten auch: Gehlen, Reinhard: Der Aufbau und die Integration des Bundesnachrichtendienstes, in: Gotto: Der Staatssekretär Adenauers, S. 187f.

20 Knoll, Thomas: Das Bundeskanzleramt, Organisation und Funktionen von 1949-99, Wiesbaden 2004, S. 92.

21 Weitere Personenangaben konnten leider nicht ermittelt werden.

22 Geheimes Protokoll der 25. Sitzung des 2. UA der 7. WP, Aussage des Zeugen Gehlen, PA-DBT, 19. November 1974, S. 9.

23 Gehlen: Der Dienst, S. 200.

Ein Jahr später, im Mai 1954, legte Reinhard Gehlen dem amtierenden Staatssekretär des Bundeskanzleramtes, Hans Globke, seinen Vorschlag zur Gliederung des Bundesnachrichtendienstes vor.[24]

Unproblematisch war die Übernahme nicht. In einer Studie, die mit hoher Wahrscheinlichkeit von Globke selbst stammt, ist die Rede davon, dass es schwierig gewesen sei, die Organisation in den deutschen Behördenaufbau einzufügen.[25] Außerdem musste sie an die gesetzlichen Vorschriften angepasst werden, was sich nach Meinung des Verfassers „mit Mühe"[26] vollzog. Grund seien Sonderregelungen gewesen, natürlich nur im gesetzlichen Rahmen, wie betont wird. Gehlen setzte zum Beispiel durch, dass die Personalakten des BND aus Sicherheitsgründen nicht im Kanzleramt gelagert werden durften. Sie wurden nur von Fall zu Fall vorgelegt.[27] Die Studie legte außerdem dar, dass unter Globkes Kontrolle der BND als Behörde sui generis, d.h. im ganzen selbstständig, geblieben sei. Das änderte sich erst mit dem Ende seiner Zeit im Kanzleramt, als der BND per Kabinettsbeschluss ausdrücklich ‚unterstellt' wurde.

Doch nicht nur die Regelungen waren umstritten, sondern auch die Frage, wem der BND unterstellt werden sollte. Am 4. August 1955 schrieb Dr. Heinrich Krone, damals Fraktionsvorsitzender der CDU/CSU, in sein Tagebuch: „Wem soll das Amt Gehlen unterstellt werden? Strauß[28] will es haben. Dem werde ich mich widersetzen. Das Amt soll erst einmal zum Kanzleramt gehören."[29]

Diese Phase der Übernahme durch das Kanzleramt wurde von den Abgeordneten der Opposition kritisch verfolgt. Mit ihrer Beteiligung waren sie nicht zufrieden. Sie wollten eigene Vorschläge einbringen. Es müssen Beratungen mit der Organisation Gehlen selbst stattgefunden haben, denn Friedrich Beermann, damals sicherheitspolitischer Berater der SPD-Bundestagsfraktion, notierte über seine Aufzeichnungen zur Abgrenzung von Inlands- und Auslandsnachrichtendienst: „nach Rücksprache mit Repenning."[30] Bei Werner Repenning handelt es sich um einen Mitarbeiter und Vertrauensmann Gehlens. Die umfangreichen Notizen zeigen, dass dieses Thema für die Sozialdemokraten wichtig war. Beermann arbeitete zum Beispiel im Mai 1955 eine umfangreiche Studie zur Organisation Gehlen aus, sie begann mit der Frage der Dienstaufsicht.[31] Er lehnte es ab,

---

24 Knoll: Das Bundeskanzleramt, S. 97.

25 Notiz über den Auslands-ND als Instrument der Bundesregierung, vermutlich von Hans Globke, ACDP, Nachlass Hans Globke, 01-070-001/2, ohne Datum, wahrscheinlich 1970.

26 Ebd.

27 Gehlen: Der Aufbau und die Integration des Bundesnachrichtendienstes, S. 187.

28 Franz Josef Strauß war zu dieser Zeit Bundesminister für besondere Aufgaben.

29 Krone, Heinrich: Tagebücher, Erster Band: 1945-1961, Düsseldorf 1995, S. 186.

30 Vermerk Dr. F. Beermann, „Betr.: Organisation Gehlen", 17. Mai 1955, AdsD, SPD-BT-Fraktion, 2. WP, Mappe: 234.

31 Ebd.

ein Sonderministerium für die exekutive Kontrolle des BND zu errichten und schlug vor, die Aufsicht dem Finanzministerium zu geben, um so eine korrektere und unmittelbarere Kontrolle zu ermöglichen.[32] Ein weiterer Vorschlag von Beermann sah die Dienstaufsicht beim Bundespräsidenten. Dieser habe die politisch neutralste Position inne und sei damit dem Parteienkampf am weitesten entzogen. Eine klare Absage hingegen gab er der Lösung, die Dienstaufsicht dem Außenministerium zuzubilligen.[33]

Eine weitere Aktennotiz fertigte Beermann am 11. Oktober 1955 an. In dieser befasste er sich mit der Abgrenzung zwischen Verfassungsschutz und Auslandsnachrichtendienst und der Gegenspionage.[34] Der Auslandsnachrichtendienst müsse gesetzlich verankert werden. Beermann schrieb: „Einerseits würde dadurch eine feste Rechtsbasis für die Angestellten des Dienstes geschaffen werden, auf der anderen Seite Klarheit über die Befugnisse und Kompetenzabgrenzungen.“[35] In diesem Gesetz müsse auch enthalten sein, dass z.B. das Personalvertretungsgesetz nicht in der vorgesehenen Form angewendet werden könne, weil es sonst Sicherheitsprobleme gebe. Beermann sprach sich dafür aus, die Nachrichtenbewertung beim Geheimdienst zu belassen. Eine Vertrauensperson der jeweiligen Empfänger der Geheimdienstinformation solle jedoch in die Abteilung Auswertung entsandt werden, um deren Interessen zu wahren.[36]

Die Aufzeichnungen Beermanns zeigen, wie intensiv sich die Opposition mit dem Thema beschäftigte und wie wenig sie schließlich umsetzen konnte. Denn, die Dienstaufsicht blieb beim Kanzleramt, ein Gesetz wurde nicht erlassen und ein Vertrauensmann blieb Utopie.

Gleichermaßen erging es den Vorschlägen der CSU zur Errichtung eines ‚Bundessicherheitsamtes', wobei sich nicht klären lässt, inwieweit Strauß wirklich hinter dem entsprechenden Entwurf von Heinz A. Dechant stand, den er Globke schickte.[37] Der Verfasser war von Beruf Verleger und Chefredakteur, war nach einem Intermezzo als Verlagsleiter der CDU-Landeszeitung für Sachsen-Anhalt[38] nach Westdeutschland geflüchtet. Dort fand er zuerst Arbeit bei der ‚Süddeutschen Allgemeinen Zeitung' in Karlsruhe, dann als Chefredakteur der ‚Internationalen Presseagentur'.[39] Strauß bemerkte, Dechant arbeite seines Wis-

---

[32] Ebd.

[33] Ebd.

[34] Friedrich Beermann: Abgrenzung, Verfassungsschutzämter und Auslandsnachrichtendienst, Aktennotiz vom 11. Oktober 1955, AdsD, SPD-BT-Fraktion, 2. WP, Mappe: 234.

[35] Ebd..

[36] Vermerk Dr. F. Beermann, „Betr.: Organisation Gehlen“, 17. Mai 1955, AdsD, SPD-BT-Fraktion, 2. WP, Mappe: 234.

[37] Denkschrift über die Errichtung eines Bundessicherheitsamtes, 24. April 1954, BAK, B 136/4869.

[38] Dechant war Mitbegründer der CDU in Sachsen-Anhalt und hatte diverse Funktionen inne.

[39] Kurzanalyse zur Person, 28. April 1954, BAK, 136/4869.

sens mit „amerikanischen Stellen“[40] zusammen. Als Problempunkte machte Dechant die Belastung durch Krieg und Teilung, den Einfluss ausländischer nachrichtendienstlicher Organisationen und die zersplitterten deutschen Dienste aus. Die Folgen seien bereits spürbar, die deutschen Nachrichtendienste wären durch ihre falsche Organisation und ihre „offensichtlich unzuverlässigen Elemente“[41] angreifbar. Das Vertrauen der Bevölkerung in die demokratische Staatsführung werde auf diese Weise erschüttert. Dem Publizisten schwebte daher ein ‚Bundessicherheitsamt’ vor, das die Sicherheitsorganisationen, u.a. den Verfassungsschutz und die vom Ausland übernommenen Einrichtungen bündeln solle, und einen Teil des größeren Bundessicherheitsrates darstelle. Beim Rat, dem Beratungsorgan der Bundesregierung in allen Sicherheitsfragen, nahm Dechant ausdrücklich Anleihen beim amerikanischen ‚Federal Security Board’. Das Amt sei dann eine „echte Zentrale für jede Art geheimdienstlicher Arbeit“[42]. Seine Vorschläge wurden ebenfalls in keinem Punkt aufgegriffen.

1.3 Mitreden in Maßen
Die Übernahme durch die Abgeordneten

Bis zum Sommer 1955 hatte sich die außen- und sicherheitspolitische Situation der Bundesrepublik entscheidend verändert. Die Bundeswehr entstand, die Besatzungszeit endete, Deutschland wurde in die NATO aufgenommen und die Pariser Verträge traten in Kraft. Dies alles drängte die Regierung dazu, nun endlich auch die Zukunft des Auslandsnachrichtendienstes zu regeln. Gehlen bezeichnete die lange Wartezeit von Beginn der 50er Jahre als eine „Zerreißprobe“[43].

Im Parlament kam die Sprache auf den Auslandsnachrichtendienst - jedoch nicht im Zusammenhang mit der geänderten sicherheitspolitischen Situation - sondern im Rahmen der Haushaltsdebatte 1955. [44] Die Parlamentarier hatten von den Übernahmeplänen aus der Presse gehört. In seiner Rede kritisierte der SPD-Fraktionsvorsitzende Erler das Ansinnen, die Einrichtung als Ganzes zu übernehmen.[45] Zu diesem Thema, so Erler, müsse der Bundestag einige Fragen stellen, die vor einem solchen Schritt beraten werden müssten. Erler kritisierte: „Glaubt man wirklich einen solchen Schritt tun zu können, ohne das Parlament

[40] Brief von Franz-Josef Strauß an Hans Globke, 29. Juli 1954, BKA, B 136/4869.
[41] Denkschrift über die Errichtung eines Bundessicherheitsamtes, 24. April 1954, BAK, B 136/4869.
[42] Ebd.
[43] Gehlen: Der Dienst, S. 193.
[44] 2. WP, BT-Protokoll 87, 15. Juni 1955, S. 4863.
[45] Ebd.

zu fragen? Wo ist die Ermächtigung durch Gesetz und Haushaltsausschuss für die Übernahme oder Schaffung einer solchen Organisation? Wo befinden sich die Mittel dafür? Wie soll diese Organisation arbeiten? Welchem Minister soll er verantwortlich sein? Denn worauf wir alle achten müssen, auch und gerade nach den schmerzlichen Erfahrungen einer sehr jungen deutschen Vergangenheit, das ist die Gefahr des innenpolitischen Missbrauchs."[46]

In der gleichen Sitzung formulierte der Sozialdemokrat im Zusammenhang mit der Bundeswehr drei Kriterien, die erfüllt sein müssten für eine Übernahme als Ganzes: zivile Leitung, parlamentarische Kontrolle und sorgfältige Personalauswahl.[47] Eine zivile Leitung des BND gab es erst seit 1979, die parlamentarische Kontrolle wurde per Gesetz 1978 eingeführt und die Personalauswahl blieb bis heute ein umstrittenes Thema.

Allerdings kritisierten nicht nur Parlamentarier die haushälterische Übernahme des BND. Der Finanzminister Fritz Schäffer schrieb seinem Kanzler im Juli 1955 einen Brief: „Ich wollte bei dieser Gelegenheit auch Ihnen vertraulich sagen, aus welchen Gründen ich nicht in der Lage bin, der vorgeschlagenen Organisation bezüglich des Nachrichtendienstes Gehlen zuzustimmen. Es eignet sich das für eine offene Aussprache in der Kabinettssitzung nicht. Ich möchte aber bitten, die Frage der Organisation Gehlen nicht auf die Tagesordnung des Kabinetts zu setzen, bevor ich nicht mit Ihnen mich vertraulich über meine Bedenken aussprechen konnte."[48]

Ob es zu dieser Aussprache kam, ist unbekannt. Schäffer war es laut Karl Gumbel, damals im Bundeskanzleramt für Personalfragen zuständig, auch, der auf eine gesetzliche Regelung Wert legte.[49]

Doch weder der Haushaltsausschuss noch Schäffer konnten sich durchsetzen: Per Kabinettsbeschluss wurde am 11. Juli 1955 beschlossen, die Organisation Gehlen als Bundesbehörde zu übernehmen und sie durch einen Staatssektärsausschuss zu lenken.[50] Im Protokoll ist nur festgehalten, dass die Vorlage des Kanzleramtes, die als ‚streng geheim' eingestuft war, nach einer längeren Erörterung beschlossen wurde. Der Staatssekretär des Bundesministeriums für wirtschaftliche Zusammenarbeit[51] sollte in den Lenkungsausschuss einbezogen wer-

---

46 Ebd.

47 Ebd., S. 4857.

48 Brief von Fritz Schäffer an Konrad Adenauer, 9. Juli 1955, StBKAH III/22, Blatt 144.

49 Gumbel, Karl: Hans Globke – Anfänge und erste Jahre im Kanzleramt, in: Gotto: Der Staatssekretär Adenauers, S. 91.

50 90. Kabinettssitzung, 11. Juli 1955: Die Kabinettsprotokolle der Bundesregierung, Band 8: 1955, München 1997, S. 420. Bei den Beratungen handelte es sich um den zweiten Tagesordnungspunkt, der lautete „Schreiben des Bundeskanzlers vom 28.3.1955, Az. 5-39001-124/55 streng geheim, BK"

51 Korrekt heißt das Ministerium für (europäische) wirtschaftliche Zusammenarbeit, Minister war Franz Blücher (FDP).

den. Nach sechs Monaten bat das Kabinett um einen Erfahrungsbericht.[52] Zum Schluss wurde noch die völlige Vertraulichkeit der Beratung betont. Der Beschluss von 1955 ist bis heute geheim.[53] Die Bundesregierung berief sich bei der Gründung des BND auf ihre Organisationsgewalt nach Grundgesetz Artikel 87 (Gegenstände bundeseigener Verwaltung), Absatz 3[54]. Dieses Vorgehen war bis zum BND-Gesetz von 1990 umstritten.

Fünf Tage nach der Abstimmung im Kabinett wurden die Beauftragten der Fraktionen unter dem Vorsitzenden Schäffer zu einem Gespräch über den Bundesnachrichtendienst beim Kanzler eingeladen.[55] Sie beschlossen in der Sitzung, ein parlamentarisches Vertrauensmännergremium für den Bundesnachrichtendienst als Kontrollorgan einzurichten. Das Gremium sollte von diesem Zeitpunkt an außerdem für einen vertraulichen Informationsfluss sorgen. Es wurde vereinbart, dass neben dem Fraktionsvorsitzenden noch je ein weiterer Vertreter entsandt werden sollte. Die Idee war nicht neu. Krone notierte sich bereits am 5. Februar 1953 seine Gedanken zur Kontrolle des BND. Dazu solle „ein kleines Gremium von Parlamentariern gebildet werden, in dem auch die Sozialdemokratie vertreten sein sollten."[56] Gehlen betonte später, dass die Einrichtung des Vertrauensmännergremiums auch im Interesse des Dienstes gelegen habe, da jede größere Operation im Ausland, je ertragreicher sie arbeite, ein desto größeres Risiko mit sich bringe, bei einem Fehlschlag politischen Ärger entstehen zu lassen.[57]

Die Abgeordneten fühlten sich weiterhin schlecht informiert: Am 14. September 1955 meldete die Pressestelle der SPD-Bundestagsfraktion, dass sozialdemokratische Mitglieder im Haushaltsausschuss wieder nachgefragt hätten, wie die Organisation Gehlen finanziert würde. Die Regierungsvertreter jedoch hätten geantwortet, dass für die Organisation noch keine Bundesmittel ausgegeben worden seien und die entsprechenden Beschlüsse des Parlaments abgewartet

---

52 90. Kabinettssitzung, 11. Juli 1955, Ebd..

53 Nach Aussage des Bundesarchivs befindet sich der Beschluss bis heute im Kanzleramt.

54 Im Abschnitt 3 heißt es: „Außerdem können für Angelegenheiten, für die dem Bunde die Gesetzgebung zusteht, selbständige Bundesoberbehörden und neue bundesunmittelbare Körperschaften und Anstalten des öffentlichen Rechtes durch Bundesgesetz errichtet werden. Erwachsen dem Bunde auf Gebieten, für die ihm die Gesetzgebung zusteht, neue Aufgaben, so können bei dringendem Bedarf bundeseigene Mittel- und Unterbehörden mit Zustimmung des Bundesrates und der Mehrheit der Mitglieder des Bundestages errichtet werden."

55 Krone: Tagebücher, Erster Band, S. 114.

56 Ebd..

57 Geheimes Protokoll der 25. Sitzung des 2. UA der 7. WP, Aussage des Zeugen Gehlen, PA-DBT, 19. November 1974, S. 12.

werden müssten.[58] Im ordentlichen Haushalt von 1956 sind dementsprechend keine Ausgaben für die Organisation Gehlen aus dem Vorjahr vermerkt.[59]

Der Streit mit den Abgeordneten sollte sich weiter zuspitzen. Die Intention des Bundeskanzlers hinter der frühzeitigen Gründung eines Vertrauensmännergremiums war, Diskussionen über die Übernahme hinter geschlossenen Türen zu führen. Dies gab Auseinandersetzungen mit den bisher eingebundenen Ausschüssen für die Fragen der europäischen Sicherheit und für den Verfassungsschutz. Am 27. September 1955 entstand das erste Missverständnis. Adenauer schrieb an die Fraktionsvorsitzenden und erinnerte daran, dass für die Sitzung des Bundestagsausschusses für Fragen der europäischen Sicherheit am 29. September 1955 als erster Tagesordnungspunkt ein Bericht über die Pläne der Bundesregierung zur Organisation Gehlen vorgesehen sei.[60] Der Kanzler notierte verwundert, dafür solle doch ab jetzt nur noch das Vertrauensmännergremium zuständig sein. Adenauer verwies auf die besondere Vertraulichkeit. Er bat die Fraktionsvorsitzenden, ihm die Mitglieder des Vertrauensmännergremiums zügig zu benennen und den Punkt von der Tagesordnung des Sicherheitsausschusses abzusetzen. Adenauer stellte in Aussicht: „Ich würde zu einer Sitzung des Vertrauensmännergremiums einladen, sobald die einzelnen Fraktionen mir die Mitglieder benannt haben."[61]

Der Brief rief Verärgerung hervor. Der stellvertretende SPD-Bundestagsfraktionsvorsitzende Wilhelm Mellies antwortete unmissverständlich. Er, Adenauer, sei wohl nicht über die Ergebnisse der Besprechung vom 16. Juli 1955 vollständig informiert. In dieser Sitzung sei Folgendes vereinbart worden:

„1.) Die Notwendigkeit eines Nachrichtendienstes wird allseitig bejaht.
2.) Von der Bundesregierung sollen keine Schritte zur Übernahme der Organisation Gehlen oder zur Errichtung eines eigenen Nachrichtendienstes unternommen werden, solange nicht durch das Parlament die notwendigen Voraussetzungen vor allen Dingen auf haushaltsrechtlichem Gebiet geschaffen sind.
3.) Ein kleines Gremium des Parlaments – er Mellies habe dafür die Fraktionsvorsitzenden in Vorschlag gebracht – soll in Zukunft laufend über die Arbeit der Organisation Gehlen unterrichtet werden." [62]

---

[58] „Mitteilung an die Presse" 14. September 1955, AdsD, SPD-BT-Fraktion, 2. WP, Mappe: 234.

[59] Ordentlicher Haushalt, 3. WP, BT-Drucksache 2480, 8. Juni 1956, S. 12f.

[60] Brief von Konrad Adenauer an Wilhelm Mellies, ACDP, Nachlass Heinrich Krone, 01-028-033/2, 27. September 1955. Ebenso: AdsD, Nachlass Erich Ollenhauer, Mappe: 410.

[61] Ebd.

[62] Brief von Wilhelm Mellies an Konrad Adenauer, 30. September 1955, AdsD, Nachlass Erich Ollenhauer, Mappe: 410.

Es ergebe sich also daraus, dass keineswegs beabsichtigt gewesen sei, alle Fragen der Organisation Gehlen bzw. eines Bundesnachrichtendienstes im kleinen Gremium zu behandeln. Die haushaltsrechtlichen Vorschriften forderten, die Ausschüsse in die Übernahme einzubinden.[63]

Mellies schrieb weiter, dass er es außerordentlich bedauere, dass durch den Brief Adenauers „eine sachliche Erschwerung bei den Beratungen eingetreten“[64] sei. „Es würde zweckmäßig gewesen sein, wenn Sie Ihre Bedenken den Teilnehmern an der Besprechung am 16. Juli diesen Jahres vorher vorgetragen hätten. Dann wären die Missverständnisse, die sich für die parlamentarische Behandlung der Angelegenheit jetzt ergeben haben, sicher nicht aufgetreten.“[65]

In der Sitzung am 29. September 1955, als der Ausschuss für die Fragen der europäischen Sicherheit und der zum Schutz der Verfassung gemeinsam tagten, ergab sich folgende Situation: Vor Eintritt in die Tagesordnung verlas der Vorsitzende Dr. Richard Jaeger, CSU, den Brief des Bundeskanzlers.[66] Mellies wandte sich dagegen, den Punkt von der Tagesordnung abzusetzen, die Ausführungen Adenauers würden der damaligen Vereinbarung nicht gerecht. Es sei zwar festgelegt worden, dass die Angelegenheit nur in Grenzen im Parlament beraten werden könne, aber z.B. in Haushaltsfragen müsse es einbezogen sein. Das Vertrauensmännergremium solle schließlich nur zur laufenden Unterrichtung der Abgeordneten geschaffen werden. Dr. Carlo Schmid (Frankfurt) von der SPD ergänzte, dass die Ausschussmitglieder ihre besonderen Rechte und Pflichten besäßen und rechtlich nicht an eine Abmachung der Fraktionsvorsitzenden gebunden seien. Das ‚Ob’ und das ‚Wie’ eines Nachrichtendienstes dürfe sehr wohl in den Ausschüssen debattiert werden. Ansonsten entstünde eine Art Nebenregierung.[67] Für eine Beratung war auch der Vertreter der Sozialdemokraten Dr. Walter Menzel. Der Abgeordnete der Regierungspartei Dr. Ferdinand Friedensburg äußerte klar, dass auch mit dem kleinen geheimen Gremium die Ausschüsse nicht ein für allemal auf eine Diskussion verzichten könnten. Die Grenzen dafür gelte es noch abzustecken. Er setzte sich für eine Vertagung ein.

Kernprobleme der Diskussion waren die Aufgaben und die Kompetenzen des Vertrauensmännergremiums. Der Vorsitzende Jaeger war sogar der Ansicht, dass das Gremium nicht von den Fraktionsvorsitzenden, sondern vom Ausschuss eingesetzt werden solle. Um die Haushaltsmittel zu bewilligen, müsse sich der Ausschuss sowieso mit dem Bundesnachrichtendienst beschäftigen. Dr. Schmid

[63] Ebd.
[64] Ebd.
[65] Ebd.
[66] 2. WP, Protokoll Nr. 49 des Ausschusses für Fragen der europäischen Sicherheit und dem Ausschuss zum Schutze der Verfassung, PA-DBT, 29. September 1955.
[67] Ebd.

gab zu überlegen, ob das Vertrauensmännergremium als Unterausschuss oder als Gremium sui generis gebildet werden solle. Letzteres könne nur mit einem Gentlemen's Agreement zwischen den Fraktionen und der Bundesregierung gegründet werden – wie es auch später geschah.[68]

Aber auch organisatorische Fragen des Vertrauensmännergremiums wurden angesprochen. Friedensburg äußerte zum Beispiel den Wunsch, das Vertrauensmännergremium nicht zu klein zu halten, da das Problem der Organisation Gehlen derart umfangreich sei. Er empfände eine zu große Geheimniskrämerei mit den Staatsinteressen für abträglich. Es müsse vernünftig, mutig und offen über solche Zusammenhänge geredet werden, auch wenn es das Risiko der Vertraulichkeit gebe.[69]

Der Vorsitzende Jaeger stellte dann fest, dass der Vertreter des Kanzleramtes, Ministerialrat Dr. Günter Bachmann, angewiesen sei, zu diesem Punkt keine Erklärung abzugeben. Adenauer hatte demnach seine Mitarbeiter zu seinem Kurs verpflichtet. Weitaus pragmatischer verhielt sich Gehlen selbst. Er bot den Abgeordneten an, dass er gerne im Rahmen seiner Möglichkeiten Auskunft geben wolle.

Bei der Abstimmung tendierte der Ausschuss für die Fragen der europäischen Sicherheit mit Mehrheit für eine Absetzung von der Tagesordnung, beim Ausschuss zum Schutze der Verfassung kam es zu einer Pattsituation. Jaeger sondierte die Stimmung und gab danach Erler den Auftrag, ihn zu seiner Besprechung mit dem Bundeskanzler zu begleiten. Der Ausschuss beriet dann noch den zweiten Tagesordnungspunkt, bei dem es darum ging, die Arbeit des Bundesamtes für Verfassungsschutz von der des BND abzugrenzen.[70]

Am 9. Dezember lud Bundeskanzler Adenauer die Fraktionsbeauftragten zu einer Besprechung über die Organisation Gehlen. Dies war quasi die erste Sitzung des Vertrauensmännergremiums. Es folgten laut Adenauers Terminkalendern Besprechungen am 15. und 20. des Monats.[71] In den Besucherlisten ist nur der 20. Dezember überliefert. Eingeladen waren Gehlen, Krone (CDU), Richard Stücklen (CSU), Mellies (SPD), Dr. Martin Blank (FDP), Wilhelm Gefeller (SPD) – BHE, Herbert Schneider (DP), Staatssekretär Globke, Ministerialdirigent Dr. Friedrich Janz und Bachmann.[72] Leider sind weder Mitschriften noch Notizen zu dieser Sitzung erhalten.

---

[68] Ebd.

[69] Ebd.

[70] Alles: 2. WP, Protokoll Nr. 49 des Ausschusses für Fragen der europäischen Sicherheit und dem Ausschuss zum Schutze der Verfassung, PA-DBT, 29. September 1955.

[71] Terminkalender, ACDP, Nachlass Hans Globke, 01-070-054/1.

[72] Besucherlisten 4.06, StBKAH, Bestand I/04.

Mit diesen Sitzungen begann im Jahr 1955 die Geschichte des Vertrauensmännergremiums – auch wenn es noch nicht die Bezeichnung trug. Die Beziehungen zwischen den Politikern der Bundestagsfraktionen und der Organisation Gehlen waren jedoch älter und bereits gefestigt. Ihr Informationsaustausch ging schon jetzt über den offiziell durchs Kanzleramt vorgegebenen Rahmen hinaus. Das Gewicht sollte sich in der Folgezeit immer wieder in Richtung der informellen Kontakte verschieben, da das Vertrauensmännergremium viel zu selten tagte. Das Kanzleramt hatte offensichtlich wenig Interesse, die Abgeordneten in der Breite und in der Tiefe des Informationsaustausches einzubinden – ein Charakteristikum, das in allen Regierungen erhalten blieb.

2 Schwieriger Start

Die erste Phase der Regierung Konrad Adenauers 1. Januar 1956 – 16. Oktober 1961

2.1 Entwicklung der exekutiven Kontrolle Termin mit „Dr. Schneider“: Staatssekretär Hans Globke empfängt Reinhard Gehlen

Das Verhältnis zwischen Bundeskanzler Adenauer und Gehlen ist bisher in der Literatur kaum beschrieben und analysiert worden. Wenn überhaupt, wird es im Rahmen der ‚Spiegel-Affäre' thematisiert.

Dr. Reinhold Mercker, ab 1960 zuständig für die Abteilung 1 des Kanzleramtes, Ressorts Justiz, Inneres, in deren Zuständigkeit auch der Bundesnachrichtendienst fiel, beschrieb im Rhöndorfer Gespräch, wie aus seiner Sicht Adenauer zum BND stand. Den Bundeskanzler habe der Dienst interessiert und er habe in diesem Sinne gehandelt. „Er hat sich sehr engagiert in allen Fragen, die den Nachrichtendienst angingen, hat sich – ich will keine festen Fristen angeben, weil ich sie nicht genau weiß, aber schätzungsweise jeden Monat einmal – berichten lassen von dem damaligen Präsidenten Gehlen.“[73] Später ergänzte Mercker: „Es war nicht üblich, Herrn Gehlen zu fragen: Was haben Sie jetzt mit dem Bundeskanzler besprochen? Ich weiß nicht, was er mit ihm besprochen hat. Ich nehme an, dass er ihm auch irgendetwas vorgetragen hat, was den Kanzler einigermaßen befriedigt hat.“[74]

Laut Hans-Peter Schwarz besaß Gehlen im Herbst 1957 beim Kanzler noch sehr viel Autorität. Er habe ihm über die sowjetischen Streitkräfte berichtet und aufgezeigt, dass die amerikanischen Interkontinentalraketen hinter den Stand der sowjetischen Technik zurückfielen.[75] Die Besucherlisten[76], die im Konrad-Adenauer-Haus aufbewahrt werden, zeigen jedoch, dass der Kanzler Gehlen nur

---

[73] Schwarz, Hans-Peter (Hrsg.): Konrad Adenauers Regierungsstil, Rhöndorfer Gespräche, Band 11, Bonn, 1991, S. 67.

[74] Ebd., S. 68.

[75] Schwarz, Hans-Peter: Adenauer: der Staatsmann: 1952-67, Stuttgart 1991, S. 387.

[76] Die Listen sind aussagekräftiger als die Terminkalender bei der Konrad-Adenauer-Stiftung, da sich manches geplantes Treffen zerschlug.

zu besonders wichtigen Anlässen zum Vortrag bat.[77] Sie weisen für das Jahr 1957 drei Treffen, 1958 vier Treffen[78] 1959 zwei Treffen, einmal zusammen mit Globke, einmal mit Gehlen allein auf.[79]

Wie schon im Kapitel 1 angesprochen, war schließlich vor allem Globke derjenige, der eng mit dem BND zusammenarbeitete. Adenauer hatte großes Vertrauen in seine Loyalität und Diskretion. Der Staatssekretär des Bundeskanzleramtes galt als bestinformierter Mann in Bonn. Als einzigem ständigen Gesprächspartner für den Kanzler kam ihm eine Schlüsselrolle zu.[80]

Globke ließ sich Berichte vorlegen, Vorträge vom Präsidenten des BND und dessen Vertretern geben. Ein „Geheimdienstmann", betonte Mercker, sei er jedoch nicht gewesen: „Sein Verhältnis zum BND war sachlich und nüchtern wie das eines Ressortchefs zu einer unterstellten Behörde. Das heißt, der BND ist für Globke nie ein Instrument zur Erweiterung seiner persönlichen Macht gewesen."[81] Die Beurteilung Merckers muss im Verlauf dieser Arbeit hinterfragt werden. Globke blieb zeitlebens dem BND verbunden. Selbst 1972 – fast zehn Jahre nach seinem Ausscheiden aus dem aktiven Staatsdienst und vier Monate vor seinem Tod – tauschte er sich mit seinem ehemaligen Mitarbeiter Karl Gumbel über eine „Reorganisation" des BND aus.[82]

Aufschlussreich ist es, einen Blick in die Terminkalender des Staatssekretärs zu werfen. Dort ist nur einmal ‚Gehlen' eingetragen, jedoch oft ein ‚Dr. Schneider' vermerkt. Dass ‚Dr. Schneider' mit Gehlen wohl identisch war, lässt sich mit Globkes Eintrag vom 28. September 1957 untermauern, der auf ‚Dr. Schneider' lautete. Heinrich Krone schreibt in seinem Tagebuch zu dem demselben Datum: „Als ich ging, saß Gehlen in Globkes Vorzimmer."[83] Ebenso steht in Adenauers Terminkalender am 28. November 1952, 18 Uhr, ‚Gehlen', bei Globke zur exakt gleichen Zeit ‚Dr. Schneider'.[84]

Die Terminkalender zeigen, dass es im Jahr ungefähr sieben bis acht Treffen gab, davon manchmal zwei pro Monat. Meistens waren die Besprechungen auf 30 Minuten terminiert.[85]

---

[77] Stiftung Konrad-Adenauer-Haus, StBKAH, Bestand I/04, Besucherlisten, Terminpläne

[78] Ebd., StBKAH, Bestand I/04.09.

[79] Ebd., StBKAH, Bestand I/04.10.

[80] Mercker, Reinhold: Das Bundeskanzleramt aus der Sicht eines Abteilungsleiters, in: Gotto, Klaus: Der Staatssekretär Adenauers, S. 129. Zu Globkes weltumspannenden Kontakten siehe auch die Terminkalender, ACDP, Nachlass Hans Globke, 01-070-135.

[81] Mercker: Das Bundeskanzleramt, S. 136.

[82] Brief von Karl Gumbel an Hans Globke, ACDP, Nachlass: Hans Globke, 01-070-001/2, 5. Oktober 1972.

[83] Krone: Tagebücher, Erster Band, S. 268.

[84] Stiftung Konrad-Adenauer-Haus, StBKAH, Bestand I/04, Besucherlisten, Terminpläne.

[85] Terminkalender, ACDP, Nachlass Hans Globke, 01-070-135, 1956 und 1957.

An den Beispielen Adenauer und Globke zeigt sich, dass der Kontakt maßgeblich über die Arbeitsebene des Kanzleramtes lief. Adenauer wurde nur zu besonderen Vorfällen und Ereignissen über Interna des Bundesnachrichtendienstes informiert.

Den täglichen Kontakt hielt seit 1951 Gumbel, der laut Gehlen ein häufiger Gast in Pullach war.[86] An ihn hatte Globke, wie er es ausdrückte, die „tägliche Bearbeitung“[87] delegiert. Dazu gehörten auch Haushalts- als auch Personalangelegenheiten, da der BND – anders als viele Mitarbeiter glaubten – keine oberste Bundesbehörde war.[88] Und dennoch hielt sich die Dienstaufsicht hielt in engen Grenzen, wie Mercker als Leiter der damaligen Unterabteilung A des Kanzleramtes darstellte.[89] Einmal im Monat sei er nach München gefahren und habe sich vom BND-Präsidenten berichten lassen. Er räumte ein: „Aber in der Sache kam wenig heraus.“[90] Der Tätigkeit des BND sei im Allgemeinen freie Hand gelassen worden.

2.2 Entwicklung der parlamentarischen Kontrolle

2.2.1 ‚Nur' ein Haushaltsposten: die Gründung des BND durch das Parlament

Zur Übernahme der Organisation Gehlen gab es selten Debatten. Sie erfolgte nicht über eine Abstimmung im Parlament, sondern de facto, in dem die Abgeordneten im Haushalt die Gelder bewilligten.[91] Die erste Debatte fand daher am 20. Juni 1956 im Zusammenhang mit den Haushaltsberatungen statt. Heinz Kühn, Abgeordneter der SPD, nutzte die Möglichkeit zu grundlegender Kritik. Er betonte, der Geheimdienst sei ein notwendiges Übel und fügte hinzu: „Man sollte den Akzent dabei nicht so sehr auf das Adjektiv ‚notwendig' legen, dass man darüber das Substantiv ‚Übel' vergisst.“[92] Kühn kritisierte, dass man die Organisation Gehlen als solche übernommen und keine Neugründung gewagt habe. Außerdem sei der Haushalt des BND für die Abgeordneten nicht transparent genug. Kühn schrieb es dem Einsatz seiner Partei zu, dass es wenigstens einen ordentlichen Etat gäbe. Der solle so ausführlich und durchsichtig sein, wie

---

86 Gehlen: Der Dienst, S. 196.

87 Gumbel, Karl: Hans Globke – Anfänge und erste Jahre im Kanzleramt, in: Gotto, Klaus: Der Staatssekretär Adenauers, S. 91.

88 Schwarz: Konrad Adenauers Regierungsstil, S. 68.

89 Knoll: Das Bundeskanzleramt, S. 94.

90 Ebd.

91 Siehe: 2. WP, BT-Protokoll 150, 20. Juni 1956.

92 Ebd., S. 7981.

es der Charakter eines Nachrichtendienstes erlaube.[93] Bei der Übernahme geschah die Auflistung der einzelnen Posten einmal und danach nicht mehr, wie im letzten Abschnitt dieses Kapitels noch aufgezeigt wird.

Heikel und umstritten war der Titel 300[94] für geheimdienstliche Operationen des Bundesnachrichtendienstes. Er diente dazu, die operativen Aufgaben nach eigener Entscheidung und unter besonderer Geheimhaltung treffen zu können. Kühn fürchtete, die Mittel könnten für innenpolitische Dinge missbraucht werden und forderte, sie nicht nur durch den Präsidenten des Bundesrechnungshofes, sondern auch durch den Unterausschuss des Haushaltsausschusses zum BND prüfen zu lassen. Dazu brachte er einen entsprechenden Änderungsantrag ein - ohne Erfolg.[95] Auch beim ‚Presse- und Informationsamt der Bundesregierung – Förderung des Informationswesens' gab es bis 1967 einen solchen Titel 300, der keiner parlamentarischen Kontrolle unterlag, sondern nur der des Bundesrechnungshofes. Er wurde umgangssprachlich als ‚Reptilienfond' bezeichnet – gemeint ist im weitesten Sinne eine ‚schwarze Kasse'. Die Opposition warf der Regierung vor, mit dem Titel 300 ihren Wahlkampf zu finanzieren.[96]

Der SPD-Abgeordnete Kühn vermisste für den BND auch eine rechtliche Grundlage, wie das in den Vereinigten Staaten für den Nachrichtendienst der Fall sei.[97] Das Recht der Organisationsgewalt der Regierung sei zwar nicht in Frage zu stellen, aber er bedauerte die Entscheidung, ohne ein Gesetz auszukommen.

Zum Vertrauensmännergremium forderte der Sozialdemokrat, es solle „nicht nur in einem allgemeinen an der Oberfläche bleibenden Sinn informiert werden, sondern es sollte ihm ein möglichst weitgehender Einblick auch in die laufende Arbeit des Dienstes möglich sein".[98] Der Bundeskanzler und sein Stellvertreter, so Kühn, sollten „ihrer Neigung zum demokratischen Minimalismus möglichst viel Gewalt antun, damit dieses Gremium besonders ausgewählter Parlamentarier nicht etwa nur ein parlamentarisches Feigenblatt an dieser Dienststelle"[99] bleibe.

Die Regierungspartei ging auf Kühns Äußerungen nicht ein und griff die Frage Bundesnachrichtendienst nicht auf.

---

[93] Ebd.
[94] In späteren Wahlperioden wurde der gesamte Etat des BND als Titel 300 ausgewiesen, hier ist aber speziell der Anteil für geheimdienstliche Operationen gemeint.
[95] 2. WP, BT-Protokoll 150, 20. Juni 1956, S. 7981.
[96] Eine der härtesten Debatten: 2. WP, BT-Protokoll der 208. Sitzung, 9. Mai 1957, S. 11987ff..
[97] 2. WP, BT-Protokoll 150, 20. Juni 1956, S. 7981.
[98] Ebd., S. 7982.
[99] Ebd.

Ein immer wieder aufkommendes Thema war die Post- und Telefonüberwachung der Alliierten in der Bundesrepublik.[100] Die Abgeordneten kritisierten, dass es hierfür keine Einschränkungen gebe. Im Gegensatz dazu wies die Regierung darauf hin, dass erst ein Gesetz zu Artikel 10 Grundgesetz geschaffen werden müsse, um genau den Eingriff in das Brief-, Post- und Fernmeldegeheimnis zu regeln. Zudem würde die Überwachung gebraucht, um die Sicherheit der Streitkräfte zu gewährleisten.[101]

Beratungen zum Thema BND gab es in den Ausschüssen des Bundestages kaum noch – im Gegensatz zu 1955. Das zeigt, dass die Auffassung, eine Kontrolle der Nachrichtendienste sei allein Sache des Vertrauensmännergremiums, so akzeptiert wurde. Nur am 13. Januar 1956 befindet sich in den Unterlagen des Ausschusses für die Angelegenheiten der inneren Verwaltung eine längere Ausführung des Staatssekretärs des Innern, Hans Ritter von Lex, zur Aufgabenverteilung bei der Spionageabwehr zwischen dem Bundesamt für Verfassungsschutz und dem Bundesnachrichtendienst.[102]

2.2.2 Ob prominenter Flüchtling oder Spionageverdacht: BND hilft FDP und SPD

Auffallend ist, dass alle Parteien ihre Beziehungen zur Organisation Gehlen mit dem neugegründeten Bundesnachrichtendienst weiter fortzuführen versuchten.

Der leitende BND-Mitarbeiter Kurt Weiß sprach viele Jahre später – vor dem Guillaume-Untersuchungsausschuss - von seinen Beziehungen zur FDP. [103] Er nannte sich sogar einen persönlichen Freund von Wolfgang Döring, der unter anderem Fraktionsvorsitzender seiner Partei im Bundestag war und als großes politisches Talent gehandelt wurde.

Weiß führte den Fall Dr. Hermann Kastner als Beispiel für die gute Zusammenarbeit an. Kastner war bis 1950 stellvertretender Ministerpräsident der DDR sowie Vorsitzender der dortigen liberalen Partei, der LDPD[104], gewesen. Er arbeitete verdeckt für den Bundesnachrichtendienst. Weiß erinnerte sich: „Der Professor Kastner ist in die Bundesrepublik Deutschland von uns herübergeholt

---

[100] 2. WP, BT-Drucksache 3154, 7. Februar 1957.

[101] Siehe u.a.: 2. WP, BT-Protokoll 105, 12. Oktober 1955, S. 5778f.

[102] 2. WP, Protokoll Nr. 65 des Ausschusses für die Angelegenheiten der inneren Verwaltung, PA-DBT, 13. Januar 1956.

[103] Siehe auch Gehlen dazu: Gehlen: Der Dienst, S. 188.

[104] Ab 1951 war die offizielle Bezeichnung LDPD, nach 1945 hatte sich LDP eingebürgert, die Änderung geschah aus deutschlandpolitischen Erwägungen.

worden, als seine Sicherheitslage dort drüben schwierig war."[105] Dies geschah im Jahr 1956 in einer „aufregenden Absetzungsaktion"[106], so Gehlen, die ihn seiner Meinung nach zum „prominentesten Zonenflüchtling" werden ließ. Der BND-Präsident äußerte sich zu dem Fall: „Kastner hatte sich dem Dienst und vorher schon den Amerikanern zur Verfügung gestellt, nachdem er sich in persönlichen Auseinandersetzungen mit Ulbricht und anderen SED-Funktionären aufgerieben und das Ende seiner politischen Ambitionen erkannt hatte."[107]

Zur FDP hätten, so Reinhard Gehlen viele Jahre später vor dem Guillaume-Untersuchungsausschuss, allgemein besonders enge Beziehungen geherrscht. „Die FDP hat sehr viele Fragen an uns gestellt und hat sehr viele Wünsche geäußert. Sie hat unseren Schutz – wenn Sie das so wollen -, unsere Hilfe, unsere Beratung erbeten."[108] Der Schutz habe sich nicht zuletzt auf die Aktivitäten der FDP in der DDR bezogen.

Das zeigt auch ein undatiertes Dokument von Wolfgang Döring[109] über den Redneraustausch zwischen der FDP und der LDPD.[110] So reiste zum Beispiel eine Gruppe der FDP in die DDR und im Ausgleich eine der LDPD in die BRD. Dies sollte die Verständigung fördern. Laut dem Magazin „Spiegel" – auf das sich das Dokument ausdrücklich bezog - fand die Diskussion über diesen Redneraustausch im Vorfeld der Reise Anfang Oktober 1956 statt.[111] Walter Scheel[112], Döring und Mende[113] reisten damals nach Weimar[114] um dort Vertreter der LDPD zu treffen. Sie waren, wie der Spiegel schreibt, die ersten Politiker in dieser Mission seit Beginn des Kalten Krieges.[115]

Dieser entscheidende Schritt Richtung DDR fand – das beweist das Dokument – in Abstimmung mit dem BND statt.[116] Das setzte sich fort: Gehlen erzählte vor dem Untersuchungsausschuss, der BND habe den Rednern der FDP stets vorab

---

105 Protokoll der 22. Sitzung des 2. UA der 7. WP, Aussage des Zeugen W. (Kurt Weiß), PA-DBT, 6. November 1974, S. 65.

106 Gehlen: Der Dienst, S. 188.

107 Ebd.

108 Protokoll der 22. Sitzung des 2. UA der 7. WP, Aussage des Zeugen W. (Kurt Weiß), PA-DBT, 6. November 1974, S. 12 und S. 78.

109 Döring war damals Hauptgeschäftsführer des Landesverbandes der FPD Nordrhein-Westfalens.

110 Strengvertraulich, undatiertes Dokument, ADL, Nachlass: Wolfgang Döring, N 77-53.

111 Der Spiegel: Ohne Bart und Brille, 41/1956, 10. Oktober 1956, S.13.

112 Manfred Scheel war zu dieser Zeit Mitglied des Bundesvorstandes der FDP und Mitglied des Landtages in Nordrhein-Westfalen.

113 Mende war stellvertretender Fraktionsvorsitzender der FPD im Bundestag.

114 Das Gegentreffen fand in Garmisch statt.

115 Der Spiegel: Ohne Bart und Brille, S. 13.

116 Strengvertraulich, undatiertes Dokument, ADL, Nachlass: Wolfgang Döring, N 77-53. Siehe auch: Rhöndorfer Gespräche (Hrsg.: Buchheim, Hans), Band 8: Konrad Adenauer und der Deutsche Bundestag, Bon 1986, S. 59.

ein ‚briefing' gegeben, damit sie mit den Gedankengängen der Gegenseite vertraut gewesen seien. Döring schrieb, der BND habe darauf hingewiesen, dass die DDR an den Redneraustausch Bedingungen geknüpft habe, die später „propagandistisch ausgewertet werden könnten"[117]. Gehlen stellte die Unterstützung des BND als sehr erfolgreich dar: „Das Ganze hat dazu geführt, dass die LDPD nicht zu dem Erfolg gekommen ist, zu dem sie kommen wollte, und das sehr frühzeitig – dank der trefflichen Art der Diskussionsführung durch die Herren der FDP."[118]

Außerdem legte der Nachrichtendienst Döring eine Aufzeichnung von einem Gespräch vor, an dem dieser und Vertreter der LDPD in Goslar teilgenommen haben sollten. Bei dem sehr detaillierten Dokument handelte es sich jedoch um eine Fälschung. Döring notierte sich: „Alle Angaben in diesem Bericht sind frei erfunden. Der Bundesnachrichtendienst vermutet, dass es sich um eine lancierte Meldung handelt, von der man hofft, dass sie auf Nachrichtenkanälen nach Westdeutschland kommt und dort innenpolitisch ausgewertet wird."[119] In dem Papier werden weitere Aspekte behandelt, u.a. die Situation in Polen und Ungarn.

Der erste Hinweis auf einen reger werdenden Austausch des BND mit der SPD befindet sich im Nachlass von Ollenhauer. Gehlen schrieb 13. April 1956: „Ich darf Ihnen zu Ihrer persönlichen Orientierung eine hier erfasste Information über die Weisung der KPdSU an die KP Frankreich übersenden, die vielleicht für Sie von besonderem Interesse ist."[120] Der BND-Präsident bat, die Information nur einem beschränkten Kreis zugänglich zu machen. Die Studie ist erhalten und führt aus, dass die Sowjetunion eine Weisung an die französischen Kommunisten gegeben habe, die Regierung des sozialistischen Ministerpräsidenten Guy Mollet weiterhin zu unterstützen.[121] Außerdem ist dem Schreiben Gehlens noch eine Meldung zum XX. Parteitag der KPdSU beigefügt, der einen Wendepunkt markiert, weil Nikita Chruschtschow in einer Geheimrede zum ersten Mal Stalins „Säuberungen" verurteilte. Um den Wortlaut der Rede hatten sich die westlichen Geheimdienste intensiv bemüht. Das gelang schließlich über den Mossad, der die Rede an die CIA weitergab.[122]

Einen besonderen Aspekt des Austausches zwischen den Parteien und dem BND stellen die ‚Sicherheitsfälle' dar. Mit ‚Sicherheitsfällen' sind Personen

[117] Strengvertraulich, undatiertes Dokument, ADL, Nachlass: Wolfgang Döring, N 77-53, S. 2.
[118] Geheimes Protokoll der 25. Sitzung des 2. UA der 7. WP, Aussage des Zeugen Gehlen, PA-DBT, 19. November 1974, S. 18.
[119] Strengvertraulich, undatiertes Dokument, ADL, Nachlass: Wolfgang Döring, N 77-53, S. 2.
[120] Brief von Reinhard Gehlen an Erich Ollenhauer, 13. April 1956, AdsD, Nachlass Erich Ollenhauer, Mappe: 208.
[121] Brief von Reinhard Gehlen an Erich Ollenhauer, 13. April 1956, AdsD, Nachlass Erich Ollenhauer, Mappe: 208.
[122] Ebd.

gemeint, gegen die es einen Spionageverdacht gab. Dies soll an einem Beispiel der SPD aus dem Jahr 1959 näher ausgeführt werden. „Durch den damaligen Vizepräsidenten des BND, Hans Heinrich Worgitzky, bin ich im Jahre 1959 beauftragt worden, Sicherheitsfälle im Parteivorstand der SPD zu bearbeiten.“[123] Der Herr, der diese Aussage machte, sollte viele Jahre sehr einflussreich erst für den BND, später für die bayerische Politik werden: Dr. Hans Langemann. Er war in den 60er Jahren beim ‚Strategischen Dienst', einer Sonderabteilung der politischen Aufklärung des BND, wo er weltweit Operationen führte. 1970 wechselte Langemann als Sicherheitschef für die Olympischen Spiele 1972 in den Dienst der bayerischen Regierung. Öffentliche Bekanntheit erlangte er durch die so genannte ‚Langemann-Affäre', bei der brisantes Material u.a. aus seiner Tätigkeit beim BND im Verlag ‚Konkret' veröffentlicht wurde.[124]

Im Februar 1959 arbeitete Langemann in der Abteilung Gegenspionage.[125] Der Auftrag des Vizepräsidenten Worgitzky, die SPD in Spionagefällen zu unterstützen, so Langemann, ging zurück auf eine Bitte von Erler. Es gab Hinweise auf einen prominenten Agenten der MfS-Hauptabteilung V (SPD, Trotzkismus und Konterrevolution) im Parteivorstand der SPD. Weiterhin sollte Langemann - im Namen der SPD - Kontakte zu den Landesämtern für Verfassungsschutz aufbauen. Dies verwundert auf den ersten Blick, erklärt sich aber aus der Aufgabe „Spionageabwehr“, bei der BND und der Verfassungsschutz zusammenarbeiteten. Das entscheidende ‚Leck' im Parteivorstand fand Langemann nicht; von diesem ist noch 1963 die Rede.[126] Einen anderen Sicherheitsfall klärte der BND-Mitarbeiter jedoch mit auf: Ursula Bulla, die Sekretärin des SPD-Abgeordneten Wilhelm Mellies, wurde zusammen mit ihrem Ehemann wegen ihrer Spionagetätigkeit für Polen verhaftet.[127]

Zur CDU/CSU-Fraktion finden sich – ganz anders als in späteren Jahren – nur spärliche Hinweise über den Austausch. Die frühen Fraktionsbestände der beiden Parteien sind kaum überliefert. Laut einem Gespräch mit leitenden Mitarbeitern der Konrad-Adenauer-Stiftung liegt dieses an der späten Gründung des Archivs im Jahr 1976.

---

[123] Geheimes Protokoll der 25. Sitzung des 2. UA der 7. WP, Aussage des Zeugen Gehlen, PA-DBT, 19. November 1974, S. 14.

[124] Heigl, Fank R. und Saupe, Jürgen: Operation Eva, die Affäre Langemann, Hamburg 1982.

[125] In dieser Abteilung arbeitete auch der 1963 als Doppelagent des KGB enttarnte Heinz Felfe. Das beunruhigte später die SPD, da sie Frucht hatte, Details ihrer Suchaktion seien dem KGB bekannt geworden.

[126] Brief von Siegfried Ortloff an Fritz Erler vom 13. Dezember 1963, AdsD, SPD-BT-Fraktion, 4. WP, Mappe: 871.

[127] Siehe zum Fall Bulla beispielsweise: Müller, Peter F.; Mueller, Michael: Gegen Freund und Feind, S. 319 und 487 f..

So stehen als Quelle nur die Tagebücher und der Nachlass des damaligen Fraktionsvorsitzenden Heinrich Krone zur Verfügung. Er notierte am 24. März 1958 in seinem Tagebuch: „Beim Bundesnachrichtendienst in Pullach. Ein mehrstündiges Gespräch mit General Gehlen. Die laufende Unterrichtung wird festgelegt.“[128] Hier wird deutlich, dass spätestens zu diesem Zeitpunkt Krone ein wichtiger Ansprechpartner des BND in der CDU wurde. Im Januar des folgenden Jahres sprach der Fraktionsvorsitzende mit Gehlen über die Politik der Sowjetunion.[129] Damit enden dessen Eintragungen für diesen Zeitabschnitt.

2.2.3 Engagiert gestartet, früh geendet: das Vertrauensmännergremium

Im Oktober 1955 wurden die Fraktionen vom Bundeskanzler aufgefordert, ihre Vertreter für das Vertrauensmännergremium zu benennen. Will Rasner, der parlamentarische Geschäftsführer der CDU, antwortete daraufhin, dass die CDU als Vertreter Krone vorschlage.[130] Ollenhauer benannte Mellies als Vertreter der SPD.[131] Mit ihm, so Gehlen, habe er bis zu dessen frühem Tod sehr gut zusammengearbeitet.[132] Ollenhauer selbst verzichtete somit gleich zu Beginn auf einen Sitz im Vertrauensmännergremium. Bei den anderen Parteien liegen keine Schreiben vor. Für die Sitzung am 8. April 1957 ist eine Einladungsliste vorhanden. Auf ihr befanden sich für die SPD Wilhelm Mellies, Erwin Schoettle[133] und Fritz Erler. Die CDU benannte Dr. Heinrich Krone, Dr. Richard Jaeger und Dr. Rudolf Vogel. Die CSU wurde von Richard Stücklen vertreten, die FDP durch Mende und die Deutsche Partei von Herbert Schneider (Bremerhaven).[134]

Hinzu kamen vom BND Gehlen, ein nicht identifizierbarer Mitarbeiter mit Namen Wendt und Alfred Dürrwanger, der Leiter des BND-Verbindungsbüros in Bonn. Das Kanzleramt wurde durch Globke, Mercker und Bachmann vertreten.[135]

---

[128] Krone: Tagebücher, Erster Band, S. 297.

[129] Ebd., S. 327.

[130] ACDP, Nachlass Heinrich Krone, 01-028-033/2, 5. Oktober 1955.

[131] Brief von Erich Ollenhauer an Konrad Adenauer, 5. November 1955, AdsD, Nachlass Erich Ollenhauer, Mappe: 410.

[132] Geheimes Protokoll der 25. Sitzung des 2. UA der 7. WP, Aussage des Zeugen Gehlen, PA-DBT, 19. November 1974, S. 17.

[133] Dieser war auch Vorsitzender des Haushaltsausschusses.

[134] Stiftung Konrad-Adenauer-Haus, Bestand I/04.08 Besucherlisten, Terminpläne Besucherliste, Blatt: 210.

[135] Terminkalender, ACDP, Nachlass Hans Globke, 01-070-135 und Stiftung Konrad-Adenauer-Haus, Bestand I/04.08 Besucherlisten, Terminpläne Besucherliste, Blatt: 210.

Leider gibt es aus dieser frühen Zeit des Vertrauensmännergremiums (bis 1963) keine Aufzeichnungen, Mitschriften oder Ähnliches. Es sind im Ganzen nur drei Sitzungen des Gremiums bis 1961 gesichert und eine unsicher überliefert.[136]

Prof. Wilhelm G. Grewe, bis 1958 Leiter der Politischen Abteilung des Auswärtigen Amtes und Teilnehmer der Rhöndorfer Gesprächen[137] im Oktober 1989, beschreibt Adenauers Haltung zur Unterrichtung der Parlamentarier folgendermaßen: „Seine Informationsbereitschaft auch gegenüber denjenigen Gremien, die einen Anspruch auf Information hatten – Kabinett, Auswärtiger Ausschuss, Fraktion, Partei -, war äußerst beschränkt. Sie wurden eigentlich immer nur minimal beteiligt und nur pauschal informiert."[138] 1963 wird dann von Abgeordneten eingeräumt, dass Sitzungen lange Zeit nicht mehr stattfanden.[139] Ein Grund für eine steigende Skepsis nachrichtendienstliche Themen parlamentarisch zu diskutieren, dürfte auch der Spionagefall Alfred Frenzel gewesen sein. Der sozialdemokratische Abgeordnete hatte 1960 zugeben müssen, seit vier Jahren für den Geheimdienst der CSSR gearbeitet zu haben. Seiner Enttarnung schloss sich eine umfangreiche Debatte darüber an, inwieweit Abgeordnete Zugang zu geheimen Materialen haben dürften und ob bei sensiblen Ausschüssen nicht eine Sicherheitsüberprüfung notwendig sei.[140]

Die erste Sitzung des Vertrauensmännergremiums fand im Jahr der Gründung des Bundesnachrichtendienstes statt. Sie beinhaltete einen Besuch in der Zentrale in Pullach am 4. Juli 1956.[141] Dort verschafften sich die Abgeordneten einen Überblick über den BND. An diese Sitzung erinnert sich Mende in seiner Biografie „Die neue Freiheit".[142] Er habe damals über die Wünsche seiner Partei, mit der LDPD Verbindungen aufzunehmen, gesprochen. Chruschtschows Rede auf dem XX. Parteitag der KPdSU, Mahnungen von Publizisten von Rang und die überraschende Absetzung Molotows hätten die Liberalen in dieser Idee bestärkt. Seit dem letzten Briefwechsel zwischen Bundespräsident Theodor Heuss

[136] Dazu wurden einmal die Fraktionsbestände gesichtet, dann die Terminkalender, die zu Verfügung standen von Adenauer, Globke und Erler, sowie die Tagebücher von Krone. Alle drei Kalender verzeichnen solche Sitzungen.

[137] Bereits 1969 führte die Stiftung Bundeskanzler-Adenauer-Haus ein erstes wissenschaftliches Kolloquium durch, das Historiker, politische Akteure und Zeitzeugen zusammenführte, um neue Forschungsergebnisse zu ausgewählten Themen der Ära Adenauer zu präsentieren und zu diskutieren.

[138] Schwarz: Konrad Adenauers Regierungsstil, S. 150.

[139] Vergleich Kapitel 3 Seite 59.

[140] Vergleiche die Debatte der CDU/CSU-Fraktion am 8. November 1960, Die CDU/CSU-Fraktion im Deutschen Bundestag (bearb. v. Schiffers, Reinhard), 1957-61, 2. Halbband, Bonn 2004, S. 706f.

[141] Terminkalender, ACDP, Nachlass Hans Globke, 01-070-054/1.

[142] Mende, Erich: Die neue Freiheit: 1945-1961, München, Berlin, 1984, S. 506f.

und Wilhelm Külz, dem Vorsitzenden der LDPD 1947, waren die Verbindungen unterbrochen.[143]

Eine weitere Eintragung für eine Sitzung des Vertrauensmännergremiums findet sich für den 12. Juli 1956[144], die bei Globke im Terminkalender notiert wurden.[145]

Für das Jahr 1957 ist eine Sitzung des Vertrauensmännergremium am 8. April 1957 ist gesichert, sowohl in Globkes, als auch in Adenauers Terminkalender ist sie eingetragen.[146] Wie sich in späteren Kapiteln zeigen wird, wäre nur eine Sitzung pro Jahr alles andere als ungewöhnlich. Vermutlich reichten die Informationsgespräche zwischen dem BND und den Fraktionsvorsitzenden oder den speziell dafür Beauftragten aus, um den Austausch sicherzustellen.

Die letzte registrierte Sitzung des Parlamentarischen Vertrauensmänner-Gremiums fand am 11. Juni 1958 statt. Sie ist durch ein offizielles Einladungsschreiben belegt. Als Inhalt war Folgendes angegeben: „Es sollen Zuständigkeits- und Personalfragen des Bundesnachrichtendienstes erörtert werden.“[147]

An diese Sitzung erinnerte sich Gehlen in einem Brief an Erler am 18. September 1963. Sowohl das Bundeskanzleramt wie auch der Bundesnachrichtendienst hätten darauf gedrängt, die Frage zu diskutieren, was mit ehemaligen Angehörigen des Reichssicherheitshauptamtes zu geschehen habe bzw. ob sie in den Bundesdienst übernommen werden könnten.[148] Das Ergebnis, so Gehlen, sei gewesen, jeden Einzelfall gründlich zu prüfen. Eine sehr beschränkte Anzahl solle die Chance erhalten.

Der BND-Präsident: „Dass sie für die Besetzung von einflussreichen Führungsstellen nicht in Frage kämen, verstand sich von selbst.“[149] Bei dem Doppelagenten und ehemaligen RSHA-Mitarbeiter Felfe machte Gehlen wohl eine Ausnahme. Er wurde Leiter der Gegenspionage.

Mit der geringen Frequenz der Sitzungen waren offensichtlich nicht alle Abgeordneten unzufrieden. Mende erwähnte im November 1960 das Vertrauensmännergremium. Es habe sich aus seiner Sicht bewährt und funktioniere seit mehren

---

[143] Das Treffen in Weimar zwischen Walter Scheel, Wolfgang Döring und Erich Mende 1956 fand dann auch durch den BND „bis ins einzelne abgeschirmt“ ab. Siehe: Rhöndorfer Gespräche (Hrsg.: Buchheim, Hans), Band 8: Konrad Adenauer und der Deutsche Bundestag, Bon 1986, S. 59.

[144] Terminkalender, ACDP, Nachlass Hans Globke, 01-070-135.

[145] Der Termin konnte jedoch nicht durch eine zweite Quelle bestätigt werden.

[146] Terminkalender, ACDP, Nachlass Hans Globke, 01-070-135 und Stiftung Konrad-Adenauer-Haus, Bestand I/04.08 Besucherlisten, Terminpläne Besucherliste.

[147] Brief Dr. Janz (Staatssekretär im Bundeskanzleramt) an Fritz Erler, 11. Juni 1958, AdsD, 3. WP, Mappe: 274.

[148] Brief Reinhard Gehlens an Fritz Erler vom 18. September 1963, AdsD, SPD-BT-Fraktion, 4. WP, Mappe: 871.

[149] Ebd.

Jahren gut.[150] Bei der geringen Sitzungsdichte ist dies mehr als fraglich. Vielleicht wollte Mende in der Öffentlichkeit nicht einräumen, dass die Kontrolle nicht sehr intensiv war.

2.2.4 Vertrauensmänner in Pullach: Die Sozialdemokraten suchen eigene Wege

Gehlen betonte gern den guten Kontakt zu Erler. Mit ihm habe er sich besonders gut verstanden. [151] Auf Grund dieser engen Zusammenarbeit wurden auch verschiedene Wünsche der SPD erfüllt, nicht ohne Kenntnis des Bundeskanzlers respektive seines Staatssekretärs Globke. Der BND-Präsident selbst berichtet in seinen Memoiren von einer Episode vor der Übernahme der Organisation, die in den Kontext passt. Erler, schreibt er, sei „keineswegs immer ein bequemer Gesprächspartner“[152] gewesen. Dieser habe einmal einen Wochenbericht kritisiert, er sei zu subjektiv. Daraufhin musste der BND-Mitarbeiter ihm über eine ausgewählte Anzahl von Berichten die vollständige Dokumentation vorgelegt. Das habe ihn „beeindruckt“.[153]

Weiß äußerte sich im Guillaume-Untersuchungsausschuss, dass Erler den „Grundstein“ gelegt habe, was an Wünschen und Forderungen von den Parteien an den BND herangetragen wurde.[154] Gehlen erinnerte sich 1974: „So ist z.B. eine ausländische sozialdemokratische Partei auf Anregung von Herrn Mellies finanziell längere Zeit unterstützt worden.“[155] Das sei von einer Zwischenperson, die der sozialdemokratischen Partei angehörte und später eine Zeitlang beim BND gearbeitet habe, vermittelt worden.

Es handelte sich keineswegs um eine ‚Informations-Einbahnstraße‘. Die SPD versuchte ebenso den Nachrichtendienst zu unterstützen. Bezeichnend dafür ist ein Brief Erlers an den BND-Präsidenten vom 11. April 1960.[156] Der Sozialdemokrat beschreibt darin, dass ehemalige kommunistische Mitgefangene aus seiner Haftzeit vor 1945 erst den Kontakt zu ihm abgebrochen hätten, nun aber

---

[150] Dr. Erich Mende äußerte sich so gegenüber dem SDR, 5. November 1960, 12.40 Uhr (Die Woche in Bonn), AdsD, Nachlass: Fritz Erler, Mappe: 58 B (Fraktion).

[151] Geheimes Protokoll der 25. Sitzung des 2. UA der 7. WP, Aussage des Zeugen Gehlen, PA-DBT, 19. November 1974, S. 17.

[152] Gehlen: Der Dienst, S. 195f..

[153] Gehlen: Der Dienst, S. 196.

[154] Protokoll der 22. Sitzung des 2. UA der 7. WP, Aussage des Zeugen W. (Weiß), PA-DBT, 6. November 1974, S. 45.

[155] Geheimes Protokoll der 25. Sitzung des 2. UA der 7. WP, Aussage des Zeugen Gehlen, PA-DBT, 19. November 1974, S. 17.

[156] Brief Fritz Erler an Reinhard Gehlen, 11. April 1960, AdsD, SPD-BT-Fraktion, 3. WP, Mappe: 274.

diesen suchten. Sie schrieben ihn mit der Maßgabe an, er solle sich gegen das angeblich geplante Verbot der Vereinigung der Verfolgten des Naziregimes, die als KPD-nah galt, einsetzen. Erler nannte Gehlen die Adressen der drei Briefschreiber. „Ich wollte Ihnen nur die Daten geben, weil das zur Abrundung Ihres Bildes über derartige Aktionen vielleicht nicht ganz uninteressant ist“[157], offerierte Erler dem BND-Präsidenten die Information.

Eine Aktennotiz vom August 1960 in den Unterlagen der SPD gibt umfassend Auskunft über das Verhältnis zwischen SPD und BND.[158] Danach gab es einen Verbindungsauftrag zum Parteivorstand und zum so genannten ‚Bundesbeauftragten für die Kontrolle des BND', Erler. Außerdem bestanden Beratungsaufgaben im parlamentarischen Raum, wie Fragen der Sicherheitskonzeption, Kompetenzfragen der Sicherheitsorgane, Probleme, die sich durch die Zuständigkeiten der Länder ergaben usw. Die SPD sollte alle sie betreffenden Informationen, Infiltrations- und Spionageabwehr sowie SBZ-Berichte erhalten. Die Informationen sollten analog mit anderen Organen, wie dem Verfassungsschutz, dem Generalbundesanwalt, der Kriminalpolizei und dem Ostbüro abgeglichen werden. Weiterhin führt das Papier Verbindungsaufgaben nach Schweden und Finnland an.[159]

Auffällig ist die nicht unbedeutende Anzahl von Erlers Reisen nach Pullach. Dort gab es Gespräche zwischen ihm und dem BND-Mitarbeiter Wagner, der bei den Schulen des BND beschäftigt war. Der Austausch begann nach der Aktenlage 1957.

Die Reisen wurden allesamt gut vorbereitet, meist mit Hilfe von Siegfried Ortloff, dem Personal- und Sicherheitsreferenten der Partei[160], als auch von einem Informanten der SPD im BND, Siegfried Ziegler.[161] Die Informationen, die Erler in Pullach erhielt, flossen auch wieder an Ortloff und Ziegler zurück.[162] Die Reisen vereinten kritische Fragen mit Informationswünschen. Vielleicht ging es auch um die Arbeit des Vertrauensmännergremiums. Es liegen jedoch keine offiziellen Einladungen vor, wie bei den Sitzungen des Vertrauensmännergremiums üblich. Außerdem fällt auf, dass häufig Themen anstanden, die allein die SPD betrafen. Aus dem Inhalt kann man schließen, dass es sich sehr wohl um

---

[157] Ebd.

[158] Aktennotiz vom 29. August 1960, Autor nicht ersichtlich, „Betr.: Arbeitsgebiet“, AdsD, SPD-BT-Fraktion, 3. WP, Mappe: 274.

[159] Ebd.

[160] Geheimes Protokoll der 25. Sitzung des 2. UA der 7. WP, Aussage des Zeugen Gehlen, PA-DBT, 19. November 1974, S. 14.

[161] Laut einem Vermerk vom 8. Dezember 1961 (AdsD, SPD-BT-Fraktion, 4. WP, Mappe: 871), war Ziegler dem Nebenbüro Wagner unterstellt.

[162] Siehe Brief von Siegfried Ortloff an Fritz Erler, 1. Dezember 1962, AdsD, SPD-BT-Fraktion, 4. WP, Mappe: 871.

eine Art von Kontrolle handelte. Nicht nur, weil die Opposition Einblicke erhielt, sondern auch, weil offen Personalentscheidungen u.ä. kritisiert wurden.[163]

Ein Brief von Ortloff an Erler vom 13. November 1958 enthüllt ein wenig die Art und Weise, wie solche Besuche abliefen. Der Sicherheitsreferent übersandte einige Notizen zur Vorbereitung. Weiter heißt es: „Es bleibt also dabei, dass am Mittwoch, 19.11., unser Freund Z. Dich um 15°° Uhr im Hotel (evtl. als Dr. König) abholen wird. Der ganze Donnerstag ist für die Zentrale in Pullach vorgesehen. Freitag Vormittag Besuch der Führerschule in München. Sicherlich wird in Ergänzung meiner Notizen unser Freund Z. Dir noch wesentliche Anregungen geben.“[164] [165]

Gehlen hat in seinem Buch „Zeichen der Zeit“[166] darauf hingewiesen, dass er Ziegler speziell ausgewählt habe, um den Kontakt zur SPD zu nutzen. „Zu diesem Zweck beauftragte ich einen ehemaligen bayerischen Landtagsabgeordneten der SPD, der Angehöriger der „Org.“ war, mit der Wahrnehmung dieser Verbindung, die Anfragen, gegenseitige Unterrichtung und Informationen ermöglichte.“[167]

Hauptschwerpunkt der Kontrolltätigkeit waren Personalfragen. Im Januar 1958 informierte der Sicherheitsreferent Ortloff Erler über den Vorschlag an den Bundespersonalausschuss, den Oberst i.G. Heinz Herre zum Ministerialdirigenten des BND zu ernennen[168]. Herre sei bei der Wlassow-Armee[169] gewesen und leite beim BND die Beschaffung. „Er wird als reaktionärer und anmaßender Typ geschildert“[170], führte Ortloff aus. James Critchfield, bis zur Übernahme bei der CIA zuständig für die Organisation Gehlen, schreibt hingegen viel Positives über seine Erfahrungen mit Herre und lobt dessen umfassende Russland- und Sprachkenntnisse. Zu Beginn der 50er Jahre habe er vorübergehend den Auswertungsstab in Pullach geleitet und eine wichtige Rolle eingenommen.[171] Die Kritik der

---

[163] Notiz von Fritz Erler zur Besprechung in München, 16. Februar 1959, AdsD, SPD-BT-Fraktion, 3. WP, Mappe: 274.

[164] Brief von Siegfried Ortloff an Fritz Erler, 13. November 1958, AdsD, SPD-BT-Fraktion, 3. WP, Mappe: 274.

[165] Dieser Besuch ist im Terminkalender von Erler überliefert, AdsD, Nachlass: Fritz Erler, Mappe: 228.

[166] Gehlen, Reinhard: Zeichen der Zeit, Mainz 1973.

[167] Ebd., S. 50.

[168] Notiz von Siegfried Ortloff, Btr. BND, 24. Januar 1958, AdsD, SPD-BT-Fraktion, 3.WP, Mappe: 274.

[169] Der russische General Wasslow war im Juli 1942 von der Wehrmacht gefangen genommen worden, baute mit ihr eine Armee auf, die auf der Seite der Deutschen kämpfte, um Stalin zu stürzen. Im Mai 1945 zerbrach das Bündnis, am 30. Juli 1946 wurde Wasslow in Moskau gehängt.

[170] Notiz von Siegfried Ortloff, Btr. BND, 24. Januar 1958.

[171] Critchfield: Partners at the creation, S. 128.

SPD sollte sich nicht durchsetzen: Am 11. Juni 1958 beschloss das Kabinett, Herre zum Direktor zu ernennen.[172]

Ein weiteres Beispiel für die Diskussion innerhalb der SPD über das BND-Personal ist die frühe Auseinandersetzung um die Nachfolge Gehlens. Schon 1959 wurde diese Frage hinter den Kulissen debattiert. Ortloff legte dar, dass in der CDU über eine Ablösung gesprochen worden sei.[173] Für die Nachfolge interessiere sich Dr. Paul Leverkuehn. Der CDU-Abgeordnete war im Zweiten Weltkrieg von 1941 bis 1944 Mitarbeiter von Wilhelm Canaris sowie in diesem Zusammenhang Chef der deutschen Abwehr in Istanbul gewesen. [174] Fünf Monate später schrieb der Sicherheitsbeauftragte der SPD, Gehlen habe die Frage nach einem Nachfolger bereits selbst angesprochen.[175]

Brisanter und für die nächsten Jahre prägend war, dass Erler von Ortloff Informationen über BND-Mitarbeiter erhielt, die durch den Nationalsozialismus belastet waren. Eine Notiz des Sozialdemokraten konstatiert, dass der BND-Präsident einen solchen fraglichen Mitarbeiter einstellen wollte. Ortloff äußerte sich zu diesem in der gleichen Notiz wie zu Herre, die er auch an Mellies und Fritz Heine, den Sprecher der Partei, sandte.[176] Er teilte Brisantes mit: „K. [Name aus Persönlichkeitsgründen anonymisiert] war HJ-Pressereferent, später bei der Wehrmacht und Ritterkreuzträger. Gegen Kriegsende soll er bei der Erhängung von Feldgendarmen mitgewirkt haben und wurde als Kriegsverbrecher verurteilt. Er arbeitet jetzt bei Siemens."[177] Ob er schließlich beim BND eingestellt wurde ist nicht bekannt.

Ein Kritikpunkt gegenüber Gehlen, der bis zu seiner Ablösung 1968 ein Thema blieb, war der Vorwurf der ‚Vetternwirtschaft'. Kritisch merkte Erler zu diesem Punkt an, er fände es nicht zulässig, Verwandte innerhalb der gleichen Behörde einzusetzen. Erler führte den Schwager Gehlens von Seydlitz, den Chef der Personalabteilung, und Gehlens Stiefbruder, einen Amtsarzt, an. [178]

[172] 23. Kabinettssitzung, 11. Juni 1958, Die Kabinettsprotokolle der Bundesregierung, Band 11: 1958, München 2002, S. 274.

[173] Aktennotiz vom 14. September 1959 von Siegfried Ortloff, „Betr.: BND", AdsD, SPD-BT-Fraktion, 3. WP, Mappe: 274.

[174] Ebd.

[175] Anregungen zur Besprechung am 27. Jan. 1960, sehr wahrscheinlich von Siegfried Ortloff, AdsD, SPD-BT-Fraktion, 3. WP, Mappe: 274.

[176] Vorderseite: Brief von Walter Seuffert an Fritz Erler, (betr. DHK), 5. März 1958, Rückseite Notizen von Erler, Mai (?), AdsD, SPD-BT-Fraktion, 3. WP, Mappe: 274.

[177] Notiz von Siegfried Ortloff, Btr. BND.

[178] Gemeint ist: Dr. Hans Schneemilch, leitete ab 1946 den ärztlichen Dienst der Organisation Gehlen. In: Vermerk vom 17. Juli 1958 von Fritz Erler, „Bei Reise nach München besprechen", AdsD, SPD-BT-Fraktion, 3. WP, Mappe: 274.

Die Personaldiskussionen nur auf Gerüchte und Kritik zu reduzieren wäre falsch. Es ging ebenso um allgemeine Zusammenhänge der Personalwirtschaft bis hin zu Besoldungsfragen. Erler besaß, zumindest für 1957, einen umfangreichen Organisations- und Stellenplan.[179] Laut einer Notiz von 1957 beschäftigte den Sozialdemokraten zum Beispiel die Frage, wie BND-Mitarbeiter mit militärischem Hintergrund eingruppiert werden sollten.[180] Aus dem gleichen Jahr stammt der Vermerk, dass ihm die große Anzahl und der Zweck der Generalstabsstellen nicht einsichtig seien.[181]

Ein bedeutendes Thema über eine lange Zeit waren die Laufbahnrichtlinien. Fritz Erler schrieb, ausdrücklich als Mitglied des Vertrauensmännergremiums, an den Staatssekretär des Innern, Ritter von Lex, er habe erfahren, dass an neuen Laufbahnrichtlinien für den BND gearbeitet werde. Er bitte, ihm doch einen Entwurf zukommen zu lassen.[182] Diesem Wunsch wurde erst drei Monate später entsprochen.[183] Die Materialien sandte Erler dann an Ortloff weiter, der sich mit Ziegler besprechen sollte, ob es Änderungswünsche gebe. Auf dem Brief ist handschriftlich notiert, dass solche Wünsche von Ziegler bereits in der neuesten Vorlage des Bundesinnenministeriums berücksichtigt worden seien.[184] Erler schrieb im Juni an Bachmann, er bitte um die Neufassung der Texte, nachdem die Stellungnahme des Bundespersonalausschusses eingeholt worden sei.[185] Die Unterlagen übermittelte der Sozialdemokrat schließlich wieder an Ortloff. Dies belegt einen regen Informationsfluss.

Eine Befürchtung in Bezug auf die Laufbahnrichtlinie war die Sorge der Sozialdemokraten, dass der BND seine fähigsten Offiziere an den MAD verlieren könnte, weil bisher den ehemaligen Militärs des Dienstes die Beamtenlaufbahn versperrt blieb.[186] „Sollte nicht versucht werden, in Absprache mit dem Bundespersonalausschuss einige schlecht entbehrliche Offiziere des BND zu

[179] Rückseite Notizen von Erler, Mai (?) 1958, AdsD, SPD-BT-Fraktion, 3. WP, Mappe: 274.

[180] Ebd.

[181] Vermerk vom 17. Juli 1958 von Fritz Erler, „Bei Reise nach München besprechen" AdsD, SPD-BT-Fraktion, 3. WP, Mappe: 274.

[182] Brief von Fritz Erler an Ritter von Lex, 19. Dezember 1959, AdsD, SPD-BT-Fraktion, 3. WP, Mappe: 274.

[183] Brief von Dr. Bachmann (Bundeskanzleramt) an Fritz Erler, 11. März 1960), AdsD, SPD-BT-Fraktion, 3. WP, Mappe: 274.

[184] Die Änderungswünsche haben sich nicht erhalten. Brief von Fritz Erler an Siegfried Ortloff, 18. März 1960, AdsD, SPD-BT-Fraktion, 3. WP, Mappe: 274.

[185] Brief von Fritz Erler an Dr. Bachmann, 24. Juni 1960, AdsD, SPD-BT-Fraktion, 3. WP, Mappe: 274.

[186] Aktennotiz vom 14. September 1959 von Siegfried Ortloff, „Betr.: BND", AdsD, SPD-BT-Fraktion, 3. WP, Mappe: 274.

Beamten zu machen?" [187], regte Ortloff einige Monate später an. Als Beispiele wurden Kurt Weiß (Beschaffung Politik) und Krahl[188] (Lehrgangsleiter) angeführt.

Neben Personalfragen war die militärische Aufklärung des BND ein bevorzugtes Thema der sozialdemokratischen Kontrolltätigkeit. Zu der stets wiederkehrenden Frage der Offiziere im BND schickte Ortloff Erler eine Aktennotiz über ihren Status: „Diese Offiziere bilden eine Sonderformation des Verteidigungsministeriums im BND. Deren oberster Disziplinarvorgesetzter ist der Oberst Langendorff (also nicht Gehlen)."[189] Mit Langendorff ist Wolfgang Langkau gemeint.[190] Die Rivalität zwischen MAD und BND, blieb ein Dauerthema. [191]

Kritik übte Erler auch an der politischen Aufklärung, sah es zum Beispiel als falsch an, dass ein Militär, nämlich Langkau, diese Abteilung leite.[192] Dieser war ein Kamerad aus Gehlens Regiment und wurde vom BND-Präsidenten mit sensiblen Aufgaben betraut.[193]

Neben der kritischen Auseinandersetzung gab es vor allem den Wunsch, sich zu informieren. So wollte Erler zum Beispiel mehr Auskunft über Atomwaffen in Satellitenstaaten und die Lage in Algerien erhalten.[194] Aufgrund des Algerienkrieges von 1954 bis 1962 war die Situation in dem afrikanischen Land über lange Zeit Thema. Die Front de Liberation Nationale, kurz FLN, kämpfte für die Unabhängigkeit des Landes von Frankreich. Am 27. Januar 1960 fand eine weitere Besprechung statt, über deren Teilnehmerkreis nichts auf dem Papier vermerkt ist. Unter dem Tagesordnungspunkt Politik wurde als einziger Algerien aufgeführt, auf einem anderen Zettel das Stichwort „Algerienüberwachung Rote Hand" niedergeschrieben. [195] Hinter der ‚Roten Hand' verbarg sich eine afro-französische Geheimorganisation, die gegen die FLN kämpfte. Sie war auch in der Bundesrepublik aktiv und verübte hier allein bis 1960 sieben Mordanschläge,

---

[187] Anregungen zur Besprechung am 27. Jan. 1960 sehr wahrscheinlich von Siegfried Ortloff, AdsD, SPD-BT-Fraktion, 3. WP, Mappe: 274.

[188] Keine Personendaten bekannt.

[189] Notiz von Siegfried Ortloff für Fritz Erler, 25. September 1959, AdsD, SPD-BT-Fraktion, 3. WP, Mappe: 274.

[190] Müller, Peter F.; Mueller, Michael: Gegen Freund und Feind, S. 717f..

[191] Anregungen zur Besprechung am 27. Jan. 1960 sehr wahrscheinlich von Siegfried Ortloff, AdsD, SPD-BT-Fraktion, 3. WP, Mappe: 274.

[192] Vermerk vom 17. Juli 1958 von Fritz Erler, „Bei Reise nach München besprechen", AdsD, SPD-BT-Fraktion, 3. WP, Mappe: 274.

[193] Critchfield: Partners at the creation, S. 106 und 170.

[194] Vermerk vom 17. Juli 1958 von Fritz Erler, „Bei Reise nach München besprechen", AdsD, SPD-BT-Fraktion, 3. WP, Mappe: 274.

[195] Notiz „Für München Reise" und „Anregung zur Besprechung", 27. Januar 1960, AdsD, SPD-BT-Fraktion, 3. WP, Mappe: 274.

von denen fünf gelangen.[196] In die Auseinandersetzung waren wohl auch deutsche Waffenhändler mit einbezogen[197], die die FLN unterstützten. Das Thema wurde unter den Abgeordneten im Parlament und in den Ausschüssen eingehend diskutiert.[198] Weitere Beispiele für Informationswünsche waren z. B. die sowjetischen Absichten in Berlin und die Stimmung im Zentralkomitee der SED. [199]

2.2.5 Das „nachrichtendienstliche Tabu": nur wenig Einblick in den Haushalt

Das langjährige Mitglied im Haushaltsausschuss Heinrich Ritzel stellte zu den Ausgaben des BND fest, dieser ‚Etat' gehöre zu jenen nachrichtendienstlichen Tabus, die in allen Ländern mit mancherlei Verschleierung sorgsam gewahrt würden. Deshalb seien auch die veröffentlichten Zahlen über den Haushalt des BND sicherlich nicht authentisch.[200]

1956 war ein Unterausschuss des Haushaltsausschusses gebildet worden, der die Ausgaben des Nachrichtendienstes zu prüfen hatte.[201] Dessen Protokolle sind nicht überliefert[202] - sie hätten die Diskussionen um einzelne Posten wiedergeben und nachzeichnen können, welche Vorschläge die Regierung, welche die Parlamentarier unterbreiteten. Aus diesem Grund fehlt die Grundlage für eine ausführliche Erörterung der sehr wichtigen Haushaltskontrolle.

Der Haushaltsausschuss übernahm meist das vom Unterausschuss vorgeschlagene Geheimdienstbudget ohne Aussprache oder Kritik - so steht es zumindest in dessen Protokollen.[203] Die Folge: die Qualität der Kontrolle ist kaum zu beurteilen. Hinzukommt, dass der BND-Etat ab 1959 einen einigen Berichterstatter aus

---

196 Vermerk vom 16. Februar 1959 von Fritz Erler, „Zur Besprechung München", AdsD, SPD-BT-Fraktion, 3. WP, Mappe: 274.

197 Cahn, Jean-Paul/ Müller, Klaus-Jürgen: La République fédérale d'Allemagne et la Guerre d'Algier 1954- 1962. Perceptions, implications et retmombées diplomatiques. Èdition du Félin, Paris 2003, S. 509.

198 alles: Aktennotiz vom 27. Januar 1960 von Fritz Erler, „Für München Reise", AdsD, SPD-BT-Fraktion, 3. WP, Mappe: 274.

199 Vermerk vom 16. Februar 1959 von Fritz Erler, „Zur Besprechung München", AdsD, SPD-BT-Fraktion, 3. WP, Mappe: 274.

200 Heinrich Ritzel: Abschrift – Nachrichtendienstliche Probleme und Einzelfragen, AdsD, Nachlass: Heinrich Ritzel, Mappe: 759.

201 2. WP, Protokoll Nr. 166 des Haushaltsausschusses, PA-DBT, 6. Juni 1956.

202 Leider gibt es laut einem Schreiben der Geheimschutzstelle des Bundestages vom 7. Februar 2005 keine Protokolle dieses Unterausschusses. Fraglich ist allerdings, weshalb es für die Zeit vom 9. April 1970 bis 8. Dezember 1976 in den Unterlagen des Haushaltsausschusses im Parlamentsarchiv den Hinweis gibt, die siebzehn Protokolle seien vertraulich und befänden sich in der Geheimschutzstelle.

203 Protokolle des Haushaltsausschusses, PA-DBT.

den Reihen den Unterausschusses bekam. Der Haushaltsausschuss erhielt somit einen marginalen Einblick.[204]

Auf Grund der schwachen Datenlage ist diese Untersuchung allein auf die Protokolle des Haushaltsausschusses angewiesen – ganz selten einmal existieren in Nachlässen oder Fraktionsbeständen Informationen zu diesem Thema. Bei der Übernahme der Organisation Gehlen wurde einmalig eine detaillierte Übersicht der Ausgaben und Einnahmen des BND veröffentlicht. Die Einnahmen lagen bei fast 176 000 DM, die Ausgaben bei über 23 Millionen DM.[205] Interessant ist, dass öffentlich mitgeteilt wurde, welche Gehaltsgruppe und welche Dienstaufwandsentschädigung dem BND-Präsidenten zustand. Neben letzterer erhielt der Präsident einen persönlichen Verfügungsfonds in gleicher Höhe.

Nach Besoldungsgruppen aufgeschlüsselt wurden die 540 Beamtenstellen des Dienstes aufgelistet. Insgesamt beliefen sich die Personalausgaben (Titel 101- 104) auf fast 14 Millionen DM, wobei sich weitere unter dem Geheimtitel 300 und in anderen Haushaltsplänen verbargen. Dazu kam ein Sachausgabenetat (Titel 200 – 299) von 3,5 Millionen DM.[206] Neben ihm gab es eine Reihe von einmaligen Ausgaben, z.B. für nachrichtendienstliche Geräte in Höhe von fast einer halben Million Mark. Die Abgeordneten erfuhren auch, dass der BND allein 1956 für seine Bücherei gut 38 000 DM benötigte. Bei den Reisenkosten ergibt sich ein eher ungewöhnliches Bild für einen Auslandsnachrichtendienst: Mit 800 000 DM für das Inland, nahmen sich Auslandsreisen mit 53 000 DM eher gering aus.

Besondere Bedeutung kommt dem Titel 300 ‚allgemeine nachrichtendienstliche Ausgaben' zu. Dahinter verbargen sich Mittel, die sowohl für Personal- als auch für Sachausgaben eingesetzt werden konnten. 1956 lag der Betrag bei fast fünf Millionen Mark. Die Jahresrechnung, heißt es in der Bundestagsdrucksache, lag nur dem Präsidenten des Bundesrechnungshofs vor. Nach der Prüfung wurden sämtliche Quittungen vernichtet.[207] Die Abgeordneten hatten somit allein Einblick in die Sachausgaben und in die regulären Personalausgaben, also in den Aufwand für die Angestellten und Beamten des Bundesnachrichtendienstes.
Die Ausgaben und Einnahmen des BND wurden im Haushaltsplan für das Jahr 1957 exakt in der gleichen Höhe wie im Vorjahr angegeben.[208] Doch bereits im nächsten Monat wurde die Beratung des Titels im Haushaltsausschuss einen Monat zurückgestellt.[209] Krone notierte sich, dass für den BND ein zusätzliches

[204] 3. WP, Protokoll Nr. 48 des Haushaltsausschusses, PA-DBT, 14. Januar 1959.
[205] Ordentlicher Haushalt, 2. WP, BT-Drucksache 2480, 8. Juni 1956, S. 12.
[206] Ebd.
[207] 2. WP, BT-Drucksache 2453, 8. Juni 1956.
[208] 2. WP, BT-Drucksache 2900, 1. Dezember 1956.
[209] 2. WP, Protokoll Nr. 191 des Haushaltsausschusses, PA-DBT, 10. Januar 1957.

Ausgabeprogramm von 15 Mio. DM geplant sei.[210] Am 28. März wurde im Kabinett eine Erhöhung um 12 Millionen diskutiert und schließlich gebilligt.[211] Ende April kam der Antrag ins Parlament. Dort wurden die Einnahmen des BND um 30 000 DM reduziert. Bei den Personalkosten kamen an die 3 Millionen DM dazu, die Sachausgaben sanken um eine halbe Million, die allgemeinen Ausgaben stiegen um 3,5 Millionen und auch bei den einmaligen Ausgaben wurde um 700 000 DM aufgestockt. Insgesamt wurde das Budget des BND um gut 6 Millionen Mark erhöht.[212] Unter welchem Titel sich die weiteren 6 Millionen befanden ist nicht bekannt. Auch im Kanzleramt wurden die Stellen für den Bereich Nachrichtendienste erhöht. Es seien, so die Regierungszentrale, seit dem 1. April Mehrarbeiten erforderlich geworden, daher wurden zwei A2-Stellen geschaffen.[213]

Auch im nächsten Jahr wuchsen die BND-Ausgaben, in diesem Fall vor allem die operativen Mittel. Die Personal- und Sachausgaben wurden außerdem nicht mehr getrennt ausgewiesen, ein klarer Verlust von Transparenz. Es war nur noch von allgemeinen Ausgaben die Rede, die bei über 41 Millionen DM lagen. Dies bedeutete eine Erhöhung um 12 Millionen DM.

Im Haushaltsausschuss kam es im Juni zu einer kurzen Diskussion über diesen Titel 300. Prof. Dr. Wilhelm Gülich, Abgeordneter der SPD, wies darauf hin, dass der Ansatz beträchtlich erhöht worden sei und dass darüber gesprochen werden müsse. Doch nach kurzer Beratung entschloss sich der Ausschuss, die Empfehlungen des Unterausschusses abzuwarten.[214] Dieser empfahl die Annahme des Etats, was dann mit großer Mehrheit geschah.[215]

Der Personalbestand änderte sich 1959 nicht gravierend. Dr. Rudolf Vogel (CDU) meldete aus dem Unterausschuss, dass eine der 33 B6-Stellen wegfalle, dafür eine B5-Stelle (Brigadegeneral) hinzukomme. Außerdem bekam der BND eine Generalstelle, das heißt eine hohe militärische Planstelle.[216] Auch bei den Angestellten wurde erhöht und von 579 auf 611 A16-Stellen.[217] Insgesamt gab es einen moderateren Kostenanstieg als im Vorjahr, nämlich um knapp 2 Millionen DM.[218]

---

[210] Notiz Krones zum BND-Etat, ACDP, Büro des Fraktionsvorstandes, 08-001-057/2, 1957.

[211] 178. Kabinettssitzung, 28. März 1957: Die Kabinettsprotokolle der Bundesregierung, Band 10: 1957, München 1998, S. 210.

[212] 2. WP, BT-Drucksache 3478, 30. April 1957.

[213] 2. WP, BT-Plenarprotokoll 207. Sitzung, 8. Mai 1957, S. 11947.

[214] 3. WP, Protokoll Nr. 9 des Haushaltsausschusses, PA-DBT, 10. Juni 1958.

[215] 3. WP, Protokoll Nr. 10 des Haushaltsausschusses, PA-DBT, 20. Juni 1958.

[216] 3. WP, Protokoll Nr. 76 des Haushaltsausschusses, PA-DBT, 14. April 1959.

[217] 3. WP, Protokoll Nr. 77 des Haushaltsausschusses, PA-DBT, 15. April 1959.

[218] 3. WP, BT-Drucksache 1053, 30. April 1959.

Die ausführlichste Beratung gab es zum BND-Etat 1960 im Haushaltsausschuss. Der Vorsitzende Erwin Schoettle berichtete, der Unterausschuss sei am 17. Februar im Bundeskanzleramt zusammengetreten. Teilgenommen hätten außer ihm Dr. Rudolf Vogel, Friedrich Schäfer (SPD) und kurzzeitig Hans Lenz (Trossingen), stellvertretender Vorsitzender der FDP-Fraktion. Die Besprechung habe ergeben, dass am bestehenden System der Einnahmen und Ausgaben für das künftige Rechnungsjahr nichts geändert werden solle, tatsächlich wuchs das Budget um 350 000 DM[219]. In diesem Jahr gab es keine größeren Veränderungen, sowohl beim Personal als auch bei den Sachausgaben. Wie in den Vorjahren gebe es einige Ausgaben einmaliger Art, erklärte Schoettle, da der BND mit der technischen Entwicklung Schritt halten wolle.[220] Der erste Ansatz des Wirtschaftplanes wurde wohl vom Bundeskanzleramt und vom Bundesbeauftragten für Wirtschaftlichkeit in der Verwaltung stark gekürzt. Schoettle meldete, dass im Moment das Rechnungsjahr 1958 geprüft werde. Das Ergebnis solle zwischen dem parlamentarischen Unterausschuss und dem Präsidenten des Bundesrechnungshofes demnächst an Ort und Stelle näher behandelt werden. Der Abgeordnete Schäfer wies darauf hin, dass neben dem parlamentarischen Unterausschuss noch das Vertrauensmännergremium bestehe. Sein Parteikollege Ritzel sprach in dem Zusammenhang ein noch in den 90er Jahre diskutiertes Problem an: Die Berichterstatter für den Etat des Bundesnachrichtendienstes seien nicht Mitglieder des Kontrollgremiums. Er würde es begrüßen, wenn dies geändert werde.[221]

Im Jahr darauf beschloss der Haushaltsausschuss Vertraulichkeit für die Beratungen des BND-Budget. Daher ist im Protokoll nur vermerkt, dass der Wirtschaftsplan für das Haushaltsjahr 1962 genehmigt wurde.[222] 1961 sollten dem BND knapp 1 Million Mark mehr zur Verfügung stehen, im folgenden Jahr planten die Abgeordneten, diesen Betrag in gleicher Höhe zu senken – zu den Gründen ist im Protokoll nichts vermerkt.[223]

Aus einem Brief Fritz Erler an Schoettle vom Mai 1961 lässt sich ersehen, in welchem Umfang die Parlamentarier Einblick in Details des Dienstes hatten. Erler schrieb, er habe das Gefühl, dass im Großen und Ganzen der „erhebliche Betrag nützlich angelegt“ [224] sei. Dennoch sollte seiner Meinung nach in Einzelfällen gegengesteuert werden, wenn die Organisation drohe zu aufwändig zu werden. „Z.B. halte ich es nicht für erforderlich, dass der BND zu den Landesre-

---

[219] 3. WP, BT-Drucksache 1703, 25. März 1960.
[220] 3. WP, Protokoll Nr. 163 des Haushaltsausschusses, PA-DBT, 24. Februar 1961.
[221] Ebd.
[222] Ebd.
[223] 3. WP, BT-Drucksache 2050, 23. September 1960.
[224] Brief von Fritz Erler an Erwin Schoettle, 12. Mai 1961, AdsD, SPD-BT-Fraktion, 3. WP, Mappe: 274.

gierungen ganze Verbindungsstäbe unter der Leitung von Obersten unterhält. Das kann man auch einfacher gestalten. Ich glaube auch, dass für die Schule nicht unbedingt gleichzeitig fünf schlossartige Villen gebraucht werden. Natürlich muss die Schule, sobald die Gefahr der Entdeckung besteht, ihr Domizil wechseln. Warum geht man aber nicht mit dieser Schule alle paar Monate von einer Kaserne der Bundeswehr in eine andere? Dann hätte man sogar noch die Wache am Tor umsonst."[225] Dass seine Vorschläge Eingang in die Diskussion fanden und umgesetzt wurden, ist nicht bekannt.

[225] Ebd.

3 Der Weg in die Krise

Die zweite Phase der Regierung Konrad Adenauers, 17. Oktober 1961 – 15. Oktober 1963

3.1 Entwicklung der exekutiven Kontrolle

3.1.1 Ende des guten Verhältnisses zwischen Adenauer und Gehlen: der Doppelagent Heinz Felfe und die ‚Spiegel-Affäre'

Der 9. November 1961 war für den Bundesnachrichtendienst ein denkwürdiger Tag. Im Büro von Wolfgang Langkau wurde Heinz Felfe, der Leiter des Sowjetreferats der BND-Gegenspionage-Abteilung, aufgrund seiner Arbeit für den KGB[226] verhaftet. Felfe arbeitete zusammen mit Hans Clemens und Erwin Tiebel, zwei seiner Weggefährten aus dem Reichssicherheitshauptamt[227], der zentralen nachrichtendienstlich-polizeilichen Organisation des Nationalsozialismus.[228]

Eine unrühmliche Vergangenheit als SS- oder SD-Mitarbeiter öffnete den Diensten die Chance Druck auszuüben, wollten sie diese entsprechenden Personen anwerben. Die Methode nutzten sowohl westliche Dienste wie der BND und die CIA[229] als auch das Ministerium für Staatssicherheit der DDR und der KGB. Aus dem gleichen Vorgehen entwickelte sich ein Klima für Doppelagenten.

Die Netzwerke aus der Zeit des Nationalsozialismus funktionierten weiterhin. So manches Mal führten sie dazu, dass Bekannte einander für den Nachrichtendienst warben. Neben dem Trio um Felfe ist Ernst Schwarzwäller ein solches Beispiel. Der ehemalige SD-Außenstellenleiter warb 1951 seinen SD-Kameraden, SS-Oberführer Otto Somann, für die Organisation Gehlen.[230] Letzte-

---

[226] Komitet gossudąrstwennoi besopąsnosti = Komitee für Staatssicherheit

[227] 1939 von Heinrich Himmler durch eine Zusammenlegung von der Sicherheitspolizei und des Sicherheitsdienstes gegründet, geleitet zuerst von Reinhard Heydrich, dann von Himmler selbst und schließlich Ernst Kaltenbrunner. Das RSHA sorgte für Gewalt, Terror und Vernichtung.

[228] Zur Enttarnung sei das folgendes Buch empfohlen: Reese, Mary Ellen: General Reinhard Gehlen: The CIA-Connection, Fairfax (Virginia) 1990, S. 153f..

[229] Siehe: Breitman, Richard/Goda, Norman J.W./Naftali, Timothy/Wolfe, Robert: U.S. Intelligence and the Nazis, Cambridge, New York [u.a.] 2005.

[230] Leide, Henry: NS-Verbrecher und Staatssicherheit – die geheime Vergangenheitspolitik der DDR, Göttingen 2005, S. 292 ff..

rer vermittelte seinen einstigen Referenten Hans Sommer in den Nachrichtendienst. Alle drei wurden, wie Felfe, Clemens und Tiebel von einem östlichen Dienst angesprochen, in diesem Fall nicht vom KGB, sondern von dem MfS.[231] Felfe hatte zu Schwarzwäller und Somann Kontakt. Als diese aufflogen, geriet auch er in Verdacht. Konsequenzen zog dies zu keinem Zeitpunkt nach sich.[232]

Im Fall Felfe warb der KGB im Jahr 1950 als erster. Er sprach das Trio bewusst an, um es an die Organisation Gehlen heranzuführen. Die Initiative ging von Clemens in Dresden lebender Ehefrau aus, die mit einem KGB-Mitarbeiter liiert war. Ihre nachrichtendienstlichen Kontakte waren Clemens früh bewusst. Im März 1950 ging er auf das Angebot ein[233], Tiebel im Spätherbst und Felfe Anfang September.[234] Der Plan, alle drei parallel bei der Organisation Gehlen unterzubringen, funktionierte dank alter Kontakte zum SS-Oberführer Wilhelm Kirchbaum problemlos. Ein Blick auf den Werdegang der beiden Hauptpersonen zeigt, wie gut sie in der Organisation Fuß fassten:

Werdegang von Hans Clemens in der Organisation Gehlen/BND:

- Bezirksverwaltung (BV) Bayern, erst als Kurier, dann als Registrator bis Juli 1952
- Aufbau der BV-Rhein-Ruhr
- Herbst 1953: Wechsel zur Stuttgarter Dienststelle der Organisation Gehlen, Filialleiter und Vertrauensmann-Führer
- Ab 1. April 1956: Übernahme in den Bundesdienst
- 1. Juli 1956: ‚Filialleiter' der Kölner Dienststelle innerhalb der Operation ‚Index'
- Ab März 1958: Wechsel zum Observationskommando in Köln, stellvertretender Leiter
- Bis zur Verhaftung am 6. November 1961: Observant und Fahrer eines Spezialfahrzeuges[235]

Werdegang von Heinz Felfe in der Organisation Gehlen/BND

- Generalvertretung Karlsruhe bis Herbst 1953
- Versetzung in die Zentrale nach München-Pullach, wieder als Referent für Gegenspionage[236], Abteilung III f (Sowjetunion)

---

[231] Ebd.
[232] Aufstellung über verdächtige Kontakte Felfes, BAK, B 362/10704.
[233] Alles: Urteil des Bundesgerichtshofes, 6 StE, 1/63, BAK, B 362, Aktenband: 5568, S. 39.
[234] Ebd., S. 40 f. .
[235] Ebd., S. 41 .

Bei der ,Felfe-Affäre' fällt auf, dass die öffentliche Debatte nicht mit der Verhaftung im November 1961, sondern erst mit der Verhandlung vor dem Bundesgerichtshof im Jahr 1963 begann. Es gelang dem BND, die Affäre abgeschottet von den Medien und dem Parlament zu behandeln. Critchfield schreibt die Absicht sei gewesen, die Affäre möglichst ruhig halten.[237] Später sei klar gewesen, dass sich die Brisanz auf Dauer nicht verbergen lassen würde.

Vielleicht hat der spätere Fokus in der öffentlichen Debatte auf die Belastung des Trios durch ihre NS-Zeit ein wenig davon abgelenkt, was den eigentlichen Verrat anbelangt. Dies liegt nicht zuletzt daran, dass über die verratenen Operationen wenig bekannt ist.[238]

Wer in die Prozessakten schaut, dem wird ersichtlich, wie tief die Krise war, die dieser Verrat auslöste und weshalb sie bis Ende der 60er Jahre dauern sollte. Und es wird deutlich, warum sie das Verhältnis zwischen der Exekutive und dem BND gravierend veränderte.

Nicht nur der Vertrauensbruch und die Indiskretion der drei RSHA-Mitarbeiter war erschreckend, noch mehr wurde dem Bundesnachrichtendienst deutlich, was die östlichen Dienste nicht an Informationen von den Dreien beschaffen ließen: Sie waren ihnen bereits bekannt. Darauf wies Felfe die Beamten des Bundeskriminalamtes, die ihn vernahmen, immer wieder hin. So gab er zum Beispiel an, der KGB hätte Kontakt zu einem Mitarbeiter aus der Karteiabteilung.[239] Erst wenn man beides in den Blick nimmt, die Informationen, die von Felfe, Clemens und Tiebel weitergegeben wurden und die Erkenntnisse, die MfS und KGB bereits aus anderen – unbekannten Quellen – gewonnen hatte, kann man das Ausmaß der gesamten Spionagetätigkeit erahnen. Hier wird deutlich, wie prekär die Lage des BND war.[240] Stimmen die Angaben Felfes, dann waren dem KGB sowohl weite Teile des Personals als auch ein Gutteil der Erkenntnisse des BND bekannt.

Allein Felfe fertigte mindestens 15 000 Filmaufnahmen an[241] und besprach etwa 20 Tonspulen. Darauf befanden sich sämtliche Wochen- und Monatsberichte des BND spätestens ab 1957 und des Bundesamtes für Verfassungsschutz (BfV) seit August 1959[242] sowie die Agentenfunk-Überwachungsberichte des

[236] Ebd., S. 42 .
[237] Critchfield: Partners at the creation, S. 170.
[238] Zu Felfe siehe auch: Reese, Mary Ellen: General Reinhard Gehlen: The CIA-Connection, Fairfax (Virginia) 1990. und Critchfield: Partners at the creation. Die Biografie von Felfe selbst bietet nur wenige Hinweise.
[239] Vernehmungsprotokoll (Bundeskriminalamt) Felfes vom 10. Januar 1962, BAK, B 362/10710.
[240] Dies ist vielleicht der Grund, warum die Akten im Bundesarchiv heute noch gesondert in der Geheimregistratur aufbewahrt werden.
[241] Urteil des Bundesgerichtshofes, 6 StE, 1/63, BAK, B 362, Aktenband: 5568, S. 42.
[242] Vernehmungsprotokoll (Bundeskriminalamt) Felfes vom 5. Dezember 1961, BAK, B 362/10710.

BfVs seit Anfang 1958. Letztere werden für den KGB von besonderem Nutzen gewesen sein, da sie Rückschlüsse zuließen, welche ihrer Mitarbeiter bereits enttarnt waren. Clemens und Felfe verrieten jeweils mindestens 40 Mitarbeiter. Dabei nahmen sie umfangreiche Karteiabklärungen vor, oftmals mehr als zehn pro Auftrag[243], verrieten Klar- und Decknamen, vielfach mit einer so genannten ‚Charakteristik'[244]. Außerdem lieferte Felfe eine Namensliste des Bundeskanzleramtes, in der nicht nur die Privatanschriften, sondern auch die Geburtsdaten und -orte, etliche in der DDR und in den Ostgebieten, aufgeführt waren.[245] Sie verrieten den Aufbau der Organisation Gehlen und des BND.[246] Felfe fotografierte sogar die Fernsprechverzeichnisse 1958, 1959 und 1960, aus denen sämtliche in der Zentrale arbeitende Mitarbeiter des BND mit Decknamen und Anschlussnummern hervorgingen.

Auch Informationen über Geheimdienst-Operationen wurden geliefert, wie über die Operation ‚Index'. Sie wurde vom BND und BfV gemeinsam ausgeführt und hatte zum Ziel, mögliche Spionage-, Sabotage- und Infiltrationstätigkeit von Angehörigen der beiden sowjetischen Vertretungen in der Bundesrepublik aufzuklären.[247] Clemens leitete sein gesamtes Wissen über die Operation weiter, bis er 1958 von seiner Kölner Dienststelle abgelöst wurde. Ein knappes Jahr später übernahm Felfe seine Arbeit, weil er in der Zentrale mit ‚Index' betraut wurde.[248]

Beispielhaft ist ebenfalls der Fall ‚Panoptikum'. 1955 war ein früherer Gestapo-Mann und SS-Oberführer aus der russischen Kriegsgefangenschaft entlassen worden. Er arbeitete in der BND-Zentrale. Dort wollte ihn der sowjetische Nachrichtendienst ansprechen. Der Bundesnachrichtendienst ermöglichte dies, um auf diese Weise Einblick in den gegnerischen Dienst zu gewinnen. Später übernahm Clemens die Observation. Auf diese Weise wurden die BND-Absichten dem russischen Geheimdienste in allen Einzelheiten bekannt.[249]

Die genaue Anzahl der kopierten und weitergeleiteten BND-Hausmitteilungen, in denen auch Geheimtechniken erläutert wurden, lässt sich nicht mehr ermitteln. Auch Informationen des US-Nachrichtendienstes fanden großes Interesse bei den östlichen Auftraggebern: Felfe leitete zum Beispiel eine Studie

243 Zum Beispiel: Vernehmungsprotokoll (Bundeskriminalamt) Felfes vom 14. und 15. Dezember 1961, BAK, B 362/10710.
244 Angaben über charakterliche Eigentümlichkeiten und Schwächen von BND-Mitarbeitern
245 Urteil des Bundesgerichtshofes, S. 55.
246 Ebd., S. 45.
247 Sowjetbotschaft und sowjetische Handelsdelegation
248 Urteil des Bundesgerichtshofes, S. 49 f.
249 Ebd., S. 53 f.

unter dem Titel ‚Defection Inducement' weiter. In ihr ging es darum, Überläufer zu werben.[250]

Ebenfalls wurden Schnellbriefe weitergereicht. Es handelte sich um besonders eilbedürftige Schreiben zwischen dem Bundesamt für Verfassungsschutz und dem Bundesnachrichtendienst. In ihnen fanden sich Erkenntnisse über Methoden gegnerischer Dienste und Informationen zu deren Agenten.[251]

Der letzte Auftrag Felfes vom 9. und 10. September 1961 betraf die Maßnahmen des BND für den Fall, dass sich die Lage Berlins verschärfen sollte. Unter der Bezeichnung ‚Kubus' hatte der Dienst ein Konzept formuliert, wie er auch im Fall zunehmender Spannungen weiterarbeiten könnte. Er entstand mit dem Ultimatum Chruschtschows Ende 1959.[252] Es sei beabsichtigt gewesen, so Felfe, Zug um Zug das Personal nach Westdeutschland zu bringen und notwendige Einrichtungen wie Fotolabors, Funkstellen, Kuriereinrichtungen usw. krisenfest neu aufzubauen. Sein Führungsoffizier ‚Alfred' fragte, welche Pläne vorlägen, sollte es zu Mobilisierung und Evakuierungen kommen. Dabei sei wichtig zu wissen, wohin die BND-Kartei im Alarmzustand verlegt würde.[253] Felfe offenbarte einige wichtige Details, vor allem zum so genannten ‚Berlin-Stab', dem Vertreter verschiedener Zweige des BND angehörten. [254]

Der Schaden für den BND und auch für die CIA war ernorm. Der Bundesgerichtshof sprach es deutlich aus: „Felfe war fraglos ein Spitzenagent des SND[255]. Dies zeigen weniger die Spitzenvergütung und das Anerkennungsschreiben des SND-Chefs Schelepin als folgende Vorgänge: Im Falle ‚Panoptikum' übertrug der SND, bekanntermaßen der misstrauischste aller Nachrichtendienste der Welt, dem Gegenspionage-Referenten des BND, Felfe, die Verantwortung für die Sicherheit eines SND-Offiziers bei dessen Aufenthalt in Rom."[256] Darüber hinaus habe der Doppelagent den sowjetischen Nachrichtendienst bei Agitations- und Ablenkungskampagnen beraten. Das zeige nicht nur dessen großes Vertrauen, sondern auch die Wertschätzung, befand das Gericht.[257] Clemens sei höchstens in den ersten Jahren der Operation ‚Index' ein ‚Spitzenagent' gewesen. Der Bundesgerichtshof nannte ihn aber „wichtig", und „gefährlich"[258]. Felfe wurde zu 14 Jahren Haft verurteilt, Clemens zu zehn Jahren und Tiebel, der nur als Kurier gearbeitet hatte, zu drei Jahren.

---

[250] Ebd., S. 52 f.
[251] Ebd., S. 55.
[252] Vernehmungsprotokoll (Bundeskriminalamt) Felfes vom 18. Dezember 1961, BAK, B 362/10710.
[253] Urteil des Bundesgerichtshofes, S. 43.
[254] Vernehmungsprotokoll (Bundeskriminalamt) Felfes vom 18. Dezember 1961, BAK, B 362/10710.
[255] SND = sowjetischer Nachrichtendienst, das KGB wurde erst 1954 gegründet
[256] Urteil des Bundesgerichtshofes, S. 67.
[257] Ebd., S. 67.
[258] Ebd., S . 68.

Am gleichen Tag und eine knappe Stunde nach der Verhaftung von Felfe war der BND-Präsident zu Besuch im Kanzleramt. Das geht aus den Besucherlisten Adenauers hervor. Dort traf er auf den CIA-Direktor Allen W. Dulles, dessen Nachfolger John Alexander McCone, den Botschafter der USA Walter Dowling und Dr. Horst Osterheld, Leiter des außenpolitischen Büros des Kanzleramtes. Ob die Verhaftung zur Sprache kam ist nicht überliefert.[259] Auffallend oft traf Adenauer im November und Dezember 1961 mit Gehlen zusammen. Dies waren die Monate, in denen Felfe täglich vom Bundeskriminalamt befragt wurde.[260]

Staatssekretär Bachmann wertete Adenauers Umgang mit dem Fall Felfe im Rückblick positiv und konstruktiv. Er habe ihm, Bachmann, den Auftrag gegeben nach München zu fahren, um den Fall zu untersuchen.[261] Mercker als sein Vorgesetzter habe dies gebilligt. Selbstkritisch bemerkte Bachmann, nicht viel herausbekommen zu haben gegen einen „geschlossen auftretenden Apparat", in dem viele „eingeschüchtert"[262] gewesen seien.

Den Bericht mit Bachmanns skeptischen Bemerkungen habe Adenauer mit den Worten quittiert, dass nach seiner Ansicht nicht zur Tiefe der ganzen Affäre durchgedrungen worden sei.[263] Dem Kanzleramt gelang es demnach in der Krise nicht, den notwendigen Einblick zu gewinnen.

Im Kabinett wurde der Verratsfall Felfe erst 1963 thematisiert. Adenauer ließ dort Globke im Juli ausführlich über den Landesverratsprozess berichten.[264] Einen Tag nach der Urteilsverkündigung, am 24. Juli 1963, sprach der Kanzler wieder kurz über den Fall. Er kündigte an, sich mit ihm später noch eingehender befassen zu wollen.[265] Das geschah nicht, auf jeden Fall nicht in diesem Gremium. In der Sitzung am 2. Oktober wurde beschlossen, die exekutive Kontrolle zu verbessern: Der BND sollte nicht mehr wie seit dem Kabinettsbeschluss von 1955 dem Kanzleramt angegliedert, sondern ihm unterstellt werden.[266]

Der Fall Felfe veränderte auch das Selbstbewusstsein des Bundesnachrichtendienstes, auch und gerade, was seine Führungsperson Gehlen anbelangte. Ein CIA-Mitarbeiter erinnerte sich an das neue Auftreten eines führenden BND-Mannes in Bonn: „He was skulking like a shadow, tiptoeing along the halls of power. He used to march through them, as if he owned them. No one in Bonn

[259] StBKAH, Bestand I/04.12, Besucherlisten, Terminpläne Besucherlisten, Blatt: 52 und 53.
[260] Ebd.
[261] Schwarz: Konrad Adenauers Regierungsstil, S. 72.
[262] Ebd.
[263] Ebd.
[264] 83. Kabinettssitzung, 10. Juli 1963, Die Kabinettsprotokolle der Bundesregierung, Band 16: 1963, München 2006, S. 296.
[265] 85. Kabinettssitzung, 24. Juli 1963, ebenda, S. 311.
[266] 93. Kabinettssitzung, 2. Oktober 1963, ebenda, S. 371f..

would see any of the Gehlen people any more. When I asked him what he was doing he said: `My job is to save what can be saved."[267]

Die zweite Krise, die ‚Spiegel-Affäre', traf ein Jahr später erneut den Kern der Beziehung zwischen dem Kanzler und dem BND-Präsidenten. Am 10. Oktober 1962 erschien in der 41. Ausgabe des ‚Spiegel' der Artikel "Bedingt abwehrbereit".[268] Er legte die militärische Situation der Bundesrepublik bzw. der NATO, Probleme im Bereich der Verteidigung und Strategie sowie Zukunftspläne offen. Ausgangspunkt war das Ergebnis der NATO-Übung ‚Fallex 62'.[269] Der Autor argumentierte gegen die Position des Bundesverteidigungsministers Strauß, die Bundeswehr müsse mit Atomwaffen ausgestatten werden und für eine stärkere Ausrüstung mit konventionellen Mitteln. Der Verfasser wurde, wie in der Redaktion üblich, nicht genannt, verantwortlich für den Bereich der Bundeswehr war Conrad Ahlers, der nicht zuletzt aus seiner Zeit als Pressesprecher des Amtes Blank Erfahrungen und Verbindungen mitbrachte. Der Artikel war angeregt worden von Alfred Martin, Oberst im Generalstab aus dem Verteidigungsministerium, der mit den atomaren Plänen und dem Führungsstil seines Verteidigungsministers nicht konform ging. [270] So gelangten die Informationen, der zweite Teil einer Studie über die Folgen eines denkbaren atomaren Angriffs auf die Bundesrepublik, zum ‚Spiegel'.[271] Es gab aber noch weitere Quellen.

Drei Tage nach Erscheinen des Artikels erstattete der konservative Würzburger Professor Dr. Friedrich August Freiherr von der Heydte[272] Anzeige wegen Landesverrats. Die Bundesanwaltschaft hatte bereits aufgrund einer anderen Anzeige des Professors Ermittlungen gegen das Magazin aufgenommen und war selbst auf den Artikel „Bedingt abwehrbereit" aufmerksam geworden. Um sich abzusichern bat sie beim Amt für die Sicherheit der Bundeswehr – dem späteren MAD – um ein Gutachten. Das Amt gab die Bitte an das Bundesministerium für Verteidigung weiter, wo Oberregierungsrat Dr. Heinrich Wunder den Auftrag für das Gutachten bekam. Auf Grund dessen ergingen am 23. Oktober Haftbefehle gegen den Verleger Rudolf Augstein und den Autor Ahlers, sowie Durchsu-

---

[267] Reese: General Reinhard Gehlen, S.170.

[268] Der Spiegel: Bedingt abwehrbereit, 10. Oktober 1962, Nr. 41, S. 32-53.

[269] Abkürzung für Fall-Exercise. Es handelte sich um ein militärisches NATO-Planspiel, an dem auch die erst sieben Jahre alte deutsche Bundeswehr teilnahm. Dabei sollten ein atomarer Erstschlag und eine anschließende sowjetische Großoffensive auf Westeuropa simuliert werden. Die Stabsrahmenprüfung fand vom 6. bis 28. September 1962 statt.

[270] Martin wurde aus diesem Grund am 28. November 1962 verhaftet, aber 30 Tage später freigelassen

[271] Schoenbaum, David: Ein Abgrund von Landesverrat – Die Affäre um den ‚Spiegel', Wien-München-Zürich 1968, S. 52f.

[272] Mit diesem befand sich der ‚Spiegel' seit Juli 62´ in einem Rechtsstreit, weil von der Heydte wiederholt behauptete, das Magazin habe Vorgänge der Bundeswehr veröffentlicht, was an Landesverrat grenze, siehe: Grosser, Alfred; Seifert, Jürgen: Die Spiegel-Affäre, Band 1, S. 235.

chungsbefehle der Redaktionen und Privatwohnungen wegen „Verdachts auf Landesverrat, landesverräterische Fälschung und aktive Bestechung".[273]

Am 12. Oktober hatte Strauß in einer Besprechung den Staatssekretär im Ministerium der Justiz, Walter Strauß, angewiesen seinen Bundesminister Stammberger nicht über die geplante Aktion zu unterrichten. Strauß berief sich dabei auf den Kanzler. Dass ihr Minister übergangen worden war, verärgerte den Koalitionspartner zutiefst und sollte später zum Rücktritt der FDP-Minister gut einen Monat später beitragen.[274] Die FDP sah keine Grundlage mehr für eine Zusammenarbeit mit dem Verteidigungsminister.

Am Abend des 26. Oktober begann die Durchsuchung der ,Spiegel'-Redaktionen in Bonn und Hamburg. Erstere dauerte nur wenige Stunden. Mehrere Mitarbeiter wurden festgenommen, im Laufe des nächsten Monats umfangreiches Material sichergestellt.

In der politischen Debatte am heftigsten diskutiert wurde die Aktion, die sich in der Nacht abgespielt hatte. Ahlers und seine Frau wurden am Urlaubsort in Spanien in Gewahrsam genommen. Dass es sich bei diesem Land um die Diktatur Francisco Francos handelte, erregte die Öffentlichkeit. Strauß hatte – anders als er es dem Parlament später schilderte – mit dem Militärattaché in Spanien, Joachim Oster, telefoniert und vorgetäuscht, Ahlers Haftbefehl durch Interpol sei bereits unterwegs.[275] Nur durch diese Ankündigung kooperierten die spanischen Behörden. Das Ehepaar konnte letztlich zwei Tage später nach Deutschland ausreisen, der ,Spiegel'-Autor wurde auf dem Frankfurter Flughafen verhaftet. Einen Tag früher hatte sich Augstein der Polizei gestellt.

Gerüchte – wohl aus dem Verteidigungsministerium - wurden laut, der BND habe das Magazin als verlängerten Arm genutzt, um den Verteidigungsminister zu stürzen.[276] Ein ehemaliger BND-Mitarbeiter schrieb 1963 anonym an den SPD-Bundestagsabgeordneten Heinrich Ritzel zur Affäre: „Freunde, die beim BND noch heute tätig sind, gaben mir seinerzeit zu verstehen, dass die BND-Führung mit Strauß noch abrechnen werde für seine Bestrebungen, sich solche Dienststellen des BND zu unterstellen, die sich mit militärischer Aufklärung beschäftigen. Man werde ihn in eine solche Lage bringen, dass er seinen Ministerposten aufgeben muss."[277]

An den Aktionen gegen den ,Spiegel' war der MAD, der damals noch Amt für die Sicherheit der Bundeswehr hieß, durch drei Überwachungstrupps betei-

---

[273] Ebd.

[274] Vergleiche die Darstellung zur ,Spiegel-Affäre': Die Kabinettsprotokolle der Bundesregierung, Band 16: 1963, München 2006, S. 479.

[275] Ebd.

[276] Schöps, Joachim: Die Spiegel Affäre des Franz Josef Strauss, Hamburg 1983, S. 146.

[277] Anonymer Brief an Heinrich Ritzel, 2. Mai 1963, AdsD, Nachlass: Heinrich Ritzel, Mappe: 760.

ligt, die unter anderem Augstein und die Redaktionen beschatteten.[278] Die Vermutung, er habe auch die Telefone des ,Spiegel' abgehört, ließen sich weder beweisen noch widerlegen.[279] Dass Strauß danach strebte den Dienst auf Kosten des BND auszubauen, ist dagegen belegt.[280]

Wie sahen die Verbindungen zwischen dem ,Spiegel' und dem Auslandsnachrichtendienst in Wirklichkeit aus? Es bestand in der Tat ein besonderes Verhältnis. Dafür suchte der Dienst 1954 das Magazin bewusst aufgrund seiner großen Breitenwirkung aus. Hintergrund waren negative Veröffentlichungen in der DDR über den Geheimdienst.[281] Es kam zu einem Gespräch zwischen Gehlen, Augstein und dem damaligen Chefredakteur Hans Detlev Becker. Der ,Spiegel' erhielt auf diese Weise für die nächsten Jahre exklusiven Zugang zu Informationen des Dienstes.[282] Ahlers bezeichnete dies später als einen „losen, persönlichen Kontakt zwischen Gehlen und Hans Detlev Becker“[283].

Beim Artikel „Bedingt abwehrbereit“ half der BND dem Magazin zu klären, ob ausgewählte Punkte des Manuskripts geheimhaltungswürdig seien. Dazu wurde der Kontakt zum Hamburger BND-Residenten hergestellt, dem Bundeswehroberst Adolf Wicht. Offiziell betrieb dieser von 1953 bis zu seiner Verhaftung am 2. November 1962[284] im Zusammenhang mit der Affäre den Terrapress Verlag. Der Verlag gab zwei Periodika, den „Ost-Dienst“ und die „Ost-Korrespondenz“ zum „aktuellen Geschehen im kommunistischen Machtbereich“[285], als auch Bücher mit Schwerpunkt Osteuropa heraus.[286] Wicht leitete die 13 Fragen von Ahlers, die ihm Becker vorgelegt hatte, an seine Zentrale weiter.[287] Hier befasste sich Weiß mit ihnen, im BND zu dieser Zeit für die Presseverbindungen zuständig, weil Gehlen selbst abwesend war.[288] Außerdem soll Weiß Zeitungsmaterial an die Redaktion zurückgesandt haben. An einigen weni-

278 Grosser; Seifert: Die Spiegel-Affäre, S. 156 f. und Schöps: Die Spiegel Affäre des Franz Josef Strauss, S. 61 und Reese: General Reinhard Gehlen, S. 166.

279 Grosser:, Seifert: Die Spiegel-Affäre, S. 157f.

280 z.B.: „Notizen“ von Fritz Erler, 23. Oktober 1961, AdsD, SPD-BT-Frakion, 4. WP, Mappe: 871.

281 Geheimes Protokoll der 22. Sitzung des 2. UA der 7. WP, Aussage des Zeugen Kurt Weiß, PA-DBT, 6. November 1974, S. 281 ff.

282 Ebd.

283 Grosser; Seifert: Die Spiegel-Affäre, S. 150. Hier wird folgende Quelle zitiert: Ahlers, Conrad: Der Hintergrund der Affäre, der Spiegel, 26. Mai 1965, Nr. 22, S. 4.

284 Wicht blieb 49 Tage in Haft, siehe: Schöps: Die Spiegel Affäre des Franz Josef Strauss, S. 92.

285 Vergl.: Informationen des Buches Agrarumwälzung in Polen, Hrsg.: Terrapress, Hamburg 1959.

286 Vergl.: Bestand BAK, Abteilung Inland, Bundespresseamt, B 145.

287 Grosser; Seifert: Die Spiegel-Affäre, S. 151 und Schöps: Die Spiegel Affäre des Franz Josef Strauss, S. 60.

288 Geheimes Protokoll der 25. Sitzung des 2. UA der 7. WP, Aussage des Zeugen Gehlen, PA-DBT, 19. November 1974, S. 132. Gehlen erinnerte sich nur an 5 Fragen.

gen Stellen hatte der BND Bedenken. Die entsprechenden Passagen wurden herausgenommen.[289]

Als Aufzeichnungen eines Gespräches zwischen Becker und Wicht im Aktenschrank Augsteins gefunden und beide daraufhin verhaftet wurden, sah es für den Bundeskanzler aus, als würde sich die These bestätigen, dass der BND hinter der Affäre stecke und mit dem Magazin zusammenarbeite.[290] Hans-Peter Schwarz bemerkte, aus Adenauers Sicht hätten sich „finstere Hintergründe“[291] abgezeichnet. Nach Meinung der Bundesanwaltschaft[292] von Anfang November 1962 wurde der ‚Spiegel' bereits am 18. Oktober von dem BND-Residenten vor den Ermittlungen gewarnt. Das war genau der Tag, an dem Adenauer von Strauß unterrichtet wurde - einen Tag nach Gehlen. Die These, Wicht habe die Aktion verraten, wurde vor Gericht 1965 von der Bundesanwaltschaft ausdrücklich widerrufen[293].

Der Bundeskanzler glaubte zudem die amerikanische Regierung im Hintergrund agieren zu sehen und rief daher den amerikanischen Botschafter Dowling ins Kanzleramt, laut Schoenbaum, „um sich nachträglich zu beschweren, dass die Vereinigten Staaten ihm Gehlen aufgebürdet hätten.“[294]

Gehlen wurde am 12. November 1962 von Adenauer, dem Justizminister und einem Vertreter der Bundesanwaltschaft vernommen.[295] Ihn begleiteten sein Stellvertreter Worgitzky, Horst Wendland, Leiter Verwaltung, und Weiß. [296] Der Bundeskanzler empfing den Justizminister Dr. Wolfgang Stammberger mit dem Wunsch, Gehlen verhaften zu lassen. Das ließ er allerdings später dementieren[297]. Als Grund gab Adenauer an, Gehlen habe die Aktion verraten. Der Minister machte dem Kanzler deutlich, dass auf Vermutungen hin kein Bundesrichter einen Haftbefehl ausstellen würde. Dieser Meinung schloss sich der Bundesanwalt an.[298] Auf dieser Grundlage führten sie dann ein Gespräch mit Gehlen, der beteuerte, Wicht sei nur ein Verbindungsmann gewesen. Adenauer diktierte dem BND-Präsidenten eine Erklärung.[299] Bachmann erinnerte sich: „Ich kann nicht mehr genau sagen, was drin stand, aber jedenfalls verschiedene, nach Meinung

---

[289] Schöps: Die Spiegel Affäre des Franz Josef Strauss, S. 41.
[290] Grosser; Seifert: Die Spiegel-Affäre, S. 150.
[291] Schwarz: Adenauer: der Staatsmann, S. 788.
[292] Grosser; Seifert: Die Spiegel-Affäre, S. 149. Als Quelle wird angegeben: „Erklärung der Bundesanwaltschaft zur Spiegel-Affäre, Bulletin, 7.11.1962, Nr. 206, S. 1747 (I, 4).
[293] Ebd., S. 150.
[294] Schoenbaum: Ein Abgrund von Landesverrat, S. 129f.
[295] Krone: Tagebücher, zweiter Band, S. 115.
[296] Zolling, Hermann; Höhne, Heinz: Pullach intern, Hamburg 1971, S. 234.
[297] Grosser; Seifert: Die Spiegel-Affäre, Band 1, S. 152.
[298] Köhler, Henning: Adenauer, eine politische Biografie, Berlin 1994, S. 1172.
[299] Krone: Tagebücher, zweiter Band, S. 119.

des Kanzlers für Gehlen sehr belastende Umstände."[300] Beide, Gehlen und Adenauer, hätten unterschrieben.[301] Das Dokument wurde bis Anfang 1964 in Bachmanns Panzerschrank verwahrt.[302] Nach dem Kanzlerwechsel wies Ludger Westrick, Leiter des Bundeskanzleramtes, Bachmann an, ihm dieses Dokument zu schicken. Gehlen soll es gelungen sein, das Papier wieder in seine Hände zu bekommen.[303]

Soweit spricht alles für die These, dass der ‚Spiegel' und der BND enger zusammenarbeiteten als nach außen hin bekannt. Doch das Verhältnis war 1962 nicht ungetrübt. Es gab laut Gehlen die Vermutung, im Magazin ende „ein Draht von drüben"[304]. So legte der freie BND-Mitarbeiter Günther Heysing im Herbst 1962 eine eigene Akte über den ‚Spiegel' an.[305] Die 16-seitige Ausarbeitung wurde für Strauß persönlich zusammengestellt. Seit wann Heysing bereits Material sammelte, ist nicht bekannt. Schon 1952 gab es einen Mitarbeiter der Organisation Gehlen, der speziell den ‚Spiegel' aufklärte und Vorschläge machte, welches Material das Magazin bekommen sollte. Dieser Mann arbeitete auch für die Staatssicherheit der DDR und lief dort unter dem Decknamen ‚Olaf'.[306] Jahre später erzählte Gehlen Gerd Schmückle berichtete, er habe die Großaktion gegen den ‚Spiegel' empfohlen, da in der Redaktion militärische Geheimnisse verwahrt und kommunistische Spione tätig seien.[307]

Der BND hat demnach sowohl mit dem ‚Spiegel' als auch über ihn gearbeitet. Eine regelrechte Aktion gegen Strauß lässt sich nicht nachweisen. Das Vertrauen von Adenauer zum BND-Präsidenten war zerstört. Die Erklärung des Kanzleramtes vom 23. November gegenüber der Öffentlichkeit, dass „es nicht zu den Aufgaben des BND gehöre Informationspolitik zu betreiben"[308] und Gehlen keine strafbaren und unkorrekten Handlungen decken wolle, rettete nicht die Situation, sondern zeigte ihre Verfahrenheit.[309] Der Vorwurf, Gehlen betreibe Innenpolitik, blieb für die nächsten Jahre erhalten. Entlassen wurde der BND-

[300] Schwarz: Konrad Adenauers Regierungsstil, S. 71.
[301] Ebd.
[302] Ebd.
[303] Schwarz: Adenauer: der Staatsmann, S. 789.
[304] Geheimes Protokoll der 25. Sitzung des 2. UA der 7. WP, Aussage des Zeugen Gehlen, PA-DBT, 19. November 1974, S. 134.
[305] Vergl.: Der Spiegel: Agent 12610: Im Farn, auf Moos und in der Pfütze, 18. November 1974, S. 91. Die Verbindung Heysing und BND wurde im Guillaume-Untersuchungsausschussmitgliedern bestätigt, siehe ebd..
[306] ‚Olaf' war auch der Deckname von William Borm, der war aber zu der fraglichen Zeit in der DDR in Haft. Leide, Hans, Henry: NS-Verbrecher und Staatssicherheit, S. 308.
[307] Schmückle, Gerd: Ohne Pauken und Trompeten – Erinnerungen an Krieg und Frieden, Stuttgart 1982, S. 265.
[308] Grosser; Seifert: Die Spiegel-Affäre, S. 154.
[309] Ebd., S. 271.

Präsident nicht. „Ich habe dem Kanzler geraten, noch keine Konsequenzen gegen Gehlen zu ziehen," äußerte sich Krone.[310] Auch Globke unterstützte wohl den BND-Präsidenten.[311]

Nach diesen Ereignissen wurde Gehlen nicht mehr zum Gespräch beim Kanzler eingeladen. Der einzige Termin zwischen den beiden fand erst nach Adenauers Regierungszeit am 3. März 1965[312] statt. Strauß und der BND-Präsident sollen nach der Aussage von Krone im September 1965 ihr Verhältnis wieder geklärt haben.[313] Dieser war in Adenauers neuem Kabinett vom 14. Dezember 1963 nicht mehr vertreten.[314]

3.1.2 Der BND kommt unter Aufsicht: der Kanzler fordert mehr Kontrolle

Dem Kanzler war die Erkenntnis, dass eine stärkere Dienstaufsicht beim BND notwendig sei, in seinen letzten Tagen im Amt sehr bewusst. Bachmann beschrieb, wie Adenauer ihn allein als einen der letzten Besucher empfing. Er habe ihm seine Sorgen wegen des Bundesnachrichtendienstes mitgeteilt und ihn aufgefordert, eine stärkere Dienstaufsicht auszuüben. Zum Schluss habe er angekündigt, dies Westrick mitzuteilen.[315] Bachmann räumte ein, dass die Empfehlung Adenauers kontraproduktiv war, da sich mit dessen Ablösung auch eine neue Kultur im Kanzleramt durchsetzen sollte. Die Absicht, den BND unter das Kanzleramt zu stellen, wurde sogar vor dem Verbindungsbüro des BND im Palais Schaumburg geheim gehalten, um jeglichen Einfluss zu verhindern.[316] Das zeigt sehr klar das gebrochene Vertrauensverhältnis.

Die neue Regelung der Dienstaufsicht wurde auf dem Papier noch von der Adenauer-Regierung beschlossen. Seit dieser Zeit ist der BND dem Kanzleramt direkt unterstellt. Das geschah, wie schon erwähnt, in der Kabinettssitzung am 2. Oktober 1963[317]. Der Referent des BND im Kanzleramt erhielt erstmals eine Weisungsbefugnis.[318] Zudem war es dem Kanzler als zuständigem Ressortchef

[310] Krone: Tagebücher, zweiter Band, S. 119.
[311] Aussage von Wolfram Dorn, Interview in Bonn 2006.
[312] StBKAH, Bestand I/04.10 Besucherlisten, Terminpläne.
[313] Krone: Tagebücher, zweiter Band, S. 412.
[314] Siehe auch http://www.berlinonline.de/berliner-zeitung/archiv/.bin/dump.fcgi/2002/1025/medien/0003/, 4.12.2006.
[315] Schwarz: Konrad Adenauers Regierungsstil, S. 71.
[316] Ebd.
[317] 93. Kabinettssitzung, 2. Oktober 1963, Die Kabinettsprotokolle der Bundesregierung, Band 16: 1963, München 2006, S. 371f.
[318] Notiz über den Auslands-ND als Instrument der Bundesregierung, vermutlich von Hans Globke, ACDP, Nachlass Hans Globke, 01-070-001/2, ohne Datum, wahrscheinlich 1970.

bisher nur möglich, sich von seinem persönlichen Staatssekretär bei der Aufsicht unterstützen zu lassen.[319]

Neben der Dienstaufsicht wurden auch die Aufgabenbereiche des BND schriftlich als Erlass festgelegt:

Der Bundesnachrichtendienst hat folgende Aufgaben: Die nachrichtendienstliche Auslandsaufklärung durch Beschaffung und Auswertung von Informationen auf außenpolitischem, wirtschaftlichem, rüstungstechnischem, militärischem Gebiet;
die Aufklärung der gegnerischen Nachrichtendienste;
die Erledigung sonstiger nachrichtendienstlicher Aufträge des Bundeskanzlers und der Bundesregierung im Ausland;
die Spionageabwehr innerhalb des Bundesnachrichtendienstes;
sofern der Chef des Bundeskanzleramtes nicht im Einzelfall eine andere Regelung trifft.[320]

Die Neuordnung erhielt beim BND-Präsidenten wenig Zustimmung. „Darum hat Gehlen (...) immer gekämpft: Dass er nur dem Kanzler direkt unterstellt ist und dass ihm aus dem Kanzleramt selbst niemand etwas zu sagen hat, auch der Chef des Kanzleramtes nicht."[321] Mercker sprach davon, dass Gehlen auch über ihn persönlich wegen des Beschlusses verärgert gewesen sei.[322] Ein Brief Gehlens an Globke zu dessen Ausscheiden bestätigt: „Während vor allem Herr Bachmann, aber auch Herr v. Köster[323] mich bezüglich der Auffassung ihrer Aufgabe schwer enttäuscht haben."[324] Im Brief nannte er die neu entstandene Situation einen „dauernden Abwehrkampf gegen sachlich nicht gerechtfertigte Eingriffswünsche des Bundeskanzleramtes."[325]

Dieser Abwehrkampf Gehlens sollte sich in den nächsten Jahren zu einem Problem auswachsen und letztlich verhindern, dass das Kanzleramt seine Dienstaufsicht in der Praxis durchsetzen konnte. Die Unsicherheit Merckers, der als Leiter der Abteilung 1 seit 1960 mit dem BND befasst war, zeigt sich in folgender Passage des Guillaume-Untersuchungsausschuss-Protokoll: „Er [der BND] hat die Zuständigkeit für die sog. Gegenspionage. Fragen Sie mich bitte nicht,

[319] Kabinettsbeschluss vom 2. Oktober 1963
[320] Kabinettsbeschluss vom 2. Oktober 1963, zitiert nach: Protokoll der 18. Sitzung des 2. UA der 7. WP, Aussage des Zeugen Gerhard Wessel, PA-DBT, 9. Oktober 1974, S. 92.
[321] Schwarz: Konrad Adenauers Regierungsstil, S. 73.
[322] Ebd. S. 74.
[323] Damals Leiter des Referats I/5 des Kanzleramtes, zuständig u.a. für die Lageinformation, Öffentliche Sicherheit, Kabinettsausschuss für Sicherheit. Bachmann war sein Vorgesetzter.
[324] Brief Reinhard Gehlen an Hans Globke, ACDP, Nachlass Hans Globke, 01-070-123/2, Korrespondenz G, 20. Mai 1968.
[325] Ebd.

was das ist! Ich kann es Ihnen nicht genau definieren; ich weiß es nur ungefähr."[326] Es wäre anzunehmen gewesen, dass Mercker nach dem Verratsfall Felfe die genaue Definition jederzeit hätte rekapitulieren können.

Im BND begann eine Phase der Umorganisation. Einige Arbeitsgebiete wurden aufgegeben, das Personal stark ausgedünnt – so sehr, dass Gerhard Wessel bei seinem Amtsantritt 1968 als Präsident auf eine nach seiner Meinung nach „angespannte"[327] Situation im BND traf. Die Vorwürfe, Gehlen beschäftige NS-belastete Mitarbeiter, sollten jedoch weiterhin bestehen bleiben.

3.1.3 NS-Belastung: Unterstützung für Staatssekretär Hans Globke vom BND

Mit dem Ende von Adenauers Kanzlerschaft am 15. Oktober 1963 endet auch die Ära von Hans Globke als Staatssekretär des Bundeskanzleramtes. Auf einen Punkt zum Verhältnis BND und Globke soll noch hingewiesen werden: Wie auch den Abgeordneten half der BND-Präsident ihm in persönlichen Angelegenheiten. Seit dem 30. April 1956, kurz nach der Übernahme der Organisation Gehlen, begann eine spezielle, regelmäßige Berichterstattung des Auslandsnachrichtendienstes an den Kanzleramtschef. Globke erhielt vor allem ab 1961 bis 1963 Berichte des BND zum Komplex seiner NS-Belastung. Darin wurde unter anderem analysiert, wie die DDR gegen ihn publizistisch und juristisch vorging, speziell im Rahmen des Eichmann-Prozesses.[328] [329]

Der Themenkomplex war Globke aus eigenem Interesse wichtig. Über den Prozess berichtete der BND ausführlich an den Staatssekretär.[330] In Globkes Nachlass befindet sich außerdem ein Anschreiben vom 19. April 1963 einer als ‚geheim' eingestuften Studie zu dem ehemaligen SS-Hauptsturmbannführer und ehemaligen Eichmann-Mitarbeiter Erich Rajakovic. Dieser war von Simon Wie-

[326] Protokoll der 23. Sitzung des 2. UA der 7. WP, Aussage des Sachverständigen Mercker, PA-DBT, 7. November 1974, S. 105.

[327] Geheimes Protokoll der 20. Sitzung des 2. UA der 7. WP, Aussage des Zeugen Gerhard Wessel, PA-DBT, 11. Oktober 1974, S. 76.

[328] Zum Vorgehen des MfS, vergleiche: Leide, Henry: NS-Verbrecher und Staatssicherheit, S. 80f..

[329] 2006 zeigte sich, dass die CIA schon viel früher als bisher angenommen vom Aufenthaltsort Eichmanns unterrichtet war. Timothy Naftali, einer der vier Wissenschaftler, die die freigegebenen amerikanischen Unterlagen durch den „Nazi War Crimes Disclosure Act 1998" auswerten, kritisiert, dass die Bundesregierung die BND-Akten zum Thema „Eichmann" nicht offen legt.

[330] Die Akte mit der Ziffer 085/3 (Laufzeit 1960-62) im Nachlass von Globke zum Thema Eichmann-Prozess bei der Konrad-Adenauer-Stiftung ist noch klassifiziert und daher der Forschung nicht zugänglich. Sie enthält laut Findbuch vertrauliche Meldungen des BND zum Eichmann-Prozess, Ablichtungen mit Auszügen der Sitzungsprotokolle des Gerichts in Jerusalems.

senthal aufgespürt worden. Die Studie erhielt Globke neun Tage nach der Festnahme durch die Schweizer Polizei in Lugano.[331]

Weiterhin erhielt Globke regelmäßig Analysen[332] von Diffamierungen, die sich vor allem mit dem gegen ihn in der DDR geführten Schauprozess des Jahres 1963 auseinandersetzen.[333] Das oberstes Gericht der DDR verurteilte ihn in Abwesenheit zu lebenslanger Haft. In diesem Zusammenhang sei ein Brief erwähnt, der an den Oberregierungsrat Ludwig Friedmann, den persönlichen Referenten des Staatssekretärs, gerichtet wurde mit der Bitte, ihn seinem Chef vorzulegen. Darin enthalten ist eine Meldung über den „Sowjetzonalen Schauprozess gegen Staatssekretär Dr. Globke"[334] erwähnt. Es wurde dringend um Quellenschutz gebeten, da außer der Quelle bisher nur eine Person Kenntnis von diesem Bericht habe. Die Unterschrift ist unleserlich.

3.1.4 Neue Geschäftsführung: Heinrich Krone leitet das Vertrauensmännergremium

Für die Zeit bis zur Großen Koalition sollte sich eine weitere entscheidende Änderung für den BND ergeben: die Einrichtung des so genannten ‚Büro Krone'. Seit dem 14. November 1961 war Heinrich Krone ‚Bundesminister für besondere Aufgaben'. Beamte seines kleinen und knapp budgetierten Ministeriums, daher der Name ‚Büro', kamen unter anderem auch aus dem Bundesnachrichtendienst.[335] Es bestanden bereits Beziehungen Krones nach Pullach. Diese sollten sich in den nächsten Jahren derart ausweiten, dass er dem Kanzleramt den Rang als Aufsichtsbehörde streitig machte.

Per Erlass wurde Krone am 19. März 1963 stellvertretend für den Bundesverteidigungsrat zuständig. Er übernahm diese Kompetenz vom Bundeskanzler, um diesen zu entlasten, gerade weil dessen erfahrener Kanzleramtschef Globke bald in Pension ging. Weitere Aufgaben wie die Leitung des Kabinettsausschusses für das geheime Nachrichtenwesen und der Sicherheit sowie das parlamentarische Vertrauensmännergremium für die Nachrichtendienste kamen dazu. Krone

---

331 Rajakovic wurde zur Last gelegt, am Mord von 6000 Juden beteiligt gewesen zu sein. Eichmann hatte ihn in seinen Aussagen schwer belastet.

332 Eine BND Meldung spricht ausdrücklich von einer „laufenden Berichterstattung", in: ACDP, Nachlass Hans Globke, 01-070

333 so am 10.01.63, 18.02.63, ACDP, Nachlass Hans Globke, 01-070-103/2, Diffamierungen, 30. August 1963.

334 Brief vom Bundesnachrichtendienst (unleserliche Unterschrift) an Ludwig Friedmann, ACDP, Nachlass Hans Globke, 01-070-103/2, Diffamierungen, 19. Juni 1963.

335 Krone: Tagebücher, zweiter Band, S. XVII.

sollte zudem in alle wesentlichen, insbesondere außenpolitischen Entscheidungen über Berlin eingebunden werden.[336]

Der Bundesverteidigungsrat, ab 1969 Bundessicherheitsrat, koordinierte die nationale Sicherheit, unterrichtete den Bundeskanzler in diesen Fragen und verfasste die dazugehörigen Vorlagen für das Bundeskabinett. Adenauer wollte den Rat mit Blick auf das atlantische Bündnis, den Freundschaftsvertrag mit Frankreich und die Ost-West-Verhandlungen stärken. Außerdem, so der Kanzler, ständen viele aktuelle und für die deutsche Zukunft entscheidende Fragen an, die es zu lösen gelte.[337]

In Krones Verantwortung lag auch ein wichtiger Bereich der Nachrichtendienste: die psychologische Verteidigung und die so genannte ‚indirekte Strategie'. Hier stimmte der Minister die Arbeit und die Berichterstattung unter den Diensten ab und setzte sie in diesen Bereichen ein.[338] Das ist eine überraschend weitgehende Konzession des Kanzlers und seines Amtes, auch wenn deren Zuständigkeit und Befugnisse ausdrücklich gewahrt bleiben sollten. An dieser Stelle wird auch deutlich, dass die Situation der nächsten Jahre, die Kompetenzstreitigkeiten in Sachen BND zwischen Krone und dem Kanzleramt bereits durch den Erlass begründet wurden. Durch ihn erhielt Krone außerdem die Kompetenz für die ‚Forschungsstelle für Fragen der Strategie, der Abrüstung und der Rüstungskontrolle' und für die ‚Stiftung für Wissenschaft und Politik'.

Für die Frage des Verhältnisses von BND und Parlament ist am bedeutsamsten, dass der Bundesminister den Vorsitz im parlamentarischen Vertrauensmännergremium übernahm. Dies sollte sich in den nächsten Jahren als guter Entschluss herausstellen. Unter Krones Regie verstetigte sich die Kontrolle entscheidend. Er hatte jedoch ein so großes Aufgabengebiet erhalten, ohne die dazu notwendigen finanziellen und personellen Mittel, dass dies zu einem Streitpunkt und Ärgernis der Zukunft wurde.

3.2 Entwicklung der parlamentarischen Kontrolle

3.2.1 Debatten im Bundestag unerwünscht: keine Fragen zum Fall Felfe

Wer glaubt, mit dem Verratsfall Felfe oder spätestens mit der ‚Spiegel-Affäre' sei der BND wieder Thema im Bundestag oder den Ausschüssen geworden, der wird das Gegenteil feststellen. Die Ereignisse um das Hamburger Nachrichten-

---

[336] Koordinierung der Aufgaben der nationalen Sicherheit, ACDP, Nachlass Heinrich Krone, 01-028-60/2, 19. März 1963.
[337] Ebd.
[338] Ebd.

magazin waren natürlich ein großes Thema in den Plenardebatten, verschwindend gering jedoch im Zusammenhang mit dem Bundesnachrichtendienst. Namentlich genannt wurde er nicht.

Einmal erwähnte ihn der Kanzler indirekt, als er davon sprach, dass der ‚Spiegel' von einem aktiven Oberst[339] gewarnt worden sei. Zum anderen äußerte sich der stellvertretende Fraktionsvorsitzende der FDP, Wolfgang Döring. Er war bekannt für sein ausgezeichnetes Verhältnis zu Gehlen[340], was zum Beispiel Felfe einen Auftrag seines Führungsoffiziers einbrachte, mehr über diese Verbindung in Erfahrung zu bringen.[341]

Dörings Aussagen werden in Publikationen immer wieder zitiert, einmal auf Grund ihrer Rhetorik, zum anderen weil sie später Anlass für Spekulationen waren. Gut zwei Monate nach der Bundestagsdebatte starb der Abgeordnete mit nur 43 Jahren. Sein Fraktionskollege Mende führte dazu aus: „Der plötzliche Tod Dörings gab Anlass zu manchen Gerüchten und Mutmaßungen. Sie verdichteten sich zu dem Verdacht eines möglichen Mordanschlages durch Gift."[342] Genährt wurde dies weniger von den Fakten als von der Theorie eines DDR-Fernsehspiels im September 1963. Letzteres gab vor, der FPD-Politiker wäre das Opfer der Geheimdienste geworden.[343] Wesentliche Angaben der Sendung waren aber ganz offensichtlich falsch.

Dörings Beitrag in der Plenardebatte schloss sich an den Adenauers an. Mit dem ersten Satz sprach er den Einfluss der Dienste in der ‚Spiegel-Affäre' an: „Ich glaube, Herr Bundeskanzler, es wäre im Zuge der Untersuchung vielleicht der Aufklärung wert, welcher Nachrichtendienst der Bundesrepublik es für zweckmäßig gehalten hat, mit dem ‚Spiegel' zu arbeiten, und welcher es für zweckmäßig gehalten hat gegen ihn zu arbeiten. (Sehr gut! bei der SPD)."[344]

Dies war sicher eine Anspielung darauf, dass der BND mit dem Magazin, der MAD gegen den ‚Spiegel' gearbeitet habe. In seiner zweiten Aussage zum Thema Geheimdienste bezeichnete der Abgeordnete dies sogar als einen „Kampf der Institutionen" und er deutet an, mehr zu wissen, als er sagen könne und dürfe: „Ich bin heute noch nicht bereit darüber zu sprechen, welche Bemühungen ich persönlich angestellt habe, um einen auch mir unerträglich erscheinenden

339 4. WP, BT-Protokoll 45, 7. November 1962, S. 1993.

340 Vergl.: Mende, Erich: Von Wende zu Wende, München, Berlin 1986, S. 77.

341 Vernehmungsprotokoll (Bundeskriminalamt) Felfes vom 12. Dezember 1961, BAK, B 362/10710.

342 Vergl.: Mende: Von Wende zu Wende, S. 76.

343 Wolfram Dorn, einer der engsten Freunde Dörings, betonte im Interview eine Mordtheorie sei falsch. Interview mit der Autorin in Bonn 2006.

344 4. WP, BT-Protokoll 45, 7. November 1962, S. 1995.

Kampf zwischen zwei Institutionen abzumindern oder beseitigen zu helfen. Ich werde vielleicht gezwungen sein, eines Tages darüber zu sprechen.“[345]

Döring hatte sich im Jahr 1962 unter anderem bei Krone für eine stärkere Koordination der beiden Dienste eingesetzt. In der folgenden Debatte nahm niemand seine Äußerungen auf. Vermutlich gab es wenige, die wirklich etwas zu einem solchen Machtkampf hinter den Kulissen hätten sagen können. Zum anderen erschienen den Parteien andere Fragen dringlicher, z.B. ob die Festnahme Ahlers in Spanien rechtens gewesen sei.

Abgeordnete, die sich bemühten, Anfragen zum BND in die Bundestagsdebatte einzubringen, wurden davon meist schon im Vorfeld abgehalten. Zum Verratsfall Felfe beabsichtige der SPD-Abgeordnete Ritzel in diesem Zusammenhang, zwei Fragen zu stellen. Für den Parlamentarier drängten sich Fragen nach dem Zustand der Demokratie auf: „Die Bundesrepublik lebt im fünfzehnten Jahr ihres Bestehens. Gewisse Ereignisse der Vergangenheit zwingen dazu, das Wächteramt des Parlaments und der einzelnen Abgeordneten zur Sicherung der Demokratie etwas ernster zu nehmen als es bisher geschah.“[346] Er präzisierte dies noch: „Das Kontrollrecht des Parlaments gegenüber der Exekutive, die als Träger der vollziehenden Gewalt die vom Parlament beschlossenen Gesetze auszuführen hat, muss sich auch auf die Personalpolitik der Regierung erstrecken, um zu verhindern, dass trojanische Pferde den demokratischen Staat und dessen Vertrauensträger gefährden.“[347]

Mit seinem Brief vom 17. September 1963 an Bachmann im Kanzleramt wollte er zumindest Aufklärung erreichen. Er kündigte an, folgende Fragen im Bundestag zu stellen:

1. Fand bei der Übernahme der Vorläuferorganisation des Bundesnachrichtendienstes eine nochmalige Überprüfung des übernommen Personals statt und mit welchem Ergebnis?
2. Hatte das Bundeskanzleramt keine Bedenken, ehemalige Angehörige des Reichssicherheitshauptamtes in den Bundesnachrichtendienst zu übernehmen?[348]

345 Ebd., S. 1996.
346 SPD Pressedienst, Ritzel, Heinrich G.: „Saevekes“ sind keine Wächter der Demokratie, 6. September 1963, AdsD, Nachlass: Heinrich G. Ritzel, Mappe: 855.
347 SPD Pressedienst, Ritzel: „Saevekes“ sind keine Wächter der Demokratie 6. September 1963, AdsD, Nachlass: Heinrich G. Ritzel, Mappe: 855.
348 Brief von Heinrich Ritzel an Günter Bachmann, 17. September 1963, AdsD, SPD-BT-Fraktion, 4. WP, Mappe: 871.

Gehlen erhielt diesen Brief zur Kenntnis. Er machte Ritzel deutlich, dass er es nicht für zweckmäßig halte, derartige Fragen im Plenum des Bundestages zu diskutieren, zumal Zusatzfragen zu befürchten seien.[349] Er antwortete jedoch, das Personal der Organisation Gehlen sei nach den geltenden Bestimmungen für Bundesbedienstete übernommen worden, was erheblich viel Zeit gekostet habe.[350] Der BND-Präsident schrieb dem Abgeordneten weiter, es sei keinesfalls das gesamte Personal übernommen, sondern ein erheblicher Prozentsatz unberücksichtigt geblieben.

Bei der Antwort auf die zweite Frage zog sich Gehlen darauf zurück, dass Mitarbeiter des ehemaligen Reichssicherheitshauptamtes nur mit Rücksprache des Vertrauensmännergremiums im Jahr 1958 übernommen worden seien. Doch wie Gehlen selbst feststellte, wurde die Angelegenheit sehr allgemein beraten. Die Zusammenhänge und die wirklichen Erpressungsmöglichkeiten konnten den Parlamentariern dadurch sicher nicht ausreichend transparent werden. Das Ergebnis sei gewesen, so der BND-Präsident, dass jeder Einzelfall betrachtet und geprüft worden sein. Eine sehr beschränkte Anzahl habe man weiterbeschäftigt, wobei diese Personen für einflussreiche Führungsstellen nicht in Frage gekommen seien.[351]

Wie Ritzel erging es auch seinem Parteikollegen Hellmut Kalbitzer, der den Schwerpunkt in seiner politischen Arbeit in der Entwicklungspolitik hatte. Er beabsichtigte, im Parlament folgende Frage zu stellen: „Veranlassen der Bundesnachrichtendienst, der Militärische Abschirmdienst und die Sicherungsgruppe Bonn des Bundeskriminalamtes ebenfalls alliierte Dienststellen, bei von ihnen benannten Personen Telefone und/oder die Post zu überwachen?“[352] Adenauer schrieb daraufhin an Ollenhauer, er sei der Meinung, diese Frage sei nicht nach dem üblichen Verfahren zu beantworten. Er antwortete knapp, dass der BND seine Aufgabe in der Auslandsaufklärung habe und dessen Zusammenarbeit mit den Alliierten sich auf dieses Spektrum begrenze.[353] Adenauer schloss seinen Brief mit den Worten: „Weitere Einzelheiten können im Staatsinteresse nur ei-

---

[349] Brief von R. Gehlen an F. Erler vom 19. September 1963, AdsD, SPD-BT-Fraktion, 4. WP, Mappe: 871.

[350] Critchfield erinnert sich in seinem Buch, dass beispielsweise Felfe damals in der Tat aufgefallen sei. Was er dann schildert, erscheint im Nachhinein als fahrlässig: „Gehlen had removed the Felfe case from the list under review by a Bonn screening team and later negotiated separately to have Felfe made an exception.“ siehe: Critchfield: Partners at the creation, S. 170.

[351] Brief von R. Gehlen an F. Erler vom 19. September 1963, AdsD, SPD-BT-Fraktion, 4. WP, Mappe: 871.

[352] Brief von Adenauer an Mende, betrifft Anfrage Kalbitzer, ACDP, Nachlass Erich Mende, 01-269-034/1, 8. Oktober 1963.

[353] Brief von Adenauer an Ollenhauer, ACDP, Nachlass Erich Mende, 01-269-034/1, 8. Oktober 1963.

nem kleinen Gremium des Bundestages mündlich mitgeteilt werden. Ich bitte hierfür um Ihr Verständnis".[354] Hintergrund der Frage war eine Affäre des Bundesamtes für Verfassungsschutz, auf die im nächsten Kapitel eingegangen wird. Das Amt hatte zusammen mit den Alliierten Telefon- und Postüberwachung durchgeführt. Diese sicherte jedoch nicht allein wie vorgesehen die alliierten Truppen, sondern das Bundesamt für Verfassungsschutz verwendete die Ergebnisse der Überwachung in seiner täglichen Arbeit. Eine deutsche Aufklärung war nach Artikel 10 Grundgesetz (Post- und Fernmeldegeheimnis) nicht zulässig, da noch kein Gesetz zu Artikel 10 verabschiedet worden war – auch nicht wie hier über die westlichen Verbündeten.

Es sind nach Recherchen der Autorin in diesem Zeitabschnitt keine weiteren Diskussionen im Parlament über den BND geführt worden – wohl aus dem eben aufgeführten Grund, dass Anfragen nicht gewünscht waren. Auch in den Haushaltsdebatten, in denen es um die Finanzmittel des Dienstes ging, gab es keine Auseinandersetzung. Ein Grund war hier die zunehmende Geheimhaltung solcher Sachverhalte. Diskussionen fanden selbst im Haushaltsausschuss nicht statt.

3.2.2 Ob Atomsprengköpfe oder Afrika: intensiver Austausch zwischen BND und Parlamentariern

Die Bundestagsabgeordneten hatten durchaus ausreichende Informationen über den BND, um der Regierung Fragen zu stellen. In den Unterlagen der SPD-Bundestagsfraktion findet sich zum Beispiel eine Ausarbeitung, die sich kritisch mit der Organisation des Auslandsnachrichtendienstes auseinandersetzt. Ortloff schickte diese im November 1962 an Erler.[355] Mit hoher Wahrscheinlichkeit stammt sie vom BND-Mitarbeiter Ziegler. Viele der hier angesprochen Themenfelder werden später sowohl in der Mercker-Kommission behandelt, einer von der Regierung 1968 eingesetzten Expertengruppe, als auch im Untersuchungsauftrag des Guillaume-Untersuchungsausschuss des Bundestages 1974.

Es bestehe, so der Autor, ein eklatanter Mangel an echten Quellen. Themen wie militärische Rüstung, Wirtschaft und technische Forschung seien unterrepräsentiert. [356] Das später von Bundeskanzler Helmut Schmidt bekannte Diktum steht bereits hier zu lesen: „Um trotz dieses Mangels in der Gunst der Regierung zu bleiben, muss man eine Meinung vertreten, die die offizielle Auffassung bestätigt. Wer den Kurs der Neuen Zürcher Zeitung vertritt, braucht eine Kritik nicht

[354] Ebd.
[355] „Die politische Auslandsarbeit", 20. November 1962, AdsD, SPD-BT-Fraktion, 4. WP, Mappe: 871.
[356] Ebd.

zu fürchten. Wer sie liest braucht aber auch nicht auf die Auswertungsergebnisse zu warten.“[357]

In der Passage zur ‚Politischen Aufklärung', behauptet der Informant, dass diese außerhalb der ‚Beschaffung' stehe und sechzig Prozent für so genannte ‚Inside-Aufklärung' aufgewandt würden. Er nennt als Beispiele die Vorgeschichte Willy Brandts, die Absichten großer Zeitungsverleger, die Penetrierung von Parteien, Behörden und Redaktionen.[358] Die Inlandsaufklärung blieb ein immerwährender nie wirklich aufgeklärter Vorwurf gegenüber der Arbeit des BND.

Gehlens zunehmend schwache Führungsposition stellte der BND-Mitarbeiter ebenfalls dar: „Die derzeitige Methode zu führen muss als nicht ausreichend angesehen werden. Weite Teile des Feldes fühlen sich führerlos. Die Gewohnheit, wichtige Dinge persönlich zu entscheiden, führt oft zu einer Verschleppung.“[359] Außerdem sah er Fehler bei der Personalauswahl. Er schlug der SPD einige Verbesserungsmöglichkeiten vor, unter anderem die ‚Politische Aufklärung' wieder in die allgemeine Beschaffung einzugliedern.

Der Kontakt zwischen dem BND und den Abgeordneten vertiefte sich über die Jahre. Auf der einen Seite bekamen die Parlamentarier Einblicke, auf der anderen entstanden Abhängigkeiten. Sehr treffend formulierte dies 1974 der ehemalige Mitarbeiter des Kanzleramtes Mercker während des Guillaume-Untersuchungsausschusses, der BND habe „vielleicht zu viel“ [360] den Kontakt gesucht und gefunden.

In erster Linie ging es den Abgeordneten darum, Informationen für ihre politische Arbeit zu erhalten. Es ist sicherlich nicht zufällig, dass bei vielen BND-Berichten für die Abgeordneten vermerkt ist „nur zu ihrer eigenen Unterrichtung“[361]. Das hob ihre Bedeutung hervor und gab den Abgeordneten das Gefühl, exklusive Informationen zu erhalten: ob zu ‚Davy Crockett'[362], der kleinsten in den USA entwickelte Rakete mit Atomsprengkopf, die Verteidigungsminister Strauß in seiner Heeresplanung einbinden wollte[363], oder zur Frage, ob Chruschtschow 40 Bundestagsabgeordnete gesprochen habe.[364] Verteidigungsminister Strauß ließ sich zum Beispiel im Januar 1962 von Gehlen berichten, wer alles im

---

[357] Ebd.
[358] Ebd.
[359] Ebd.
[360] Protokoll der 23. Sitzung des 2. UA der 7. WP, Aussage des Sachverständigen Mercker, PA-DBT, 7. November 1974, S. 113.
[361] z.B.: Anschreiben des Präsidenten des Bundesnachrichtendienstes Reinhard Gehlen, Juni 1963, AdsD, SPD-BT-Fraktion, 4. WP, Mappe: 872.
[362] Brief von Siegfried Ortloff an Fritz Erler, 15. Juni 1961, AdsD, SPD-BT-Fraktion, 3. WP, Mappe: 274.
[363] Schöps: Die Spiegel Affäre des Franz Josef Strauss, S. 38.
[364] Gehlen an Erler, 25. März 1963, AsdD, SPD-BT-Fraktion, 4. WP, Mappe: 871.

‚Soldatensender Calais' während des Krieges gesprochen habe.[365] Hintergrund war ein Buch des ehemaligen Leiters des Senders, Sefton Delmer.[366] Der Journalist veröffentlichte 1962 seine Autobiografie „Die Deutschen und ich" [367]. Darin gab es lange, lobende Passagen über den ehemaligen Präsidenten des Bundesamtes für Verfassungsschutz, Otto John, der unter nicht aufgeklärten Umständen 1954 in die DDR übertrat. Nach Strauß' Meinung stellte Delmer John positiv als Widerstandskämpfer heraus und griff Gehlen stark an.

Auch wenn es früher nicht als Public Relation bezeichnet wurde, gab es dies in der Beziehung zwischen BND und Abgeordneten. Dies ging soweit, dass der BND zu Weihnachten Geschenke an wichtige Abgeordnete verteilte.[368] Bis Ende 1962 waren Besuche des BND-Präsidenten, der sonst als öffentlichkeitsscheu galt, bei den Fraktionsvertretern nicht ungewöhnlich. Das belegt ein Schreiben an Erler, in dem Gehlen es bedauert, nicht wie geplant ihn und Ollenhauer persönlich aufgesucht zu haben.[369]

Wenn der BND-Präsident politisch begabte Personen ausmachte, knüpfte er frühzeitig Kontakt. So regte Gehlen 1961 den 40-jährigen CSU-Bundestagsabgeordneten Karl Theodor Freiherr von Guttenberg an, der gerade seit drei Jahren in Bundestag war, ihn regelmäßig aufzusuchen.[370] Als dieser sechs Jahre später parlamentarischer Staatssekretär im Kanzleramt wurde, bestand so bereits ein über Jahre gewachsener Kontakt, der sich für beide Seiten als hilfreich herausstellen sollte.

Der Nachrichtendienst half auch hinter den Kulissen, um Gesprächspartner zusammenzubringen. In einem Fall gab Gehlen Erler den Hinweis, dass die sowjetische Seite Interesse an einem Gespräch mit Bürgermeister Brandt habe.[371] Erler verfasste darauf hin einen Brief an seinen Parteikollegen, um ihn zu unter-

---

[365] Krone: Tagebücher, Zweiter Band, S. 28.

[366] Sefton Denis Delmer, * 1904- † 1997, Britischer Journalist, 1937-1941 Chefreporter des Daily Express für Europa, leitete 1941-1945 im Auftrag des Foreign Office die Rundfunk-Feindpropaganda, Erfinder der sogenannten Schwarzen Propaganda (Sender „Gustav Siegfried eins" und „Soldatensender Calais"), ab 1945 wieder als Chefreporter tätig, scharfer Kritiker der Politik Adenauers und einer deutschen Wiederbewaffnung, 1956 Aussage als Zeuge im John-Prozess zu dessen Gunsten.

[367] Zu der Zeit war Delmer Leiter des Auslandsressort des „Daily Express", Delmer, Sefton: Die Deutschen und ich, Hamburg, 1962.

[368] Mit dem Weihnachtsbrief 1962 wurden Erler und Herbert Wehner je ein Kasten der BND-Hausmarke Zigarren übersandt. Brief Reinhard Gehlen an Fritz Erler, 20. Dezember 1962, AdsD, SPD-BT-Fraktion, 4. WP, Mappe: 871.

[369] Ebd.

[370] Brief von Reinhard Gehlen an Karl Theodor Freiherr von Guttenberg, BAK, NL 397/246, 24. November 1961, Blatt: 257.

[371] Meldung des BND vom 17. April 1963, AdsD, SPD-BT-Fraktion, 4. WP, Mappe: 871.

richten und bemerkte, diese Informationen von „vertrauenswürdiger Seite erfahren“[372] zu haben.

Es kam ebenso vor, dass das Wissen der Abgeordneten den Auslandsnachrichtendienst interessierte. 1963 war Oberstleutnant Wilhelm Friedrich Höffer von Löwenfeld Leiter der Bonner Verbindungsstelle und mit dem Auftrag versehen, Kontakte zu den Parteien zu halten - teils selbst, teils durch seine Referenten. Aus der Zentrale, vielleicht sogar vom Präsidenten, erhielt er den Hinweis, es sei zweckmäßig, Kontakt mit dem SPD-Abgeordneten Hans-Jürgen Wischnewski aufzunehmen. Dieser, so Gehlen, sei damals quasi Beauftragter der Partei für Verbindungen nach Nordafrika gewesen.[373] Höffer von Löwenfeld trug Erler diesen Wunsch vor, der den Kontakt sofort vermittelte. Der BND-Mitarbeiter betonte im Guillaume-Untersuchungsausschuss, dass dieser Wunsch eindeutig von der Seite des Nachrichtendienstes formuliert wurde. „In diesem Fall ging es um Nordafrika, Nahost – [es] sollten Gespräche [...] über die neuen Erfahrungen von Herrn Wischnewski geführt werden“[374], erinnerte er sich. Die Verbindung kam zustande und der Sozialdemokrat stellte seine Einschätzungen dem BND zur Verfügung.

Im Juni 1963, zur Zeit des Prozesses gegen Felfe, informierte der BND die Fraktionsvorsitzenden zum Fall. Gehlen schrieb, die Darstellung solle die Abgeordneten unabhängig von der Presseberichterstattung machen.[375] Er bat sie eindringlich, keine Informationen weiterzugeben, es handele sich um ein Amtsgeheimnis. Das Schweigen sollte sich nach seiner Meinung auch nach dem Prozess fortsetzen: „Aus Gründen der nachrichtendienstlichen Disziplin und der Sicherheit unseres Dienstes wird es auch nach der Urteilsverkündung nicht möglich sein, alle Zusammenhänge des Verratsfalles in einer dienstlichen Bekanntmachung zusammenzufassen.“ [376]

Dabei erhielten die Abgeordneten in der Studie keinerlei Angaben darüber, was Felfe verraten hatte, um dem Prozess nicht vorzugreifen, hieß es. Einzig sein Werdegang im Nationalsozialismus und die Frage, wie der sowjetische Nachrichtendienst das Trio Clemens-Felfe-Tiebel warb, gingen in den Bericht ein. Die Schuld dafür, dass der Verrat so lange unentdeckt blieb, gab Gehlen im An-

---

[372] Brief Fritz Erler an Willy Brandt vom 30. April 1963, AdsD, SPD-BT-Fraktion, 4. WP, Mappe: 871.

[373] Geheimes Protokoll der 25. Sitzung des 2. UA der 7. WP, Aussage des Zeugen Gehlen, PA-DBT, 19. November 1974, S. 18.

[374] Geheimes Protokoll der 26. Sitzung des 2. UA der 7. WP, Aussage des Zeugen Höffer von Löwenfeld, PA-DBT, 4. Dezember 1974, S. 308.

[375] Anschreiben des Präsidenten des Bundesnachrichtendienstes Reinhard Gehlen, Juni 1963, AdsD, SPD-BT-Fraktion, 4. WP, Mappe: 872.

[376] BND: Darstellung zum Fall FELFE, Juni 1963, S. 4, AdsD, SPD-BT-Fraktion, 4. WP, Mappe: 872.

schreiben seinen Mitarbeitern: „Ich habe leider feststellen müssen, dass bei größerem Sicherheitsbewusstsein einiger Mitarbeiter der Fall Felfe zu einem früheren Zeitpunkt hätte geklärt und damit großer Schaden vermieden werden können.“[377]

Die Studie attestiert Clemens und Felfe einen schnellen beruflichen Aufstieg während der Zeit des Nationalsozialismus.[378] „Gemessen am Lebensstil, an den Auswirkungs- und Aufstiegsmöglichkeiten im Dritten Reich war das, was beiden das Nachkriegsdeutschland zu bieten hatte, zunächst bescheiden, doch lässt sich mit Sicherheit ausschließen, dass sie sich jemals in wirklicher Not und Bedrängnis befunden hätten.“[379] Ressentiments gegen die Westmächte aus der ‚Degradierung' nach dem Krieg hätten beim Anwerben eine große Rolle gespielt, so der Bundesnachrichtendienst. Anders als einige Presseveröffentlichungen sahen sie keinen Einsatz aus kommunistischer Überzeugung, sondern finanzielle Interessen.[380] Die „psychologisch geschickte und genau auf die beiden berechnete Taktik“[381] wird besonders hervorgehoben.

Die Analyse des Dienstes ist sachlich geschrieben. Die Angaben zu den Lebensläufen von Clemens, Felfe und Tiebel sind korrekt. Bei der Frage nach den Motiven der drei Angeklagten wird wenig argumentiert, sondern sofort geschlossen, es habe sich um finanzielle Absichten gehandelt. Zum Fall selbst, wie schon ausgeführt, erhielten die Abgeordneten keinerlei Informationen, sie blieben auf die Presseberichterstattung angewiesen.

3.2.3 Ein „verhängnisvoller“ Verrat: das Vertrauensmännergremium lebt wieder auf

Vielleicht war es Adenauers eigene Enttäuschung über den Nachrichtendienst, welche ihn dazu bewog, das Vertrauensmännergremium nicht mehr einzuberufen. Die Gründe dafür sind nicht überliefert. Im Juli 1963 schrieb Dr. Heinrich von Brentano an Adenauer, seit seinem Amtsantritt als Fraktionsvorsitzender der CDU im November 1961 hätte keine Sitzung stattgefunden.[382] Auch einzelne Mitglieder des ‚Dreierausschusses' des Bundestages klagten, dass sie oft lange Zeit nicht von Staatssekretär Globke – der die Dienstaufsicht über den BND

377 Ebd.
378 Ebd., S. 1.
379 Ebd., S. 2.
380 Ebd., S. 7.
381 Ebd.
382 Brief von von Brentano an Adenauer, BAK, NL 239/74, 30. Juli 1963, Blatt 22.

führe – zu Diskussionen und Gesprächen gebeten worden seien.[383] Es kann daher vermutet werden, dass mit dem Verratsfall Felfe die Kontrolle eingestellt wurde. Das Gegenteil wäre angeraten gewesen, zum Beispiel eine Diskussion über das belastete Personal oder die Organisation des Dienstes. Der BND hielt seine Informationen über den Verrat zurück, wie gesehen, sogar bis kurz vor Prozessbeginn. Die Stimmung im Jahr 1963 zwischen Regierung und parlamentarischen Kontrolleuren beschrieb der SPD-Abgeordnete Ritzel als gespannt. Vor allem die Einstufung als Verschlusssache erschwere das Verhältnis. Er nannte es eine „Atmosphäre (...), die krankhaft ist"[384].

Den Abgeordneten war in den Jahren ohne Sitzungen des Vertrauensmännergremiums durchaus bewusst, dass ihre Möglichkeiten Einblick zu bekommen, schwanden. Erler notierte zum Beispiel im Oktober 1961 nach dem Mauerbau viel sagend: „BND Unterausschuss machen? Warum 13.8. nicht vorhergesehen? Neue Organisation nötig- Gedanken Wagner hierzu."[385] Sein Parteikollege Ritzel nahm den Geheimdienst in dieser Frage in Schutz: „Der BND hatte tatsächlich in zahlreichen Meldungen auf die bevorstehende Absperrung hingewiesen, auf das dramatische Anwachsen der Flüchtlingsbewegung, auf Ulbrichts wütende Reaktionen und seinen Forderungen nach rigoroser Abschnürung, schließlich auch auf die Sanktionierung dieser Bestrebungen durch die Sowjets. Die Informationen verdichteten sich im August 1961 – gegen das Wochenende der gewaltsamen Absperrung hin."[386] Auf jeden Fall war der Mauerbau für Erler ein Anlass, das Vertrauensmännergremiums einzuberufen.

Im Oktober unternahm Erler einen erneuten Vorstoß in die Richtung, das Vertrauensmännergremium wieder einzurichten. Er notierte, dass von Brentano mit dem Fraktionsvorsitzenden der FDP, Erich Mende, sprechen wolle, wer aus dessen Fraktion dem BND-Kontrollausschuss angehören solle. Dann erst werde ein Termin verabredet. Der Ausschuss solle, schreibt der Sozialdemokrat, „wieder ins Leben gerufen werden"[387]. Warum das Engagement nicht zum Erfolg führte, ist nicht aufzuklären.

So verrann die Zeit bis zum Prozess vor dem Bundesgerichtshof für Clemens, Felfe und Tiebel. Von Brentano wandte sich an Ollenhauer. Ihn beunruhige die Nachricht über den Landesverratsprozess Felfe: „Es ist erschreckend zu erfahren, dass drei alte bewährte Nationalsozialisten, die im Reichssicherheitshauptamt ihr Unwesen getrieben haben, sich wieder zusammenfinden konnten,

[383] FAZ: Die Sozialdemokraten wünschen keinen Parteienstreit über Felfe, 15. Juli 1963.
[384] Heinrich Ritzel: Zusammenbruch der Geheimniskrämerei, 10. Juli 1963, AdsD, Nachlass: Heinrich Ritzel, Mappe: 759.
[385] Notiz von Fritz Erler, 17.Oktober 1961, AdsD, SPD-BT-Fraktion, 4. WP, Mappe: 871.
[386] Heinrich Ritzel: Die Mauer, ohne Datum, AdsD, Nachlass: Heinrich Ritzel, Mappe: 759.
[387] Notiz von Fritz Erler, 26.Oktober 1962, AdsD, SPD-BT-Fraktion, 4. WP, Mappe: 871.

um mehr als zehn Jahre hindurch einen erfolgreichen und organisierten Landesverrat gegen Deutschland und gegen unsere Verbündete zu betreiben."[388] Er erinnerte daran, dass die drei Vorsitzenden der Bundestagsfraktionen einem politischen Kontrollausschuss angehörten. Dieser habe das Recht, aber auch die Aufgabe, sich über die Tätigkeit des Bundesnachrichtendienstes zu informieren. Der CDU/CSU-Fraktionsvorsitzende mahnte seinen sozialdemokratischen Kollegen Ollenhauer, die Angelegenheit sei dringlich: „Ich glaube, dass wir sehr bald zusammentreten sollten, und zwar möglichst in München, um an Ort und Stelle den Vorfall zu besprechen."[389] Von Brentano schlug bereits zu diesem Zeitpunkt eine sorgfältige sachliche und personelle Überprüfung des BND vor. Er warnte weiterhin: „Wenn wir nichts tun, wird man nicht nur der Bundesregierung, sondern auch uns den Vorwurf machen, die Aufsichtspflicht verletzt zu haben. Der Vorwurf ist um so ernster zu nehmen, als sich die Tätigkeit verhängnisvoll ausgewirkt hat und wahrscheinlich viele anständige Menschen die Freiheit, wenn nicht das Leben gekostet hat."[390] Als Termin nannte er die erste Augusthälfte.

Der Brief ging ebenso an Mende. Dieser antwortete, er beurteile die Problematik ähnlich und sei zu einem Treffen bereit. In diesem Schreiben nimmt Mende auch Bezug auf Dörings Position zu den Geheimdiensten. Ende 1962, also während der ‚Spiegel-Affäre', habe dieser dem Bundeskanzler, Minister Krone und Vertretern der Fraktionen seine Bedenken, sowohl gegen die Arbeit des BND als auch des MAD unterbreitet. Er habe Vorschläge gemacht, die beiden Institutionen besser zu koordinieren, wenn möglich sogar zusammenzufassen.[391] Döring wurde auch in einem Brief von Fritz Sänger, Abgeordneter der SPD und Journalist, erwähnt. Dieser schrieb an Erler, der FDP-Politiker habe ihm gegenüber Andeutungen zu NS-Verstrickungen der Nachrichtendienste, vor allem des Verfassungsschutzes, gemacht. „Döring sagte mir noch vor seinem Tod eine Reihe von Einzelheiten, die sehr viel schlimmere Tatsachen enthielten."[392] Nach seiner eigenen Meinung seien mehr als 10 Prozent der BND-Mitarbeiter von 1963 belastet.

Ollenhauer schrieb ebenso an von Brentano, dass er an einem Gespräch großes Interesse habe und dessen Besorgnis teile.[393]

---

[388] Brief von Heinrich von Brentano an Erich Ollenhauer, 10. Juli 1963, AdsD, Nachlass Erich Ollenhauer, Mappe: 292.
[389] Ebd.
[390] Ebd.
[391] Ebd.
[392] Brief von Fritz Sänger an Fritz Erler, AdsD, Nachlass Erich Ollenhauer, Mappe: 292.
[393] Brief von Erich Ollenhauer an Heinrich von Brentano, 16. Juli 1963, AdsD, Nachlass Erich Ollenhauer, Mappe: 292.

Dem Bundeskanzler gegenüber formulierte der Vorsitzende der CDU/CSU-Fraktionen seinen Standpunkt deutlich: „Der Fall *Felfe* ist allerdings so, dass ich persönlich kein Vertrauen mehr zum Bundesnachrichtendienst haben kann, so lange nicht eine sehr sorgfältige Untersuchung den letzten Zweifel ausräumt.“[394] Das zeigt den Willen, eine Kontrolle des Geheimdienstes durchzusetzen.

Am 29. Juli 1963 kam es dann zu einer Besprechung zwischen von Brentano, Ollenhauer und Mende.[395] Sie vereinbarten, die Arbeit des Vertrauensmännergremiums wieder aufzunehmen. Dessen erste Sitzung fand am 4. September 1963 statt[396]. Sie wurde sogar in der Presse bekannt geben[397]. Dies ist ein Zeichen, dass die Zusammenkunft der Öffentlichkeit die Kontrollabsicht der Parlamentarier deutlich machen sollte. Inhalt war laut eines Briefes von Brentanos an Gehlen: „Wir werden in erster Linie die personelle Zusammensetzung des Bundesnachrichtendienstes und die erforderlichen Sicherheitsmaßnahmen besprechen.“[398] Jeder Fraktionsvorsitzende sollte von einem Vorstandsmitglied und einem ständigen Mitglied des Haushaltsausschusses begleitet werden. Erhalten sind Einladungen an den stellvertretenden Vorsitzenden des Haushaltsausschusses, Dr. Rudolf Vogel (CDU), den Vorsitzenden der Landesgruppe der CSU, Franz Josef Strauß und an die Fraktionsvorsitzenden Erich Ollenhauer (SPD) und Erich Mende (FDP).[399] Es fehlen offensichtlich die an den Haushaltsausschussvorsitzenden Erwin Schoettle (SPD) und einen weiteren Vertreter der FDP. Strauß wird vermutlich nicht teilgenommen haben, da er zu dieser Zeit im Urlaub war. Das Sekretariat bat um eine Terminverschiebung, die von Brentano abwies.[400]

In seinem Einladungsschreiben an Adenauer kritisierte von Brentano unmissverständlich, dass es lange zu keinem Treffen des Vertrauensmännergremiums gekommen war: „Die Herren Kollegen Ollenhauer und Mende sagten mir, dass die früheren regelmäßigen Zusammenkünfte, die häufig im Bundeskanzleramt stattgefunden hätten, langsam eingeschlafen seien.“[401] Er werde auch Reinhard Gehlen zu der Aussprache einladen und diesen bitten, Mitarbeiter zu Sach-

[394] Brief von Heinrich von Brentano an Konrad Adenauer, BAK, NL 239/74, 10. Juli 1963, Blatt 25.

[395] Brief von Heinrich von Brentano an Konrad Adenauer, 30. Juli 1963, AdsD, Nachlass Erich Ollenhauer, Mappe: 292.

[396] Einladung Vertrauensmännergremium für den 22. April 1964 durch Heinrich Krone, AdsD, SPD-BT-Fraktion, 4. WP, Mappe: 872.

[397] Die Welt, Gespräch über den Bundesnachrichtendienst, 3. September 1963.

[398] Brief von Heinrich von Brentano an Reinhard Gehlen, BAK, NL 239/74, 30. Juli 1963, Blatt 17.

[399] Brief von Heinrich von Brentano an Erich Ollenhauer, 30. Juli 1963, AdsD, Nachlass: Erich Ollenhauer, Mappe: 292.

[400] Brief von Börner an Walter Oberhorner, BAK, NL 239/74, 14. August 1963, Blatt 13 und 14.

[401] Brief von Heinrich von Brentano an Konrad Adenauer, 30. Juli 1963 AdsD, Nachlass: Erich Ollenhauer, Mappe: 292.

themen mitzubringen. Im Vordergrund solle die Personalpolitik des BND stehen. Von Brentano bat das Kanzleramt als Aufsichtsbehörde, sich an dem Gespräch zu beteiligen.

Gehlen antwortete auf die Einladung, er werde sich an diesem Tag im Vorstandszimmer der CDU/CSU-Fraktion einfinden. Er sei „dankbar, dass hierdurch die Gelegenheit gegeben wird, nicht nur den Fall Felfe auf Grund des Prozessverlaufs und die vielfach entstandenen Missverständnisse ins richtige Licht zu rücken, sondern auch die Sorgen und Schwierigkeiten unserer Arbeit vertrauensvoll den berufenen Mitgliedern des Parlaments zu unterbreiten."[402] Der Präsident ergänzte noch, dass durch Felfe die anderen wichtigen Teile des BND „nur unwesentlich"[403], die außenpolitische Aufklärung „überhaupt nicht"[404] berührt worden sei. Hier versuchte Gehlen offensichtlich, das Ausmaß der Affäre herunterzuspielen.

Die Unterlagen zur Sitzung befinden sich im Nachlass von Brentanos[405]. Folgender Ablauf unter der Überschrift „Zur Beantwortung von gestellten Fragen bzw. zu Kurzvorträgen halten sich bereit" war für den 4. September laut eines Vermerks von Brentanos vorgesehen:

1. MA Bernhard (Deckname von Freiherr Walrab Rudolf von Butlar):
Der Fall Felfe und seine Auswirkungen im Bereich des BND. Die Handhabung der personellen und materiellen Sicherheit im BND.
2. MA Hartwig (Deckname von Eberhard Blums):
Grundsätze des Personalwesens im BND, dabei Verwendung von Personen mit politischer Belastung.
3. MA Holten (Deckname von Wolfgang Langkau):
Außenpolitische Aufklärung im BND unter Heranziehung von Auswahlmeldungen aus den Jahren 1961 bis 1963.
4. MA Holm:
Aufbauplanung des BND, dabei Grundsatzfragen der Zusammenarbeit mit Bundes- und Landesbehörden.
5. Dr. Harder:
Sicherheitsfälle fremder Dienste – Arbeitsweise der Ostblock-ND[406]

Freiherr Walrab Rudolf von Butlar war bereits in die Enttarnung Felfes als Leiter der Sicherheitsabteilung eingebunden. Aus diesem Zusammenhang heraus ergibt

[402] Brief Reinhard Gehlens an Heinrich von Brentano, BAK, NL 239/74, 1. August 1963, Blatt 15.
[403] Ebd.
[404] Ebd.
[405] Ebd.
[406] Zu den Klarnamen der Referenten siehe: Müller; Mueller: Gegen Freund und Feind, S. 717ff.

sich sein Vortragsthema.[407] Ob Blum als persönlicher Referent Gehlens für das Thema der NS-Belastung besonders prädestiniert war, lässt sich nicht beurteilen. Ganz sicher konnte Langkau als Leiter der politischen Aufklärung zu seinen BND-Meldungen Stellung nehmen. Der Mitarbeiter Holm ließ sich nicht identifizieren. Insgesamt deckten die Vorträge ein breites Themenspektrum ab. Sie waren allgemein gehaltene Überblicksdarstellungen, wobei der Verratsfall Felfe nur im ersten Vortrag direkt thematisiert wurde. Sicher kann es hilfreich gewesen sein, weiterreichende Bezüge herzustellen. Der BND erhielt jedoch gleichzeitig die Chance, vom Fall selbst abzulenken und außenpolitische Aufklärungserfolge mit Hilfe Langkaus zu betonen.

Auch die Ansichten des Wehrbeauftragten des Bundestages, Hellmuth Heye, wurden nach den Unterlagen von Brentanos in der Sitzung vorgetragen.[408] In seinem Brief an den CDU/CSU-Fraktionsvorsitzenden erläuterte er bereits seinen Standpunkt: Er hielte es nicht für sinnvoll, den Präsidenten des Bundesnachrichtendienstes aktuell zu wechseln, da im Bundeskanzleramt Globke parallel ausscheiden würde und dies „bei der sensiblen Struktur eines Nachrichtendienstes einer abfälligen Kritik durch das eigene Land gleichkommen“[409] würde. Das werde dem Wert des Dienstes nicht gerecht. Als Nachfolger „in absehbarer Zeit“ [410] sah Heye schon den späteren Präsidenten Gerhard Wessel. Der Wehrbeauftragte sprach sich in seinem Schreiben gegen eine Konzentration der Dienste aus, da dies eine zu große Macht in einer Hand bündeln würde. Zur Personalauswahl nahm Heye den BND in Schutz, schließlich hätten diese Aufgabe bis 1955 maßgeblich die Amerikaner wahrgenommen.

Über den Verlauf der Sitzung des Vertrauensmännergremiums existieren keine Mitschriften oder nachfolgende Briefwechsel. Der Bundesnachrichtendienst, da spricht die Studie für die Fraktionsvorsitzenden schon eine klare Sprache, war bemüht, die Folgen des Verrats als harmloser darzustellen als er tatsächlich war.

3.2.4 Unterstützt die DDR die Rechten? Die Sozialdemokraten informieren sich beim BND

Die SPD setzte ihre Informationsbesuche beim Bundesnachrichtendienst auch in den Jahren 1961 bis 1963 fort. Vorherrschende Themen waren östliche Infiltra-

---

[407] Ebd., S. 252.
[408] Brief Heinrich von Brentano an Hellmuth Heye, BAK, NL 239/74, 3. September 1963, Blatt 10.
[409] Ebd.
[410] Ebd.

tion, die Kritik an einem NS-belasteten Mitarbeiter und die Diskussion um das Personalvertretungsgesetz.

Zur Infiltration gab es im Dezember 1961 ein Gespräch zwischen Fritz Erler und dem Bundesnachrichtendienst.[411] Anlass war, dass der rechtskonservative Zeitungsverleger und Vorsitzende der Deutschen Reichspartei[412], Adolf von Thadden[413], im Verdacht stand, Gelder aus der DDR zu erhalten. In der Notiz heißt es: „40 000 DM – von Osten? Kleist[414] gibt DDR-Zeitung heraus."[415] Die Zeitung, auf die die Sozialdemokraten bei ihrer Reise nach Pullach anspielen, ist die ‚Deutsche Wochenzeitung', die Peter Kleist seit 1959[416] in Rosenheim herausgab. Neben ihm als Verleger arbeiteten der ehemalige SS-Sturmbannführer Erich Kernmayr, Heinrich Härtle, früher Leiter des Hauptamtes Wissenschaft unter Ribbentrop und K. Waldemar Schütz.[417] Von Thadden war Teilhaber und zu Beginn Mitherausgeber.[418] Zum Zeitpunkt des Gespräches der Sozialdemokraten in Pullach war von Thadden vorübergehend von seinem Parteiamt suspendiert worden. Grund: Er wollte dem Vorstand nicht die Herkunft der Wahlkampfspende von 45 000 DM – auf die die SPD anspielt – benennen.[419] Es hielt sich der Vorwurf, dabei handele es sich um Geld aus dem ‚Osten'.[420] Neben dem Fall von Thadden sprachen die Sozialdemokraten noch weitere Verdachtsfälle zu Infiltration an, darunter auch der Passauer Verleger und Intimus von Strauß, Dr. Hans Kapfinger. [421]

---

[411] Notiz von Fritz Erler, 8. Dezember 1961, AdsD, SPD-BT-Fraktion, 4. WP, Mappe: 871.

[412] Die Deutsche Reichspartei war ein Sammelbecken ehemaliger NSDAP-Angehöriger und bestand bis 1965. Ihr Ziel war das deutsche Reich in den bismarckschen Grenzen wiederherzustellen. Bundesamt für Verfassungsschutz, Presse- und Öffentlichkeitsarbeit: Rechtsextremistischer Revisionismus, Köln 2001.

[413] Adolf von Thadden, * 1921- † 1996, 1939-1945 Arbeitsdienst und Kriegsdienst, 1949-1953 MdB (bis Okt. 1951 DRP, dann fraktionslos), 1955-1959 und 1967-1970 MdL Niedersachsen (DRP, 1967 NPD), 1961-1965 Vorsitzender der DRP, 1967-1971 der NPD.

[414] Hinter dem Namen „Kleist" verbirgt sich Peter Kleist. Dieser war u. a. Ministerialdirigent und Leiter der Politischen Abteilung Ost in dem vom NS-Ideologen Alfred Rosenberg geleiteten Ministerium für die besetzten Ostgebiete. Kleist wirkte gegen Ende des Krieges im persönlichen Stab des Außenministers Joachim von Ribbentrop mit. Nach 1945 entfaltete er eine publizistische Tätigkeit: In seinem Buch „Auch Du warst dabei" (1952) schilderte er chronologisch die Geschichte des „Dritten Reichs". Der Autor versuchte dabei eine „politisch-moralische Rehabilitierung des Nationalsozialismus", so das Bundesamt für Verfassungsschutz (Presse- und Öffentlichkeitsarbeit: Rechtsextremistischer Revisionismus, Köln 2001.)

[415] Notiz, 23. Juni 1962, AdsD, SPD-BT-Fraktion, 4. WP, Mappe: 871.

[416] Stellte 1999 ihr Erscheinen ein, bzw. wurde mit der Deutschen National –Zeitung vereinigt

[417] Leserbrief unter der Überschrift „Erstrecht", Der Spiegel, 22. Juli 1964, S. 8f..

[418] Der Spiegel: Zur Person Adolf von Thadden, 1. November 1961, S. 92.

[419] Der Spiegel: Zur Person Adolf von Thadden, 18.Oktober 1961, S. 92.

[420] Knabe, Hubertus: Die unterwanderte Republik – Stasi im Westen, Berlin 1999, S. 128.

[421] Kapfinger hielt 25 Prozent Anteile an der Finanzbau Aktiengesellschaft (FIBAG), welche 1962 zum Gegenstand eines parlamentarischen Untersuchungsausschusses des Bundestages werden sollte.

Auf einem weiteren Vermerk vom Juni 1962 wurde von den Sozialdemokraten der Fall eines NS-belasteten BND-Mitarbeiters genannt: Konrad Fiebig. [422] Ihm wurde vorgeworfen 11 000 weisrussische Juden ermordet zu haben und wird als derjenige bezeichnet, der aus der Organisation Gehlen am meisten „Blut an seinen Händen" [423] gehabt habe. Fiebig leitete das Einsatzkommando 9 der Einsatzgruppe[424] B in Vitebsk, Belorussland und Mitarbeiter eines der Sondergerichte.[425] Er war laut Ortloff seit 1948 Mitglied der Organisation Gehlen. In einem Vermerk unter der Überschrift „Anfragen des Herrn Erler" hielt Ortloff fest: „Fiebig war beim BND angestellt worden, nachdem Rückfrage in Ludwigsburg gehalten worden war. Die Belastungen wurden erst mit dem Berliner Prozess bekannt."[426] Der Prozess fand im Jahr 1962 statt, als Fiebigs Biografie bekannt wurde. „Mit dem Mordbefehl Hitlers hat Fiebig sich voll identifiziert"[427], hieß es laut Ortloff im Urteil des Berliner Einsatzgruppenprozesses. Er wurde jedoch aus Mangel an Beweisen freigesprochen.

Ein weiterer wichtiger Gesprächspunkt mit dem Bundesnachrichtendienst war für die Sozialdemokraten das Personalvertretungsgesetz. Ortloff merkte an, dass das ‚Schottensystem' des BND mit einem Gesetz nicht vereinbar sei. Das Schottensystem bedeutet, dass jeder Mitarbeiter nur die Informationen erhält, die er für seine Arbeit benötigt. Nur sehr wenige Personen haben daher eine Übersicht über die Organisationsstruktur – eine Voraussetzung für eine hilfreiche Personalvertretung. Der BND setze, legt Ortloff dar, weiterhin auf sein erprobtes Vertrauensleutesystem. Dies sei dies bei kleineren Meinungsverschiedenheiten sicher gut, aber bei ernsteren Auseinandersetzungen, wie einer Kündigung, ver-

---

Die Vermutung, Strauß habe über Kapfinger eine Vorteilsnahme im Bauprojekt amerikanischer Militärunterkünfte angestrebt, konnte jedoch nicht nachgewiesen werden.

[422] Für München, Vermerk, 23. Juni 1962, AdsD, SPD-BT-Fraktion, 4. WP, Mappe: 871.

[423] Naftali, Timothy: Reinhard Gehlen and the United States, S. 383, in: Breitman: U.S. Intelligence and the Nazis.

[424] Die Einsatzgruppen bestanden aus Mitgliedern der Geheimen Staatspolizei, der Kriminalpolizei und des Sicherheitsdienstes. Sie sollten in den eroberten Ostgebieten gegen politische Gegner und „rassisch minderwertig" angesehene Menschen vorgehen, bzw. sie ermorden. Fiebig war nicht der einzige ehemalige Mitarbeiter der Sonderkommandos, die erst bei der Organisation Gehlen, dann beim BND beschäftigt wurden. Auch Franz Six, Leiter des ersten Einsatzkommandos in Österreich und später Leiter des „Vorkommando Moskaus", war Mitarbeiter der Organisation Gehlen. Six war zwar zu 20 Jahren Haft verurteilt worden, konnte jedoch durch eine Begnadigung 1952 wieder für Gehlen arbeiten. Ein weiterer Fall ist Friedrich Panzinger, 3. Führer der Einsatzgruppe A im Baltikum und Mitarbeiter des RSHA, der bis 1959 beim Auslandsnachrichtendienst arbeitete. Quelle: Ebd.

[425] Ebd.

[426] Notiz von Siegfried Ortloff, 9. Juli 1962, AdsD, SPD-BT-Fraktion, 4. WP, Mappe: 871.

[427] Ebd.

sage es, kritisiert Ortloff. „Die Gefahr, schutzlos Willkürmaßnahmen ausgesetzt zu sein, ist gegeben.“ [428]

Ortloff unterbreitete Erler daher im Frühjahr den Vorschlag, das Gesetz zu ergänzen oder eine Rechtsverordnung zu erwirken, die es Bediensteten ermögliche, sich mit Beschwerden in innerdienstlichen, sozialen und persönlichen Angelegenheiten an den BND-Kontrollausschuss des Bundestages zu wenden.[429] Zu diesem Thema gab es auch noch ein weiteres Gespräch beim BND mit Erler am 20. November 1962. Das zeigt, dass dies ein wichtiger Punkt für den Abgeordneten war.[430] Im Januar intervenierte Erler noch einmal bei seinem Fraktionskollegen Hermann Schmitt-Vockenhausen, der auch Vorsitzender des Innenausschusses war.[431] Erler formulierte folgende Ergänzung für den Gesetzesentwurf: „Der Vertrauensmann, aber auch der einzelne Bedienstete kann Anträge und Beschwerden in innerdienstlichen, sozialen und persönlichen Angelegenheiten an den für den BND zuständigen Kontrollausschuss des Bundestages richten.“[432] Ob dieser Vorschlag umgesetzt wurde, ist nicht überliefert.[433]

3.2.5 „In groben Zügen zur Kenntnis genommen“: das BND-Budget

In diesem Zeitabschnitt von 1961 bis 1963, gab es nur zwei Sitzungen des Haushaltsausschusses, in denen über den BND-Etat gesprochen wurde. Die Budgetvorschläge des Unterausschusses wurden ohne Diskussion akzeptiert. 1962 lag der Zuschuss für den BND bei 52,5 Millionen DM, im folgenden Jahr stieg er auf 58 Millionen DM[434].

Auch die Arbeit des Unterausschusses des Haushaltsausschusses widmete sich nicht ausführlich dem BND-Etat. Die Jahresrechnungen würden allein in großen Zügen zur Kenntnis genommen, merkte der SPD-Abgeordnete Ritzel an. „Damit ist keine Kontrolle der Verwendung der Mittel selbst gegeben. Diese

[428] Brief von Siegfried Ortloff an Fritz Erler, 29. Oktober 1963, AdsD, SPD-BT-Fraktion, 4. WP, Mappe: 871.
[429] Ebd.
[430] Brief von Siegfried Ortloff an Fritz Erler, 20. Oktober 1962, AdsD, SPD-BT-Fraktion, 4. WP, Mappe: 871. Ebenso gibt es eine Eintragung im Terminkalender, siehe: AdsD, Nachlass Fritz Erler, Mappe: 228.
[431] 4. WP, Drucksache 451.
[432] Brief von Fritz Erler an Hermann Schmitt-Vockenhausen, 31. Januar 1963, AdsD, Nachlass Fritz Erler, Mappe: 59 A.
[433] Er wurde 1999 Teil des Kontrollgremiumsgesetzes (§2d).
[434] 4. WP, BT-Drucksache 2053.

Kontrolle könnte nur durch Kenntnis der Einzelheiten ausgeübt werden, die Gegenstände der Jahresrechnung werden“[435], schreibt er.

Kritik kam von anderer Seite: 1962 besuchte der Präsident des Bundesrechnungshofes mit seinen Mitarbeitern den Bundesnachrichtendienst. Der Geheimdienst vermutete hinter der aus seiner Sicht „bewusst kleinlichen Untersuchungsaktion“[436] Strauß, wieder ein Hinweis auf den Machtkampf zwischen dem Bundesministerium für Verteidigung und dem Bundesnachrichtendienst, auf den bei der ‚Spiegel-Affäre' hingewiesen wurde. Der Bundesrechnungshof, vermerkten die Sozialdemokraten, wartete mit schwerwiegenden Kritikpunkten auf: zu viel so genanntes ‚Y-Personal', zu hohe Gehaltseinstufungen, zu viele Studienreisen. Er rügte auch die Art, wie Auslandsaufträge ausgeführt würden.[437]

Beim ‚Y-Personal' handelte es um Mitarbeiter, die laut Erler aus Sonderfonds bezahlt wurden.[438] Auf diese Weise konnten auch Personen weiterbeschäftigt werden, deren Biografie durch die NS-Zeit belastet waren und die daher einer Überprüfung für die Beamten- oder Angestelltenlaufbahn nicht Stand gehalten hätten. Genau dies kritisierte der Bundesrechnungshof.[439] Er verlangte, die Mitarbeiter sofort auszuwechseln. Erler notierte sich: „Von den hier beschäftigten Mitarbeitern (Y-Personal) mit Unterbringungsrechten nach dem G 131[440] gehörten zwölf früher der Gestapo, dem SD oder der Allgemeinen SS an.“ [441] Dieser Grundgesetzartikel regelt die Übernahme von Mitarbeitern, die zur Zeit des Nationalsozialismus im Öffentlichen Dienst beschäftigt waren und nun in den Bundesdienst übernommen werden wollten. Wichtig ist, dass das Ausführungsgesetz zu Artikel 131 nur eine persönliche und keine formelle Schuld festlegte. Eine Übernahme war daher eine individuelle Angelegenheit. Dies ist der Grund, weshalb der BND den Einzelfall prüfte und Mitarbeiter nicht allein aus ihrer Zugehörigkeit zur Gestapo, dem SD oder der SS ausschloss. Erler berichtete deshalb, dass mehrere Rückfragen über diese Personen bei der Zentralstelle der Länderjustizverwaltungen in Ludwigsburg bisher ihre Verwendung im Nachrichtendienstlichen-Personal nicht ausgeschlossen hätten. Im Falle eines Mitar-

---

[435] Heinrich Ritzel: Zusammenbruch der Geheimniskrämerei, 10. Juli 1963, AdsD, Nachlass: Heinrich Ritzel, Mappe: 759.

[436] Notiz „Bundesrechnungshofkritik am BND“, 9. Juli 1962, AdsD, SPD-BT-Fraktion, 4. WP, Mappe: 871.

[437] Ebd.

[438] Notiz von Fritz Erler, 22. Juni 1962, AdsD, SPD-BT-Fraktion, 4. WP, Mappe: 871.

[439] Vermerk von Fritz Erler, 14. Juni 1962, AdsD, SPD-BT-Fraktion, 4. WP, Mappe: 871.

[440] Grundgesetzes Artikel 131: „Personen einschließlich der Flüchtlinge und Vertriebenen, die am 8. Mai 1945 im öffentlichen Dienste standen, aus anderen als beamten- oder tarifrechtlichen Gründen ausgeschieden sind und bisher nicht oder nicht ihrer früheren Stellung entsprechend verwendet werden.“

[441] Vermerk von Fritz Erler, 2. Oktober 1962, AdsD, SPD-BT-Fraktion, 4. WP, Mappe: 871.

beiters, schreibt Erler, seien die laufenden Ermittlungen noch nicht abgeschlossen.[442] Es sei außerdem nicht beabsichtigt, diese Mitarbeiter im Zuge der Neugliederung in das reguläre X-Personal zu überführen. Der Sozialdemokrat notierte sich: „Sie werden dem ND-Personal [ND=Nachrichtendienst] zugeordnet."[443] Das bedeutet, sie wurden dann für Aufträge entlohnt und arbeiteten somit als freie Mitarbeiter.

Ortloff hatte im Juli 1962 einige Anfragen zur Kritik des Bundesrechnungshofes an den BND gestellt.[444] In einer Notiz, wohl von Erler vom 10. September, heißt es, der Bundesrechnungshof wolle im Oktober wiederkommen. Er habe bereits Einsicht in Personalakten erhalten und davon Fotokopien angefertigt. Auch Operationsfälle seien durchgesprochen und gezielt Fragen gestellt worden. Erler notierte Brisantes: Es existiere mehr Presseauswertung als echte Auslandsverbindungen. Zudem werde zu viel Aufwand für deutsche Innenpolitik betrieben. Erler nannte unter anderem die schon erwähnte Deutsche Reichspartei.[445] Bei diesem Punkt handelte es wohl um Gegenaufklärungsmaßnahmen.

Erler war nicht der Meinung, dass die Finanzierungspraxis des BND in der Form aufgegeben werden sollte. Die Fonds müssten so groß gehalten werden, dass der Versuchung einer amerikanischen Finanzierung widerstanden werden könne.[446]

---

[442] Ebd.
[443] Ebd.
[444] Brief von Siegfried Ortloff an Fritz Erler, 9. Juli 1962, AdsD, SPD-BT-Fraktion, 4. WP, Mappe: 871.
[445] Notiz von Fritz Erler (?) vom 10. September 1962, AdsD, SPD-BT-Fraktion, 4. WP, Mappe: 871.
[446] Ebd.

4 Krise und kein Ende

Kanzler Ludwig Erhard,
16. Oktober 1963-30. November 1966

4.1 Entwicklung der exekutiven Kontrolle

4.1.1 Für Gehlen ändert sich nichts: wenig Kontrolle vom Kanzleramt

Zwischen dem Kanzleramt und dem BND waren – wie im vorigen Kapitel dargestellt – die Verantwortlichkeiten neu geregelt worden. Der Auslandsnachrichtendienst galt nun per Kabinettsbeschluss als eine unterstellte Behörde. Damit begannen wiederum Probleme. Um die neuen Aufgaben beim Kanzleramt wahrnehmen zu können, brauchte man eine Dienstaufsichtsabteilung, die bisher so nicht existierte. Mercker räumte ein in der Rückschau, dass vor allem die fachliche Kompetenz fehlte: „Es bereitete uns große Schwierigkeiten, wie man das wohl in der Praxis machen sollte; denn keiner von uns, weder ich noch der zuständige Referent – ja, der zuständige Referent hat, glaube ich, einmal kurze Zeit im Nachrichtendienst gearbeitet; aber das war lange her -, aber jedenfalls ich war kein Fachmann in Nachrichtendingen."[447] Ihm sei es deshalb darauf angekommen, einen Fachmann für diese Aufgabenbereiche zu finden. Dieses sei bis zu seinem Ausscheiden 1966 nicht gelungen, bestätigte Mercker selbst.

Zudem änderte sich mit dem Amtsantritt am 16. Oktober 1963 von Kanzler Ludwig Erhard die politische Kultur im Kanzleramt. Sein wenig ausgeprägter Führungsanspruch wurde sehr schnell als Führungsschwäche eingestuft.[448] Der neue Kanzler bevorzugte einen kollegialen Regierungsstil. Sowohl Erhard als auch sein Leiter des Kanzleramtes, der Bundesminister für besondere Aufgaben Ludger Westrick[449], setzten ihren Schwerpunkt auf Innen- und Wirtschaftspolitik. Der Politikwissenschaftler Thomas Knoll beschreibt in seinem Buch über das

[447] Protokoll der 23. Sitzung des 2. UA der 7. WP, Aussage des Sachverständigen Mercker, PA-DBT, 7. November 1974, S. 95.

[448] Knoll: Das Bundeskanzleramt, S. 118.

[449] Es musste diese Konstruktion gewählt werden, weil er mit Vollendung des 70. Lebensjahrs eigentlich in den Ruhestand hätte treten müssen. Westrick wurde wenige Tage nach Amtsantritt 69. Das erste Jahr war Westrick Staatssekretär.

Bundeskanzleramt die Unterschiede zu Adenauers Staatssekretär: „Es war nicht Westricks Absicht und lag auch nicht in seiner Persönlichkeit, im gleichen Stil wie Globke zu amtieren. War Globke der Mann im Hintergrund, so war Westrick deutlich in der Öffentlichkeit wahrzunehmen."[450] Er sei kein Verwaltungsmann, Erhard kein „Aktenmensch"[451] gewesen. Für beide war es wichtig, weniger hierarchisch zu arbeiten und die Kommunikation zu stärken.

Diese Konstellation führte bei Konflikten zu Schwierigkeiten – weder Erhard noch Westrick streben nach klaren Richtlinien in der Dienst- und Fachaufsicht des BND. Einerseits gelang es Erhard und Westrick nicht, die neue Zuständigkeit des Kanzleramtes gegenüber Gehlen durchzusetzen. Andererseits wurde der Kabinettsbeschluss Adenauers auch nicht rückgängig gemacht.

Kurz nach Erhards Amtsantritt suchte Gehlen den Kanzleramtschef Westrick auf und trug ihm vor, weshalb die Unterstellung des BND unter das Kanzleramt unzweckmäßig sei. Er drängte ihn, den damaligen Referenten abzulösen, was auch geschehen ist. Dessen Nachfolger wurde Mercker, der gleichzeitig Stellvertreter Westricks war. Allein an diesem Beispiel zeigt sich, in welcher Position sich Gehlen noch immer befand. Der BND-Präsident versuchte die Kabinettsentscheidung so lange auszusetzen, bis es einen Besprechungstermin vor Ort gegeben hatte. Westrick besuchte den BND jedoch erst zum Ende seiner Dienstzeit 1966. Laut Gehlen soll er Folgendes gesagt haben: „Ja, wenn ich gewusst hätte, dass das alles so ein großer Laden ist – ich habe mir das ja ganz anders vorgestellt (...) dann hätte ich mich ja viel eher darum gekümmert."[452]

In einer Studie, die mit großer Wahrscheinlichkeit von Globke stammt, heißt es in der Nachbetrachtung über das Verhältnis von BND und Kanzleramt: „Folge war ein schwindendes Vertrauensverhältnis zwischen der Regierungsspitze (*Erhard/Westrick*) und dem Leiter des Dienstes (*Gehlen*)."[453] Knoll schreibt, Westrick habe keine „Antenne" für die Nachrichtendienste besessen und folglich hätten ihn deren Berichte auch nicht interessiert.[454] Aus diesem Grund habe er auch keinen Nutzen aus deren Informationen ziehen können. Besonders klar formulierte es der Autor eines Artikels des ‚Sonntagsblattes' die Problematik des Kanzleramtes. Der BND müsse, schrieb Hans Detlev Becker[455], nach Regelungen suchen, die seinen Belangen bei der Bundesregierung besser gerecht würden

[450] Knoll: Das Bundeskanzleramt, S. 133.
[451] Ebd., S. 119 und 133.
[452] Geheimes Protokoll der 25. Sitzung des 2. UA der 7. WP, Aussage des Zeugen Gehlen, PA-DBT, 19. November 1974, S. 24/25.
[453] Notiz über den Auslands-ND als Instrument der Bundesregierung, vermutlich von Hans Globke, ACDP, Nachlass Hans Globke, 01-070-001/2, ohne Datum, wahrscheinlich 1970.
[454] Knoll: Das Bundeskanzleramt, S. 141.
[455] Becker war es auch, der in der Spiegel-Affäre im Zusammenhang mit dem BND eine Rolle spielte.

als die Zusammenarbeit mit Bundeskanzler Erhard und Bundesminister Westrick. „Beide, Ehrhard und Westrick, lassen auch jenes Quäntchen Diabolik, das doch wohl selbst das Volk ganz gern in die Züge seiner politischen Schicksalsfiguren hineinsieht, so vollständig vermissen, dass auch ohne Bonner Intimkenntnisse ein für den BND recht schmerzlicher Unterschied gegenüber den Tagen Adenauers und Globkes auf der Hand liegt.“[456] Erhard ließ sogar das BND-Verbindungsbüro aus dem Palais Schaumburg ausquartieren.[457]

Gehlen erinnerte sich, wie er versuchte, das Kanzleramt davon zu überzeugen, den Schritt mit der Unterstellung rückgängig zu machen: „Daraufhin habe ich noch einmal eine umfangreichere Denkschrift geschrieben, die auch zur Vorlage für den Herrn Bundeskanzler Erhard bestimmt war, und wir haben in der gleichen Form weitergearbeitet.“[458] Dieser Satz bedeutet schlussendlich, dass sich für Gehlen nichts änderte. Der Präsident des Bundesnachrichtendienstes äußerte sich später eindeutig zu diesem Streit zur Unterstellung des BND: „Ich habe mich immer gewehrt, nicht aus Prestigegründen; mir ist es immer nur auf die Sache angekommen.“[459] Es müsse dem Auslandsnachrichtendienst das Recht eingeräumt werden mit jedem Ministerium direkt zu kommunizieren und nicht über die ‚Brücke' Kanzleramt. Dies war aber wohl nicht der Kern des Problems, sondern die größeren Mitspracherechte des Kanzleramtes in Fragen des Haushalts und des Personals, was Gehlen verschwieg.

Diese Auseinandersetzung führte zu einem eindeutigen Einflussverlust des Kanzleramtes in Hinblick auf den BND. Er selbst habe sich „versucht zu behelfen“[460], um der Aufgabe gerecht zu werden, so Mercker. Dies war gerade nach den beiden Affären Felfe und ‚Spiegel' eine sehr prekäre Situation. Mercker sprach vor dem Guillaume-Untersuchungsausschuss von einem größeren, aber doch begrenzten Einblick. An anderer Stelle wird er deutlicher: „Ich konnte mich persönlich wenig um den BND kümmern.“[461]

---

[456] Sonntagsblatt, Becker, Hans Detlev: Vertrauensbehörde oder Minister 007?, Nr. 9, 27. Februar 1966.
[457] Müller; Mueller: Gegen Freund und Feind, S. 367.
[458] Geheimes Protokoll der 25. Sitzung des 2. UA der 7. WP, Aussage des Zeugen Gehlen, PA-DBT, 19. November 1974, S. 24/25.
[459] Ebd., S. 23.
[460] Ebd.
[461] Protokoll der 23. Sitzung des 2. UA der 7. WP, Aussage des Sachverständigen Mercker, PA-DBT, 7. November 1974, S. 95.

4.1.2 Mehr Kompetenz für Krone: Ministerium für Sicherheitsfragen bleibt jedoch Illusion

Wenige Tage nach seinem Amtsantritt bat Erhard Bundesminister Krone, den Vorsitz im Kabinettsausschuss für Fragen des geheimen Nachrichtenwesens und der Sicherheit als sein ständiger Vertreter zu übernehmen.[462] Erhard selbst sah dies als ein Zeichen seiner besonderen Wertschätzung und seines persönlichen Vertrauens an.[463] „Tatsächlich interessierte den neuen Bundeskanzler der Verteidigungsbereich nicht sonderlich“[464], pointiert Knoll. Krone wollte noch mehr: der Bundesnachrichtendienst sollte in seine Zuständigkeit fallen. Er suchte schon wenige Tage nach seinem Amtsantritt den Kontakt zum Auslandsnachrichtendienst und zum Kanzleramt und notierte am 25. Oktober 1963: „Gestern mit Gehlen und heute mit Bachmann vom Kanzleramt über nachrichtendienstliche Fragen gesprochen.“[465]

Krone sah sich auf Grund des Aufgabenzuschnitts seines Ministeriums in einer guten Ausgangsposition. Adenauers Erlass vom 19. März 1963 war vom neuen Bundeskanzler bestätigt worden.[466] Danach kamen Krone folgende Aufgaben zu:

Die Aufgaben Bundesministeriums für die Angelegenheiten des Bundesverteidigungsrates:

- Der Bundesverteidigungsrat
- Der Kabinettsausschuss für Fragen des geheimen Nachrichtenwesens und der Sicherheit,
- Das Parlamentarische Vertrauensmännergremium
- Die Beteiligung an allen wesentlichen, insbesondere außenpolitisch wichtigen Entscheidungen über Berlin[467]

---

[462] Brief von Ludwig Erhard an Heinrich Krone, ACDP, Nachlass Heinrich Krone, 01-028-060/1, 22. Oktober 1963.

[463] Brief von Heinrich Krone an BM Lücke, ACDP, Nachlass Heinrich Krone, 01-028-060/1, 26. Mai 1966.

[464] Knoll: Das Bundeskanzleramt, S. 140.

[465] Krone: Tagebücher, Zweiter Band, S. 239.

[466] Brief von Heinrich Krone an Ludwig Erhard, ACDP, Nachlass Heinrich Krone, 01-028-060/1, 21. Januar 1966.

[467] Brief von Heinrich Krone an Will Rasner, ACDP, Nachlass Heinrich Krone, 01-028-000/1, 18. Mai 1966 und bestätigt am 26. Mai 1966 (Brief von Ludwig Erhard an Heinrich Krone).

Damit besaß Krone schon wichtige Kompetenzen im Bereich der Nachrichtendienste, vor allem durch den Vorsitz im Kabinettsausschuss für die ‚Fragen des geheimen Nachrichtenwesen und der Sicherheit'. Am 2. Oktober 1963 war der Kabinettsausschuss gegründet worden. Ihm gehörten die Bundesminister des Inneren, der Auswärtigen, der Justiz, der Verteidigung, für Wirtschaft, gesamtdeutsche Fragen, sowie der Chef des Kanzleramtes an. Seit dem Regierungswechsel bestanden drei Arbeitgruppen. Die erste zum ‚geheimen Nachrichtenwesen', die zweite zum ‚Geheimschutz' und die dritte für die ‚geistig-politische Abwehr des Kommunismus'. Letztere bestand schon vor dem Ausschuss – nämlich bereits seit Frühjahr 1960. [468] Aus den Arbeitsgruppen heraus hatte Krone bereits einige Informationsquellen aus dem Bereich der Dienste.

Entgegen kam Krone außerdem, dass Erhard wenig Interesse am BND zeigte.[469] Krone schrieb im März 1964: „Gehlen hat mit Erhard bisher noch nicht ein einziges Mal gesprochen. Unter Konrad Adenauer und Globke war das völlig anders. Gehlen informierte Globke, der auch von anderen Seiten vieles hörte, und Globke unterrichtete den Kanzler."[470] Mit dem BND hatte Krone bereits abgesprochen, dass die Informationen, die vorher Globke erhalten hatte, nun an ihn gehen sollten.[471]

Nachdem Westrick im Juni 1964 zum Sonderminister und Chef des Bundeskanzleramtes ernannt wurde, änderte sich am 13. Juli auch für Krone die Bezeichnung in „Bundesminister – Der Vorsitzende des Bundesverteidigungsrates."[472] Damit war Krone auch formal Vorsitzender über den Bundesverteidigungsrat. Nun wollte Krone es wagen, den BND aus der Zuständigkeit des Kanzleramtes herauszunehmen und seinem Ministerium zu unterstellen. Dabei erhielt er Rückendeckung vom ehemaligen Kanzleramtschef: „Globke meint, ich solle meinen Arbeitsbereich in der Regierung zu einem Ministerium für Sicherheitsfragen ausbauen; auch den BND müsse man vom Kanzleramt wegnehmen und in das Ministerium für Sicherheitsfragen einbauen."[473] Gehlen hätte dem, schreibt Krone, auf ihrer gemeinsamen Besprechung am 25. Juni 1964 sofort zuge-

[468] Betr. Sitzung des Kabinettsausschuss, ACDP, Nachlass Heinrich Krone, 01-028-060/1, 24. Januar 1966.

[469] Es finden sich weder in Ehrhards Nachlass noch in den Biografien Hinweise. So hat zum Beispiel die Ludwig-Erhard-Stiftung keine amtlichen Dokumente aus Erhards Kanzleramtszeit. Der Nachlass bei der Konrad-Adenauer-Stiftung umfasst nur 0,25 Meter. Die Biografien konzentrieren sich auf die Aspekte seiner Wirtschaftspolitik: Mierzejewski, Alfred C.: Ludwig Erhard: der Wegbereiter der Sozialen Marktwirtschaft, München 2006. und Hentschel, Volker: Ludwig Erhard – Ein Politikerleben, München und Landsberg am Lech 1996.

[470] 24. August 1963: Krone: Tagebücher, Zweiter Band, S. 277.

[471] Krone, Heinrich: Tagebücher, Zweiter Band, S. 215.

[472] Ebd., S. XXII.

[473] Ebd., S. 293.

stimmt.[474] Dieser Vorschlag fand beim Bundeskanzler wenig Verständnis. Krone musste sich eingestehen: „Ich habe mich mit Westrick über den Aufbau meines Ministeriums nicht einigen können. Der BND müsse beim Kanzleramt bleiben; es schädige Erhards Ansehen, nähme man ihm den Dienst. Dabei liegt ihm das alles nicht. Unser Gespräch verlief hart."[475]

Der Vorschlag Krones, den BND seinem Ministerium zu unterstellen, wurde daher nicht umgesetzt, die Verbindung zum BND aber enger geknüpft, so eng, dass dies auf einen eindeutigen Bedeutungsverlust des Kanzleramtes für den BND schließen lässt. Krone hielt fest: „Mit Gehlen festgelegt, dass ich über alle wichtigen Meldungen, auch wenn sie nur für den Bundeskanzler bestimmt sind, orientiert werde. Anlass dazu bot eine wichtige Meldung über die Fragen der Strategie im westlichen Bereich. Der Bundesverteidigungsrat hat, bei einem Mangel an Konzentration in der Spitze, gerade heute in seiner Funktion erhöhte Bedeutung."[476] Das ging soweit, dass Krone 1965 festhielt, er bekomme vom BND-Präsidenten mehr Informationen als von irgendeiner anderen Stelle.

Dass Krone im zweiten Kabinett Erhard im Oktober 1965 wieder vertreten war, bedeutete keine Selbstverständlichkeit, zumal der Kompetenzkonflikt sicher das Verhältnis belastete. Nun verlor er seinen ungeliebten Sonderstatus und wurde zum ‚Bundesminister für die Angelegenheiten des Bundesverteidigungsrates'. Das bedeutete, dass er eine eigene Ressortzuständigkeit erhielt und sich ein Ministerium aufbauen konnte.[477] Dafür hätte Krone aus anderen Ministerien, wie dem der Verteidigung, Zuständigkeiten und Mitarbeiter abziehen müssen. Dazu waren diese Ministerien jedoch nicht bereit.

Am 7. Juli 1965 wollte Krone die Leiter der Dienste zusammenrufen.[478] Das geht aus einem Brief von Mercker hervor. Im Vorfeld führte er ein längeres Gespräch mit dem BND-Mitarbeiter Wolfgang Langkau, Leiter der Beschaffung.[479] Die Ergebnisse der Besprechung sollten der Vorbereitung der nächsten Sitzung des Kabinettsausschusses für das geheime Nachrichtenwesen dienen. Krones Verhältnis zu Langkau muss eng gewesen sein. Im September 1965 erhielt er von ihm einen ausgearbeiteten Vorschlag, wie man den Verteidigungsrat neu organisieren könnte. Von diesem Gutachten soll im nächsten Kapitel noch einmal die Rede sein. Langkau schlug vor, eine Planungsgruppe unter dem Vorsitzenden einzurichten. In den Ministerien sollten Gruppen gebildet werden, die als

474 Ebd., S. 305.
475 Ebd., S. 312.
476 Ebd., S. 337.
477 Knoll: Das Bundeskanzleramt, S. 140.
478 Brief von Reinhold Mercker an Heinrich Krone, ACDP, Nachlass Heinrich Krone, 01-028-60/1, 30. Juni 1965.
479 Krone: Tagebücher, zweiter Band, S. 388.

ausführende Organe agieren könnten. Auf diese Weise hätte Krone kein eigenes Ministerium aufbauen müssen.[480] Wie er auf den Vorschlag reagierte, ist nicht überliefert. Er dürfte wohl wenig Gefallen daran gefunden haben.

Im Februar 1966 kam, angeregt von dem FDP-Bundestagsabgeordneten Wolfram Dorn, die Diskussion auf, ob die Dienste (BND, BfV und MAD) zusammengelegt werden sollten.[481] Dorn war Sprecher des Untersuchungsausschusses zur Telefon-Abhöraffäre des Bundesamtes für Verfassungsschutz, von dem im zweiten Abschnitt des Kapitels die Rede sein soll. Dorn schlug Krone als Chef des fusionierten Dienstes vor,[482] daraufhin wurde er sowohl vom ‚Handelsblatt' als auch von der Zeitung ‚Christ und Welt' als ‚Super-Gehlen' bezeichnet.[483]

Deutlich gegen einen solchen Vorschlag sprach sich der Bundestagsabgeordnete und ehemalige Bundesjustizminister Stammberger aus, der von der FDP zur SPD gewechselt war. „Das neue Mammutamt soll sich nicht mehr nur mit dem Sammeln von Nachrichten und Informationen begnügen, die dann den Strafverfolgungsbehörden zugeleitet werden und den Strafgerichten bei der Urteilsfindung dienen – es soll vielmehr selbst ‚Exekutive' erhalten: Ein Geheimdienst also, dessen Exekutive keiner öffentlichen Kontrolle durch das Parlament und keiner Überprüfung durch die unabhängigen Gerichte unterliegt."[484] Er verwies auf die Ben-Barka-Affäre in Frankreich. Dort war am 29. Oktober 1965 in Paris der marokkanische, sozialistische Oppositionspolitiker Mehdi Ben Barka verschleppt und ermordet worden, daran beteiligt war unter anderem ein Agent des französischen Geheimdienstes und Sicherheitskräfte der Polizei. Auf dieses Zusammenwirken spielte Stammberger wohl an.[485] Gegen eine direkte Kooperation von Nachrichtendiensten und Strafverfolgungsbehörden sprach allein schon das Trennungsgebot. Dieses war Teil des so genannten ‚Polizeibriefs' der Alliierten Militärgouverneure zum Grundgesetz vom 14. April 1949.[486] Dort hieß es: „The Federal Government will also be permitted to establish an agency to collect

[480] Anlage eines Briefes von General Wolfgang Langkau an Karl Theodor Freiherr von und zu Guttenberg, BAK, NL 397/37, 25. Januar 1967, Vorschlag vom 17. September 1965, Blatt 210.

[481] Siehe unter anderem folgenden Artikel: Sonntagsblatt, Hans Detlev Becker: Vertrauensbehörde oder Minister 007?, Nr. 9, 27. Februar 1966.

[482] Die Welt: Krone soll Geheimdienstchef werden, 6. Februar 1966, Nr. 31, S. 3.

[483] „Handelsblatt": „Super-Gehlen", 4. Januar 1966 und Christ und Welt: „Super-Gehlen? – Es fehlt an Koordinierung, März 1966, in: ACDP, Nachlass Heinrich Krone, 01-028-60/1.

[484] SPD-Pressedienst, Stammberger, Wolfgang: Ministerium 007 – James Bond mit Kabinettsrang, 10. Februar 1966, AdsD, Nachlass: Heinrich Ritzel, Mappe: 855.

[485] Aktuelle Informationen zu dem Fall: Berliner Zeitung: Wetzel, Johannes: Handlungsreisender der Revolution, zum Tod des marokkanischen Oppositionspolitiker Ben Barka, 10. Juli 2001, S. 10.

[486] Huber, Ernst Rudolf (Hrsg.): Quellen zum Staatsrecht der Neuzeit, Band II, Tübingen 1951. www.verfassungen.de/de/de49/gerundgesetz-schreiben49-3.htm

and disseminate concerning subversive activities directed against the Federal Government. This agency shall have no police authority."[487]

Krone verfolgte das Ziel weiter, sein Ministerium auszubauen. Er versuchte zum Beispiel den CDU/CSU-Fraktionsvorsitzenden Rainer Barzel dafür zu gewinnen, dass die vom Bundestag beschlossene ‚Forschungsstelle für Fragen der Strategie, der Abrüstung und der Rüstungskontrolle'[488] seinem Ministerium unterstellt werden solle. Dafür interessierten sich ebenso das Auswärtige Amt und das Verteidigungsministerium.[489] Gleichzeitig bat der Minister, dass die ‚Stiftung Wissenschaft und Politik' – die treuhändlerisch beim Auswärtigen Amt angesiedelt war – ihm zugeordnet werde.[490] Er wurde von Barzel und Strauß, der als Landesgruppenvorsitzender der CSU gleichzeitig sein Stellvertreter in der Fraktionsführung war, in der Angelegenheit unterstützt.

Die Kernfrage war weiterhin die Kompetenz und vor allem die Ausstattung des Bundesverteidigungsrates. Krone plante Mercker in sein Ministerium zu übernehmen und ihm die Aufgabe der Koordination der Nachrichtendienste zuzuweisen.[491] Fast eine Ironie der Geschichte: der Staatssekretär des Bundeskanzleramtes sollte von Juli 1966 bis Januar 1967 zwar in dessen Ministerium wechseln, jedoch aus dem Grund es auflösen, und dessen Bestände ins Kanzleramt zu integrieren.[492]

Es gelang Krone nicht, sein Ministerium auszubauen. Auch wenn Mercker die Dringlichkeit gegenüber Krone untermauerte: „Unter den während meines Urlaubs eingegangenen Schriftstücken fällt mir gerade der Steuerungshinweis des BND vom 23. März 1966 in die Hände, in dem die Erwägungen des *Pentagon* gegenüber Rotchina erörtert werden. Wenn die dort angestellten Überlegungen verwirklicht werden sollten, muss man mit Sicherheit damit rechnen, dass es auch im europäischen Bereich zu Komplikationen kommt."[493] Mercker äußerte deutlich, dass dem Bundesverteidigungsrat in einem solchen Fall das Krisenmanagement zufalle. Das gestehe er zu, sei aber mit dem vorhandenen Personal

---

487 Hirsch, Alexander: Die Kontrolle der Nachrichtendienste: vergleichende Bestandaufnahme, Praxis und Reform, Berlin, 1996, S. 94f..

488 Die Forschungsstelle existierte seit 1963.

489 Brief von Heinrich Krone an Rainer Barzel, ACDP, Nachlass Heinrich Krone, 01-028-060/1, 21. März 1966.

490 Ebd.

491 Christ und Welt: „Super-Gehlen? – Es fehlt an Koordinierung. März 1966, in: ACDP, Nachlass Heinrich Krone, 01-028-60/1.

492 Aus diesem Grund liegen die Unterlagen des Bundesministeriums für die Angelegenheiten des Bundesverteidigungsrates im Kanzleramt. Sie wurden von dort bisher nicht an das Bundesarchiv abgegeben.

493 Brief von Reinhold Mercker an Heinrich Krone, ACDP, Nachlass Heinrich Krone, 01-028-000/1, 19. April 1966.

weder quantitativ noch qualitativ zu lösen.[494] Die Zeitung ‚Christ und Welt' bezeichnete das Sonderministerium weiterhin als „unterernährt"[495]. Der Minister schrieb an den Bundeskanzler, dass sein Ministerium mit dem jetzigen Personalbestand nicht in der Lage sei, seine Aufgaben – Koordinierung der Landesverteidigung – wahrzunehmen.[496] Laut Krone arbeiteten aber vor allem das Auswärtige Amt und das Verteidigungsministerium gegen einen Ausbau des Ministeriums.[497]

Der Bundeskanzler selbst bremste ihn: Noch mehr Kompetenzen im Bereich der Nachrichtendienste wolle er nicht vom Kanzleramt an das Ministerium abgeben.[498] Erhard stellte klar, dass Krone nur begrenzt seinem Abteilungsleiter im Kanzleramt weisungsbefugt sei. Zwar falle ihm, Krone, die ständige Vertretung im Vorsitz des Kabinettsausschusses für Fragen des geheimen Nachrichtenwesens und der Sicherheit und als Folge davon der Vorsitz in den Sitzungen des Parlamentarischen Vertrauensmännergremiums für die Nachrichtendienste zu. Aber in gleicher Weise wie bei allen anderen derartigen Gremien obliege die Geschäftsführung des Kabinettsausschusses sowie des Parlamentarischen Vertrauensmännergremiums weiterhin dem zuständigen Referat (IA/5) des Bundeskanzleramtes. Einen Vorschlag zur Güte bot er an: „Ich bin damit einverstanden, dass der Referent – und das geht über die Regelung in anderen entsprechenden Fällen hinaus – Ihnen zur Vorbreitung der Sitzungen beider Gremien unmittelbar berichtet und von Ihnen Aufträge entgegennimmt."[499]

Im Mai 1966 erhielt Krone doch eine neue Aufgabe gemeinsam mit dem Kanzleramt: Beide sollten sich mehr um die ‚geistig-politische' - Auseinandersetzung mit dem Links- und Rechtsradikalismus bemühen. In diesem Zusammenhang wies der Bundeskanzler den Bundesminister für die Angelegenheiten des Bundesverteidigungsrates an, diesen Bereich in der Organisation seines Ministeriums zu verankern.[500] All dies konnte nichts daran ändern, dass Krone letztlich im Kampf um Einfluss dem Kanzleramt unterlag.

---

[494] Ebd.
[495] Christ und Welt: „Super-Gehlen? – Es fehlt an Koordinierung. März 1966, in: ACDP, Nachlass Heinrich Krone, 01-028-60/1.
[496] Brief von Heinrich Krone an Ludwig Erhard, ACDP, Nachlass Heinrich Krone, 01-028-60/1, 21. Januar 1966.
[497] Krone: Tagebücher, Zweiter Band, S. 476.
[498] Brief von Heinrich Krone an Ludwig Erhard, ACDP, Nachlass Heinrich Krone, 01-028-60/1, 21. Januar 1966.
[499] Brief von Heinrich Krone an BM Lücke, ACDP, Nachlass Heinrich Krone, 01-028-060/2, 26. Mai 1966.
[500] Ebd.

4.2 Entwicklung der parlamentarischen Kontrolle

4.2.1 Vom belauschten Bürger: Ein Untersuchungsausschuss deckt zahlreiche Mängel auf

> „Die Untersuchung hat ferner ergeben, dass die Erfüllung der Aufgaben des Verfassungsschutzes und der übrigen Nachrichtendienste auch der ständigen Kontrolle des Deutschen Bundestages bedarf."[501]

Dieser Satz des Untersuchungsausschussberichtes über die Abhörmaßnahmen des Verfassungsschutzes brachte die Kontrolle der Dienste zurück in die parlamentarische Diskussion. Es drängt sich für den Leser der Eindruck auf, als sei der Verlust von Kontrolle das wichtigste Ergebnis der Untersuchung gewesen. Die Protokolle, die eigens für diese Arbeit freigegeben wurden, enthalten jedoch keine einzige Diskussion zu diesem Thema. Warum diese nicht stattfand aber im Abschlussbericht die Forderung nach einer ständigen Kontrolle an so prominenter Stelle platziert wurde, lässt sich nicht mehr rekonstruieren.

Hauptfrage war, inwieweit der Verfassungsschutz sich der Alliierten bediente, um Bundesbürger per Telefon-, Post- und Fernschreibüberwachung zu beobachten. Diese Praxis hatte sich seit 1956 etabliert – auch beim Bundesnachrichtendienst.[502] Der sozialdemokratische Abgeordnete und frühere Oberstaatsanwalt Adolf Arndt sprach vom „belauschten, geängstigten und aus dem Dunkeln geröntgten Bürger"[503]. Außerdem galt es für die Abgeordneten zu klären, ob die Ergebnisse missbräuchlich verwendet worden waren.

Innenminister Hermann Höcherl löste die erregte öffentliche Diskussion aus. Im Rahmen der ‚Spiegel-Affäre' hatte dieser im Bundestag verkündet, dass das Briefgeheimnis sowie das Post- und Fernmeldegeheimnis in vollem Umfange gewahrt seien.[504] Das Magazin behauptete immer wieder, vor und während der Aktion abgehört worden zu sein. Die Äußerung Höcherls vernahmen auch zwei seiner Mitarbeiter, die in ihrer täglichen Praxis das Gegenteil erlebten, Werner Pätsch, Sachbearbeiter der Spionageabwehr, und Wolfgang Bethke, Resident in Frankfurt am Main. Sie wandten sich an die Medien. Der erste Artikel, der die Debatte auslöste, erschien am 6. September 1963 in der ‚Zeit'[505]. Außer der Abhörproblematik wurde auch angesprochen, dass der Verfassungs-

---

[501] 4. WP, Drucksache 2170, 21. April 1964, S. 5.
[502] Ebd., S. 3.
[503] Sonntagsblatt, Hans Detlev Becker: Vertrauensbehörde oder Minister 007?, Nr. 9, 27. Februar 1966.
[504] 4. WP, BT-Protokoll 47, 9. November 1962, S. 2085
[505] Die Zeit: Stähle, Peter: Sagte Höcherl die Wahrheit?, 6. September 1963, Nr. 36, S. 3. WP, BT-Protokoll 124, 29. April 1964, S. 5995.

schutz ehemalige Angehörige der SS, des SD und der Gestapo beschäftige. 16 Mitarbeiter gerieten in die Diskussion.[506] (Es gab Parallelen zum Verratsfall Felfe, wo ebenfalls NS-belastete Mitarbeiter wichtige Positionen einnahmen. Diese wurden nicht entlassen, da man unter anderem befürchtete, sie würden daraufhin von östlichen Diensten angesprochen.[507]) Der Untersuchungsausschuss beschloss, sich nicht mit diesem Komplex zu beschäftigen.[508] In der Aussprache über dessen Bericht im Parlament wurde es jedoch als Folge des Ausschusses bezeichnet, dass die belasteten Mitarbeiter aus dem Dienst entfernt wurden.[509]

Die ursprüngliche Aussage des Innenministers wurde durch die Berichte begründet in Frage gestellt. Der hielt an seiner Position fest und die Bundesregierung verlautete am 13. September: „Es ist bisher trotz gründlicher Untersuchung kein einziger Fall festgestellt worden, in dem das Bundesamt für Verfassungsschutz die Verbündeten gebeten hätte, den Fernsprech- oder Postverkehr bestimmter Personen zu überwachen."[510] Zum Ende des Monats musste der Minister von seiner Position zurückweichen und Überwachungen zugeben. Auch Parlamentarier wie der Bundestagsvizepräsident Carlo Schmid waren abgehört worden.[511]

Höcherl berichtete Anfang Oktober der ad hoc eingerichteten so genannten ‚Kleinen Kommission', bestehend aus den Fraktionsvorsitzenden und dem Innenausschuss, seinen korrigierten Wissensstand. Er gab die Namen von 29 Personen bekannt, deren Telefone auf Bitten des Verfassungsschutzes durch die Alliierten abgehört worden waren. Dazu kamen 35 Betroffene, bei denen die Maßnahmen noch liefen.[512] In diesem Zusammenhang fiel auch die oft zitierte Äußerung des Ministers: „Die Beamten können nicht den ganzen Tag mit dem Grundgesetz unter dem Arm herumlaufen."[513] Die ‚Kleine Kommission' forderte die Bundesregierung auf, die Sachverhalte weiter aufzuklären. Ebenso mahnte sie an, ein Ausführungsgesetz zum Artikel 10 Grundgesetz auf den Weg zu bringen.

---

[506] Ebd.
[507] Der Spiegel, Verfassungsschutz: Gutes Gewissen, Nr. 38, 18. September 1963, S. 21.
[508] Brief von Dr. Schäfer an den Vorsitzenden, in: Protokoll Nr. 3 des 2. UA des Deutschen Bundestages, 26. November 1963/Vormittagssitzung, 4. WP, PA-DBT.
[509] 4. WP, BT-Protokoll 124, 29. April 1964, S. 6019.
[510] Ebd., S. 5995.
[511] Protokoll Nr. 9 des 2. UA des Deutschen Bundestages, 26. Januar 1964. 4. WP, PA-DBT, S. 81.
[512] Ebd., S. 110.
[513] Dorn, Wolfram; Weiskirch, Willi: Abgeordnete des Deutschen Bundestages, Aufzeichnungen und Erinnerungen, Band 15, München 1996, S. 111.

Wieder erschienen Presseveröffentlichungen, dieses Mal wurde auch der Name des Verfassungsschutzmitarbeiters Werner Pätsch[514] genannt. Damit war nach Meinung des sozialdemokratischen Abgeordneten Hermann Schmitt-Vockenhausen, Vorsitzender des Innenausschusses, ein Zeuge für einen Untersuchungsausschuss gefunden. Die SPD-Fraktion beantragte im Parlament erfolgreich die Einrichtung eines Untersuchungsausschusses am 23. Oktober 1963.[515] Die Untersuchungen zogen sich über einen Zeitraum vom 7. November 1963 bis zum 21. April 1964 hin. Insgesamt gab es 17 Sitzungen, in denen zahlreiche Zeugen vernommen wurden.

Mitglieder des Ausschusses

Ordentliche Mitglieder:

CDU/CSU: Dr. h.c. Max Güde, Dr. Adolf Süsterhenn, Leo Wagner
SPD: Dr. Adolf Müller-Emmert, Dr. Friedrich Schaefer, Hermann Schmitt-Vockenhausen
FDP: Wolfram Dorn

Stellvertretende Mitglieder

CDU/CSU: Dr. Bert Even, Dr. Adolf Bieringer, Dr. Friedrich Zimmermann
SPD: Dr. Günter Frede, Hans Lautenschlager, Wilhelm Urban
FDP: Hermann Busse

Parallel begann die Regierung mit einer Untersuchung. Den Auftrag erhielt der ehemalige Oberlandesgerichtspräsident aus Karlsruhe, Dr. Max Silberstein[516]. Er war ein Verfolgter des Nationalsozialismus und gehörte ab 1960 einer Dreierkommission an, die Vorwürfe gegen ehemalige Richter und Staatsanwälte an NS-Sondergerichten oder anderen Stellen prüfte.[517] Dies zeigt, dass bei der Auswahl mit großem Bedacht eine integre Persönlichkeit gewählt wurde. Der vielge-

[514] Das sollte für ihn später noch ein juristisches Nachspiel haben. Er erhielt eine viermonatige Freiheitsstrafe auf Bewährung.
[515] 4. WP, BT-Protokoll 91, 23. Oktober 1963, S. 4228.
[516] Dr. Max Silberstein, * 1897- † 1966, seit 1919 im badischen Justizdienst, zuletzt Landgerichtsrat in Mannheim, 1933 Entlassung, 1938 Inhaftierung im Konzentrationslager Buchenwald, danach Flucht nach Frankreich, 1946 Rückkehr nach Deutschland, 1949-1954 Präsident des Landgerichts Mannheim, 1955-1963 Präsident des Oberlandesgerichts Karlsruhe.
[517] Lanzenauer, Reiner Haehling von: Das Oberlandesgericht Karlsruhe und sein Präsident Max Silberstein, in : Jahrbuch der juristischen Zeitgeschichte 6 (2004/2005), S. 401.

lobte Bericht vom Februar 1964 blieb jedoch fast gänzlich geheim.[518] Bekannt wurde nur, „dass er schwerwiegende organisatorische und personelle Mängel im Verfassungsschutz aufdeckte“[519].

Die Abgeordneten bezeichneten den Untersuchungsausschuss im Nachhinein als ein Beispiel für eine effektive Kontrolle der Geheimdienste.[520] Er deckte mehrere Mängel auf, jedoch keinen Missbrauch der gesammelten Daten. Als Kern des Problems stellte sich eine Kommunikationslücke zwischen dem Bundesamt für Verfassungsschutz, dem dienstvorgesetzten Innenministerium sowie den Alliierten heraus. Es war nicht hinreichend durch Dienstvorschriften[521] geregelt, welche Voraussetzungen für eine Telefon-, Post-, oder Fernschreibüberwachung vorliegen mussten.[522] Nur zwischen 1955 und 1958 gab es Besprechungen zwischen der Regierung und den Alliierten. Konsultationen wären nach Artikel 5 Absatz 2[523] des Deutschlandvertrages aber vorgeschrieben gewesen.[524]

Allein mündliche Absprachen legten fest, dass nur die Abteilungsleiter und deren Stellvertreter die Überwachung auslösen sollten und das allein in Fällen, in denen die Truppen gefährdet waren.[525] Dies war aber nicht allen Mitarbeitern bekannt und der wichtigste Zeuge, Werner Pätsch vom Bundesamt für Verfassungsschutz, erklärte, er und sein Kollege hätten ohne weiteres eine Maßnahme einleiten können.[526] Nur die Briten forderten nach einigen Jahren ein Arbeitsblatt (Formular).[527] Pätsch beschrieb die Praxis: „Diese Formulare gingen auch nicht durch die Registratur und durch die Postausgangsstelle. Selbst in diesen Formularen war der Text verklausuliert.“[528] Das und die allgemein beschriebene Geheimniskrämerei innerhalb des Dienstes zeigen, dass den Handelnden bewusst war, hier unrechtmäßig vorzugehen.

---

[518] Laut Wolfram Dorn war er 1996 immer noch als „geheim“ klassifiziert, auch der Autorin stand er nicht zur Verfügung.

[519] Sonntagsblatt, Becker, Hans Detlev: Vertrauensbehörde oder Minister 007?, Nr. 9, 27. Februar 1966.

[520] 4. WP, BT-Protokoll 124, 29. April 1964, S. 5995.

[521] Protokoll Nr. 9 des 2. UA des DBT, 24. Januar 1964, 4. WP, PA-DBT, S. 54.

[522] Ebd., S. 4.

[523] Deutschlandvertrag vom 23. Oktober 1954: Soweit diese Rechte [die alliierten Vorbehaltsrechte] weiterhin ausgeübt werden können, werden sie nur nach Konsultation mit der Bundesregierung ausgeübt werden, soweit die militärische Lage eine solche Konsultation nicht ausschließt, und wenn die Bundesregierung darin übereinstimmt, dass die Umstände die Ausübung derartiger Rechte erfordern.

[524] 4. WP, BT-Protokoll 124, 29. April 1964, S. 6022.

[525] Protokoll Nr. 6 des 2. UA des DBT, 15. Januar 1964, 4. WP, , PA-DBT, S. 59.

[526] Protokoll Nr. 9 des 2. UA des DBT, 24. Januar 1964, 4. WP, PA-DBT, S. 14.

[527] Ebd., S. 81.

[528] Ebd., S. 94f.

Was der Untersuchungsausschuss ans Licht brachte, war ein skandalöser Umgang mit den Aufklärungsberichten. Die Ergebnisse kamen von den Alliierten in das referatsinterne Postfach des Verfassungsschutzes. Zu diesem hatte jeder Mitarbeiter Zugang. Pätsch beschreibt: „Ich habe sie zum Teil auch aus dem Postfach des Referats geholt, wo sie in einer offenen Mappe lagen."[529] Vieles ging von Hand zu Hand von einem Mitarbeiter zum nächsten – ganz ohne Quittungen, wie dies hätte sein müssen. Sogar die Panzerschränke standen tagsüber offen. Pätsch spitzte die Beschreibung zu: „Die [Berichte] lagen oft noch wochenlang herum, auf den Tischen oder in den offenen Panzerschränken."[530]

Es überrascht daher nicht, dass der Untersuchungsausschuss die Bundesregierung aufforderte, vor allem die Dienstvorschriften zu überarbeiten oder neue zu erlassen. Außerdem sollte sie die Kontrolle regeln. Dazu bekam die Regierung Zeit bis zum 1. Oktober 1964.
Die Konsequenz war, dass alle Anträge auf Überwachung seitdem schriftlich erfolgen mussten. Überwachungsmaßnahmen durften nur noch der Präsident oder der Vizepräsident anordnen. [531]

4.2.2 Konsequenz der Abhör-Affäre: Vertrauensmännergremium kontrolliert Verfassungsschutz

Der Untersuchungsausschuss zur Abhör-Affäre machte deutlich, wie lange ein Änderungs- und ein Ausführungsgesetz für Artikel 10 des Grundgesetzes überfällig waren: In der Praxis wurden Überwachungen mittels der Alliierten bereits durchgeführt, ohne jeglichen gesetzlichen Schutz für die Betroffenen. Schon in der Weimarer Reichsverfassung von 1919 gab es die Möglichkeit, den Artikel 117 zum Brief-, Post-, Telegraphen- und Fernsprechgeheimnis durch ein Reichsgesetz einzuschränken.[532] Dieses war auch im Grundgesetz der Bundesrepublik verankert. Dort heißt es, dass Beschränkungen der Geheimnisse nur auf Grund eines Bundesgesetzes erfolgen dürften.[533]

Vorbereitungen und Entwürfe zur Grundrechtsänderung und zum Gesetz des Artikels 10 Grundgesetz existierten seit 1954/55.[534] Sie entstanden mit den ersten Planungen zur Notstandsverfassung. Krisensituationen waren auf Grund

[529] Ebd., S. 15.
[530] Ebd., S. 22.
[531] 4. WP, Drucksache 2170, 21. April 1964, S. 5f.
[532] Bayerle, Konrad: Die Verfassung des Deutschen Reiches, Reichsgesetzblatt Jahrgang 1919, Nr. 152, München 1919, S. 98.
[533] Mit diesem Schritt wäre dann der Artikel 5, Absatz 2, des Deutschlandvertrags von 1954, er betrifft die sogenannten „Alliiertenvorbehaltrechte", außer Kraft gesetzt worden.
[534] Protokoll Nr. 3 des 2. UA des DBT, 26. November 1963, 4. WP, PA, S. 99.

der gespannten Lage zwischen Ost und West sehr präsent. 1954 behandelte der Ausschuss zum Schutz der Verfassung einen Regierungsentwurf. Die Vertreter aller Fraktionen sprachen sich nach den Beratungen gegen ein solches Vorhaben aus, da sie zu viel innenpolitischen Widerstand erwarteten.[535] In den folgenden Jahren wurden immer wieder Versuche unternommen, die Verhandlungen wieder aufzunehmen. 1959 arbeitete Ministerialrat Rolf Gieseler mit einer Arbeitsgruppe des Bundesinnenministeriums an einem Gesetzentwurf.[536] Er erklärte im Untersuchungsausschuss, sowohl der BND als auch das Bundesamt für Verfassungsschutz hätten diese Aufgabe von den Alliierten nicht übernehmen können, vor allem wegen des fehlenden qualifizierten Personals.[537]

Im Oktober 1964 legte die Bundesregierung ihren Entwurf für die Grundgesetzänderung vor:

Entwurf eines Gesetzes zur Änderung des Grundgesetzes

Artikel 10 enthält folgende Sätze 3 und 4:
„Das Gesetz kann bestimmen, dass über Beschränkungen, die zum Schutze der freiheitlichen demokratischen Grundordnung, des Bestandes oder der Sicherheit des Bundes oder eines Landes oder zur Abwehr oder Verfolgung schwerer Straftaten angeordnet werden, auch dem Betroffenen keine Mitteilung gemacht wird. Ist die Beschränkung durch einen Richter angeordnet oder bestätigt worden, so steht dies einer in einem gerichtlichen Verfahren ergangenen Entscheidung gleich."[538]

Zu Beginn des Gesetzesentwurfs wird der Bereich umrissen, in dem Eingriffe in das Grundrecht möglich sein sollten. Der zweite Satz will den Rechtsweg für den Betroffenen nicht ausschließen. Das gerichtliche Verfahren wurde dadurch umgangen, dass nur ein Richter die Maßnahme überprüfen und anordnen sollte.[539]

Das zugehörige G 10-Gesetz war ebenfalls schon ausgearbeitet worden. Der Paragraf eins enthielt wieder den Grundsatz, dass nur ein Richter eine Beschränkung für das Bundes- und das Landesamt für Verfassungsschutz, das Amt für die Sicherheit der Bundeswehr, den BND und die Militärbehörden der Nato-Partner mit stationierten Truppen in der BRD anordnen kann. Es werden im nächsten Paragrafen die einzelnen Straftatbestände aufgezählt und die auslösenden Gründe dargestellt, zum Beispiel Straftaten gegen die Landesverteidigung. Andere Wege

[535] 4. WP, Drucksache 2634, 17. Oktober 1964, S. 4.
[536] Protokoll Nr. 4 des 2. UA des DBT, 6. November 1963, 4. WP, PA, S. 20.
[537] Protokoll Nr. 4 des 2. UA des DBT, 6. Dezember 1963, 4. WP, PA-DBT, S. 20.
[538] 4. WP, Drucksache 2633, 17. Oktober 1964, S. 1.
[539] Ebd., S. 3.

den Fall aufzuklären, müssten „aussichtslos oder wesentlich erschwert“[540] sein. Antragsberechtigt wären nach Paragraf drei nur die Präsidenten der Dienste und ihre Stellvertreter. Die Überwachung muss nach dem Entwurf in Art, Dauer und Umfang festgelegt werden. In Paragraf vier wird darauf hingewiesen, dass eine Überwachung pro Anordnung nur über drei Monate erfolgen kann. Dann müsse der Antrag wiederholt werden. Der Betroffene, heißt es, werde nicht unterrichtet und die Anordnung sei zudem nicht anfechtbar. Paragraf fünf erklärt unter anderem, dass eine Person mit Befähigung zum Richteramt müsse die Überwachung beaufsichtigen. Außerdem regelt er, wie den Umgang mit den Erkenntnissen.

Im Ganzen unterschied sich der Entwurf nicht sehr vom späteren Gesetz. Dies war durch die langjährigen Vorarbeiten nicht verwunderlich. Die innenpolitische Situation hatte das Gesetz immer wieder verhindert. Es zeigt sich, dass schon die Regierung Erhard in der Lage gewesen wäre, die Alliiertenvorbehaltsrechte abzulösen. Es gelang jedoch nicht, die beiden Entwürfe in der laufenden Legislaturperiode noch zu beraten.

Die Bundesregierung hatte noch eine andere Aufgabe vom Parlament erhalten. Sie musste bis Oktober 1964 einen Bericht vorlegen, welche Maßnahmen sie im Bundesamt für Verfassungsschutz umgesetzt hatte. Außerdem hatte sie einen Vorschlag zur Kontrolle zu unterbreiten. In dem Regierungsentwurf wurde vorgeschlagen, die Zuständigkeit des Vertrauensmännergremiums auf die Arbeit des Bundesamtes für Verfassungsschutz und des militärischen Abschirmdienstes auszudehnen. Es habe sich, so die Regierung, als „eine geeignete Form der parlamentarischen Kontrolle eines Nachrichtendienstes erwiesen“[541]. Das Gremium sollte von einem vom Bundeskanzler bestimmten Mitglied der Regierung geleitet werden. Damit wurde angedeutet, dass die Aufgabe an den Minister für die Angelegenheiten des Bundesverteidigungsrates, Krone, delegiert werden sollte. Mindestens dreimal jährlich sollte das Gremium zusammentreten, eine neue und sicher für die Praxis wichtige Maßgabe. An den Sitzungen waren als Teilnehmer auch die Bundesminister oder deren Vertreter vorgesehen, die jeweils die Dienstaufsicht über die Dienste besaßen. Auch zum Inhalt der Arbeit des Vertrauensmännergremiums nahm der Regierungsentwurf Bezug: Es sollte Berichte der Leiter der Nachrichtendienste entgegennehmen, der Bundesregierung Anregungen übermitteln und sie in grundsätzlichen Fragen der Arbeit der Nachrichtendienste beraten.[542]

Der Bericht wurde in den Ausschüssen beraten. Der Innenausschuss erhielt die Federführung, der Haushaltsausschuss beriet mit.[543] Im Haushaltsausschuss

[540] 4. WP, Drucksache 2634, 17. Oktober 1964, S. 2.
[541] 4. WP, Drucksache 2582, 5. Oktober 1964.
[542] Ebd.
[543] 4. WP, Drucksache 3469, 12. Mai 1965, S. 1.

ergab sich eine Diskussion. Der sozialdemokratische Abgeordnete Rudolf-Ernst Heiland sprach sich für ein gesondertes Kontrollgremium für den Verfassungsschutz aus. Für diesen Vorschlag fand er keine Unterstützung. Außerdem beantragte Heiland, die Haushaltskontrolle analog zum BND zu regeln, einmal durch den Unterausschuss, zum anderen durch den Bundesrechnungshof.[544] Der Berichterstatter, Dr. Gerhard Stoltenberg, CDU, sah hingegen letzteres nicht für notwendig an. Heiland scheiterte mit seinem Änderungsantrag zum Einzelplan 06 Kapitel 0609 Titel 300, wie auch später seine Fraktion im Parlament.[545] Der Entwurf der Bundesregierung fand eine große Mehrheit, auch im Innenausschuss.[546] Dort hatte eine noch umfangreichere Debatte zu den von der Regierung beim Verfassungsschutz bereits durchgeführten Veränderungen stattgefunden.[547]

4.2.3 NS-belastete Mitarbeiter und ein ‚Spiegel'-Bericht: der BND nimmt Stellung

Nicht nur durch die Affäre Felfe wurden die Abgeordneten mit dem Thema ‚NS-belastete Mitarbeiter im BND' konfrontiert. Das Thema wurde immer wieder erwähnt, genauso wie der Vorwurf an die Regierung, keine Konsequenzen gezogen zu haben. Der SPD-Abgeordnete Heinrich Ritzel erhielt Anfang Oktober 1964 einen Brief vom Vorsitzenden des Verbandes demokratischer Widerstandskämpfer und Verfolgter, Landesverband Schleswig-Holstein e.V., Leonard Schwarz. Dieser beschwerte sich, dass Ritzel und seine Parlamentskollegen nicht konsequent genug gegen NS-belastete BND-Mitarbeiter vorgingen: „Nach meinen Informationen haben Sie zwar zusammen mit anderen Abgeordneten gewisse Verhandlungen geführt, haben sich aber schließlich von Gehlen überzeugen lassen, dass dort alles in Ordnung ist."[548] Schwarz berichtete von einer Geschichte, deren Wahrheitswert nicht abschätzbar sei. Völlig überraschend sei vor wenigen Tagen aus dem ‚Schwarzen See'[549] im Böhmerwald Material gehoben worden, welches Spezialformationen der SS kurz vor Kriegsende in Kisten und Metallbehältern versenkt hätten. Diese Akten würden seines Wissens zurzeit gesichtet. Die Tschechen hätten bereits verlauten lassen, dass umfangreiches

[544] 4. WP, Protokoll Nr. 171 des Haushaltsausschusses, PA-DBT, 18. März 1965, S. 21f..
[545] Die brachte dies im Rahmen der 2. Beratung des Entwurf eines Haushaltsgesetzes, Umdruck 565, 4. WP, Drucksache 3469, 12. Mai 1965.
[546] 4. WP, Protokoll Nr. 171 des Haushaltsausschusses, PA-DBT, 18. März 1965, S. 24.
[547] 4. WP, Drucksache 3469, 12. Mai 1965.
[548] Brief von Leonard Schwarz an Heinrich Ritzel, 7. Oktober 1964, AdsD, Nachlass: Heinrich Ritzel, Mappe: 278.
[549] Heute Černé jezero

Material gefunden worden sei, das auf Mitarbeiter des Bundesnachrichtendienstes Bezug nehme, die früher in den Diensten der Gestapo und des Sicherheitsdienstes gestanden hätten. Der Name Kilian Ruprecht sei gefallen, der 1938 Angehöriger der Gestapo und später in der Tschechoslowakei in Pisek und Klatovy tätig war. Er werde, so Schwarz, vom tschechischen Innenminister Lubomír Štrougal beschuldigt, mehr als 300 Tschechen verhaftet zu haben, von denen viele hingerichtet worden seien. Im BND arbeite er heute wechselweise unter den Decknamen Kramer und Klein. Schwarz kritisierte: „Es geht uns bei dem sich offenbar erneut anbahnenden Skandal weniger darum, ob es zutrifft, was von tschechischer Seite behauptet wird oder nicht. Die Tatsache genügt uns, dass Beamte der berüchtigten Gestapo heute wieder im BND beschäftigt werden. Ich sage deshalb noch einmal: Wir wissen, dass diese Gestapobeamten der Gefahr ausgesetzt sind, vom Gegner erpresst zu werden. Sie und wir haben mehr als einmal erlebt, dass diese Leute dann ‚umgedreht' und zum Verräter an der Bundesrepublik Deutschland werden." [550]

Der Schaden, der der Gesellschaft zugefügt werde, gehe auf das Konto derjenigen, die die Beschäftigung dieser Gestapobeamten im BND ständig bagatellisierten, duldeten und deckten, resümierte der Vorsitzende Schwarz.

Ritzel wandte sich daraufhin im Dezember 1964 einen Brief an Gehlen[551] um sich nach den Hintergründen des Vorfalls in Tschechien zu erkundigen. Der antwortete im Januar 1965, dass Kilian Ruprecht von 1952-1963 Angestellter im Außenpersonal des BND bzw. seiner Vorläuferorganisation gewesen sei. Der BND-Präsident gab zu, Ruprecht beschäftigt zu haben und zwar dies wieder in Tschechien. „Sein Auftrag war während der gesamten Zeit die Führung von V-Leuten und Agenten, sein Arbeitsgebiet war die CSSR" [552], schrieb Gehlen. Im Dezember 1961 wurde gegen Ruprecht eine Untersuchung im BND eingeleitet. Doch geschah dies nicht aufgrund seiner NS-Belastung, so der Präsident, sondern „ausgelöst durch unbefriedigende Arbeitsergebnisse"[553]. Die Untersuchung habe eine Reihe von „nachrichtendienstlichen Disziplinlosigkeiten"[554] zu Tage gebracht. Der BND-Präsident erklärte, die Rückfrage bei der ‚Zentralstelle der Landesjustizverwaltungen' in Ludwigsburg habe „keine Hinweise auf persönliche Beteiligung an Unrechtshandlungen"[555] ergeben.

---

[550] Brief von Leonard Schwarz an Heinrich Ritzel, 7. Oktober 1964.

[551] Brief von Heinrich Ritzel an Reinhard Gehlen, 22. Dezember 1964, AdsD, Nachlass: Heinrich Ritzel, Mappe: 272.

[552] Brief von Reinhard Gehlen an Heinrich Ritzel, 4. Januar 1965, AdsD, Nachlass: Heinrich Ritzel, Mappe: 279.

[553] Ebd.

[554] Ebd.

[555] Ebd.

Gehlen ließ Ritzel wissen, dass Ruprecht in der Tat Gestapo-Mitarbeiter in der Außenstelle Klattau, Südwestböhmen, heute Klatovy war und zuletzt den Dienstgrad Kriminaloberassistent gehabt habe. Er sei ab 1962 in der Arbeit isoliert und im Mai 1963 suspendiert worden, erläuterte der BND-Präsident. „Es ist zur Zeit noch nicht klar, inwieweit die Behauptungen über die Handlungen des Ruprecht der CSSR-Behörden in seiner Eigenschaft als Beamter der Gestapo zutreffen",[556] schloss Gehlen. Gehlen gab hier zwar auf der einen Seite Belastungen Ruprechts zu, bewertete sie auf der anderen Seite nicht kritisch. Wieder wurde erklärt, die Auskünfte seien nicht ausreichend gewesen. Ein Mitarbeiter der Gestapo, der mit größter Wahrscheinlichkeit an Unrechtshandlungen beteiligt gewesen war, hätte niemals eingesetzt werden dürfen, erst recht nicht im gleichen geografischen Bereich.

Und noch ein weiterer Fall findet sich in den Akten: Die CDU/CSU-Fraktion erhielt im Januar 1965 Post von einem Herrn namens Hermann Ströbel, der seinem Anliegen, finanzielle Forderungen aus seiner Arbeit für den BND, auf eigene Weise Nachdruck verlieh. Der BND hatte ihm gekündigt, Ströbel war mit der Abfindung nicht zufrieden und drohte, an die Boulevardpresse zu gehen mit der Schlagzeile: „Ehemaliger Gauleiter und Oberpräsident und letzter Adjutant von Göbbels bei hoher Bundesbehörde tätig!". [557]

Ströbel beschrieb, wie er für den BND geworben wurde: „Im Frühjahr 1959 kam der ehemalige Gauleiter und Oberpräsident Lauterbacher[558] zu mir und frug mich, ob ich bereit sei, für einige Jahre für den BND nach Indien zu gehen. Man hatte erfahren, dass ich über einmalige Verbindungen in Indien verfüge. Getarnt werden sollte diese Tätigkeit als Repräsentant der Firma Labora, München."[559]

Lauterbacher galt seit 1956 als untergetaucht.[560] Er war bereits 1927 in die NSDAP eingetreten. Zwei Jahre später leitete er die Hitler-Jugend des Gaus Südhannover-Braunschweig. Er stieg dort bis 1934 zum Obergebietsführer West auf. Im gleichen Jahre ernannte ihn der Reichsjugendführer Baldur von Schirach zu seinem Stellvertreter und Stabsführer. 1936 wurde Lauterbacher Mitglied des Reichtages, ein Jahr später Ministerialrat. Als Gauleiter für Südhannover-Braunschweig wurde er im Januar 1942 zum Reichsverteidigungskommissar

[556] Ebd.

[557] Brief von Hermann Ströbel an den Fraktionsvorsitzenden der CDU, ACDP, Büro des Fraktionsvorstandes, VIII-001-054/1, 1. Januar 1965.

[558] Hartmann Lauterbacher (24. Mai 1909 geboren, 12. April 1988 gestorben), NSDAP-Gauleiter Südhannover-Braunschweig und SS-Gruppenführer.

[559] Brief von Hermann Ströbel an den Fraktionsvorsitzenden der CDU, ACDP, Büro des Fraktionsvorstandes, VIII-001-054/1, 1. Januar 1965.Brief von Hermann Ströbel an den Fraktionsvorsitzenden der CDU.

[560] http://www.vernetztes-gedaechtnis.de/biolauterbacher.htm, 17.03.2007.

befördert.[561] Mit diesem Brief Ströbels kann erstmals bewiesen werden, dass Lauterbacher tatsächlich beim BND beschäftigt wurde.[562] Dies alles wurde vom Dienst in einem Vermerk für die CDU/CSU sogar bestätigt: dass Ströbel 1959 als freier Mitarbeiter gewonnen wurde für die Firma Labora, die „in Verbindung mit dem BND stand“ [563] und dass Lauterbacher als Inhaber dieser Firma fungierte. Der war laut dem Geheimdienst eine „BND-Verbindung“, die „einige Jahre hindurch vorwiegend zur Kontrolle eines feindverdächtigen Personenkreises“[564] genutzt worden war. 1965 war Lauterbacher nach Angaben des BND abgeschaltet. Dieser Vorgang fügt sich ein in die bisherigen Ergebnisse dieser Arbeit, dass belastete Mitarbeiter, hier über eine Scheinfirma, im Y-Personal untergebracht waren. Ströbel berichtete noch ein weiteres heikles Detail zur besagten Firma: „Die Firma Labora wurde zwar von dem verstorbenen Bruder des Herrn Lauterbacher gegründet, sie wurde dann aber restlos vom BND besoldet, darunter auch der letzte Adjutant von Göbbels, Schwägermann.“[565] Damit gab es noch einen zweiten, mehr als belasteten Mitarbeiter. Es drängt sich der Eindruck auf, dass die Scheinfirma in erster Linie dazu diente, ehemaligen hohen Nationalsozialisten eine neue Existenz und eine Tarnung vor den Strafverfolgungsbehörden zu geben.

Für die Unternehmung ‚Labora' arbeitete Ströbel jedoch nur eine kurze Zeit. Schon im Januar 1960 teilte Lauterbacher Ströbel mit, der BND stelle keine Mittel mehr zur Verfügung. Laut Auskunft des Auslandsnachrichtendienstes habe er falsche Angaben zu seinen kaufmännischen Qualifikationen gemacht.[566] Dass die CDU auf die ihr nun bekannt gewordene NS-Belastung von BND-Mitarbeitern reagiert hätte, ist durch die Akten nicht zu belegen.

Dass NS-Belastungen von Mitarbeitern in Wirklichkeit bekannt, jedoch verschwiegen wurden, das deutete auch eine Ausarbeitung an, die der SPD zuging. Sie stammt mit hoher Wahrscheinlichkeit von Siegfried Ziegler, dem Vertrauensmann der SPD im BND. Sie nahm auf die im vorigen Kapitel erwähnte Studie vom 20. November 1962 Bezug, die „nichts an Aktualität verloren“[567] habe. Ziegler stellte fest: Die „bisherigen offiziellen Angaben über den Anteil der alten

[561] Rempel, Gerhard: Hitler's Children: The Hitler Youth and the SS, Chapel Hill, London 1989, S. 41-44, 122-123.
[562] Dies deuteten im Zusammenhang mit arabischen Kontakten an: Höhne, Heinz und Zolling, Hermann: Pullach intern, S. 228.
[563] Vermerk für den Herrn Parlamentarischen Geschäftsführer der CDU/CSU-Bundestagsfraktion, ACDP, Büro des Fraktionsvorstandes, VIII-001-054/1, 21. Januar 1965.
[564] Ebd.
[565] Ebd., gemeint ist hier SS-Hauptsturmführer Günther Schwägermann, (geboren 24. Juli 1915)
[566] Vermerk für den Herrn Parlamentarischen Geschäftsführer der CDU/CSU-Bundestagsfraktion, ACDP, Büro des Fraktionsvorstandes, VIII-001-054/1, 21. Januar 1965.
[567] Vertraulich!, 4. Juli 1964, AdsD, SPD-BT-Fraktion, Mappe: 872, S. 1.

Nazis entsprechen mit großer Wahrscheinlichkeit nicht der Wirklichkeit"[568]. Er hatte Einblick in eine Personalakte. Entgegen der Mitteilung des BND gegenüber dem BKA, eine Person sei zum Kriegsdienst in die Waffen-SS eingezogen worden, war diese bereits zuvor seit 1939 der allgemeinen SS beigetreten. Ziegler nannte sogar die SS-Mitgliedsnummer.[569]

Die Ausarbeitung führt wieder Themen der späteren Mercker-Kommission an. Ziegler kritisierte die zunehmende Führungsschwäche Gehlens. Als Grund nannte der Informant den Fall Felfe. Er erwähnte, dass auch wieder innenpolitische Aufklärung betrieben werde, dass nämlich Material zur Vorgeschichte Willy Brandts gesammelt werde.[570] Die Abhöraktionen beim Bundesamt für Verfassungsschutz hätten genauso beim BND stattgefunden, zur „Auslösung genügte Augenzwinkern"[571].

Auch die Qualität der BND-Berichte wurde kritisiert. In einem Schreiben vom 28. Oktober 1963 erhielt Erler von Gehlen eine Aufzeichnung über die Jugoslawien-Reise des sowjetischen Regierungschefs Nikita Sergejewitsch Chruschtschow.[572] Der Abgeordnete war mit den Informationen des BND keinesfalls zufrieden.[573] Er merkte an, dass die Zahlen zum sowjetischen Anteil am jugoslawischen Außenhandel zu prüfen seien. Es käme ihm unwahrscheinlich vor, dass selbst nach der vorgesehenen Ausweitung der sowjetische Anteil am jugoslawischen Außenhandel 80 Prozent erreichen würde. Erler schrieb: „Offensichtlich handelt es sich um einen Schreibfehler, da vor den 80% steht ‚nur'."[574]

Der SPD-Fraktionsvorsitzende Erler las die Berichte sehr genau und glich sie mit anderen Informationen ab. Dies führte auch dazu, dass der Abgeordnete Nachfragen stellte. Aus Erlers Sicht stand zum Beispiel der BND-Bericht „Wirtschafts- und Rüstungspolitische Entwicklung Ost (Wochenbericht Nr. 2/64)" im Gegensatz zu einem ‚Welt'-Artikel. Erstere zeigte ein düsteres Bild der wirtschaftlichen Entwicklung Nord-Vietnams auf, der Welt-Artikel ein positives. So schrieb der Abgeordnete an Gehlen: „Ich wäre Ihnen für eine Mitteilung dankbar, ob der Bericht der ‚Welt' wirklich so weit von den Tatsachen entfernt ist."[575]

---

[568] Ebd.
[569] Ebd., S. 2
[570] Ebd.
[571] Ebd., S. 3.
[572] Brief von Reinhard Gehlen an Fritz Erler, 28. Oktober 1963, AdsD, SPD-BT-Fraktion, 4. WP, Mappe: 871.
[573] Ähnliche Briefe sind z.B. Brief von Fritz Erler an Dürrwanger, 6. Juli 1960, AdsD, SPD-BT-Fraktion, 3. WP, Mappe: 274.
[574] Brief von Fritz Erler an Reinhard Gehlen, 14. November 1963, AdsD, SPD-BT-Fraktion, 4. WP, Mappe: 871.
[575] Brief von Fritz Erler an Reinhard Gehlen, 20. Januar 1964, AdsD, SPD-BT-Fraktion, 4. WP, Mappe: 871.

Bei der nun vom BND-Präsidenten zugesandten Studie handelte es sich um eine Stellungnahme der Wirtschaftsabteilung des BND zur Wirtschaftslage in Nordvietnam.[576] Die Argumentation stützte sich auf einen Wochenbericht des BND. In diesem wird übersichtlich und schlüssig analysiert, welche Entwicklungsprobleme das Land hatte, bedingt vor allem durch den hohen Bevölkerungszuwachs, die überaus starke Fokussierung der Wirtschaft auf den Agrarbereich, der die Menschen kaum ernähre, die geringe Energiewirtschaft und die sich mäßig entwickelnde Nahrungsmittelindustrie.

Auch die gegenseitige Unterstützung zwischen BND und Sozialdemokraten war weiterhin wichtig. Gehlen schrieb im Juli 1964 an Erler, er wolle ihn zur Kontaktaufnahme mit dem Deutschen Gewerkschaftsbund um Rat bitten. Ihm sei daran gelegen, mit allen wichtigen Organisationen in Verbindung zu sein. Gehlen notierte, dass bisher einzelne gewerkschaftliche Kontakte z.B. zur ÖTV bestünden. Diese dienten hauptsächlich dazu, dienstliche Probleme zu lösen. Der BND-Präsident bat Erler, den Kontakt zu vermitteln. Gehlen schrieb: „Ich würde [...] besonderen Wert darauf legen, auch zum Vorsitzenden des DGB, Herrn Rosenberg, einen direkten Kontakt zu erhalten. Könnten Sie mir einen Rat geben, wie man hier zweckmäßig vorgeht? Besonders dankbar wäre ich, wenn Sie evtl. selbst diese Verbindung herstellen könnten."[577] Nur fünf Tage später antwortete Erler: „Werde mich der Sache annehmen."[578]

In einem anderen Fall im Bereich der Thematik ‚Gewerkschaften' half der BND nun dem Sozialdemokraten. Dort ging es um die ‚Internationale gewerkschaftliche Studien- und Informationskommission über die Lage in Deutschland', die laut Erler 1963 auf Initiative des Weltgewerkschaftsbundes gegründet wurde. Der Fall sollte über drei Jahre Thema in der Korrespondenz Erlers mit dem BND bleiben, auch wenn die Organisation bereits nach einem Jahr aufgelöst wurde. Erler erhielt laufend neue Informationen darüber, die er auch weitergab. So wies der deutsche Abgeordnete den österreichischen Gewerkschaftsbund darauf hin, dass es sich nach seinen Informationen, d. h. denen des BND, um ein „kommunistisches Propagandaunternehmen"[579] handele. Einer der Sekretäre des österreichischen Gewerkschaftsbundes sei in diesem Unternehmen aktiv tätig. Beweisen ließen sich die Vorwürfe nicht, so sehr sich auch der Auslandsnach-

---

576 Brief von Reinhard Gehlen an Fritz Erler, 23. Februar 1964, AdsD, SPD-BT-Fraktion, 4. WP, Mappe: 871.

577 Brief von Reinhard Gehlen an Fritz Erler, 23. Juli 1964, AdsD, SPD-BT-Fraktion, 4. WP, Mappe: 872.

578 Brief von Fritz Erler an Reinhard Gehlen, 28. Juli 1964, AdsD, SPD-BT-Fraktion, 4. WP, Mappe: 872.

579 Brief Fritz Erler an Anton Benyas, 13. März 1964, AdsD, SPD-BT-Fraktion, 4. WP, Mappe: 872.

richtendienst engagierte. Die Untersuchung endete mit den Worten Gehlens, dass die Organisation aber „zweifellos einen kommunistischen Hintergrund hatte“[580].

Die Abgeordneten erhielten auch Studien zu aktuellen Meldungen. Bei einer Information „zur Verhaftung deutscher Staatsangehöriger in Ägypten“[581] handelte es sich um ein spannendes Kapitel deutsch-israelischer Geheimdienstzusammenarbeit. Zu den Verhafteten gehörten ein Agent des Mossad, Wolfgang Lotz, und ein Agent des BND, Gerhard Bauch. Um die BND-Meldung zu verstehen, muss kurz der Hintergrund geschildert werden. Lotz wurde 1921 in Deutschland geboren. Seine Mutter wanderte mit ihm nach ihrer Scheidung 1933 nach Palästina aus. Dort wuchs der Junge auf, sprach Deutsch, Englisch, Arabisch und Hebräisch, war ein begeisterter Pferdetrainer und blieb nach dem Zweiten Weltkrieg in der Armee. Als ihn 1956 während der Suez-Krise der Mossad ansprach, leitete er als Major eine Infanteriebrigade. Der Geheimdienst schickte ihn in die Bundesrepublik, um seine Legende aufzubauen. Er sollte sich in einen Geschäftsmann und ehemaligen Nationalsozialisten verwandeln, der in der Wehrmacht in Nordafrika eingesetzt gewesen war. Zur Legende gehörte auch, dass er viele Jahre als Pferdezüchter in Australien verbracht haben sollte. Dabei half der BND.[582] Lotz wurde dann als Undercover-Agent in Ägypten eingesetzt. Ziel war es, Informationen über die militärische Unterstützung der Nasser-Regierung durch die Sowjetunion zu erhalten. Außerdem gab es Hinweise, dass Ägypten zum Zufluchtsort vieler Nationalsozialisten wurde – auf Einladung der Regierung. Dazu erhielt auch Erler einen BND-Bericht mit der Überschrift: „Tätigkeit Deutscher für arabische Staaten“ (unter Übertritt zum Islam bzw. Annahme arabischer Namen).[583] Der Verfasser kam jedoch zu dem Schluss, dass nur in Einzelfällen Deutsche für arabische Behörden tätig und damit die Vorwürfe von israelischer Seite entkräftet seien.[584] Lotz etablierte sich als Pferdezüchter in Ägypten und es gelang ihm, Zugang zu in wichtigen Sicherheitskreisen, wie der Polizei zu finden. Er hielt auch Kontakt mit Deutschen, darunter Gerhard Bauch. Dieser war Mitarbeiter des Bundesnachrichtendienstes, wie dieser in seinem Bericht angab. Im Vorfeld des Besuchs von Walter Ulbricht ließ die ägyptische Regierung im Februar 1965 einige Deutsche verhaften, um so zu signalisieren,

---

[580] Brief Reinhard Gehlen an Fritz Erler, 5. Dezember 1966, Vermerk vom 30. März 1966, AdsD, SPD-BT-Fraktion, 4. WP, Mappe: 872.

[581] Brief von Reinhard Gehlen an Fritz Erler, 21. März 1965, AdsD, SPD-BT-Fraktion, 4. WP, Mappe: 872 (Seite 2).

[582] Alles: Shpiro, Shlomo: Für Israels Sicherheit paktierten wir sogar mit dem Teufel, Das Parlament , Nr. 15, 11. April 2005, http://www.das-parlament.de/2005/15/Thema/013.html

[583] Brief vom BND an Fritz Erler vom 15. Mai 1964, Betr.: Tätigkeit Deutscher für arabische Staaten (unter Übertritt zum Islam bzw. Annahme arabischer Namen), Kenntnis für: Herbert Wehner, AdsD, SPD-BT-Fraktion, 4. WP, Mappe: 872.

[584] Siehe Notiz vom 3. Juni 1964 von Fritz Erler, AdsD, BT- Fraktion, 4. WP, Mappe: 872.

dass sie sich von der Regierung in Bonn distanziere. Darunter waren Lotz, seine Frau und Bauch. Während des Prozesses belastete dieser den BND-Mitarbeiter, er habe von seiner Tätigkeit gewusst. Der BND meldete den Abgeordneten recht knapp: „G. *Bauchs* Meldungen an den BND wurden über einen Zeitraum von mehreren Jahren als wertvoll beurteilt. Die von ägyptischer Seite verbreitete Beschuldigung, *Bauch* sei von *Lotz* als Informant ausgenutzt worden, wird zurzeit vom BND unter Ausschöpfung aller Möglichkeiten untersucht."[585]

Lotz gab seine Spionagetätigkeit zu, wurde zu 25 Jahren Zwangsarbeit verurteilt und kam schließlich durch einen Häftlingsaustausch 1968 frei. Bauch konnte durch die Intervention des BND-Vizepräsidenten Worgitzky bei den ägyptischen Behörden frei kommen.[586]

Beispielhaft für das Verhältnis zwischen den Abgeordneten und dem BND ist auch eine Information, die speziell für die Mitglieder des Vertrauensmännergremiums bestimmt war. Gehlen informierte Erler über ein Interview des sowjetischen Geheimdienstoberst Wladimir Apollonowitsch Karpow im Nachrichtenmagazin ‚Spiegel'.[587] Es sei das erste Interview eines Obersten seit der Gründung der Tscheka 1918. Dafür gebe es politische Gründe.[588] Daher sende er ihm eine kurze Hintergrundschilderung, das Interview selbst und „die Stellungnahme einer mit den geheimdienstlichen Zusammenhängen in Europa vertrauten Persönlichkeit", die ebenfalls abgedruckt werden solle.[589] Das auf Gegenseitigkeit beruhende Verhältnis ist gut in folgender Passage ausgedrückt: „Ich bin gerne bereit, detaillierte Einzelheiten zu den seinerzeit zu dieser mit Ermächtigung des Herrn Staatssekretär des Bundeskanzleramtes geführten nachrichtendienstlichen Operationen vorzutragen. In jedem Fall hielt ich beigefügte Vorunterrichtung für die Herren des Vertrauensmännergremiums für notwendig."[590] Auffällig ist, dass es sich bei dem übersandten ‚Spiegel'-Artikel um ein maschinengeschriebenes Manuskript in redaktionsüblichen Spalten handelt. Demnach hatte der BND Zugang zu diesem Material vor der Veröffentlichung. Die Fraktionen erhielten den Bericht ebenfalls vor dem Abdruck[591]. Die „Stellungnahme der mit geheimdienstlichen Zusammenhängen vertrauten Persönlichkeit" [592], die Gehlen beilegte, erschien ebenso. Es liegt die Vermutung nahe, dass die Journalisten sich in

[585] Brief von Reinhard Gehlen an Fritz Erler, 21. März 1965, AdsD, SPD-BT-Fraktion, 4. WP, Mappe: 872 (Seite 2).
[586] Müller und Mueller: Gegen Freund und Feind, S. 301 f..
[587] Der Spiegel: Schweigen ist nicht immer richtig, 3/1966, 10. Januar 1966, S.54.
[588] Brief von Reinhard Gehlen an Fritz Erler, 4. Januar 1966, AdsD, SPD-BT-Fraktion, 4. WP, AK-VIII, Mappe: 1782.
[589] Ebd.
[590] Ebd.
[591] Der Spiegel: Schweigen ist nicht immer richtig, 3/1966, 10. Januar 1966, S.54.
[592] Ebd.

dieser Frage mit dem BND verständigten. Das Anschreiben an Erler enthüllt die Hintergründe: „Da der *Spiegel* eine Schließung seines Büros in Moskau fürchtete, konnte er sich nicht bereit finden, das Interview zu unterdrücken, wobei ihm die Wahrung berechtigter Interessen wohl zuzuerkennen ist.“[593] Im Magazin erschien der gleiche Text, nur war er an einigen Stellen gekürzt.

Der ‚Spiegel'-Vertreter Igor Witsinos führte das Gespräch in Moskau über die ‚Penkowsky papers'[594], die Erinnerungen des sowjetischen Obersten Oleg Penkowskij, der in Moskau als amerikanischer Spion enttarnt und zum Tode verurteilt worden war. Seine Aufzeichnungen über Strategie, Rüstung, Politik und Geheimdienste der UdSSR und über führende Persönlichkeiten der Chruschtschow-Ära, besaß die CIA und sie wurden 1966 veröffentlicht, so der BND. Der russische Geheimdienst wolle gegen die Aussagen des Buches vorgehen und aus diesem Grund sei es zu dem Interview gekommen. Der BND bezeichnete die Aussagen Karpows sowohl als unvollständig wie auch bewusst verfälschend, „um der Bundesrepublik Deutschland einen Schlag zu versetzen“[595]. Gerade Gehlen solle hier so darstellt werden, als habe er 1955/56, vielleicht sogar hinter dem Rücken des Bundeskanzlers, eine eigene Verteidigungspolitik betrieben und sich dazu des offiziellen Gegners der Verteidigungspolitik, Bogislaw von Bonins, bedient. Dieser hatte 1952 die Planungsabteilung im Amt Blank übernommen und musste drei Jahre später gehen, weil er mit den Plänen der Regierung nicht konform ging.

Der BND sandte den ‚Spiegel'-Artikel mit Randkommentaren an die Mitglieder des Vertrauensmännergremiums, um so die Stellungnahmen Karpows zu korrigieren. Karpow behauptete, Gehlen habe 1955 über den Oberst von Bonin einen Kontakt zu dem Stab der sowjetischen Truppen in der DDR hergestellt und für eine Normalisierung der Beziehungen geworben. Er habe im Namen Reinhard Gehlens dazu Erklärungen abgegeben. Der BND kommentierte, der Oberst habe zwar mitteilen sollen, dass der BND-Präsident von dem Gespräch wisse. Bonin sei aber nicht ermächtigt gewesen, in seinem Namen zu sprechen. Felfe machte in seiner Vernehmung am 4. Dezember 1961 die Aussage, die Gespräche Bonins hätten in der Tat mit Rückendeckung von Gehlen stattgefunden.[596] Er beschreibt die Reaktion seines Führungsoffiziers: „Ich glaube den Direktor hiervon überzeugt zu haben, dass v. Bonin nicht privat, sondern als Abgesandter der

[593] Brief von Reinhard Gehlen an Fritz Erler, 4. Januar 1966.
[594] Wurden veröffentlicht unter dem Titel „The Penkowsky Papers“, Introduction by F. Gibney, London, Collis, 1966.
[595] Hintergrundmaterial zu dem SPIEGEL-Interview des sowjetischen Geheimdienstobersten Karpow, 4. Januar 1966, AdsD, SPD-BT-Fraktion, 4. WP, AKVIII, Mappe: 1782.
[596] Vernehmungsprotokoll (Bundeskriminalamt) Felfes vom 4. Dezember 1961, Bundesarchiv, B 362/10710.

Bundesregierung mit den Sowjets gesprochen habe. Der Direktor war davon sehr beeindruckt und lobte in geradezu pathetischer Ausdrucksweise die Klugheit Gehlens, diese Kontakte ausgenutzt zu haben."[597] Angeblich, so Karpow, sei auch darüber gesprochen worden, auf welche politischen Gruppen die Sowjetunion sich stützen würde, käme es zu einer Wiedervereinigung. Allein die viel zu schwache SPD käme in Frage, äußerte Karpow.

Der Kommentar des BND lautete: „Dem BND liegen keine Hinweise dafür vor, dass dieser Punkt Gegenstand des Gesprächs zwischen v. Bonin und Karpow war. Es ist vielmehr anzunehmen, dass Karpow diese Formulierung aus durchsichtigen politischen Gründen ‚eingeflochten' hat."[598] Weiter heißt es im Gespräch, von Bonins Konzept habe vorgesehen, einen neutralen Europa-Gürtel zu schaffen, das wiedervereinigte Deutschland bis zur Oder-Neiße auszudehnen, nationale Streitkräfte zuzulassen und kein SED- oder KPD-System zu installieren. Die Gespräche darüber, so habe von Bonins Vorschlag gelautet, sollten ohne die USA, Großbritannien und Frankreich stattfinden. Der BND bemerkte zu der Passage, hier sei klar die Absicht herauszulesen, Gehlen der Illoyalität zur eigenen Regierung zu bezichtigen und das Vertrauensverhältnis zu den Alliierten zu untergraben.[599]

4.2.4 *Stiftung Wissenschaft und Politik oder Wehrkunde: Mehr Kontinuität im Vertrauensmännergremium*

Krone leitete weiterhin das Vertrauensmännergremium.[600] Dieser arbeitete dabei eng mit dem Sicherheitsreferat des Bundeskanzleramtes zusammen. Die erste offizielle Sitzung des Gremiums war für Anfang Januar 1964 angedacht.[601] Wegen der Erkrankung des Haushaltsausschussvorsitzenden Schöttles fand sie erst am 22. April 1964 statt. [602]

---

[597] Vernehmungsprotokoll (Bundeskriminalamt) Felfes vom 5. Dezember 1961, Bundesarchiv, B 362/10710.

[598] SPIEGEL-Interview des sowjetischen Geheimdienstobersten Karpow, 4. Januar 1966, AdsD, SPD-BT-Fraktion, 4. WP, AKVIII, Mappe: 1782, S. 21.

[599] Die Unterlagen finden sich auch im Nachlass von Globke. Dieser erhielt zusätzliche Informationen, zum Beispiel eine Vortragsnotiz vom 28. September 1956: ACDP, Nachlass Hans Globke, 01-070-030/5.

[600] Brief von Ludwig Erhard an Heinrich Krone, ACDP, Nachlass Heinrich Krone, 01-028-060/1, 30. November 1964.

[601] Brief von Fritz Erler an Erwin Schoettle, AdsD, Nachlass Fritz Erler, Mappe: 59 A.

[602] Einladung Vertrauensmännergremium für den 22. April 1964 durch Heinrich Krone, AdsD, SPD-BT-Fraktion, 4. WP, Mappe: 872.

Von der nächsten Sitzung, am 6. Juli 1964, haben sich weitaus mehr Einzelheiten erhalten. Sie fand in der Zentrale in Pullach statt. Strauß wollte sich vertreten lassen, was beim Kanzleramtschef Westrick auf wenig Verständnis stieß. Er mahnte Krone: „Ich empfehle, dass Sie Herrn Strauß anrufen und ihm nahe legen, am Montag zu Ihrer Sitzung beim BND in München unbedingt zu kommen. Herr Strauß hat meinem Büro gegenüber den dringenden Wunsch geäußert, am Montag das Gespräch mit dem Herrn Bundeskanzler in Bonn zu haben."[603] Dies zeigt, dass der Kanzler nicht plante, bei der Sitzung des Vertrauensmännergremiums dabei zu sein und dass der Landesgruppenchef der CSU, Strauß, ebenfalls andere Prioritäten setzen wollte.

Passend zum Untersuchungsausschuss informierten sich die Mitglieder des Gremiums über die Ablösung der alliierten Vorbehaltsrechte. Krone notierte in sein Tagebuch: „Wir wurden uns einig, die Fraktionen, die Vertreter der Regierung und des Bundesnachrichtendienstes. Bis zum Wiederbeginn der parlamentarischen Arbeit im Herbst soll die Regierung die Vorlage fertig stellen." [604] Es werde gewünscht, dass die Dienste auf Grundlage parlamentarischer Beschlüsse arbeiten sollten. Auch die Ausdehnung der Zuständigkeit des Vertrauensmännergremiums auf die anderen beiden Dienste fand bei der Sitzung Zustimmung. „Wir wurden uns einig, dass die parlamentarische Kontrolle, wie sie für den BND besteht, auch für die beiden anderen Dienste eingerichtet wird"[605], hielt Krone fest.

Ein anderer wichtiger Punkt der Sitzung war der Verein ‚Arbeitsgemeinschaft Wissenschaft und Politik'. Er wurde zu Beginn des Jahres 1962 in München von 30 Personen aus Politik, Wirtschaft und Wissenschaft mit dem Ziel gegründet, eine außenpolitische Denkfabrik für entscheidende Fragen der Politik zu schaffen. Der erste Vorsitzende war bis zu seinem Tod 1964 der Soziologe und Politikwissenschaftler Dr. Arnold Bergsträsser. Außerdem wurde schon wenige Monate später beschlossen, eine eigene Stiftung und ein Forschungsinstitut zu gründen. Den Vorstandsvorsitz der ‚Stiftung Wissenschaft und Politik (SWP)' übernahm der spätere Bundespräsident, Dr. Richard Freiherr von Weizsäcker. Das Institut befand sich zum Zeitpunkt der Sitzung des Vertrauensmännergremiums noch im Aufbau. Die Leitung übernahm 1965 Regierungsdirektor Dr. Klaus Ritter, ehemals beim BND in der Auswertung tätig. Er war nach Har-

[603] Brief von Ludger Westrick an Heinrich Krone, ACDP, Nachlass Heinrich Krone, 01-028-60/2, Bonn, den 4. Juli 1964.
[604] Krone: Tagebücher, Zweiter Band, S. 309.
[605] Ebd.

vard, zu Kissingers so genannter Sommeruniversität[606], geschickt worden und hatte 1960 angeregt, Ähnliches müsse es auch in Deutschland geben.[607]

Naturgemäß bestand schon allein anhand der Themen eine Schnittmenge der SWP mit Interessensfeldern des Bundesnachrichtendienstes. In einem Brief vom April 1966 an den Familienminister der CDU, Bruno Heck, stellte Korne fest: „Zumal, wie bekannt ist, die erwähnte Stiftung in enger Zusammenarbeit mit den Arbeitsbereichen steht, für die der Bundesnachrichtendienst zuständig ist.“[608] Der Verein bemühte sich um eine Unterstützung durch die Bundesregierung. Das gelang und er bekam Mittel aus dem Etat des Auswärtigen Amtes, allein 1964 1,1 Millionen DM.[609]

Die offenen Fragen konnten in der Sitzung des Vertrauensmännergremiums wohl nicht erschöpfend besprochen werden. Die Abgeordneten wünschten sich Aufzeichnungen, um bei der nächsten Sitzung die Zusammenarbeit mit dem BND weiter erörtern zu können.[610] Die Fraktionen erhielten im August 1964 zwei ausführliche Analysen, einmal über die Hintergründe des Stiftungsgedankens und über deren organisatorischen Aufbau. Darin heißt es, dass die Arbeit der Stiftung auch vertrauliche Projekte der Bundesregierung umfassen solle.[611]

Im Oktober 1964 notierte sich Erler für die nächste Sitzung des Parlamentarischen Vertrauensmännergremiums, dass er das Thema „Was tut Nostitz bei der „Wehrkunde“? [612] ansprechen wolle. In dieser Sache wollte er sich mit Friedrich Schäfer, seinem Parteikollegen im Gremium, besprechen. Ergänzungen kamen von Ortloff. Dieser schrieb, dass Ewald von Kleist und der Graf Nostitz die Münchner Zeitschrift ‚Wehrkunde' herausgäben. Nostitz sei hauptamtlich beim BND tätig. „Wahrscheinlich darf man daraus schließen, dass der Münchner Verein de facto der Herausgeber ist.“[613][614] Dieses relativiert Ortloff später zu einer

[606] Eigentlich: Harvard International Seminar, dort kamen 10 Tage lang Studenten, Politiker, Unternehmer und Journalisten zusammen um über gesellschaftliche Probleme nachzudenken
[607] Interview mit Dr. Albrecht Zunker, ehemaliger stellvertretender Direktor der Stiftung Wissenschaft und Politik.
[608] ACDP, Nachlass Heinrich Krone, 01-028-000/1, 4. April 1966.
[609] „Gliederung von Wissenschaft und Politik“, AdsD, SPD-BT-Fraktion, 4. WP, Mappe: 872.
[610] Brief Dr. Bachmann an Fritz Erler, 7. August 1964, AdsD, SPD-BT-Fraktion, 4. WP, Mappe: 872. Die Zusammenarbeit wird von Heinrich Krone als eng beschrieben, ACDP, Nachlass Heinrich Krone, 01-028-060/1, 22. März 1966.
[611] Bundeskanzleramt: Aufzeichnung der Gründung „Wissenschaft und Politik“, 4. August 1964, AdsD, SPD-BT-Fraktion, 4. WP, Mappe: 872.
[612] Einladung Parlamentarisches Vertrauensmännergremium, 14. Oktober 1964, AdsD, SPD-BT-Fraktion, 4. WP, Mappe: 872.
[613] Brief von Siegfried Ortloff an Fritz Erler, 8. September 1964, AdsD, SPD-BT-Frakion, 4. WP, Mappe: 872.
[614] Die Zeitschrift ist das Organ der Gesellschaft für Wehrkunde, München, gegründet 1952.

‚Verbindung' zwischen dem BND und der ‚Wehrkunde'.[615] Außerdem korrigierte er, dass Ewald von Kleist der Bruder des BND-Mitarbeiters gleichen Namens sei.[616] Der BND-Mitarbeiter hieß Eberhard Graf von Nostitz.[617]
Ab November 1964 wurde das Vertrauensmännergremium – als Konsequenz aus dem Abhör-Untersuchungsausschuss - vergrößert, da ihm zusätzlich die Kontrolle des MAD und des Bundesamtes für Verfassungsschutz zufielen.[618] Die erste erweiterte Sitzung fand am 10. Dezember 1964 statt. [619]

An der nächsten Sitzung, am 20. Mai 1965, nahmen Barzel (CDU-Fraktionsvorsitzender), Strauß (Vorsitzender der CSU-Landesgruppe), Erler (SPD-Fraktionsvorsitzender) und Friedrich Schäfer (parlamentarischer Geschäftsführer der SPD), Knut Freiherr von Kühlmann-Stumm (Fraktionsvorsitzender der FDP) und Hans-Georg Emde (parlamentarischer Geschäftsführer der FDP) teil.[620] Demnach fehlte der parlamentarische Geschäftsführer der CDU, Will Rasner. Die Sitzung dauerte zwei Stunden.[621] Dies zeigt, dass die personelle Erweiterung des Gremiums nicht etwa durch Mitglieder des Innen- oder des Haushaltsausschusses erfolgte.

Es sei, so Krone in seinem Tagebuch, allein darum gegangen, ob der BND militärische Fragen der ‚Spiegel'-Redaktion beantwortet habe,[622] womit die 13 Fragen zum Artikel „Bedingt abwehrbereit" gemeint waren. Gehlen gab laut Krone die gleiche Antwort wie vor dem Guillaume-Untersuchungsausschuss, ein leitender Mitarbeiter habe dies damals getan. Damit war Weiß gemeint, wie schon im vorigen Kapitel dargestellt. Der habe, ohne ihn oder seinen Vertreter zu fragen, gehandelt. Krone hielt als Resultat der Sitzung fest: „Gehlen bezeichnete diesen Vorgang als ‚Panne', der BND sei nicht kompetent solche Auskünfte der Presse zu geben. Strauß ist an diesem Vorgang, wie es sich versteht, sehr interessiert; er hat dazu beigetragen, dass das Verfahren gegen Augstein und Ahlers nicht eröffnet wurde."[623]

---

[615] Brief von Siegfried Ortloff an Fritz Erler, 10. Oktober 1964, AdsD, SPD-BT-Frakion, 4. WP, Mappe: 872.
[616] Brief von Siegfried Ortloff an Fritz Erler, 9. September 1964, AdsD, SPD-BT-Fraktion, 4. WP, Mappe: 872.
[617] Critchfield: Partners at the creation, S. 146.
[618] Brief von Ludwig Erhard an Heinrich Krone, ACDP, Nachlass Heinrich Krone, 01-028-60/1, 30. November 1964.
[619] Über diese Sitzung haben sich keine Unterlagen erhalten. Der Sitzungstermin ist im Terminkalender von Fritz Erler, AdsD, Nachlass: Fritz Erler, Mappe: 228, eingetragen.
[620] Krone: Tagebücher, Zweiter Band, S. 374.
[621] Terminkalender von Fritz Erler, AdsD, Nachlass: Fritz Erler, Mappe: 228.
[622] Krone: Tagebücher, Zweiter Band, S. 374.
[623] Ebd.

Nach dieser Sitzung tagte das Gremium bis zur nächsten Bundestagswahl am 19. September 1965 nicht mehr. Der damalige Bundesjustizminister, Dr. Richard Jaeger, CSU, schrieb daher im Dezember 1965 an den Bundestagspräsidenten Dr. Gerstenmaier, das parlamentarische Gremium zur Kontrolle der drei Nachrichtendienste solle neu gebildet werden.[624] In einer der Sitzungen ging es um die Ablösung der alliierten Vorbehaltsrechte.[625]

Näheres ist nur noch zu einer Sitzung am 25. November 1966, fünf Tage vor dem Ende der Regierungszeit Erhards, überliefert. Dort ging es um die Vorwürfe des ‚Nepotismus' gegenüber Gehlen. Der BND-Präsident schrieb 1968 darüber an den SPD-Abgeordneten Martin Hirsch[626]: „Zu derartigen Behauptungen ist bereits ausführlich am 25. November 1966 dem parlamentarischen Vertrauensmännergremium vorgetragen und insbesondere dargestellt worden, dass die besonderen Sicherheitsbelange des Bundesnachrichtendienstes in Abweichung von der Praxis anderer Behörden die Einstellung von Bewerbern aus dem Verwandten- bzw. Bekannten- und Freundeskreis von bewährten Mitarbeitern mitunter sachdienlich erscheinen lassen."[627] Der Vorwurf der ‚Vetternwirtschaft' war wohl vor allem von dem SPD-Abgeordneten Karl Wienand, damals stellvertretender Vorsitzender des Verteidigungsausschusses, angebracht worden. Dazu ließ sich das Kanzleramt eine Übersicht vom BND aufstellen. Sie zeichnete folgendes Bild:

Klarname	**Gegenwärtiger Dienstrang/ Amtsbezeichnung**	**Verwandtschaftsverhältnis**	**Verwendung**	**Diensteintritt**
I. In den Anfangsjahren der Org. Gehlen beigetreten:				
v. Seydlitz	Brig. General	Schwager	Fernmeldeaufklärung	22.2.47
Dr. Dr. Gehlen	Ltd. Reg. Dir.	Bruder	Ausland	1.1.46
Dr. Dürrwanger	Oberst i.G.	Schwiegersohn, verh. erst seit 1950	Ausland	1.6.55
Dr. Schneemilch	Ltd. Reg- Medizinaldirektor	Stiefbruder (angeheiratet)	Ärztl. Dienst	1.5.46

[624] Brief von Richard Jaeger an den Bundestagspräsidenten, ACDP, Büro des Fraktionsvorstandes, VIII-001-0541, 12. Februar 1965.

[625] Brief von Heinrich Krone an Ludwig Erhard, ACDP, Nachlass Heinrich Krone, 01-028-60/1, 21. Januar 1966.

[626] Martin Hirsch (* 6.1.1913 † 12.4.1992) war damals stellvertretender Fraktionsvorsitzender und später Erlers Nachfolger im Vertrauensmännergremium

[627] Anlage zum Brief von Reinhard Gehlen an Martin Hirsch, 29. Februar 1968, AdsD, SPD-BT-Fraktion, 5. WP, Mappe: 999.

I. In den BND eingetreten				
Christoph G. u. seine Frau Gisela -Gehlen	VA Dipl. Physik VA	Sohn Schwiegertochter	Technik Dolmetsch.	1.3.65 1.3.64
Marie Therese Gehlen	VA	Tochter	Dolmetsch.	15.12.62
Frl. Christina Gehlen	VA	Nichte	Dolmetsch.	17.2.64
v. Vaernswyck	Hauptmann	Vetter	Gegenspionage	1.10.56
Jobst Kose	VA (Halbtagsb.)	Schwiegersohn	Psychologe	15.3.65[628]

Deutlich zeigt die Tabelle, dass gerade enge Verwandte Gehlens, vor allem seine Kinder, im BND Beschäftigung fanden. Dass dies allein den Sicherheitsinteressen geschuldet war, kann hier nicht überzeugen.

Insgesamt lässt sich für diesen Zeitabschnitt – von kurzen Pausen abgesehen – eine Verstetigung der Kontrolle feststellen. Das lag einmal an Krones Arbeit, zum anderen an dem Willen des Parlaments, die dreimaligen Treffen pro Jahr in die Tat umzusetzen. Den Unterlagen nach zu urteilen gelang dies nicht ganz, und doch fanden die Sitzungen regelmäßiger statt.

4.2.5 „Besondere Entwicklungshilfe": SPD fragt BND nach seiner Arbeit in Afrika

Der Interessenschwerpunkt der Sozialdemokraten bei ihren Informationsbesuchen in Pullach war in diesen Jahren das Thema ‚Afrika'. Allgemein nahm die Anzahl der Besuche ab. Dieses lag sicher mit daran, dass das Vertrauensmännergremium wieder regelmäßiger tagte. Außerdem erkrankte Erler 1965 schwer und musste seine parlamentarische Arbeit bis zu seinem Tod 1967 stark einschränken.

Im Januar 1964 notierte der Fraktionsvorsitzende, dass im Kongo eine Druckerei arbeite, die vom Entwicklungshilfe-Ministerium finanziert werde. Nachrichtendienstliches Personal sei zwar nicht vorhanden, es hätten sich aber „Anknüpfungspunkte" [629] ergeben. Dazu wollte sich Erler im Januar 1964 zunächst

[628] Vermerk zur Kritik des sozialdemokratischen Wehrexperten Wienand, 15. August 1966, BKA 136/4870, S.5.
[629] Notiz Fritz Erlers, 24. Januar 1964, AdsD, SPD-BT-Fraktion, 4. WP, Mappe: 871.

mit Ortloff besprechen.[630] Bei einem Treffen in München stellte Erler die Frage nach dem Vorgehen des BND in Afrika und notierte sich anschließend, dass es dort eine vom Presseamt übernommene Zeitung ‚Neues Afrika' gebe, die „in Ordnung" sei. Zum „*Kongo*" schrieb Erler: „Noch in zweifelhafter Position"[631]. Knapp vier Wochen später ergänzte er, dass er zur Kongo-Zeitschrift noch Nachricht erhalte.[632] Wie diese ausfiel, ist nicht bekannt.

Ortloff übergab im Januar 1965 Erler eine Notiz, dass der SPD-Abgeordnete Hellmut Kalbitzer ihn habe wissen lassen: „Der Gehlen-Dienst leistet in den Ländern Afghanistan, Ägypten, Sudan, Tansania und nicht zuletzt in Südafrika eine besondere Art von Entwicklungshilfe. Der Gehlen-Dienst hat in diese Länder Experten entsandt, die den dortigen Geheimdiensten neue Methoden des Abhörens beibringen. (...) Diese Aktivität ist besonders problematisch in Ägypten und Südafrika, wo sie terroristische Regierungen unterstützen. (...) Wenn diese Form der Aktivität in Schwarz-Afrika bekannt wird, sind die Folgen nicht absehbar."[633] In einem Brief äußerte sich Gehlen gegenüber Ritzel, dass Kalbitzer „offenbar in ganz anderem Sinne unterrichtet worden ist, als die Dinge wirklich liegen"[634]. Er persönlich stehe keinesfalls auf dem Standpunkt, dass man die Haltung der Republik Südafrika in bestimmten Fragen politisch bejahen sollte. Das müsse auch die Richtlinie für den Bundesnachrichtendienst darstellen. „Weder eine politische noch eine wirtschaftliche Unterstützung liegt ja im Rahmen der Aufgaben des Bundesnachrichtendienstes. Unsere Aufgaben konzentrieren sich auf die Aufklärung, was besonders im Fall Südafrika als künftigem Krisenherd von besonderer Bedeutung ist. [...] Vielleicht sollte ich dies gelegentlich Herrn Kalbitzer persönlich gegenüber einmal des Näheren erläutern."[635]

In einem anderen Schreiben kündigte der BND-Präsident auch Ritzel einen persönlichen Besuch zu diesem Thema an.[636] Seine persönliche Ansicht legte der SPD-Abgeordnete in einer Aufzeichnung dar: „Man schwankt in der Beurteilung der dortigen Situation hin und her. Ich neige an sich mehr dazu, der Auffassung und praktischen Haltung der südafrikanischen Regierung recht zu geben. Es ist aber unter den heutigen Umständen nicht möglich, offiziell eine Bejahung der

[630] Ebd.
[631] Notiz von Fritz Erler, 16. September 1964, AdsD, SPD-BT-Fraktion, 4. WP, Mappe. 871.
[632] Notiz von Fritz Erler, 9. Oktober 1964, AdsD, SPD-BT-Fraktion, 4. WP, Mappe. 871.
[633] Notiz von Siegfried Ortloff für Fritz Erler, 28. Januar 1965, AdsD, SPD-BT-Fraktion, 4. WP, Mappe: 872.
[634] Brief von Reinhard Gehlen an Heinrich Ritzel, 26. April 1965, AdsD, Nachlass: Heinrich Ritzel, Mappe: 760.
[635] Ebenda.
[636] Brief von Reinhard Gehlen an Heinrich Ritzel , 27. Januar 1965, AdsD, Nachlass: Heinrich Ritzel, Mappe: 260.

dortigen Situation durch die Parteien des Deutschen Bundestages zu erwirken.“[637]

4.2.6 *Moderate Kürzung: SPD-Abgeordneter Heinrich Ritzel engagiert sich für den BND-Etat*

Die Regierungszeit Erhards war für den BND eine Zeit der Haushaltsstagnation. Die gegenüber dem Vorjahr jeweils erhöhten Regierungsentwürfe wurden vom Haushaltsausschuss stets konsequent gekappt. Begründungen dafür finden sich nicht in den Protokollen, da diese nur das Ergebnis der Diskussion festhielten. Im Endeffekt hatte der Nachrichtendienst im Jahr 1966 2,5 Millionen DM mehr an Mitteln, ein moderater Zuwachs.

Der Vorgabe teilten nicht alle Abgeordnete. Ritzel regte in der Sitzung des Haushaltsausschusses im Februar 1964 an, den gleichen Zuschuss wie im Vorjahr zu geben.[638] In der folgenden Sitzung, genau einen Monat später, wurde beschlossen, den Titel von 63 056 300 DM auf 58 093 200 DM zu kürzen.[639]
Über den Unterausschuss sind weithin nur wenige Informationen zu erhalten. Ein Brief des Leiters der Unterabteilung 1 des Kanzleramtes, Bachmann, an Krone im März 1964 macht deutlich, dass bei den Sitzungen des Gremiums stets Vertreter des Finanzministeriums, des Bundesrechnungshofes und des Nachrichtendienstes sowie des Bundeskanzleramtes anwesend waren. Aufschlussreich ist in diesem Zusammenhang auch folgende Bemerkung: „An den früheren Sitzungen haben sich, abgesehen von dem Präsidenten des Bundesrechnungshofes, gewöhnlich nur Herren im Range eines Ministerialdirektors beteiligt.“[640]

Die Mitglieder waren:

4. Wahlperiode
SPD: Erwin Schoettle, später abgelöst von Heinrich Ritzel (Vorsitz)
CDU: Dr. Gehard Stoltenberg
FDP: Dr. Hans Georg Emde[641]

---

[637] Brief von Heinrich Ritzel an Reinhard Gehlen, 4. April 1965, AdsD, Nachlass: Heinrich Ritzel, Mappe: 260.
[638] 4. WP, Protokoll Nr. 113 des Haushaltsausschusses, PA-DBT, 13. Februar 1964.
[639] 4. WP, Protokoll Nr. 122 des Haushaltsausschusses, PA-DBT, 13. März 1964.
[640] Brief von Günter Bachmann an Heinrich Krone, ACDP, Nachlass Heinrich Krone, 01-028-60/2, Bonn, den 24. März 1964.
[641] Brief von Erwin Schoettle an Eugen Gerstenmaier, 5. Mai 1965, AdsD, Nachlass: Heinrich Ritzel, Mappe: 760.

5. Wahlperiode
SPD: Erwin Schoettle (Vorsitz)
CDU: Fritz Baier
FDP: Dr. Hans Georg Emde.[642]

Im folgenden Jahr schlug Ritzel als Berichterstatter selbst eine Kürzung des Regierungsentwurfs um 5 Millionen DM vor. Der Ausschuss schloss sich seiner Auffassung an und senkte den Haushaltsansatz für den BND von 68 093 200 DM auf 63 093 200 DM.[643] Das war immerhin eine Absenkung um fast genau den Betrag, der ein Jahr zuvor eingespart worden war. Es war aber wohl noch eine weiterführende Streichung im Gespräch. Der SPD-Abgeordnete schrieb dem BND-Präsidenten: „Es ist aber in der Sitzung des Haushaltsausschusses nach der Vorberatung, an der Sie teilgenommen haben, eine Anregung gegeben worden, die eine weitere Kürzung bis zu 3 Millionen DM anregte. Ich habe mich mit Erfolg dagegen zur Wehr gesetzt, aber noch ist nicht aller Tage Abend. Ich wollte Sie darüber loyaler Weise informieren."[644] Hier zeigt sich, dass sich Gehlens Bemühungen um ein gutes Verhältnis zu den Abgeordneten auszahlten. Gehlen antwortete: „Sehr dankbar bin ich Ihnen für den Schutz, den Sie unserem Haushalt gegen weitere Kürzungsabsichten gewährt haben. Ich glaube wirklich, dass wir mit den Abstrichen an die äußerste Grenze dessen gegangen sind, was man in Hinblick auf die nun einmal gegebene politische Lage verantworten kann."[645] Im Haushaltsentwurf von 1965 finden sich erneut 63 Millionen DM.[646] Es gab also keine weiteren Kürzungen.

Im Juli 1965 setzte Ritzel im Haushaltsausschuss sogar einmal eine Verbesserung der finanziellen Situation des BND durch. Die Sonderaufwandsentschädigung wurde erhöht.[647] Doch im nächsten Jahr wurde weiter gekürzt. Nach einer - laut Protokoll - kurzen Aussprache wurde der Etat dieses Mal von 68 093 300 DM auf 65 593 200 DM reduziert.[648]

[642] 5. WP, Protokoll Nr. 1 des Haushaltsausschusses, PA-DBT, 2. Dezember 1965.
[643] 4. WP, Protokoll Nr. 159 des Haushaltsausschusses, PA-DBT, 17. Dezember 1964.
[644] Brief von Heinrich Ritzel an Reinhard Gehlen, 22. Dezember 1964, AdsD, Nachlass: Heinrich Ritzel, Mappe: 272.
[645] Brief von Reinhard Gehlen an Heinrich Ritzel, 4. Januar 1965, AdsD, Nachlass: Heinrich Ritzel, Mappe: 279.
[646] 4. WP, Drucksache 2904, 15. Februar 1965.
[647] 4. WP, Protokoll Nr. 191 des Haushaltsausschusses, PA-DBT, 1. Juli 1965, S. 31.
[648] 5. WP, Protokoll Nr. 14 des Haushaltsausschusses, PA-DBT, 17. März 1966.

5 Komplizierte Reformen
Kanzler Kurt Georg Kiesinger
1. Dezember 1966-20. Oktober 1969

5.1 Entwicklung der exekutiven Kontrolle

5.1.1 Der Weg zu Reformen beginnt: Karl Carstens wird Chef des Kanzleramtes

Mit dem Regierungswechsel 1966 kam Dr. Werner Knieper an die Spitze des Kanzleramtes. Ihm zur Seite stand der Referent für die Sicherheitsbelange von Köster[649]. Knieper war zuvor als Ministerialdirektor im Bundesministerium der Verteidigung für Rüstungsangelegenheiten[650] zuständig gewesen. Sein Berufsweg hatte ihn nach dem Zweiten Weltkrieg schon 1951 in das Amt Blank geführt. Der neue Chef des Bundeskanzleramtes besaß somit einen weitaus größeren Bezug zum Thema ‚Nachrichtendienste' als sein Vorgänger.[651] Der Aufgabenbereich von Kösters Referat I/2 umfasste die Lageinformation, die Öffentliche Sicherheit des Bundesministeriums des Innern, den strafrechtlichen Staatsschutz und den Staatssekretärsausschuss für Sicherheit. Letzterer übernahm die Geschäfte des Kabinettsausschusses. Das Referat unterstand direkt dem Chef des Bundeskanzleramtes. Von Köster erwog 1968 sogar die Seite zu wechseln und Vizepräsident des BND zu werden. Der Posten wurde aber erst in der sozialliberalen Koalition neu besetzt.[652]

Zur Zeit der großen Koalition bestand für die Fach- und Dienstaufsicht des BND noch kein Ressort im Kanzleramt, das die Abteilungen des Auslandsnachrichtendienstes abbildete. Knieper erläuterte dies vor dem Guillaume-Untersuchungsausschuss: „Es gab natürlich in der damaligen Zeit bei der Regierung der Großen Koalition sehr viele andere Prioritäten, so dass vielleicht Überlegungen über die Zuordnungen von Nachrichtendiensten dann zunächst in den Hin-

---

649 Von Kösters Vorname war nicht zu ermitteln.
650 Hoffmann, Heinz: Die Bundesministerien 1949-199, Bezeichnungen, amtliche Abkürzungen, Zuständigkeiten, Aufbauorganisation, Leitungspersonen, Koblenz 2003, S. 545.
651 Knoll: Das Bundeskanzleramt, S. 151.
652 Vermerk von Selbach für Carstens, BAK, NL 1337/667, 12. November 1968.

tergrund traten."[653] An der Situation während der Regierungszeit Erhards, nämlich einer sehr schwachen exekutiven Kontrolle des BND, änderte sich erst einmal nichts. Allgemein befand sich das Kanzleramt in einer schwierigen Situation. Der Kiesinger-Biograph, Philipp Gassert, sieht dies nicht zuletzt in der Person Kniepers begründet: „Die gut geölte Schaltzentrale Adenauers hatte unter Erhard und Westrick ihre Orientierung völlig verloren, welche aufgrund eines Fehlgriffs bei der Wahl seines Staatssekretärs eskalierte".[654] Er sei zwar ein emsiger, moderner Beamter gewesen, der sich einen Namen als Verwaltungsreformer gemacht hatte, doch für seine Position eine „Fehlbesetzung."[655] Das Verhältnis zwischen Kiesinger und Knieper war nach kurzer Zeit von Spannungen gekennzeichnet. Das beeinträchtigte die Leistungsfähigkeit des Kanzleramtes. Vor dem Guillaume-Untersuchungsausschuss zeigte Knieper, dass er mangelnde organisatorische Regelungen schlicht mit „Vertrauen" ausgleichen wollte. Er habe, gab er zu Protokoll, nicht feststellen können, dass sein eigenes Vertrauen in den BND-Präsidenten nicht von diesem erwidert worden sei.[656] Die Mercker-Kommission, die bald nach der Amtszeit des Kanzleramtchefs eingesetzt wurde, zeigte, dass eine aufmerksame Kontrolle angemessener gewesen wäre.

Für den BND scheint sich Kiesinger im Allgemeinen wenig interessiert zu haben. Am 2. Juni 1969 schrieb der neue BND-Präsident Wessel einen bittenden Brief an Carstens: „Für den Bundesnachrichtendienst wäre es eine Anerkennung der oft doch sehr entsagungsvollen und zu Unrecht angegriffenen Tätigkeit der Mitarbeiter, wenn der Herr Bundeskanzler die Zentrale einmal – wenn auch nur für ½ bis 1 Stunde – besuchen würde."[657] Er hielte dies nicht zuletzt auch deshalb für wünschenswert, weil die Ministerpräsidenten Alfons Goppel (Bayern, CSU) und Heinz Kühn (Nordrhein-Westfalen, SPD) bereits zu einem Besuch in Pullach gewesen seien. Ob der Besuch Kiesingers im letzten halben Jahr seiner Amtszeit noch erfolgte, ist nicht überliefert.

Regelmäßiger war jedoch der Austausch zwischen BND und Kanzleramt. Gehlen, teils begleitet von Vizepräsidenten Horst Wendland, erstattete dem Kanzleramtschef ca. einmal im Monat Bericht. Zudem gab es Reisen Kniepers nach Pullach, auf der Arbeitsebene von Kösters sogar einmal in der Woche. Vor oder nach Sitzungen in den Räumen des Kanzleramtes trafen die BND-Vertreter auch mit der Spitze der Regierungszentrale zusammen. Lagebesprechungen

---

[653] Protokoll der 14. Sitzung des 2. UA der 7. WP, Aussage des Sachverständigen Dr. Knieper, PA-DBT, 13. September 1974, S. 67.

[654] Gassert, Philipp: Kurt Georg Kiesinger, 1904-1988, Kanzler zwischen den Zeiten, München 2006, S. 529.

[655] Ebd., S. 530.

[656] Protokoll der 14. Sitzung des 2. UA der 7. WP, Aussage des Sachverständigen Dr. Knieper, PA-DBT, 13. September 1974, S. 78.

[657] Brief von Gerhard Wessel an Karl Carstens, BAK, B 136/4871, 2. Juni 1969, Blatt: 4871.

fanden regelmäßig statt.[658] Knieper erinnerte sich: „Es war, glaube ich, schon damals vorgesehen, dass beim Herrn Bundeskanzler Kiesinger einmal in der Woche morgens um 9 Uhr eine Lagebesprechung stattfinden sollte. Die hat auch sehr häufig stattgefunden. Da war ich auch dabei. Aber ich könnte mich jetzt nicht darauf festlegen, dass sie regelmäßig jede Woche stattgefunden hat."[659] Der tägliche Austausch beruhte auf fünf bis zehn Fernschreiben des BND. „Es war eine meiner Aufgaben – oder ich habe es so empfunden -, daraus ein Exzerpt zu ziehen" [660], stellte der Chef des Kanzleramtes dar. Koordinierungsprobleme seien ihm in seiner Amtszeit weder im Staatssekretärsausschuss der Nachrichtendienste noch im Bundesverteidigungsrat erinnerlich.

1967 war das Bundesministerium für die Angelegenheiten des Bundesverteidigungsrates wieder in das Kanzleramt eingegliedert worden. Damit ging die Zeit des ‚Büro Krone' zu Ende. Mit der Aufgabe wurde Reinhold Mercker per Erlass des Bundeskanzlers vom 6. Januar 1967 betraut.[661] Er machte in einem schriftlichen Vorschlag deutlich, dass gerade die Fallex-Übung 1966 gezeigt habe, dass die bisherige Organisation eine „wirksame militärische Verteidigung unmöglich"[662] machen würde. Es gelang jedoch nicht, während der Großen Koalition einen Krisenstab einzurichten.

Auch andere „Projekte" ruhten: Als Knieper seine Amtsgeschäfte am 1. Januar 1968 an Dr. Karl Carstens übergab, wies er seinen Nachfolger darauf hin, dass es ihm nicht gelungen sei, ein Ende der Amtszeit Gehlens einzuleiten. Die Sache sei seit längerem geplant, doch habe es in der Koalition wiederholt Schwierigkeiten gegeben. Die SPD habe sich bisher geweigert, der Ernennung Gerhard Wessels zuzustimmen. Carstens erinnerte sich vor dem Guillaume-Untersuchungsausschuss, dass Knieper ihn gebeten habe, „diese Sache so schnell wie möglich durchzuziehen."[663]

Carstens hatte außerdem die Absicht, beim BND, wie er sich ausdrückte, „ein gewisses Maß an Transparenz"[664] zu wagen. Von Anfang an sei ihm be-

[658] Protokoll der 14. Sitzung des 2. UA der 7. WP, Aussage des Sachverständigen Dr. Knieper, PA-DBT, 13. September 1974, S. 69.
[659] Ebd., S. 70.
[660] Ebd., S. 78.
[661] Diese Eingliederung ist auch der Grund, weshalb sich die Unterlagen zum Bundesministerium für die Angelegenheiten des Bundesverteidigungsrates im Kanzleramt befinden. Eine Abgabe an das Bundesarchiv steht bisher nicht in Aussicht.
[662] Ausarbeitung von Dr. Mercker: Betr. Auflösung des Bundesministeriums für die Angelegenheiten des Bundesverteidigungsrates, BAK, NL 1397/54, 14. Juni 1967, Blatt 63.
[663] Protokoll der 19. Sitzung des 2. UA der 7. WP, Aussage des Zeugen Karl Carstens, PA-DBT, 10. Oktober 1974, S. 38.
[664] Ebd., S. 40.

wusst gewesen, dass die Arbeitsmethoden des BND gründlich überprüft werden mussten. Parallel dazu wurde auch das Kanzleramt neu organisiert.[665]

Schon seit der ‚Spiegel-Affäre' hatte sich das Klima im BND verändert. Johann Adolf Graf von Kielmansegg, damals Vertreter des NATO-Kommando Europa Mitte, beschrieb dies so: „Denn zu diesem Zeitpunkt [1963, Anmerkung der Autorin] von dem hier die Rede ist, auch schon vor der ‚Spiegel-Affäre', war – so möchte ich mich ausdrücken – Gehlen nicht mehr Gehlen. Das heißt, er war in seinem Amt weitgehend isoliert, um ihn herum war Luft, und in Wirklichkeit wurden die Geschäfte von zwei anderen – ich nenne die Namen nicht – mehr oder weniger bestimmt, so dass Gehlen manches vielleicht gar nicht wusste."[666]

Die Diskussion um die tatsächliche Nachfolge Gehlens begann Anfang August 1967, nachdem bekannt geworden war, dass dieser zum 1. April 1968 ausscheiden würde. Bereits zu diesem Zeitpunkt wurde Wessel als Nachfolger hoch gehandelt. Wienand schrieb an Martin Hirsch: „Hier und da ist durchgesickert, dass der jetzige Generalleutnant Wessel (Washington) als Nachfolger vorgesehen ist. Weiter habe ich erfahren, dass Wessel u. U. bereits im Herbst zurückkommen soll, um sich einzuarbeiten. Damit wäre die Frage des Nachfolgers entscheidend präjudiziert."[667] Wienand äußerte sich wenig angetan. Er sei in zwei Punkten entschieden gegen eine solche Lösung:

> „1.) Wir sollten bemüht sein, bei der Bedeutung dieses Dienstes es nicht zur Gewohnheit werden zu lassen, dass nur ein General Präsident werden kann.
> 2.) Auch wenn Wessel Zivilist wäre, hätte ich Bedenken gegen ihn, die in seiner Person begründet liegen. Wessel ist eng mit Strauß befreundet und – wenn nicht Mitglied der CSU – mit der CSU doch eindeutig sympathisierend. Hinzu kommt, dass Wessel auf der Linie Gehlen liegt."[668]

Falls sich die SPD mit ihrem Vorschlag zur Nachfolge des Präsidenten des BND nicht durchsetzen könne, müsse zumindest der Stellvertreter der Partei nahe stehen.[669] Auch Außenminister Willy Brandt versuchte zu intervenieren: „Hierzu wird von meinen politischen Freunden der Vorbehalt geltend gemacht, dass diese Aufgabe nicht zwangsläufig von einem Militär ausgefüllt werden müsse. Es würde deshalb hilfreich sein, wenn zunächst auch noch über andere Kandidaten

---

665 Ausarbeitung des Chef des Bundeskanzleramtes: Organisation, Personalstruktur und Unterbringung des Kanzleramtes, BAK, NL 1397/200, 8. März 1970, Blatt 182f.
666 Schwarz: Konrad Adenauers Regierungsstil, S. 76.
667 Karl Wienand an Martin Hirsch, 2. August 1967, AdsD, SPD-BT-Fraktion, 5. WP, Mappe: 999.
668 Ebd.
669 Ebd.

nachgedacht werden würde."[670] Die Sozialdemokraten hatten bereits seit einiger Zeit eigene Gedanken entwickelt. So schlug Hirsch, Nachfolger Erlers im Vertrauensmännergremium, Brandt am 5. September 1967 Graf Kielmannsegg vor.[671] Er erfülle in jeder Hinsicht die Voraussetzungen. Gegen Wessel wandte Hirsch ein, dass er als einer der wenigen innerhalb des Militärs für höhere Kommandoaufgaben im Rahmen der NATO geeignet sei. Die Idee, schreibt Hirsch in einem anderen Brief, sei bei einem Gespräch über die Fragen der Verteidigungspolitik aufgetaucht.[672] Kielmannsegg sagte den Sozialdemokraten seine Bereitschaft für eine Kandidatur zu.[673]

Wessel blieb jedoch in der Diskussion. Dies lag sicher vor allem auch daran, dass Gehlen selbst zwei Vorschläge machte. Der erste war Wessel, der zweite Wendland.[674]

Im Kanzleramt arbeitete von Koester dem Bundeskanzler in beratender Form zu. In einer Vorlage für den Bundeskanzler schrieb er über die Struktur des BND. Alle leitenden Fachleute des BND seien ihrer Ausbildung nach Soldaten. Dies gelte auch für die – aus Planstellengründen – nach 1956 in das Beamtenverhältnis übernommenen BND-Mitarbeiter. „Echte zivile Fachleute werden erst seit wenigen Jahren herangebildet."[675]

Auf Platz eins favorisierte von Koester Wessel, auf zwei Wendland. Ohne nachrichtendienstliche Kenntnisse sei der Abrüstungsbeauftragte der Bundesregierung Swidbert Schnippenkötter, der trotz CDU-Nähe von der SPD wohl mitgetragen werden würde, um Anspruch auf den Vizepräsidenten erheben zu können, mutmaßte von Koester. Für den Vizeposten sah er zwei potentielle SPD-Kandidaten. Redding, damals Leiter des Landesamtes für Verfassungsschutz in Hamburg, sei einer von beiden und werde, so von Koester, von Schmidt unterstützt. Der andere, Ortloff, sei Angestellter der Deutschen Welle. Der werde, schreibt von Koester, von Wehner unterstützt und sei von 1961 bis 1965 Außenmitarbeiter des BND gewesen. Von Koester warnte Kurt-Georg Kiesinger: „Mit der Verwirklichung dieser SPD-Wünsche würde der Bundeskanzler seinen

[670] Brief von Willy Brandt an Hans Georg Kiesinger vom 22. August 1967, AdsD, SPD-BT-Fraktion, 5. WP, Mappe: 999.

[671] Brief von Martin Hirsch an Willy Brandt, 5. September 1967, AdsD, SPD-BT-Fraktion, 5. WP, Mappe: 999.

[672] Brief von Martin Hirsch an Gerhard Jahn, 3. November 1967, AdsD, SPD-BT-Fraktion, 5. WP, Mappe: 999.

[673] Brief von Martin Hirsch an Willy Brandt, 5. September 1967, AdsD, SPD-BT-Fraktion, 5. WP, Mappe: 999.

[674] Geheimes Protokoll der 25. Sitzung des 2. UA der 7. WP, Aussage des Zeugen Gehlen, PA-DBT, 19. November 1974, S. 111.

[675] Referat I/2, von Koester, Vorlage für den Bundeskanzler, ACDP, Nachlass Hans Globke, 01-070-123/2, 6. September 1967.

beherrschenden Einfluss auf den BND trotz dessen rechtlicher Unterstellung unter das Bundeskanzleramt verlieren."[676] Von Koester schlug daher als Präsidenten Wessel und Wendland als dessen Stellvertreter vor.

Im Oktober verfasste von Koester eine weitere Vorlage. Sie sollte der Vorbereitung einer Besprechung des Bundeskanzlers mit Willy Brandt dienen. Kiesinger könne der SPD in der Form entgegenkommen, dass Wessel weiterhin Soldat bleibe und so mit 60 Jahren in Pension gehen könne. Auf diese Weise könne danach eine zivile Besetzung schneller ermöglicht werden. Die Stelle des Vizepräsidenten solle vakant bleiben. Die Aufgaben fielen Wendland zu, der bereits eine höher dotierte Stelle als die des Vizepräsidenten innehatte. Als neuer SPD-Kandidat werde - neben den eben genannten – noch Fried Wesemann gehandelt, der Direktor für Informationspolitik beim SPD-Vorstand sei.[677] Von Koester äußerte Verständnis gegenüber dem Wunsch, einen Zivilisten zum BND-Präsident zu ernennen, da auf diesem Wege an der Spitze des Dienstes auch Erfahrung in der Bundesverwaltung sehr wichtig sei und die Zusammenarbeit mit den Ressorts dadurch erleichtert würde.[678]

Die endgültige Entscheidung teilte Kiesinger Brandt am 15. November mit. Er habe mit Wessel ein langes Gespräch geführt und sei zu der Auffassung gelangt, dass seine Persönlichkeit, seine Fachkenntnisse und seine internationalen Erfahrungen ihn für das Amt prädestinierten. „Ihren Erwägungen, dass diese Aufgabe nicht zwangsläufig von einem Militär ausgefüllt werden sollte, stimme ich grundsätzlich zu. Ich glaube aber, dass es in erster Linie auf die nachrichtendienstliche Qualifikation ankommt,"[679] schloss Kiesinger. Er beabsichtige, in der nächsten Kabinettssitzung zu einer Entscheidung zu kommen.

Gehlen betrachtete die Nachfolgediskussion mit Sorge. Er wandte sich in einem Brief an den Bundeskanzler. In der letzten Zeit, schrieb er dort, habe er den Eindruck gewonnen, dass die Spitzenbesetzung des Dienstes zunehmend in die innenpolitische Erörterung hineingerate. Durch eine Fehlbesetzung – sowohl des Präsidenten als auch des Vizepräsidentenamtes – könne die gesamte Aufbauarbeit zunichte gemacht werden. Entscheidend sei, dass der Regierungschef den leitenden Persönlichkeiten vertrauen könne und fachliche Kriterien entscheiden würden. Der Vizepräsident müsse vom künftigen Präsidenten vorgeschlagen

[676] Ebd.
[677] Ebd.
[678] Ebd.
[679] Brief von Kurt Georg Kiesinger an Willy Brandt, ACDP, Nachlass Hans Globke, 01-070-123/2, 15. November 1967.

werden. „Wenn diese beiden Herren nicht zusammenpassen, beginnen die Reibungen bereits an der Spitze.“[680]

Der Brief erreichte den Bundeskanzler einen Tag, bevor die Abstimmung im Kabinett erfolgen sollte. Die Vorlage für die Sitzung enthält wiederum eine Stellungnahme von Koesters. Dort heißt es „wie aus zuverlässiger Quelle (Quellenschutz ist unbedingt erforderlich) bekannt geworden ist, soll der SPD-Vorstand beschlossen haben, gegen General Wessel keine Einwendungen zu erheben; die SPD soll anstreben, dass dann der derzeitige Vizepräsident des Bundesamtes für Verfassungsschutz, Dr. Nollau, Vizepräsident des BND wird.“[681] Es schließt sich eine lange Liste von Gründen an, warum dem nicht entsprochen werden dürfe. Günther Nollau sei erst 1950 in die Bundesrepublik gekommen, seine Mutter lebe in der DDR. Nach den Sicherheitsbestimmungen des BND dürfe er daher regulär nicht eingestellt werden. Außerdem fehle ihm die Fachkompetenz. Ein Artikel Nollaus im Nachrichtenmagazin ‚Stern' unter dem Titel „Die Russen kommen nicht“ habe klar gezeigt, dass er die Gefahr aus dem Osten verneine. Als Konsequenz habe er für Einschnitte im Verteidigungshaushalt plädiert. Dies würde zu Problemen zwischen BND und Verteidigungsministerium in der Zukunft führen. Nollau sei zudem oft ein sehr scharfer Kritiker des BND. Dieses würde sich auf die Arbeitsmoral der Mitarbeiter schädlich auswirken, so von Koester. Nur für die „Meinungsbildung des Herrn Bundeskanzler“ schrieb er, Nollau sei an die SPD gebunden und es komme ihm durch seine Kontakte zum Verfassungsschutz eine nachrichtendienstliche Schlüsselposition zu.[682] Ähnliche Argumente gegen Nollau werden auch 1968 aufgeführt, als die SPD abermals versuchte ihn durchzusetzen, dieses Mal als Vizepräsidenten.[683]

Die Abstimmung im Kabinett misslang, da die Koalition sich nicht einigen konnte. Als Carstens das Kanzleramt übernahm, löste er das Versprechen gegenüber seinem Vorgänger ein, die Nachfolgediskussion zu beenden: „Ich habe das getan nach meiner Erinnerung in der ersten Kabinettssitzung an der ich überhaupt als Chef des Bundeskanzleramtes und als Staatssekretär der Bundesregie-

[680] Brief von Reinhard Gehlen an Kurt Georg Kiesinger, ACDP, Nachlass Hans Globke, 01-070-123/2, 4. Dezember 1967. Am gleichen Tag schrieb Gehlen auch an Hans Globke, wo er einen ähnlichen Tenor wählte: „Es hätte eigentlich nicht schlimmer kommen können, wie es bis jetzt gekommen ist.“

[681] Referat I/2, von Koester, Vorlage für den Bundeskanzler, ACDP, Nachlass Hans Globke, 01-070-132/2, 4. Dezember 1967.

[682] Ebd.

[683] siehe z.B.: Vermerk von Karl Carstens, BAK, NL 1337/667, 2. Februar 1968.

rung teilgenommen habe. Ich hielt mich an die Empfehlung meines Vorgängers."[684] Wessel trat sein Amt beim BND am 1. Mai 1968 an.

Um die Vizepräsidentenstelle wurde zwischen den Koalitionspartnern ebenfalls gerungen – ohne Entscheidung. Nachdem deutlich wurde, dass Nollau nicht durchzusetzen war, schlug der Fraktionsvorsitzende der SPD, Helmut Schmidt, den Leitenden Regierungsdirektor Herbert Rieck vor.[685] Der wurde zwar angestellt, aber nicht als Vizepräsident, sondern 1970 als Leiter der Verwaltung.

Der Streit ging zu Lasten des Dienstes. Wessel schrieb zur gleichen Zeit an Carstens, nachdem er eine Besprechung mit dem Präsidenten des Bundesrechnungshofes über die Berichte 1966/67 geführt habe, sei ihm deutlich geworden, „dass ich ohne einen in den Gebieten der Verwaltung, Personalabteilung, Haushaltsfragen usw. erfahrenen Vizepräsidenten die volle Verantwortung für diesen Bereich des Dienstes nicht mehr uneingeschränkt übernehmen kann."[686] Er fühle sich durch die Doppelbelastung überfordert. Sein Klagen hatte keinen Erfolg.

Carstens fand jedoch noch ein weiteres unerledigtes Problem vor: eine Vertrauenskrise im Bundesnachrichtendienst. „Kaum hatte ich mein Amt im Bundeskanzleramt angetreten, berichteten mir die zuständigen Mitarbeiter von großen Problemen, die im BND entstanden waren"[687], schreibt der Chef des Kanzleramtes in seinen Erinnerungen. Aber nicht nur von dort wurde er auf die Probleme aufmerksam gemacht. Zwei BND-Mitarbeiter, der Oberregierungsrat Hans Maetschke und die Oberregierungsrätin Beyer hatten sich bereits an Abgeordnete, darunter Martin Hirsch[688] (SPD), gewandt und behauptet, es existierten erhebliche Missstände. Jene entstünden durch Doppelagenten an der Spitze des Dienstes. Maetschke verdächtigte den Regierungsrat Dr. Henke, Frau Beyer vermutete gar eine ‚Rote Kapelle' im BND, zu der sie Wendland und die Unterabteilungsleiter ‚Verwaltung' und ‚Personal' rechnete.[689]

Der Chef des Bundeskanzleramtes entschloss sich, dem Kanzler eine unabhängige Kommission vorzuschlagen. Nach seiner Darstellung geschah dies auch, um Wessel nicht mit diesen Vorgängen der Vergangenheit zu belasten. Die Kommission bestand aus dem ehemaligen Staatssekretär des Kanzleramtes, Mercker, dem Ministerialdirektor des Auswärtigen Amtes a.D. Dr. Raab, und Generalleutnant a.D. Zerbel, ehemals im Verteidigungsministerium. Damit waren

684 Protokoll der 19. Sitzung des 2. UA der 7. WP, Aussage des Zeugen Karl Carstens, PA-DBT, 10. Oktober 1974, S. 38.
685 Brief von Helmut Schmidt an Kurt Georg Kiesinger, BAK, NL 1337/667, 18. März 1969.
686 Brief von Gerhard Wessel an Karl Carstens, BAK, NL 1337/667, 31. März 1969.
687 Carstens, Karl: Erinnerungen und Erfahrungen, Hrsg.: von Jena, Kai und Schmoeckel, Reinhard, Boppard am Rhein 1993, S. 359.
688 Protokoll der 19. Sitzung des 2. UA der 7. WP, Aussage des Zeugen Karl Carstens, PA-DBT, 10. Oktober 1974, S. 45.
689 Brief von Reinhold Mercker an Karl Carstens, BAK, NL 1337/680, 24. Juni 1969.

Vertreter der drei Dienststellen benannt worden, die mit dem BND eng zusammenarbeiteten.[690]

Der erste Teil des Mercker-Berichts vom 24. Juli 1969 behandelt diese Beschwerden, der zweite die Missstände innerhalb des BND. Ursprünglich sollte die Kommission nur die Eingaben bearbeiten. Es stellte sich aber heraus, dass die strukturellen Mängel des BND die Ursache für die Probleme waren.[691] Diese waren so heikel, dass der Bericht bis heute nicht im Ganzen zugänglich ist. Das ist umso bedauerlicher, weil Carstens ihn als eine „Lektüre, die zu dem Spannendsten gehört, was ich in meinem Leben gelesen habe“ [692] bezeichnete. Selbst der zweite Teil, der als Bundestagsdrucksache gemeinsam mit dem Bericht der ‚Kommission Vorbeugender Geheimschutz' im Zusammenhang mit der Guillaume-Affäre veröffentlicht wurde, enthält nicht den gesamten Text des Mercker-Berichtes.

Die beiden Verdachtsfälle wurden im Dienst fahrlässig behandelt. Maetschkes Eingaben legte Gehlen Dr. Henke vor. Dadurch habe dieser die Chance erhalten, so die Kommission, alle Spuren zu vernichten. Gehlen war der Meinung, nicht Henke werde „feindgesteuert“ [693], sondern die Vorwürfe gegen ihn. Maetschke und Beyer wurden vermutlich zudem noch unter Druck gesetzt.[694] Im Ergebnis war der Vorwurf der ‚Roten Kapelle' im BND von den Experten nicht nachzuweisen. In einer Aufzeichnung von Carstens ist jedoch festgehalten, dass Mercker einen Verrat nicht ausschließe und er deshalb Wessel zu „Sondermaßnahmen“ [695] auffordern werde.

Der zweite Teil des Berichtes über die Missstände wurde später veröffentlicht: Unter Punkt eins stellte die Kommission fest, dass die Effizienz der Ostaufklärung stark abgenommen habe. Der Beurteilung von einigen Offizieren aus dem Bundesverteidigungsministerium, sie sei „katastrophal“ [696], wollte man sich jedoch nicht anschließen. Mercker schrieb an Carstens: „Andererseits ist es aber klar, dass durch viele widrigen Umstände – wachsende Abwehr von Seiten des Gegners, Mauerbau usw. – der ursprüngliche Leistungsstand des BND nicht gehalten werden konnte.“[697] Das läge daran, dass der Dienst zu schwerfällig und zu sehr auf Sicherheit bedacht sei. Damit in Zusammenhang stehe der Vorwurf,

---

[690] Siehe auch: Brief an den Präsidenten des Deutschen Bundestages, 3. Dezember 1974, AdsD, Nachlass: Helmut Schmidt, Mappe: 1/HSAA007461.

[691] Vgl. auch: Protokoll der 23. Sitzung des 2. UA der 7. WP, Aussage des Sachverständigen Mercker, PA-DBT, 7. November 1974, S. 100.

[692] Carstens: Erinnerungen und Erfahrungen, S. 360.

[693] Brief von Reinhold Mercker an Karl Carstens, BAK, NL 1337/680, 24. Juni 1969.

[694] 7. WP, Drucksache 3083, November 1974, S. 43.

[695] „Herrn Staatsekretär“, Mercker, BAK, NL 1337/680, 24. Juni 1969.

[696] Brief von Reinhold Mercker an Karl Carstens, BAK, NL 1337/680, 24. Juni 1969.

[697] Ebd.

der Dienst manipuliere seine Meldungen, um den Leistungsabfall zu kaschieren. Das zu beweisen gelang der Kommission nicht.[698] Carstens notierte in einem Vermerk, schon seit 1955 habe der BND durch phantasierte und manipulierte Meldungen seine mangelnde Kompetenz verschleiert.[699]

Mercker, Raab und Zerbel schlugen vor, die Regeln für Operationen neu zu fassen und zu überprüfen. Bestünden bei einer Operation außen- oder innenpolitische Bedenken, solle der Staatssekretär im Bundeskanzleramt entscheiden.[700] Diese neue Arbeitsauffassung müsse bis in die Außenstellen kommuniziert werden. Die Experten rieten zudem den Dienst nach Bonn zu verlegen. Die Entfernung nach Pullach führe zu Kommunikationsschwierigkeiten.[701]

Kern des Untersuchungsergebnisses war, dass die schwierige emotionale Lage im BND letztlich der Auslöser für die Beschwerden war. Mercker bezeichnete die Situation mit den Vokabeln „Resignation“, „Unzufriedenheit“ und als „Vertrauenskrise.“[702] Dies sei vor allem auf den Verratsfall Felfe zurückzuführen, aber auch auf die ‚Spiegel-Affäre' und ihre Konsequenzen. Seit dieser Zeit sei Gehlen von tiefem Misstrauen gegenüber jedermann erfüllt gewesen. Seine tatkräftige und entschlossene Führung, die ihn früher in besonderem Maße auszeichnete, habe mehr und mehr nachgelassen[703], schrieb Mercker an den Chef des Bundeskanzleramtes. Carstens notierte hingegen, die Vertrauenskrise sei bereits lange vor dem Verratsfall vorhanden gewesen.[704] Die Krise, so Mercker, herrsche speziell in der Gegenspionageabteilung, die 1968/69 noch immer nicht neu aufgebaut worden war.[705] „Alle anderen Zweige waren mehr oder weniger gut; verbesserungswürdig alles“[706], analysierte der ehemalige Staatssekretär.

Die Kommission enthüllte auch, dass die Leitungsebene des Dienstes dringend personell verändert werden musste. Dem engeren Kreis um Gehlen sei eine große Machtfülle zugewachsen, die jener nicht mehr genügend kontrolliert und korrigiert habe. Die Kommission empfahl, neben dem Präsidenten noch weitere Leitungspersonen auszutauschen.[707] Aber auch die untere Personalebene behandelte der Bericht. Ein großes Problem stellten Mitarbeiter dar, die nicht mehr

---

698 7. WP, Drucksache 3083, November 1974, S. 40.
699 „Herrn Staatsekretär“, Mercker, BAK, NL 1337/680, 24. Juni 1969.
700 7. WP, Drucksache 3083, November 1974, S. 39.
701 Ebd., S. 39f.
702 Protokoll der 23. Sitzung des 2. UA der 7. WP, Aussage des Sachverständigen Mercker, PA-DBT, 7. November 1974, S. 101.
703 Brief von Reinhold Mercker an Karl Carstens, BAK, NL 1337/680, 24. Juni 1969.
704 „Herrn Staatsekretär“, Mercker, BAK, NL 1337/680, 24. Juni 1969.
705 Brief von Reinhold Mercker an Karl Carstens, BAK, NL 1337/680, 24. Juni 1969.
706 Protokoll der 23. Sitzung des 2. UA der 7. WP, Aussage des Sachverständigen Mercker, PA-DBT, 7. November 1974, S. 113.
707 7. WP, Drucksache 3083, November 1974, S. 43.

einsetzbar - sprich ‚verbrannt' - waren. Kündigungen würden mit Hinweis auf Sicherheitsgründe nur vage begründet, Mitarbeiter mit Vergünstigungen unter Druck gesetzt, die entweder gewährt oder wieder rückgängig gemacht würden.[708] Die Experten zeigten auf, wie nötig eine bessere Personalvertretung war, um die sich die Sozialdemokraten lange Zeit bemüht hatten. Das Vertrauensleutesystem stellte sich in der Tat als keine erfolgreiche Konstruktion dar. Die Kommissionsmitglieder sprachen auch den alten Vorschlag an, einen ‚Eingabebeauftragten' einzusetzen.[709] Außerdem sei die Unterabteilung ‚Personal' quantitativ und qualitativ zu verbessern.[710]

Der härteste Vorwurf war der der Korruption. Ein ehemaliger BND-Mitarbeiter hatte erklärt, dass Unterschlagungen in der Regel nicht angezeigt würden. Der Bericht enthüllt Unglaubliches: „Hierzu hat die Kommission festgestellt, dass im Bundesnachrichtendienst Unterschlagungen größeren Ausmaße vorgekommen sind, von denen allerdings ein großer Teil noch in die Zeit der Organisation Gehlen zurückreicht."[711] Der Korruptionsvorwurf erstreckte sich auch auf die so genannten ‚Sonderverbindungen' des Dienstes.[712] „Es handelt sich dabei zunächst um eine Reihe pensionierter Beamter und Offiziere, denen der Dienst laufend Vergütungen in zum Teil nicht unbeträchtlicher Höhe zahlte"[713], so die Experten. Zwischen dem nachrichtendienstlichen Wert der Information und der Vergütung bestehe ein Missverhältnis.

Um den Abgeordneten des Guillaume-Untersuchungsausschusses einen Begriff von der Art dieser Verbindungen zu geben, nannte Gehlen diese Beispiele: „[Ein] Nationalchinesischer Generalkonsul im Ausland, der uns eine Unmasse von China-Verbindungen gebracht hat; [...]; ein führendes Mitglied eines ausländischen Gewerkschaftsbundes; mehrere führende arabische und israelische Politiker; eine Anzahl führender europäischer Persönlichkeiten usw.."[714] Die zugehörigen Personalakten wurden bei Gehlen selbst verwahrt; die Berichte waren nicht klassifiziert und wanderten ohne Quellenangabe in den normalen Geschäftsgang. Es existierten somit auch keine Vernichtungsverhandlungen.[715]

Die Abrechnungen wurden vom Präsidenten des Bundesrechnungshofes persönlich geprüft und nach der Entlastung vernichtet. Damit war es der Kommission kaum möglich, alle Sonderverbindungen nachträglich zu prüfen. Geführt

---

[708] Ebd., S. 42.
[709] Ebd.
[710] Ebd., S. 41.
[711] Ebd., S. 42.
[712] Brief von Reinhold Mercker an Karl Carstens, BAK, NL 1337/680, 24. Juni 1969.
[713] 7. WP, Drucksache 3083, November 1974, S. 40.
[714] Geheimes Protokoll der 25. Sitzung des 2. UA der 7. WP, Aussage des Zeugen Gehlen, PA-DBT, 19. November 1974, S. 104f.
[715] Ebd., S. 105.

wurden sie vom BND-Präsidenten, von der allgemeinen Beschaffung und vom so genannten ‚Strategischen Dienst', einer Sonderabteilung für politische Aufklärung mit menschlichen Quellen. Nach Globke könne der „Strategische Dienst“ auch als „Gruppe Sonderverbindungen“ bezeichnen werden.[716] Dieser war 1957 unter dem Leiter der Beschaffung, Langkau, entstanden.[717] Critchfield schreibt zu ihm: „Eventually the intelligence activities of Langkau became known as 'doctor operations' (the equivalent of ‚Eyes Only Gehlen').”[718] Parallel zur Kommission überprüfte der neue Präsident diesen Bereich und entschied, den ‚Strategischen Dienst' aufzulösen.

Als letzten Punkt nahm sich die Mercker-Kommission die Dienstaufsicht des Bundeskanzleramtes vor. Der BND könne deren Ausübung nicht verhindern, indem er sich auf Geheimhaltungsgründe berufe. „Da wir [d.h. die Kommission] den Eindruck haben, dass hierüber bei maßgebenden Herren des BND noch andere Auffassungen herrschen, würden wir es für gut halten, wenn Sie hierüber ein offenes Wort mit dem Präsidenten sprechen würden“ [719], riet Mercker Carstens. Gerade weil der BND nicht durch die Öffentlichkeit kontrolliert werde, sei eine Dienstaufsicht dringend erforderlich, um nicht zum ‚Staat im Staate' zu werden. Das Kanzleramt benötige dazu außerdem einen adäquaten Mitarbeiterstab.[720]

Carstens bewertete die Arbeit der Kommission im Ganzen positiv, nannte sie eine „bewundernswerte Leistung“[721]. Der Bericht gebe ein neutrales und abgewogenes Urteil ab zu allen wichtigen Punkten. Er könne sie uneingeschränkt dem Präsidenten als Vorgabe empfehlen, notierte er sich. Nur an einer Stelle sei die Kommission über ihre Kompetenzen hinausgegangen. Nicht rundum gelungen fand er die schriftliche Ausarbeitung: „Der Bericht ist in seiner Qualität recht unterschiedlich.“ [722] Der erste Teil über die Beschwerden sei übergenau. Der zweite, der bessere und interessantere, aber erfühle die „verworrene innere Lage des BND mehr“[723], ohne sie mit Tatsachen zu belegen. Der Chef des Kanzleramtes schloss seine Ausführungen mit dem Vorschlag, die drei Kommissions-Mitglieder Wessel weiterhin zur Beratung an die Seite zu stellen. Er selbst wertete ab Sommer 1969 das Referat von Koesters zu einer Gruppe auf.[724] Carstens

[716] Notiz über den Auslands-ND als Instrument der Bundesregierung, vermutlich von Hans Globke, ACDP, Nachlass Hans Globke, 01-070-001/2, ohne Datum, wahrscheinlich 1970.
[717] Siehe auch: Müller; Mueller: Gegen Freund und Feind, S. 316.
[718] Critchfield: Partners at the creation, S. 106.
[719] Brief von Reinhold Mercker an Karl Carstens, BAK, NL 1337/680, 24. Juni 1969.
[720] 7. WP, Drucksache 3083, November 1974, S. 43.
[721] Vermerk von Karl Carstens, BAK, NL 1337/680, 12. August 1969.
[722] Ebd.
[723] Ebd.
[724] Knoll: Das Bundeskanzleramt, S. 158.

gelang es, das Kanzleramt aus seiner angeschlagenen Position zu befreien und eine effiziente Dienstführung durchzusetzen.[725] Nur so konnten die Reformen für den BND erfolgreich eingeleitet werden.

Im BND verlief der Neugestaltungsprozess parallel zur Mercker-Kommission. Die Übergabe der Amtsgeschäfte an Wessel erstreckte sich laut Gehlen über vier Wochen.[726] Wessel hatte im Nachhinein nur wenig schmeichelhafte Worte für den damaligen Zustand des BND übrig: „Am 1. Mai 1968 habe ich den Bundesnachrichtendienst in einem Zustand übernommen, der organisatorisch weitgehend gekennzeichnet war von dem Grundsatz der organisierten Un- oder auch sogar Desorganisation und dessen Mitarbeiter weitgehend noch unter dem Schock des Felfe-Verrates und seiner psychologischen Auswirkungen standen."[727] Er habe in voller Übereinstimmung mit dem Chef des Kanzleramtes seine Aufgabe darin verstanden, den Dienst für die Zukunft neu auszurichten, ihn an den technischen, gesellschaftlichen und politischen Wandlungsprozess anzupassen. Bewusst habe er mit seinem Amtsantritt eine Zäsur erkennen lassen, einen Strich unter die Zeit vor 1968 gezogen.[728]

Nach Meinung vieler Experten war die Organisation des Bundesnachrichtendienstes unübersichtlich, mit Doppelstrukturen überfrachtet und daher reformierungsbedürftig. Die Reorganisation begann in der Zentrale, die Außenstellen folgten. Wessel selbst hatte zwei Jahre für diesen Prozess einkalkuliert, der, wie er in einem Brief schrieb, „psychologisch in vieler Hinsicht sehr schwierig"[729] war. Er wurde von einem Planungsstab organisiert, der bis in das Jahr 1969 hinein sehr intensiv arbeitete.[730] Ziel der Organisationsreform war es, zahlreiche und - wie Wessel sich ausdrückte - „nicht mehr führ- und nicht mehr kontrollierbare"[731] Klein- und Kleinstdienststellen aufzulösen. Die gewaltige Herausforderung wird aus der Dauer des Prozesses ersichtlich, er erstreckte sich bis 1973. Wessels Ziel war es, die Anzahl der Abteilungen auf vier zu begrenzen. Vor allem aber verringerte der neue BND-Präsident seinen persönlichen Stab. Die Eigensicherung wurde ausgegliedert.[732] Ein Teil dieser Aufgaben wurde in die Arbeitsein-

---

[725] Ebd., S. 165.

[726] Geheimes Protokoll der 25. Sitzung des 2. UA der 7. WP, Aussage des Zeugen Gehlen, PA-DBT, 19. November 1974, S. 103.

[727] Protokoll der 18. Sitzung des 2. UA der 7. WP, Aussage des Zeugen Gerhard Wessel, PA-DBT, 9. Oktober 1974, S. 96.

[728] Ebd.

[729] Brief von Gerhard Wessel an Karl Carstens, BAK, NL 1337/667, 31. März 1969.

[730] Geheimes Protokoll der 27. Sitzung des 2. UA der 7. WP, Aussage des Zeugen Castrop, PA-DBT, 5. Dezember 1974, S. 104.

[731] Protokoll der 18. Sitzung des 2. UA der 7. WP, Aussage des Zeugen Gerhard Wessel, PA-DBT, 9. Oktober 1974, S. 97.

[732] Geheimes Protokoll der 27. Sitzung des 2. UA der 7. WP, Aussage des Zeugen Castrop, S. 183.

heit 48 überführt und später in die Abteilung IV, Zentrale Aufgaben, eingegliedert.[733]

Beim nächsten Punkt der Neuorganisation galt es, die Aktenführung des Bundesnachrichtendienstes zu verändern. Wessel bemerkte dazu, es habe sich als unmöglich herausgestellt, alle Akten einzubeziehen. Sie seien so unüberschaubar wie die Organisation gegliedert gewesen.[734] Außerdem gab es personelle Veränderungen.

In einem Brief an Helmut Schmidt schreibt Wessel, dass auch die Meldung- und Berichterstattung auf den Prüfstand gekommen seien: „Hiermit verfolge ich die Absicht, dem sehr unterschiedlichen Kreis der Bedarfsträger gerecht zu werden: Kurze beurteilende Unterrichtung für die politische Führung; ausführliche Darstellung für die Referatsebene der entsprechenden Ressorts. Anstelle der bisherigen ‚Steuerungshinweise' wird daher künftig zur Unterrichtung der politischen Führung die ‚Nachrichtendienstliche Führungsorientierung' bearbeitet, deren erste Ausgabe ich beifüge.“[735] Sie umfasste eine Lagebeurteilung des dänischen Nachrichtendienst-Chefs, zwei Meldungen aus Ostberlin und eine aus Neu Delhi.

Carstens verlangte vom BND, auch seine eigene Arbeit kritisch zu überprüfen. So mussten die Mitarbeiter ihre Berichte während des Sechstagekrieges evaluieren. Der Chef des Kanzleramtes hielt fest, der BND habe die Entwicklung in den entscheidenden Punkten – vor allem was die Haltung Moskaus anbelangte – richtig vorhergesagt. Fehlerhaft seien jedoch die Prognosen gewesen, in Ägypten, in Israel und Syrien würde es zu einem Regierungswechsel kommen. Außerdem habe der BND nicht erwartet, dass Jordanien in den Krieg eintreten werde. Carstens schloss seine Ausführung mit der Bemerkung ab: „Im ganzen verdient die Berichterstattung m. E. Anerkennung.“[736]

5.1.2 Unter Beobachtung: Karl Theodor Freiherr von und zu Guttenberg informiert sich über die SPD

Mit Beginn der Großen Koalition erhielt das Kanzleramt erstmals einen eigenen Parlamentarischen Staatssekretär. Der Bundeskanzler ernannte am 14. April 1967 Karl Theodor Freiherr von und zu Guttenberg. Mit ihm zog eine mit dem

[733] Ebd., S. 103.
[734] Protokoll der 18. Sitzung des 2. UA der 7. WP, Aussage des Zeugen Gerhard Wessel, S. 97.
[735] Brief von Gerhard Wessel an Helmut Schmidt, 7. November 1968, AdsD, Nachlass Helmut Schmidt, Mappe: 1/HSAA005367.
[736] Notizen von Karl Carstens für einen Vortrag beim Bundeskanzler, BAK, NL 1337/587, 22. Juni 1968.

Blick auf den BND interessante Persönlichkeit ins Kanzleramt ein. Zwischen dem Nachrichtendienst und dem CSU-Politiker bestand bereits seit Jahren eine Verbindung. Diese sollte auch in seinem neuen Amt nicht abreißen, im Gegenteil. Besonders beachtenswert ist dieser enge Kontakt auch deshalb, weil der Parlamentarische Staatssekretär gleichzeitig eine der wichtigsten Rollen in Kiesingers Regierungszentrale spielte. Er hatte die Aufgabe, Kontakt zu den Koalitionsfraktionen, besonders zur CSU-Landesgruppe zu halten. Außerdem unterhielt er ein freundschaftliches Verhältnis zu Herbert Wehner. Der Kanzler bat von Guttenberg zudem in allen wichtigen außenpolitischen Fragen um Rat.[737] Seine Stellung darf daher nicht unterschätzt werden.

Von Guttenberg vertrat einen etwas anderen Kurs als Carstens. Sein wichtigster Informant war und blieb der BND-Mitarbeiter Wolfgang Langkau. An dessen Ablösung entzündete sich eine jahrelange Debatte unter dem Schlagwort ‚Politisierung des BND'. Langkau - bzw. die politische Aufklärung - sei, so die Kritiker, durch eine dem Auswärtigen Amt genehme Persönlichkeit ersetzt worden. Wesentliche politische Meldungen seien danach nicht mehr im Kanzleramt angekommen. Als Grund wurde genannt, dass sie nicht der neuen Ostpolitik entsprechen würden.[738]

Neben den regulären Unterrichtungen, die das Kanzleramt vom BND erhielt, wurde von Guttenberg von Langkau zusätzlich mit Originalmeldungen versorgt. Letztere liefen parallel an die Auswertung und wurden dort zu Sammelmeldungen verarbeitet, die von Guttenberg regulär vorgelegt wurden. Der Leiter der Beschaffung wies ihn daher vorsorglich darauf hin, dass es in den Sammelmeldungen zu Akzentverschiebungen gegenüber seinen Meldungen kommen könne.[739]

Das Selbstbewusstsein des BND-Mitarbeiters war derart groß, dass er meinte, das Kanzleramt mit Ratschlägen zu dessen eigener Organisationsentwicklung beraten zu können. Im Januar 1967 wies Langkau darauf hin[740], dass er im Zusammenhang mit dem Umbau des Kanzleramtes bzw. den Überlegungen zum ‚Planungsstab' für den Bundesverteidigungsrat vor zwei Jahren ein „kleines Konzept"[741] zusammengestellt habe. Die Vorschläge seien auf das Kanzleramt ebenso anzuwenden. Wichtig war ihm, dass der Planungsstab klein gehalten und die Aufgabe eines ‚braintrusts' einnehmen müsse.

---

[737] Vergl.: Knoll: Das Bundeskanzleramt, S. 164

[738] Notiz über den Auslands-ND als Instrument der Bundesregierung, vermutlich von Hans Globke, ACDP, Nachlass Hans Globke, 01-070-001/2, ohne Datum, wahrscheinlich 1970.

[739] Brief von Wolfgang Langkau an Karl Theodor Freiherr von und zu Guttenberg, BAK, NL 1397/37, 14. April 1967, Blatt 200.

[740] Brief von Wolfgang Langkau an Karl Theodor Freiherr von und zu Guttenberg, BAK, NL 1397/37, 25. Januar 1967, Blatt 208 f.

[741] Ebd.

Aufzeichnungen über ein Gespräch zwischen von Guttenberg und Langkau im September 1967 und Briefe zeigen, dass der BND auch die Politik im Inneren beobachtete, in diesem Fall die Studentenunruhen, das ‚Institut für Bildungsforschung in Berlin'[742] und den Pädagogikprofessor Hartmut von Hentig.[743] Da die entsprechenden Berichte nicht zu erhalten sind, ist es schwierig zu beurteilen, ob und inwieweit der BND seine Kompetenzen überschritt.

Die Freie Universität Berlin wurde intensiv beobachtet. Das Hauptinteresse galt hierbei dem Rechtsanwalt des ASTA, Dr. Horst Mahler – dem späteren Gründungsmitglied der Roten Armee Fraktion. Dieser, so der BND, finanziere das „Hauptsprachrohr der linksradikalen Studentengruppen an der FU"[744] und kommunistisch orientierte Westberliner ‚Extrablatt'[745], vertrete die Studenten, die beim Schah-Besuch demonstriert hätten genauso wie desertierte amerikanischen Soldaten und Bürger.[746] In einer weiteren Meldung aus dem gleichen Monat hieß es, Mahler habe der SED-Westberlin Bildmaterial zur Verfügung gestellt, die die Ausschreitungen der Westberliner Polizei beim Schah-Besuch zeigten. Aufschlussreich ist dann die Meldung vom 14. August, die erklärt, auch die CIA sammle Material: „Der amerikanische Geheimdienst will in Erfahrung gebracht haben, dass *Mahler* ‚mit bestimmten Aufträgen' aus *Ostberlin* versehen worden sei"[747], meldete Langkau. Das zeigt, wie früh der Auslandsnachrichtendienst die spätere RAF-Szene beobachtete und dass dies vom Kanzleramt auch zur Kenntnis genommen wurde.

Weniger nachvollziehbar ist die regelmäßige Berichterstattung des Dienstes über den Außenminister der Großen Koalition, Willy Brandt. Schon die Erklärung „Notiz – einer hochqualifizierten Quelle"[748] zu „angeblichen Äußerungen von Bundesaußenminister *Brandt*"[749] zeigt, dass hier ein wichtiges Interessensgebiet der politischen Aufklärung Langkaus lag.

---

742 1963 gegründet, heute nennt es sich Max Planck Institute for Human Development.

743 Langkau schrieb fälschlicherweise Helmut von Hentig, Brief von Wolfgang Langkau an Karl Theodor Freiherr von und zu Guttenberg, BAK, NL 1397/105, 15. September 1967, Blatt 160.

744 Ebd.

745 Das Berliner EXTRA-Blatt erschien erstmals am 11. Februar 1967 und ging aus einem Projekt Augsteins mit Studenten unter dem Titel „Heute" hervor. Im Mai stellte die Zeitung unter der Leitung von Walter Barthel, Martin Buchholz und Carl L. Guggomos und Hans Schwenger nach 14 Ausgaben ihr Erscheinen ein. Später wird der EXTRA-Dienst gegründet. Mahler war dort sogar offizieller Gesellschafter.

746 Ebd.

747 Betrifft: Dr. Horst Mahler, BAK, NL 1397/105, 15. September 1967, Blatt 173.

748 Langkau schrieb an den Rand: „von einer unserer besten", Notiz – einer hochqualifizierten Quelle zu angeblichen Äußerungen von Bundesaußenminister BRANDT, BAK, NL 1397/106, 9. Februar 1968.

749 Ebd..

Charles de Gaulle, hieß es im Bericht, sei sehr verärgert über die Äußerung des Vizekanzlers in Ravensburg. Hintergrund war, dass auf dem dortigen Landesparteitag der baden-württembergischen SPD Brandt de Gaulle angeblich einen „machtbesessenen Regierungschef"[750] genannt und ihn „uneuropäischer Gedanken"[751] bezichtigt haben sollte. Der französische Staatschef erfuhr von der Rede und lud aufgebracht Wehner, den Bundesminister für gesamtdeutsche Fragen, und Kurt Schmücker, den Bundesschatzminister, von einem Frühstück im Élysée-Palast aus.[752]

In Wirklichkeit hatte der Außenminister diese Worte nie gesagt, sondern nur gerügt, dass Frankreich das Vorhaben blockiere, die EWG um Großbritannien zu erweitern. Ebenso äußerte sich Brandt kritisch zur französischen Theorie der nuklearen ‚Rundumverteidigung'. Der Skandal wurde entschärft, indem man die Tonbandmitschnitte der Rede veröffentlichte. Bundespräsident Heinrich Lübke persönlich las de Gaulle die entsprechenden Passagen vor.[753] So behielt die BND-Quelle dann auch nicht Recht als sie schrieb: „Diplomatisch ist der Vorfall erledigt; politisch bleibt bei *de Gaulle* größtes Misstrauen zurück, was zukünftige Gespräche – auch mit dem deutschen Bundeskanzler – belasten wird, wenn auch ungerechterweise."[754] Die Quelle mutmaßte, Brandts kritische Äußerungen seien Produkt einer Absprache europäischer Sozialdemokraten. Das habe de Gaulle so verärgert, dass er die deutschen Minister nicht zu seinem Staatsbankett eingeladen habe, vor allem wolle er Wehner nicht sehen. Die BND-Quelle bemerkte dazu: „Erfolg: ein persönlich tief gekränkter *BM Wehner*, der dieses nicht vergessen wird."[755]

Allgemein interessierte es wohl sehr, wie Brandt in seinem Amt vorging. Von Guttenberg erhielt hierzu eine so genannte „Gelegenheitsinformation"[756] am 6. Dezember 1967 zugeschickt, zur „persönlichen Unterrichtung". Langkau fügte hinzu, diese erhielte sonst nur noch der BND-Präsident.[757] In der Information geht es um den Deutschen Botschafter in Paris, Manfred Klaiber, der mit dem Auswärtigen Amt in Konflikt geraten sei, da er einen zu de Gaulle- freundlichen Kurs vertrat.[758]

---

[750] Ebd..
[751] Ebd..
[752] Merseburger, Peter: Willy Brandt, Stuttgart, München, 2. Aufl., 2002, S. 526.
[753] Ebd.
[754] Notiz – einer hochqualifizierten Quelle zu angeblichen Äußerungen von Bundesaußenminister BRANDT, BAK, NL 1397/106, 9. Februar 1968, Blatt 3.
[755] Ebd.
[756] Brief von Wolfgang Langkau an Karl Theodor Freiherr von und zu Guttenberg, BAK, NL 1397/106, 6. Dezember 1967, Blatt 101.
[757] Ebd.
[758] Gelegenheitsinformation BAK, NL 1397/106, 4. Dezember 1967, Blatt 102.

SPD-Parteiinterna fanden schon früher Niederschlag in Berichten. Einer davon, vom 7. Oktober 1966 stammte von einer „*Wehner* verbundenen SPD-Quelle“[759]. Diese glaubte feststellen zu könne, dass die Positionskämpfe innerhalb der SPD-Führung bis zum Parteitag 1968 ruhen würden. Der BND schrieb: „Wenn die Andeutungen unserer Quelle über den Gesundheitszustand *Erlers* zutreffen, so wird das ‚Regime der Stellvertreter‘ (d.h. die stv. Fraktions-Vors. *Wehner, Schmidt, Schiller*) die parlamentarische Bühne und damit die Formulierung der aktuellen Politik sowie die Auseinandersetzung mit den Koalitionsparteien beherrschen.“[760] Zudem wurde auf Berichte von 1965 „Brandt als Präsidentschaftskandidat“, vom 30. August 1966 „Konflikt Brandt und Schiller“ und vom 1. Oktober 1966 „spannungsgeladenes Klima in der SPD“ [761] verwiesen. Es gab also über eine längere Zeit eine Berichterstattung.

Es ist unbekannt, wer alles Informationen erhielt. Auf einem Bericht ist oben handschriftlich „H. Dr. Pohle“ [762] vermerkt, zu der Zeit persönlich haftender Gesellschafter der Flick AG und Abgeordneter der CSU. Diese Interna aus dem SPD-Parteialltag sorgten bei von Guttenberg, der den Kontakt zu den Fraktionen für das Kanzleramt halten sollte, sicher nicht für eine neutrale Sicht. Es zeigt sich ein Misstrauen gegenüber Brandt und Bahr, sowohl im BND als auch in der Regierungszentrale. Carstens bringt es in seinen Erinnerungen auf den Punkt: „Kiesinger gelang es nicht, ein offenes und vertrauensvolles Verhältnis zu Brandt zu finden“.[763]

Ein Interessensgebiet von Guttenbergs traf sich mit dem von Krone[764], der auch nach seinem Ausscheiden aus dem Bundestag weiterhin BND-Berichte zu einem bestimmten Themenfeld erhielt: der Vatikan. Ein wichtiger Punkt war die Haltung des Vatikans zur Enzyklika ‚Progressio Populorum‘[765]. Langkau schrieb an Krone: „Ich darf vermerken, dass die Anfrage in gewisser Weise inoffiziell erfolgte und den Weg über Baron Guttenberg nahm. Es wird daher um nur persönliche Kenntnisnahme gebeten.“[766] Auch im Nachlass von Guttenbergs befinden sich Briefe, die genau auf diese Stellungnahme des BND hinweisen. Guttenberg hatte „dringendes Interesse an einer Beurteilung der Enzyklika“[767] geäußert.

[759] Ohne Überschrift, Absender und Empfänger, BAK, NL 1397/52, 7. Oktober 1966, Blatt 7.
[760] Ebd.
[761] Ebd.
[762] Ebd.
[763] Carstens: Erinnerungen und Erfahrungen, S. 361.
[764] Der Umfang der Berichterstattung ist immens, mehre Berichte pro Monat.
[765] „Entwicklung der Völker“, sie wurde am 26. März 1967 verkündet.
[766] Brief von Wolfgang Langkau an Heinrich Krone, ACDP, Nachlass Heinrich Krone, 01-028-044/3, 2. Mai 1967.
[767] Brief von Wolfgang Langkau an Karl Theodor Freiherr von und zu Guttenberg, BAK, NL 397/37, 2. Mai 1967, Blatt 197.

Krone bat: „Gleichzeitig bitte ich Sie, mich nach Möglichkeit über dieses Thema weiter zu informieren, da Ihre Nachrichten für mich von besonderem Wert sind.“[768]

Von Guttenberg setzte sich außerdem dafür ein, dass eine wichtige christlich-konservative Sonderverbindungen des BND, nicht gekündigt wurde. So nahm der Dienst auf seine Intervention hin die Kündigung von Dr. Johannes Schauff[769] im Januar 1969 zurück.

Schauff hatte einen bewegten Lebenslauf, von der Weimarer Republik, wo er Zentrumsabgeordneter war, über das Exil während der NS-Herrschaft als Siedlungsgründer in Brasilien bis zum Vizepräsidenten und Generalsekretär der International Catholic Migration Commission. Er spielte u.a. eine entscheidende Rolle in der vatikanischen Flüchtlingspolitik. Nach 1945 übernahm er vielfältige internationale Aufgaben, die er für Kiesinger in einem Brief aus dem Jahr 1967 aufzählte: „Zur Zeit bin ich Mitglied des kulturpolitischen Beirates des Auswärtigen Amtes, vertrete das Finanzministerium, resp. den Präsidenten des Bundesausgleichsamtes als Vorsitzender bei dem Beratungsausschuss für Umsiedlungsgeschädigte in Bozen, in ehrenamtlicher Eigenschaft, Mitglied des Institutes für internationale Solidarität der Konrad-Adenauer-Stiftung, sowie in Rom Präsident der FIS, der Organisation der Europäischen Christlich-demokratischen Parteien für politische Entwicklungshilfe außerhalb Europas – speziell Südamerika -, sowie Mitglied der Kommission ‚Justitia et Pax' des Hl. Stuhles.“[770]

Schauff gehörte mit von Guttenberg zu den Wegbereitern der Großen Koalition. Seine weit reichenden Kontakte waren für den BND Anlass gewesen, ihn als Sonderverbindung zu führen. Das stellte er, laut seinem Biografen Dieter Marc Schneider, nie in Abrede.[771] Von Guttenberg schaltete sich ein: „Angesichts der hervorragenden Beziehungen von Herrn Schauff zum Vatikan und zur DC[772] (siehe Bericht KPD/SPD) hielte ich dies für eine sachlich nicht zu vertretende Entscheidung."[773] Carstens sagte zu, sich mit Wessel zu besprechen. Das hatte Erfolg: Der Präsident des Bundesnachrichtendienstes führte am 14. März 1969 ein mehrstündiges Gespräch mit Schauff. Dieses sei von beiden Seiten von Wert und Interesse gewesen. Wessel schrieb an von Guttenberg: „Ich jedenfalls bin dankbar, dass dieses, letztlich wohl durch Ihre Initiative angeregte Treffen

---

[768] Brief von Karl Theodor Freiherr von und zu Guttenberg an Wolfgang Langkau, BAK, NL 397/37, 4. Mai 1967, Blatt 199.

[769] Johannes Schauff geboren am 19. Dezember 1902, gestorben am 19. Mai 1990.

[770] Brief von Johannes Schauff an Kurt Georg Kiesinger, 11. Februar 1967, IZG, ED 346/4 (Band 4).

[771] Schneider, Dieter Marc: Johannes Schauff (1902-1990), München 2001, S. 163.

[772] Democrazia Christiana, die katholische Volkspartei Italiens.

[773] Vermerk von Karl Theodor Freiherr von und zu Guttenberg, BAK, NL 1397/94, 31. Januar 1969, Blatt: 104.

mir endlich ein klares Bild vermittelt hat, das mich in die Lage versetzt, die Verbindung mit allem, was dazugehört, unverändert fortführen zu können."[774]

Auch dem Bundeskanzler half von Guttenberg. Im März 1968 sandte er drei Vermerke an ihn. Zwei davon beschäftigten sich mit dessen Vergangenheit während der Zeit des Nationalsozialismus. Leider hat sich nur das Anschreiben erhalten und nicht die Dokumente. Bei diesen handelte es sich, so von Guttenberg, um Berichte über Kiesingers Dienststelle und seine Tätigkeit während des Krieges.[775] Der BND sei bei einer umfangreichen Materialsichtung auf diese Unterlagen gestoßen. Der parlamentarische Staatssekretär fasste zusammen: „Aus der Anlage A geht hervor, dass die Ihnen bereits bekannte Denunzierung des Herrn Dörries dem ‚persönlichen Stab Himmlers' vorgelegt wurde, und dass gegen Sie ein Bespitzelungsschema angelegt wurde."[776]

Ernst Otto Doerries war Chef vom Dienst und Leiter der Nachrichtenzentrale sowie einer von Kiesingers engsten Mitabeitern in seiner Zeit als stellvertretender Leiter der Rundfunkabteilung im Auswärtigen Amt gewesen. Die beiden führten damals eine Auseinandersetzung über die Propaganda gegenüber den USA. Doerries denunzierte Kiesinger, jener habe dabei einen „liberalistischen"[777] Kurs eingenommen. Daraufhin wurde Kiesinger, so ist aus dem Brief zu schließen, überwacht.

Der BND hatte zudem im März 1968 eine Vorlage erstellt unter dem Titel „Kampagne der SBZ gegen den Herrn Bundeskanzler" [778]. Darin war die DDR-Schrift „Missglückte Mohrenwäsche" enthalten, welche sich mit Kiesingers Zeit während des Nationalsozialismus beschäftigte. Sie behauptete, er sei für die Gesamtgestaltung der Rundfunkpropaganda im Ausland verantwortlich gewesen.[779] Von Guttenberg äußerte dazu: „Die Gefahr ist nicht auszuschließen, dass die von der SED-Propaganda aufgestellten Behauptungen in unserer Presse und in der Presse des Auslandes aufgegriffen werden" [780]. Er schlug dem Bundeskanzler vor, einen jungen Historiker – Guttenberg dachte an Prof. Buchheim jun.[781] - damit zu betrauen, eine Gegendarstellung zu verfassen. Außerdem solle

---

[774] Brief von Gerhard Wessel an Karl Theodor Freiherr von und zu Guttenberg, BAK, NL 1397/42, 17. März 1969, Blatt: 100.

[775] Ausarbeitung für den Bundeskanzler von Karl Theodor Freiherr von und zu Guttenberg, BAK, NL 1397/91, 1. März 1968, Blatt: 257.

[776] Ebd.

[777] Gassert: Kurt Georg Kiesinger, S. 144f..

[778] Ausarbeitung für den Bundeskanzler von Karl Theodor Freiherr von und zu Guttenberg, Betrifft: Vorlage des BND, BAK, NL 1397/91, 8. März 1968, Blatt: 255.

[779] Ebd.

[780] Ebd.

[781] Aller Wahrscheinlichkeit nach ist Hans Buchheim (geb. 1920) gemeint, der von 1951 bis 1966 am Institut für Zeitgeschichte in München forschte. Von 1963 bis 1966 arbeitete er über das Bundes-

das Justizministerium eine Beschlagnahme prüfen. In der Vorlage erwähnte Guttenberg außerdem den stellvertretenden ‚Hauptverbindungsmann' des Auswärtigen Amtes zum Propagandaministerium und späteren engen Freund Kiesingers, Gerhard Kreuzwendedich Todenhöfer, über den es ebenfalls Dokumente gebe. Vielleicht, so von Guttenberg an Kiesinger, habe dieser ebenfalls ein Interesse an den ihn betreffenden Dokumenten.[782]

5.1.3 Verdächtige Verbindungen: Die SPD und die Kommunisten in Italien und der Fall Egon Bahr

Am 14. August 1970 erschien in der National-Zeitung Basel ein Artikel mit dem umfangreichen Titel „Die italienischen Kommunisten führten seit 1967 einen Dialog mit den deutschen Sozialdemokraten und bemühten sich um eine Verbesserung von deren Beziehungen zum Osten."[783] In einem Kommentar Langkaus heißt es, er selbst habe die Unterlagen, die in dem Artikel verwendet wurden, im Januar 1968 „vorgelegt". Es bleibt unklar, wie sie zur Zeitung gelangten, aber wie sie entstanden, erklärte er dem Guillaume-Untersuchungsausschuss: Nach dem Besuch von Marcel Hepp, dem Chefredakteur des Bayern-Kuriers, im November 1967 bei der Democrazia Cristiana (DC), der christdemokratischen Partei Italiens, erschien in einem Kirchenblatt eine Notiz, die sich mit Kontakten zwischen der KPI und der SPD beschäftigte.[784] Daraufhin stellte Langkau eigene Nachforschungen an. Die Democrazia Cristiana fertigte einen Bericht und legte ihn Bundeskanzler Kiesinger im Dezember 1967 vor.[785]

Gleichzeitig erhielt Langkau einen weiterer Hinweis, dass schon seit November 1967 ein Bericht von dem SPD-Informationschef Fried Wesemann beim BND-Mitarbeiter Weiß vorliegen sollte. Wesemann war später als BND-Vizepräsident im Gespräch.[786] Dessen Bericht hatte die Reise der Sozialdemokraten nach Rom vom 28. bis 30. November 1967 zum Inhalt. Leo Bauer, ehemaliger ‚Stern'-Reporter, später SPD-Abgeordneter und Berater Brandts, Egon Franke sowie Wesemann bildeten die Reisegruppe. In Rom führten sie Gesprä-

---

kanzleramt und erhielt 1966 einen Lehrstuhl für Politikwissenschaften an der Universität Mainz. Buchheim schrieb jedoch keine Kiesiniger-Biografie.

[782] Ebd.

[783] Brief von Hans Christoph Freiherr von Stauffenberg an Karl Theodor Freiherr von und zu Guttenberg mit Anlage: Artikel der National-Zeitung in Basel vom 14. August 1970, Stellungnahme von Wolfgang Langkau, BAK, NL 1397/99, 19. August 1970, Blatt 7 ff.

[784] Laut Merseburger begann dieser Kontakt im Oktober 1967 mit einer Reise nach Rom um KPI-Chef Luigi Longo zu treffen. Siehe: Merseburger: Willy Brandt, S. 541.

[785] Ebd., Blatt 10.

[786] Ebd.

che mit hochrangigen KPI-Funktionären, darunter dem Chef der italienischen Kommunisten, Luigi Longo, und den ZK-Mitgliedern Sergio Segre und Carlo Galuzzi, beide bei der KPI für internationale Politik verantwortlich.[787]

Dieser Wesemann-Bericht war Langkau bis dato unbekannt, weil er von Weiß nicht weitergeleitet worden war, was dieser erst nach Rücksprache mit Gehlen tat. Ebenso waren Partnerdienste des Auslandsnachrichtendienstes involviert.[788] Langkaus Erkenntnisse erhielt Kiesinger dann im Januar 1968, bevor er zu einem Staatsbesuch nach Rom flog.

Kiesinger-Biograf Gassert schildert eine andere Version der Geschichte, nämlich dass Kiesinger erst im Januar von Strauß über die Kontakte unterrichtete wurde. Das kann nach den vorher genannten Quellen nicht stimmen. Sicher ist, dass Weiß engen Kontakt zu Strauß hielt und daher ist es möglich, dass der Bundeskanzler von zwei Seiten die gleichen Hinweise erhielt. Laut Gassert hatte Wehner am 31. Januar 1968 einen Bericht an Kiesinger geschickt, der den Inhalt der Unterredung mit der KPI zusammenfasste. Danach sollte sich die KPI u.a. dafür stark machen, dass es wieder eine kommunistische Partei in Deutschland entstehen solle.[789] Es ist durchaus möglich, dass Kiesinger Wehner um diesen Bericht bat, da er von Langkau bereits die Unterlagen vorliegen hatte. Zudem hatte es vorher eine Besprechung zwischen Langkau, Carstens und von Guttenberg in dieser Sache gegeben.[790]

In Rom traf Kiesinger die schon genannte Sonderverbindung Schauff, der ihn ebenfalls auf die Vorgänge ansprach.[791] Schauff hatte die entsprechenden Hinweise auch von der Democrazia Cristiana erhalten. In ihrem Bericht, so Gassert, hätten sich die Sozialdemokraten offen gegen die „Gefahr von Rechts - begünstigt vom Aufkommen neonazistischer Elemente in der CDU“ [792] gewandt. Gassert nimmt den Bericht wörtlich und bezeichnet dies – falls es stimme – als „geschmacklos“ [793]. Dass die Democrazia Cristiana kein neutraler Autor war,

[787] Merseburger: Willy Brandt, S. 541.

[788] Protokoll der 23. Sitzung des 2. UA der 7. WP, Aussage des Zeugen L. (Wolfgang Langkau), PA-DBT, 7. November 1974, S. 74.

[789] Gassert: Kurt Georg Kiesinger, S. 595. Dies geschah auch 1968, als die DKP gegründet wurde. Dafür hatten sich die Sozialdemokraten in der Tat auch eingesetzt, siehe: Merseburger: Willy Brandt, S. 544.

[790] Brief von Hans Christoph Freiherr von Stauffenberg an Karl Theodor Freiherr von und zu Guttenberg mit Anlage: Artikel der National-Zeitung in Basel vom 14. August 1970, Stellungnahme von Wolfgang Langkau, BAK, NL 1397/99, 19. August 1970, Blatt: 10.

[791] Gassert: Kurt Georg Kiesinger, S. 595.

[792] Ebd.

[793] Ebd.

versteht sich jedoch in dieser Angelegenheit von selbst. Deren Bericht habe Gehlen dann an von Guttenberg und das Kanzleramt geschickt.[794]

An der Rom-Reise Kiesingers nahm auch Brandt teil, der dort wiederum vom BND beobachtet wurde. Im BND-Bericht heißt es, Brandt habe mit Longo erneut über die Wiederzulassung der kommunistischen Partei Deutschlands gesprochen. Der KPI-Chef habe als Ausgleich angeboten, Kontakte in osteuropäische Länder herzustellen. Alle diese Informationen fanden Eingang in die BND-Akten.[795] Der Bericht dazu erreichte Kiesinger im März.[796] Darunter war auch die Darstellung eines Treffens im Januar 1968 zwischen der KPI und der SPD in München, an dem Bauer, Franke und Bahr, Segre und Galluzzi teilnahmen.[797] Dieses lief jedoch nicht konspirativ ab, da der ‚Spiegel' darüber ausführlich berichtete.[798]

Die Berichte, dass es Kontakte zwischen den deutschen Sozialdemokraten und den italienischen Kommunisten gegeben hatte, führten in der Folge zu schweren Auseinandersetzungen zwischen den Parteien der Großen Koalition. Carstens erinnerte sich: „Der damalige Bundeskanzler Kiesinger warf den sozialdemokratischen Partnern seiner Koalition vor, dass sie hinter seinem Rücken in einer so wichtigen Frage einen Kontakt zu einer kommunistischen Partei im Ausland hergestellt hatten, ohne ihn davon unterrichtet zu haben."[799] Die Sozialdemokraten empörten sich hingegen, vom BND beobachtet worden zu sein. Nach Carstens Schilderungen war die Aufregung vor allem bei Wehner besonders groß.[800]

Man muss die Informationen im Zusammenhang mit den im letzten Abschnitt dargestellten Vorgängen sehen, zum einen den Berichten des BND zur SPD im Allgemeinen, zum anderen der Sonderverbindung Schauff. Hier zeigt sich das beiderseitige Misstrauen, so dass die Koalition auf längere Sicht keinen Bestand haben konnte, u.a. wegen der unversöhnlichen Positionen zur Ostpolitik.

Auslöser der nächsten Unstimmigkeit zwischen den Koalitionspartnern waren Presseartikel im ‚Bayernkurier' und in der ‚Welt am Sonntag' am 19. oder 20. November 1968 über geheime Kontakte Egon Bahrs zu Mitgliedern des Zentralkomitees der SED. Darüber, so der Artikel, solle es auch Tonbandauf-

---

[794] Ebd.
[795] Ebd., S. 596f..
[796] Ebd., S. 595.
[797] Ebd., S. 598.
[798] Der Spiegel: Alles Kapitalisten, 8. April 1968, S. 27.
[799] Protokoll der 19. Sitzung des 2. UA der 7. WP, Aussage des Zeugen Karl Carstens, PA-DBT, 10. Oktober 1974, S. 37.
[800] Ebd., S. 49.

zeichnungen geben.[801] Nach Ehmkes Aussagen im Guillaume-Untersuchungsausschuss wurden die Artikel durch Indiskretionen des BND möglich.[802]

Brandt sprach Bundeskanzler Kiesinger in der folgenden Kabinettssitzung an, es müsse geklärt werden, wie es zu solchen Meldungen komme.[803] Kiesinger ließ die Angelegenheit von Carstens prüfen und bat ihn ausdrücklich um einen Informations- und nicht um einen Untersuchungsbericht. Carstens fragte beim BND an und erhielt drei Tage später zwei Meldungen zugeschickt. Sie gaben den Inhalt von Gesprächen wieder, die Quellen des BND am 13. und 14. November 1968 mit SED-Funktionären geführt hatten.

Die Quellen besaßen den generellen Auftrag, Kontakte mit SED-Funktionären zu halten. Sie berichteten in allgemeiner Form über die angeblichen Kontakte zwischen der SPD und der SED in den Jahren 1965 und 1966.[804] In diesem Zusammenhang wurden u. a. die Namen Brandt, Wehner und Bahr genannt, ohne deren Funktion bei den Kontakten auszuführen. Des Weiteren war die Rede von Unterlagen, ohne dass mitgeteilt wurde, mit wem verhandelt oder wessen Ausführungen auf Tonband aufgenommen worden waren. Die beiden Meldungen wurden in der Zentrale des BND am 15. und 18. November 1968 bearbeitet. Carstens notierte sich: „Die Zentrale entschied sich, sie nicht an das Bundeskanzleramt oder andere Stellen der Bundesregierung weiterzuleiten."[805] Nach Ansicht des BND handelte es sich um lanciertes Material. Die Meldungen will Carstens umgehend an Brandt, Wehner und Ahlers weitergegeben haben.[806]

Die Serie von Beschuldigungen riss nicht ab. Carstens schlug Kiesinger vor, Bahr um eine Aufzeichnung seiner Ostkontakte zu bitten. Zudem gelang es ihm, eine Abschrift des angesprochenen Tonbands zu erhalten.

Der Kanzler folgte Carstens Vorschlag. Bahr reichte die gewünschte Liste im Dezember 1968 ein. Diese Vorgehensweise führte zum Verdruss beim Koalitionspartner. Brandt schrieb Mitte Januar 1969 einen verärgerten Brief an Kiesinger und stellte sich vor seinen Planungschef. Alle diese Gespräche hätten auf seine Bitte hin stattgefunden. Er kritisierte, es habe bei der Untersuchung nicht um Bahr, sondern um die Zeitungsmeldungen gehen sollen.[807]

---

[801] Ebd., S. 33.

[802] Protokoll der 18. Sitzung des 2. UA der 7. WP, Aussage des Zeugen Dr. Ehmke, PA-DBT, 9. Oktober 1974, S. 56.

[803] Protokoll der 22. Sitzung des 2. UA der 7. WP, Aussage des Zeugen Dr. Kurt-Georg Kiesinger, PA-DBT, 6. November 1974, S. 123.

[804] Vermerk von Karl Carstens, 26. November 1968, BAK, Nachlass: Karl Carstens, NL 1337, Band: 675.

[805] Ebd.

[806] Ebd.

[807] Brief von Willy Brandt an Kurt-Georg Kiesinger, 16. Januar 1969, AdsD, Nachlass: Willy Brandt, WBA, A7 (Außenminister), Mappe: 13.

Am 28. Januar 1969 kam es zu einer Unterredung zwischen Kiesinger und Bahr, die nicht viel länger als eine halbe Stunde dauerte. Sie gingen die Liste durch und besprachen das Protokoll der Tonbandaufzeichnung, das - so Kiesinger - „außerordentlich lückenhaft war", „eigentlich nur aus Wortfetzen" bestand und „kaum aus zusammenhängenden Sätzen"[808]. Die Abschrift – so Bahr – habe gezeigt, dass zwei oder drei Deutsche mit mindestens einem Russen sprachen.[809] Bahr antwortete, er könne sich an ein solches Gespräch und derartige Inhalte nicht erinnern. In seiner Autobiografie erklärt Bahr, wo das Tonband aufgenommen worden sein könnte. Danach hatten sowjetische Journalisten zu einem Empfang in Räumen am Kurfürstendamm eingeladen, in denen normalerweise Kulturveranstaltungen stattfanden.[810] Bahr war damals Leiter des Presse- und Informationsamtes des Landes Berlins.

Carstens erhielt im Juli 1969 weitere Hinweise aus Prag, Bahr habe sich dort mit zwei Mitgliedern der SED-Führungsgruppe, mit Albert Norden und Paul Verner, getroffen.[811] Zwei Journalisten sollten dieses Mal Zeuge gewesen sein. Carstens unternahm jedoch nichts mehr in dieser Angelegenheit, um die brüchige Koalition nicht noch weiter zu belasten.[812]

5.2 Entwicklung der parlamentarischen Kontrolle

5.2.1 Unklare Netzwerke: Untersuchungsausschuss über den Schützenpanzer HS 30

Die Beschaffung des Schützenpanzers der Schweizer Waffenfabrik Hispano Suiza (HS) lag bereits Jahre zurück, als sich der Bundestag in einem Untersuchungsausschuss mit diesem Vorgang beschäftigte. Die ersten Planungen wurden bereits im Amt Blank im Mai/Juni 1952 angestellt, der Auftrag für die Beschaffung im April 1956 erteilt. Die Firma hatte bis zu diesem Zeitpunkt nur Sportwagen- und Triebwerke hergestellt und vor Vertragsabschluss lediglich ein Fahrgestell und ein Holzmodell präsentiert. Dennoch stimmte der Verteidigungsausschuss dem Antrag zu, über 10. 000 HS 30-Panzer zu bestellen. Wenig über-

---

808 Protokoll der 22. Sitzung des 2. UA der 7. WP, Aussage des Zeugen Dr. Kurt-Georg Kiesinger, PA-DBT, 6. November 1974, S. 125.

809 Protokoll der 20. Sitzung des 2. UA der 7. WP, Aussage des Zeugen Egon Bahr, PA-DBT, 11. Oktober 1974, S. 100f..

810 Bahr, Egon: Zu meiner Zeit, Rheda-Wiedenbrück, 1996, S. 250.

811 Laut Horst Ehmke kamen die Hinweise von einem Herrn Back, (BfV), Protokoll der 19. Sitzung des 2. UA der 7. WP, Aussage des Zeugen Karl Carstens, PA-DBT, 10. Oktober 1974, S. 35f..

812 Protokoll der 19. Sitzung des 2. UA der 7. WP, Aussage des Zeugen Karl Carstens, PA-DBT, 10. Oktober 1974, S. 35f.

raschend gab es mit der Lieferung und der Qualität Probleme. Bei Testfahrten kam es zu schweren technischen Pannen. Die Nachbesserungen kosteten die Bundesrepublik viel Geld. Die Verträge waren zudem nur für den Hersteller, die ‚Hispano Suiza' komfortabel.[813] Verteidigungsminister Strauß reduzierte 1958 die Anzahl der HS 30-Panzer auf 1000, da immer noch kein brauchbares Fahrzeug geliefert worden war. Das Ministerium musste jedoch eine Ausgleichszahlung leisten. Zudem schnellte die Stückkostenzahl in enorme Höhe.[814] Erst 1959 wurde der erste brauchbare Panzer geliefert.

Bestechungsvorwürfe und Kritik an dem Panzergeschäft wurden erstmals 1953 laut, erschienen ab 1957 regelmäßig in der Presse.[815] Auch im Parlament gab es immer wieder Anfragen. Im März 1967 beantragte die FDP schließlich einen Untersuchungsausschuss, der im Kern klären sollte, ob die Bundesregierung ihre Sorgfaltspflicht verletzt habe und ob Bestechungsgelder an Parteien des Bundestages gezahlt worden waren. Diese Aufgabe entwickelte sich zu einem parlamentarischen Mammutprojekt. Der Untersuchungsausschuss arbeitete über zwei Jahre und hörte 130 Zeugen. Weitere entscheidende Zeitzeugen waren bereits verstorben. Die bisher einzige umfassende wissenschaftliche Untersuchung von Dieter Kollmer stellt fest: „Die Spekulationen über den Ablauf der Beschaffung wurden von Tag zu Tag umfangreicher und unrealistischer. Neben glaubwürdigen und unbescholtenen Zeugen meldeten sich Scharlatane und Geltungssüchtige zu Wort, die es für den Ausschuss immer komplizierter werden ließen, die tatsächlichen Vorgänge herauszufiltern."[816]

Im Abschlussbericht werden im Zusammenhang mit der Beschaffung weder der Bundesnachrichtendienst, noch seine Vorläuferorganisation erwähnt. Auf der Zeugenliste sind Gehlen und einer seiner Mitarbeiter[817] vermerkt, ihre Aussagen wurden im Abschlussbericht aber nicht aufgegriffen.[818] Für die Kontrolle der Nachrichtendienste ist dieser Abschnitt deshalb von Wichtigkeit, weil er die Beteiligung des BND am Waffenhandel – ein steter Vorwurf auch des Guillaume-Untersuchungsausschusses – thematisiert.

Die ersten Kontakte der Bundesregierung zu ‚Hispano Suiza' liefen über den liechtensteinischen ‚Octogon Trust'.[819] Wie eng die wirtschaftlichen Ver-

---

[813] Kollmer, Dieter H.: Rüstungsbeschaffung in der Aufbauphase der Bundeswehr, Der Schützenpanzer HS 30 als Fallbeispiel (1953-1961), Stuttgart 2002, S. 279.
[814] Ebd., S. 281.
[815] 5. WP, Drucksache 4527, 26. Juni 1969, S. 139f..
[816] Kollmer: Rüstungsbeschaffung in der Aufbauphase der Bundeswehr, S. 260.
[817] Bei diesem handelte es sich wohl um Dr. Erwin Hauschildt.
[818] 5. WP, Drucksache 4527, 26. Juni 1969, S. 122.
[819] Der Octogon Trust wurde nach einer liechtensteinischen achteckigen, festungsähnliche Villa in Schaan benannt (Quelle: Hug, Peter: Schweizer Rüstungsindustrie und Kriegsmaterialhandel zur Zeit des Nationalsozialismus, Unternehmensstrategien – Marktentwicklung – politische Überwachung,

flechtungen zwischen dem Trust und der ‚Hispano Suiza' waren, gelang dem Untersuchungsausschuss nicht zu ermitteln. Der Trust spielte jedoch schon eine wichtige Rolle beim ersten Auftrag für die Bundesregierung Anfang der 50er Jahre, bei dem ‚Hispano Suiza' Flugabwehrkanonen für den Bundesgrenzschutz lieferte. [820] Dieses Geschäft öffnete der ‚Hispano Suiza' die ‚Tür' für das Panzergeschäft. Der Trust geriet in den Verdacht, an Regierungsmitglieder Bestechungsgelder gezahlt zu haben.[821]

Der ‚Octogon Trust' oder die ‚Hispano Suiza', beide Organisationen wurden maßgeblich von Personen bestimmt, die schon für die Deutsche Abwehr unter Admiral Wilhelm Canaris gearbeitet hatten – etwas, das sie mit einigen ihrer Auftraggebern in der Bundesregierung teilten. So arbeitet Conrado José Kraemer-y-Schimmel[822] als ehemaliger Agent der Abwehr[823] nun für ‚Hispano Suiza'.[824] Er auch für den Sicherheitsdienst Reichsführer-SS tätig gewesen.[825] Beim ‚Octogon Trust' stand der Waffenhändler und Rüstungsproduzent Rudolf Ruscheweyh[826] an der Spitze. Nach den Schweizer Polizeibehörden war er leitender Wirtschaftsexperte unter Canaris gewesen zudem – was für diesen Fall von Bedeutung ist – hatte er Kontakt zur ‚Organisation Gehlen'.[827]

Im Amt Blank arbeiteten Ruschewehys ehemaliger Vorgesetzter, Oberst Friedrich Geist [828]. Geist fungierte für die Abteilung Planung des Amtes Blank als Experte für Wehrwirtschaft und verfolgte Ruscheweyhs und Kraemers unternehmerische Entwicklung.[829]Doch nicht nur Geist war ein Bekannter von Ruscheweyh: Das Geschäft mit den Schützenpanzern kam maßgeblich durch die Unterstützung des Mitarbeiter des Kanzleramtes, Joachim Oster, zustande. Oster

---

Band 2, Zürich 2002, S. 618). Sie gehörte dem Waffenhändler Rudolf Ruscheweyh (31.12.1905 in Erfurt geboren, gestorben 15.01.1954). DoDiS-1215, S. 16.

[820] Kollmer, Dieter H.: Rüstungsbeschaffung in der Aufbauphase der Bundeswehr, S. 146. oder 5. WP, Drucksache 4527, 26. Juni 1969, S. 24.

[821] DoDiS-1215, S. 16.

[822] Die spanische Staatsbürgerschaft erhielt er über seinen Vater, der sie auf Grund seiner Verdienste in der spanischen Fremdenlegion erwarb. Kraemer lebte nie in dem Land, behielt aber den Pass.

[823] 5. WP, Drucksache 4527, 26. Juni 1969, S. 24.

[824] DoDiS-1215, S. 16.

[825] 5. WP, Drucksache 4527, 26. Juni 1969, S. 24.

[826] Rudolf Ruscheweyh wurde am 31.12.1905 in Erfurt geboren und starb am 15.01.1954. Er arbeitete bereits für die Abwehr unter Canaris. Dort stieg er zuletzt zum Leiter des Technischen Dienstes auf. Quelle: *Documents Diplomatiques Suisses.* Internet-Datenbank DoDiS, ‹http://www.dodis.ch›, DoDiS-1215, S. 1 und 5. WP, Drucksache 4527, 26. Juni 1969, S. 23..

[827] 5. WP, Drucksache 4527, 26. Juni 1969, S. 23.

[828] Hug: Schweizer Rüstungsindustrie, Teil 2, S. 618 und Eidgenössisches Justiz- und Polizeidepartement an den Schweizer Bundesrat, Betrifft: Gerichtspolizeiliches Ermittlungsverfahren in Sachen Octogon, *Documents Diplomatiques Suisses.* Internet-Datenbank DoDiS, ‹http://www.dodis.ch›, DoDiS-1215, S. 18.

[829] Ebenda, S. 18.

war der Sohn des bekannten Canaris-Mitarbeiters, Hans Oster, ein Freund Ruscheweyhs.[830]

Auch nach dem Tod Ruscheweyhs 1954 behielt das spätere HS 30-Geschäft Verbindungen zum BND - das zeigt eine Zeugenaussage von Roger Hentges, eines Mitarbeiters der Organisation Gehlen und später des BND. Wie Ruscheweyh war auch er ein ehemaliger Mitarbeiter der Abwehr. Hentges sagte aus, seine Frau habe Gelder aus Frankreich transferiert, unter anderem auch für das alte HS 30-Geschäft.[831] Dies bestätigte der BND-Mitarbeiter Hans Brandes gegenüber dem BND im Juni 1970.[832] Auch in diesem Fall ging es um Bestechungsvorwürfe, dieses Mal um Personen im Umfeld von Verteidigungsminister Strauß.[833]

Es gelang den Abgeordneten nicht, die Hintergründe zum Komplex BND und Waffenhandel zu klären, genauso wenig, wie die Frage zu beantworten, ob Bestechungsgelder gezahlt worden waren. Die Abgeordneten hatten keine Möglichkeiten, sich nähere Informationen aus der Schweiz und Liechtenstein zugänglich zu machen, die wirklich Rückschlüsse auf die Geldgeber des ‚Octogon Trust' zuließen. Die Rolle des BND im HS 30-Beschaffungsprozess konnte so bis heute nicht geklärt werden.

In der Bundestagsdebatte kam der ‚Octogon Trust' nur am Rande vor, der BND überhaupt nicht. Die Bestechungsaffäre um den ehemaligen Mitarbeiter des Kanzleramtes und Bundestagsabgeordneten Otto Lenz, der die ‚Hispano Suiza' juristisch vertreten hatte, stand im Mittelpunkt, jedoch ohne neue Ergebnisse hervorzubringen. Nur Dr. Adolf Süsterhenn, Mitglied der CDU im Untersuchungsausschuss, äußerte sich zum Trust, indem er feststellte, dass sich dessen Aktivitäten ereigneten, als der HS 30 noch keine Rolle spielte.[834]

Wessel ließ den Bereich ‚Waffenhandel' ab August 1968 überprüfen, da es zu einer Reihe von Klagen und Prozessen gekommen war. Sein abschießendes Urteil war, dass die Aufklärung des Waffenhandels zum Aufgabenbereich des Dienstes gehöre. Vor dem Guillaume-Untersuchungsausschuss gab er zu Protokoll: „Aber bei dem, was auf der einen Seite in dieser Zeit als Ergebnis herauskam, und dem Risiko, was der Dienst auf der anderen Seite einging, indem sich dann Firmen oder Waffenhändler darauf berufen haben oder hätten berufen können, dass ihre Waffengeschäfte ja mit Wissen des Dienstes und damit, wie sie

---

[830] 5. WP, Drucksache 4527, 26. Juni 1969, S. 23.

[831] Protokoll der nichtöffentlichen Sitzung des 1. Strafsenats des Oberlandesgerichts München, 19. November 1970, AdsD, SPD-BT-Fraktion, 7. WP, Mappe: 2/BT FG003036, S. 3.

[832] Bericht des Hans Brandes an den BND, 29. Juni 1970, AdsD, SPD-BT-Fraktion, 7. WP, Mappe: 2/BT FG003036, S. 3.

[833] Der „Spiegel": Verdienst im Halbdunkel, 29. Januar 1968, S. 38.

[834] 5. WP, BT-Protokoll 246, 2. Juli 1969.

behaupteten, mit Genehmigung einer Bundesbehörde erfolgten, habe ich gesagt: Dieses Risiko lohnt sich nicht.“[835] Er habe daher diesen Aufklärungskomplex untersagt.

5.2.2 Der Selbstmord des BND-Vizepräsidenten Horst Wendlands: Hirsch-Untersuchungsausschuss sucht nach den Gründen

Es gab noch einen zweiten Untersuchungsausschuss - jedoch mit eindeutigem BND-Bezug.[836] Ausgelöst wurde die Untersuchungsausschuss durch eine Kette von sechs Selbstmorden, die sich innerhalb von nur zwei Wochen und vorwiegend im nachrichtendienstlichen oder militärischen Milieu ereigneten. Darunter war auch der Selbstmord des Vizepräsidenten des Bundesnachrichtendienstes, Horst Wendland, der sich am 8. Oktober 1968 in seinem Büro erschoss. Es kam schnell der Verdacht auf, die Freitode seien geschehen, weil die Personen für feindliche Nachrichtendienste gearbeitet hätten.

Die SPD war mit den Informationen, die sie zum Fall erhielt, unzufrieden. So teilte der Vorsitzende Schmidt in der Fraktionssitzung seiner Partei am 29. Oktober 1968 mit, der Vortrag im Vertrauensmännergremium sei „sehr lückenhaft“[837] gewesen. Barzel stellte dies so dar: „Es gab dann eine Beratung dieses Falles [Lüdke] im Vertrauensmännergremium, dem ich damals noch angehörte. Aufgrund aller Dinge, die dort vorgetragen wurden, habe ich damals erklärt – 68 Große Koalition – wir behielten uns alle parlamentarischen Schritte vor, weil nichts in dem vertraulichen Ausschuss die Parlamentsrechte beeinträchtige. (...) Wir waren noch nicht ganz wieder im Bundeshaus als Helmut Schmidt, ohne die Seinen zu fragen, öffentlich verkündete, er werde einen Untersuchungsausschuss verlangen.“[838] Schmidt hatte sich jedoch vom Fraktionsvorstand mit der Vollmacht ausstatten lassen, dass er das Recht erhalte einen Untersuchungsausschuss zu fordern, wenn in der zweiten Sitzung des Vertrauensmännergremiums wieder keine hinreichende Aufklärung zum Thema gegeben werde.[839] Brandt erklärte zudem in einem Brief an den Bundeskanzler, der Bericht im Staatssekretärsausschuss für die Nachrichtendienste in der ersten Novemberwoche sei „nicht ermu-

[835] Alles: Geheimes Protokoll der 20. Sitzung des 2. UA der 7. WP, Aussage des Zeugen Gerhard Wessel, PA-DBT, 11. Oktober 1974,S. 51.

[836] Die Unterlagen sind bis heute nicht zugänglich. Das liegt sicher an der großen Anzahl an Personendaten, die der Ausschuss erhob und die stets besonders schutzbedürftig sind.

[837] SPD Fraktionsvorstandssitzung, 29.10.1968, AdsD, SPD-BT-Fraktion, 6. WP, Mappe: 320.

[838] CDU/CSU-Fraktion im Deutschen Bundestag, Fraktionsprotokoll vom 15. Oktober 1974, ACDP, 08-001-1039/1, S. 34f..

[839] SPD-Fraktionsvorstandssitzung, 29.10.1968, AdsD, SPD-BT-Fraktion, 6. WP, Mappe: 320.

tigend“[840] verlaufen. Die Abgeordneten der SPD beantragten daher am 13. November die Einrichtung eines Untersuchungsausschusses.

Um den Geheimschutz zu gewähren, wurden nur fünf Mitglieder in den Ausschuss entsandt, allesamt Mitglieder des Vertrauensmännergremiums: der Fraktionsvorsitzende der CDU/CSU, Barzel, der CSU-Landesgruppenchef Stücklen, der SPD-Fraktionsvorsitzende Schmidt und sein Stellvertreter Hirsch sowie der FDP-Fraktionsvorsitzende Mischnick.[841] Hirsch übernahm den Vorsitz und die Berichterstattung. Der Ausschuss tagte nur 10 Mal, vernahm 23 Zeugen und analysierte eine Reihe von schriftlichen Unterlagen, darunter auch Unterlagen des Staatssekretärsausschusses für die Fragen des geheimen Nachrichtenwesens.

Nicht nur die Selbstmorde wurden untersucht:
Übersicht über die untersuchten Fälle

- Diebstahl einer Sidewinder-Rakete sowie anderer Luftwaffengeräte und deren Versand nach Moskau
- Die Fälle von drei Naturwissenschaftlern die sich in die DDR abgesetzt hatten
- Die Verhaftung einer Schreibkraft des Bundesverteidigungsministeriums
- Die Selbstmorde von: Horst Wendland, Vizepräsident des BND, Flottenadmiral Hermann Lüdke, Oberstleutnant Johannes Grimm (Bundesverteidigungsministerium), Regierungsdirektor Hans-Heinrich Schenk (Bundeswirtschaftsministerium), Regierungshauptsekretär im Bundesverteidigungsministerium, Gerhard Böhm, die ehemalige Schreibkraft im Bundeswirtschaftsministerium, Gruber[842] und die Sachbearbeiterin im Presse- und Informationsamt der Bundesregierung, Edeltraud Garpentin[843]

Der Bericht des Untersuchungsausschusses behandelt nur den Tod des Flottenadmirals Hermann Lüdke. Auf Wendland wird nicht eingegangen. Die Spionagevorwürfe gegen ihn waren, wie schon dargestellt, von einer BND-Mitarbeiterin erhoben, aber nicht bewiesen worden. So stehen zur näheren Ausdeutung des Falls nur Unterlagen aus dem Bundeskanzleramt zur Verfügung. Dort stellte von Guttenberg gegenüber dem Kanzler klar, dass nach Meinung des Chefs des Militärischen Abschirmdienstes, Admiral Günter Poser, kein Zusam-

[840] Brief Willy Brandts an Kurt-Georg Kiesinger, 13. November 1968, AdsD, WBA, A7 (Außenminister), Mappe 13.
[841] 5. WP, BT-Drucksache 4208, 16. Mai 1969, S. 1.
[842] Vorname war nicht zu ermitteln.
[843] 5. WP, BT-Drucksache 4208, 16. Mai 1969, S. 2.

menhang zwischen den Selbstmorden von Lüdke und Wendland bestünde.[844] Beide waren miteinander befreundet gewesen und starben am gleichen Tag, dem 8. Oktober 1968.[845] Der Flottenadmiral kam bei einem Jagdunfall ums Leben. Zu Beginn des Jahres war er wegen eines Nervenzusammenbruchs und angeblicher Selbstmordabsichten in ein Krankenhaus eingeliefert worden. Danach war er sechs Monate krankgeschrieben und nahm seinen Dienst nicht wieder auf. Zwei Wochen vor dem Unfall informierte die Kriminalpolizei das Verteidigungsministerium, dass Lüdke einen Film bei einer Fotofirma entwickeln ließ, der fünf Seiten eines wichtigen NATO-Grundsatzdokuments zu Fragen der Logistik enthielt. Der Admiral wurde sofort verhört und verwickelte sich in Widersprüche. Das Verteidigungsministerium vermutete sofort Spionage, wohl zugunsten der Sowjetunion, heißt es bei von Guttenberg.[846]

Im Gegensatz zu Lüdke sah Poser bei Wendland andere Motive. Guttenberg notierte sich am 10. Oktober 1968: „Admiral Poser unterrichtete mich heute über seine Ansicht über den Selbstmord von General Wendland. Danach stand General Wendland sicher unter dem Einfluss einer psychischen Depression. Deren Grund sei aber darin zu suchen, dass er jahrelang die Ineffizienz und schlechte Organisation des BND zwar erkannte, aber – aus Loyalität gegen Gehlen – deckte. Insoweit bestehe möglicherweise ein Zusammenhang zwischen Wendlands Freitod und der Tätigkeit der Kommission (Sts. Mercker u.a.).“[847] Die Verständigung mit der Familie Wendlands verlief nach den Unterlagen rasch. Schon einen Tag nach dem Selbstmord schrieb von Guttenberg unter dem Titel „dem Bundeskanzler“: „Herr Wessel hat angerufen – Frau Wendland ist mit der Sprachregelung einverstanden.“[848] Wie sie genau lautete, ist nicht überliefert.

In den Unterlagen Carstens und von Guttenbergs finden sich keine Hinweise, dass Wendland für gegnerische Nachrichtendienste gearbeitet hat. Die Dokumente enthüllen jedoch, dass der Vizepräsident schon 1967 aus Sicht der Vertreter des Kanzleramtes keine Zukunft mehr im BND hatte. Bei den Gedankenspielen um Gehlens Nachfolge kam die Frage auf, was mit Wendland passieren solle. Von Koester merkte damals an: „General Wendland sollte in jedem Fall im BND belassen werden, da die Bundeswehr keine Verwendung für ihn hat und seine vorzeitige Pensionierung eine Brüskierung der alten Mitarbeiter im BND

[844] Ausarbeitung für den Bundeskanzler von Karl Theodor Freiherr von und zu Guttenberg, BAK, NL 1397/91, 10. Oktober 1968, Blatt: 64.
[845] Müller; Mueller: Gegen Freund und Feind, S. 3.
[846] Aufzeichnung von Karl Theodor Freiherr von und zu Guttenberg für den Bundeskanzler, BAK, NL 1397/91, 10. Oktober 1968, Blatt: 64.
[847] Ausarbeitung für den Bundeskanzler von Karl Theodor Freiherr von und zu Guttenberg, BAK, NL 1397/91, 10. Oktober 1968, Blatt: 68.
[848] Notiz für den Bundeskanzler von Karl Theodor Freiherr von und zu Guttenberg, BAK, NL 1397/91, 9. Oktober 1968, Blatt: 66.

wäre.“[849] Offensichtlich war schon bei der Bundeswehr nachgefragt worden war, ob sie ihn weiterbeschäftigen würde. Die Pensionierung war allerdings nicht zu den Akten gelegt worden. Am 24. September 1968 trug Wessel Carstens vor, dass er beabsichtige, Wendland in den vorzeitigen Ruhestand zu versetzen. Er erwähnte auch, dieser sei erst 56 Jahre alt.[850] Dies war kurze Zeit vor dessen Selbstmord.

Der Untersuchungsausschuss sprach sich dagegen aus, die Kompetenzen im Bereich der Spionageabwehr zusammenzulegen. Vor allem wandte er sich gegen eine Zentralbehörde, dem stände der föderalistische Gedanke entgegen. Zudem komme es bei der Umorganisation zu einem Einbruch der Effektivität. Das Problem der Zusammenarbeit mit den Strafverfolgungsbehörden, bliebe für die Nachrichtendienste bestehen. Für die Kontrolle sah der Ausschuss einen solchen Schritt ebenfalls als nachteilig an: eine Zentralbehörde sei noch unüberschaubarer und schwerer zu überprüfen. Innerhalb der Behörde sei nicht gewährleistet, dass die Zusammenarbeit problemlos vonstatten ginge und Spionagefälle tatsächlich erkannt würden.[851]

Die Parlamentarier wollten die mangelnde Abstimmung der Behörden durch die Aufstellung einer einheitlichen Koordinierungsrichtlinie beheben. Dabei sollten Aufgabenbereiche untereinander klar abgegrenzt werden.[852] Einer zu engen Zusammenarbeit stand das Trennungsgebot zwischen Nachrichtendiensten und Strafverfolgungsbehörden entgegen. Deshalb sprach sich der Ausschuss für die Schaffung einer Instanz aus, die Zweifelsfälle beim Informationsaustausch klären sollte. Die wichtigste Spionageabwehrbehörde sollte ausdrücklich das Bundesamt für Verfassungsschutz bleiben. Die Sicherungsgruppe Bonn des Bundeskriminalamtes sollte für den Bundesanwalt die Strafverfolgung übernehmen. Das Bundeskabinett schloss sich den Empfehlungen in allen Punkten an, ergänzte lediglich noch, dass der Staatssekretärsausschuss für die Nachrichtendienste nun einmal pro Monat tagen sollte.[853]

Der Untersuchungsausschuss stieß bei der Zeugenbefragung auf ein Problem: Es fehlte neues, qualifiziertes Personal für die Dienste. Hochqualifizierte seien von diesem Berufsfeld häufig abgeschreckt, heißt es im Bericht. Um das zu ändern, müsse es an erster Stelle möglich sein, Mitarbeiter wieder herauszulösen. Nicht jeder könne und wolle für immer im Dienst bleiben, weil er ‚verbrannt

[849] Referat I/2, von Koester, Vorlage für den Bundeskanzler, ACDP, Nachlass Hans Globke, 01-070-123/2, 6. September 1967.
[850] Vortragsnotizen von Karl Carstens, BAK, NL 1337/589, 24. September 1968.
[851] Ebd.
[852] 5. WP, BT-Drucksache 4208, 16. Mai 1969, S. 5f.
[853] Das Presse und Informationsamtes der Bundesregierung, 26. 11.1968, Z 1988 B Nr. 149/S. 1306, BULLETIN, AdsD, SPD-BT-Fraktion, 5. WP, Mappe: 1202.

sei', weil ihm der Beruf nicht gefalle oder er sich neu orientieren wolle. Auch existiere ein falsches Bild vom Arbeitsplatz Nachrichtendienst. Der Untersuchungsausschuss forderte daher mehr Öffentlichkeitsarbeit, einmal von der Bundesregierung, aber auch von den Diensten.[854] Außerdem solle es mehr Ausnahmeregelungen im Dienstrecht geben. Dann könnten zum Beispiel Experten auf Vertragsbasis mit hoher Vergütung beschäftigt werden. Auf der anderen Seite sollte der Dienst solche Verträge täglich aufkündigen können. Auch der Austausch von Personal zwischen verschiedenen Ressorts sollte verbessert werden.[855]

Neben diesen Problemen stellte der Ausschuss fest, dass die Kontrolle der Nachrichtendienste dringend verbessert werden müsse. Missstände seien seit langem bekannt, doch nichts sei abgestellt worden. Zudem sei das Vertrauensmännergremium auf die Einladung des Bundeskanzlers angewiesen. Daher forderten die Abgeordneten einen ordentlichen ‚Ausschuss für die Angelegenheiten der Nachrichtendienste'.[856]

Die zweite Forderung lautete, einen Beauftragten für die Nachrichtendienste zu benennen, gedacht war an einen Minister oder Staatssekretär. Dieser sollte dafür sorgen, dass die Dienste reibungslos zusammenarbeiteten und dass dem Kontrollausschuss regelmäßig über alle wesentlichen Entwicklungen berichtet würde. Die neue Form der Kontrolle hielten die Parlamentarier für so dringend, dass sie diese noch vor Ende der Wahlperiode beschließen wollten. Dazu sollte der Artikel 45 a Grundgesetz neu gefasst werden.

Artikel 45a

(1) Der Bundestag bestellt einen Ausschuss für auswärtige Angelegenheiten und einen Ausschuss für Verteidigung.

(2) Der Ausschuss für Verteidigung hat auch die Rechte eines Untersuchungsausschusses. Auf Antrag eines Viertels seiner Mitglieder hat er die Pflicht, eine Angelegenheit zum Gegenstand seiner Untersuchung zu machen.

(3) Artikel 44 Absatz 1 findet auf dem Gebiet der Verteidigung keine Anwendung.[857]

Der erste Absatz sollte ergänzt werden um „einen aus fünf Abgeordneten bestehenden Ausschuss für Angelegenheiten der Nachrichtendienste"[858] und der dritte

---

[854] 5. WP, BT-Drucksache 4208, 16. Mai 1969, S. 7.
[855] Ebd., S. 7f.
[856] Ebd., S. 8.
[857] Ebd., S. 8f.
[858] Ebd., S. 9.

Absatz beim vorigen eingefügt. An dessen Stellte sollte diese Formulierung treten:

> (3) Der Ausschuss für Angelegenheiten der Nachrichtendienste übt die parlamentarische Kontrolle über die Nachrichtendienste aus und nimmt auf diesem Gebiete die Rechte eines Untersuchungsausschusses ausschließlich wahr. Auf Antrag von zweien seiner Mitglieder oder eines Viertels der Mitglieder des Bundestages hat er eine Angelegenheit zum Gegenstand seiner Untersuchung zu machen.[859]

Der Vorschlag ist sehr weitgehend, da es mit seiner Verwirklichung sehr einfach möglich geworden wäre, einen Untersuchungsausschuss einzurichten. Dafür hätten bereits die Stimmen einer der beiden großen Fraktionen ausgereicht. Die Möglichkeit von Zeugenbefragungen und Akteneinsicht wären als Kontrollmittel hinzugekommen. Beides war dem Vertrauensmännergremium nicht möglich, es sei denn die Regierung hätte freiwillig kooperiert. Ein derartiger Vorschlag wurde immer mit dem Argument kritisiert, auf diese Weise würde das Vertrauensverhältnis des Nachrichtendienstes gegenüber den Abgeordneten schwinden, da jede Information oder Operation Gegenstand eines öffentlichen parlamentarischen Verfahrens werden könne. Damit wäre der Ausschuss auf die gleiche Weise wie der Verteidigungsausschuss organisiert worden. Wichtig ist festzuhalten, dass die Abgeordneten durch den Hirsch-Untersuchungsausschuss derartige Mängel bei den Diensten feststellten und dass sie ihre eigene Aufsicht dringend für verbesserungswürdig hielten. Das Reformprojekt wurde jedoch nicht Realität.

5.2.3 In letzter Minute gescheitert: Versuch eines Kontrollgesetzes

Der Gesetzesentwurf[860] zur Kontrolle der Nachrichtendienste war Teil einer umfangreicheren geplanten Parlamentsreform, um die Rechte des Bundestages zu stärken. Dazu sollte der Petitionsausschuss im Grundgesetz[861] verankert und die Bestimmungen für Untersuchungsausschüsse neu gefasst werden.[862] Außerdem war von der SPD noch ein Gesetz zur Enquete-Kommission und zur Wahl des Präsidenten des Bundesrechnungshofes geplant.

[859] Ebd., S. 9.
[860] 5. WP, Drucksache 4445.
[861] Die Verankerung im Grundgesetz geschah erst 1975.
[862] 13.5.1969 Protokoll des Arbeitskreises Rechtswesen der SPD-BT-Fraktion, AdsD, SPD-BT-Fraktion, 5. WP, Mappe: 972.

Die Reform fand jedoch in der Sitzung des Bundestages am ersten Juli 1969 nicht die erforderliche Zweidrittelmehrheit.[863] Die SPD-Fraktion hatte den Entwurf in ihrem ‚Arbeitskreis Rechtswesen' noch diskutiert und beschlossen.[864] Carstens äußerte in einem Brief gegenüber Schmidt, dass er den Gedanken, ein ständiges parlamentarisches Gremium mit den Angelegenheiten der Nachrichtendienste zu befassen, für durchaus begrüßenswert halte. „Aber ich habe Bedenken, dies in der Weise, wie es vorgesehen ist, im Grundgesetz zu verankern, ohne dass darüber eine gründliche Abstimmung mit den Beteiligten stattgefunden hat."[865] Und er fügt kurz darauf hinzu: „Die Bundesregierung hat noch keine Gelegenheit gehabt, sich mit dem Entwurf zu befassen."[866] Das war eine Woche vor der Abstimmung.

Die SPD gab ihrem Koalitionspartner die Schuld: „Auf Intervention des Bundeskanzleramtes hin verweigerte die CDU/CSU-Fraktion im letzten Augenblick die Zustimmung zu diesen Grundgesetzesänderungen, so dass in der dritten und entscheidenden Beratung die notwendige Zweidrittelmehrheit nicht erreicht werden konnte." [867] Der Koalitionspartner erinnerte sich anders. Barzel hielt fest, dass im letzten Koalitionsgespräch vor der Wahl vereinbart worden sei – aufgrund der mangelnden Zeit und der noch ausstehenden Beratungen – über die Grundgesetzänderung zum Ausschuss Nachrichtendienste nicht mehr abzustimmen. „Daraufhin beschlossen die Sozialdemokraten in Fühlung mit den Freien Demokraten, die Sache doch noch auf die Tagesordnung zu bekommen"[868], so der Fraktionsvorsitzende der CDU/CSU. Schmidt sei von der eigenen Fraktion in diesem Punkt überstimmt worden und der Antrag auf diese Weise doch noch ins Parlament eingebracht worden.

Hier werden die Spannungen deutlich, die zwischen den Koalitionspartnern bis zur Bundestagswahl stetig zunahmen. Das verbindende politische Fundament bestand am Ende der Legislaturperiode nur noch aus den gemeinsamen Regierungsaufgabe, für parlamentarische Vorhaben reichte es nicht mehr aus.

---

[863] Quelle: Fragen der Verfassungsreform: Zwischenbericht der Enquete-Kommission des Deutschen Bundestages, in AdsD, SPD-BT-Fraktion 7.WP, Mappe: 2/BTF6000539, S. 37.

[864] Protokoll des Arbeitskreises Rechtswesen der SPD-BT-Fraktion, 13. Mai1969, AdsD, SPD-BT-Fraktion, 5. WP, Mappe: 972.

[865] Brief von Karl Carstens an Helmut Schmidt, 24. Juni 1969 , AdsD, SPD-BT-Fraktion, 5. WP, Mappe: 1062.

[866] Ebd.

[867] Bericht Arbeitskreis Rechtswesen der SPD-BT-Fraktion, 3. Juli 1969, AdsD, SPD-BT-Fraktion, 5. WP, Mappe: 972, S. 15/16.

[868] CDU/CSU-Fraktion im Deutschen Bundestag, Fraktionsprotokoll vom 15. Oktober 1974, ACDP, 08-001-1039/1, S. 36.

5.2.4 *Hitzige Debatten: Das Gesetz zu Artikel 10 Grundgesetz entsteht*

Im Gegensatz zur parlamentarischen Kontrolle der Nachrichtendienste gelang es der Großen Koalition durch ihre Zweidrittelmehrheit, ein legislatives Dauerprojekt zu beenden. Der Artikel 10 Grundgesetz[869] wurde ergänzt und das dazugehörige Bundesgesetz erlassen.[870] Dies erforderte eine große politische Kraftanstrengung, da die Grundgesetzänderung im Zusammenhang mit den Notstandsgesetzen[871] diskutiert und verabschiedet wurde. 28 Verfassungsartikel wurden geändert, hinzu kam noch die einfache Gesetzgebung mit mehreren hundert Paragrafen.

Allgemein wurde zwischen dem Verteidigungs- oder Spannungsfall und dem inneren Notstand, der Gefahr für den Bestand oder die freiheitliche demokratische Grundordnung des Bundes oder eines Landes, unterschieden. In beiden Fällen war die Brief-, Post- und Fernschreibkontrolle eingebunden.

Die Pläne der Regierung erregten die Gemüter, vor allem die Änderung des Grundgesetzartikels 87a. Hiernach sollte es erlaubt sein, dass in einer inneren Krisensituation die Polizei der Bundesländer dem Bund unterstellt und mit dem Bundesgrenzschutz, im äußersten Fall sogar mit der Bundeswehr, gegen Aufständische eingesetzt werden könnte. Das rief bei den Gewerkschaften und Teilen der Sozialdemokraten Erinnerungen an die Kaiserzeit wach, wo das Militär gegen demonstrierende Arbeiter vorging.[872]

Diskussionen fanden auch in der Wissenschaft, den Kirchen und anderen gesellschaftlichen Gruppen statt. Das setzte die Parlamentarier unter Druck. Die Auseinandersetzung in der Öffentlichkeit oder auf den zahlreichen Demonstrationen wurde spiegelbildlich im Parlament, vor allem im Innen- und Rechtsausschuss geführt.[873] In den zumeist gemeinsamen Sitzungen der beiden Ausschüsse fanden Expertenanhörungen vom Vorsitzenden des Deutschen Gewerkschaftsbundes bis zum Bundesverfassungsrichter statt.[874] Es wurden zahllose Rechtsgutachten studiert und die Änderungsanträge vor allem der FDP beraten.[875] Die Stimmung war zeitweise sehr aufgeladen, Vokabeln wie „der Weg zur Diktatur“,

---

869 Brief- und Fernmeldegeheimnis

870 Zu den Notstandsgesetzen siehe: 5. WP, Drucksache 1879, 13. Juni 1967.

871 Siebzehntes Gesetz zur Änderung des Grundgesetzes.

872 Das wurde dann so gelöst, indem Artikel 9 eingefügt wurde, dass die Streitkräfte nicht gegen Streiks eingesetzt werden dürfen, die die Arbeitsbedingungen verbessern sollen. Außerdem erhielt Artikel 20 einen Zusatz, dass jeder das Recht zum Widerstand hat, gegen denjenigen aufzubegehren, der die demokratische Grundordnung abschaffen will.

873 Carstens: Erinnerungen und Erfahrungen, S. 370.

874 Siehe z.B.: 5. WP, Protokoll Nr. 57 des Rechtsschusses/ Nr. 73 des Innenausschusses, PA-DBT, 16. November 1967.

875 Z.B.: 5. WP, Drucksache 2130.

„die Beseitigung von staatsbürgerlichen Freiheiten“ [876] fielen. Die Regierung blieb bei ihrem Kurs. Das „ist eine besondere Leistung der beiden Fraktionsvorsitzenden Barzel und Helmut Schmidt, vor allem Helmut Schmidts, da naturgemäß der stärkere Widerstand aus den Reihen der SPD kam“, erinnert sich Carstens.[877]

Hitzige Debatten entzündeten sich ebenso bei der Änderung des Grundgesetzartikels 10. Bereits der Ausgangspunkt, die Ablösung der Alliiertenvorbehalte, war umstritten. So schrieb die Humanistische Union[878] an die Bundestagsabgeordneten, die Ablösung sei nur ein Vorwand „um die Geheimdienste der Bundesrepublik auch zur selbst ständigen Überwachung des privaten Nachrichtverkehrs zu ermächtigen“[879]. Die FDP schloss sich der Kritik an. Besonders tief greifend und hartnäckig wurde sie von Wolfram Dorn, dem Parlamentarischen Staatssekretär des Innern, formuliert: „Wir Freien Demokraten stellen dazu fest, dass weder die freiheitlich demokratische Grundordnung der Bundesrepublik Deutschland, noch ihre Souveränität noch ihre Stellung im westlichen Vertragssystem Eingriffe der Alliierten in die verfassungsmäßige Ordnung und in die Grundrechte der Bürger duldet.“[880] Die Alliierten hätten zudem nur die Sicherheit ihrer Truppen gegen Bedrohungen von außen vornehmen dürfen. Dass dieses in der Praxis anders gesehen wurde, zeige bereits der Abhör-Untersuchungsausschuss. Dorn schloss, deshalb könne die Ablösung der Vorbehaltsrechte keine Grundlage für eine deutsche Notstandsgesetzgebung sein. Die SPD, vertreten durch Hirsch, begründete die Änderung pragmatisch: Nur so könne Missbrauch ausgeschlossen werden.[881] Der Sozialdemokrat erklärte: „Aber wer da meint, dieses Gesetz und den neuen Artikel 10 ablehnen zu können, weil ihm die Geheimdienste nicht gefallen oder weil ihm das alles überhaupt nicht passt, muss eben wissen, dass die Geheimdienste abhören, aber völlig unkontrolliert und abgeleitet von alliierten Rechten.“[882]

Die Notstandsgegner vertraten außerdem die Forderung, die Post- und Telefonkontrolle weniger intensiv als die Alliierten zu betreiben. Jene hatten jedoch signalisiert, dass sie ihre Rechte nur dann abgeben würden, wenn die Überwa-

---

[876] 5. WP, BT-Protokoll 174, 15. Mai 1968, S. 9313.
[877] Carstens: Erinnerungen und Erfahrungen, S. 370.
[878] Die Humanistische Union ist eine unabhängige Bürgerrechtsorganisation und wurde 1961 gegründet. Sie will sich für den Schutz von Bürger- und Menschenrechten einsetzen.
[879] Brief an die Abgeordneten des Deutschen Bundestages von der Humanistischen Union, 19. Januar 1968, PA-DBT, Gesetzesdokumentation zu Artikel 10 GG.
[880] 5. WP, BT-Protokoll 117, 29. Juni 1967, S. 5869.
[881] Ebd., S. 5882.
[882] Ebd., S. 5883.

chung im selben Umfange weitergeführt werde.[883] In der Debatte äußerten die Befürworter immer wieder, dass im Gegensatz zu anderen westlichen Demokratien die Bundesrepublik versuchen würde, die Post- und Fernmeldekontrollen in den Rechtsstaat einzubinden. In anderen Staaten geschehe dies heimlich.[884]

Das Brief-, Post- und Fernmeldegeheimnis sollte folgendermaßen eingeschränkt werden:

Artikel 10
(1) Das Briefgeheimnis sowie das Post- und Fernmeldegeheimnis sind unverletzlich.
(2) Beschränkungen dürfen nur auf Grund eines Gesetzes angeordnet werden. Dient die Beschränkung dem Schutze der freiheitlichen demokratischen Grundordnung oder des Bestandes oder der Sicherung des Bundes oder eines Landes, so kann das Gesetz bestimmen, dass sie dem Betroffenen nicht mitgeteilt wird und dass an die Stelle des Rechtsweges die Nachprüfung durch von der Volksvertretung bestellte Organe und Hilfsorgane tritt.[885]

Kontrovers wurde diskutiert, dass die Maßnahmen nicht mitgeteilt werden sollten und es keine Möglichkeit des Rechtsweges geben sollte. Dieses wurde noch einmal im Gesetz zu Artikel 10 Grundgesetz in § 9 Absatz 5 festgeschrieben. Dagegen argumentierte die FDP durch ihren Abgeordneten Hermann Busse (Herford): „Derjenige aber, bei dem sich herausstellt, dass es ein unbegründeter Verdacht war, soll nichts gewahr werden und soll nicht in den Stand gesetzt werden, die Folgewirkungen des Abhörens zu überwachen und zu kontrollieren, ob hier ordnungsmäßig in seinem Interesse verfahren worden ist?“[886] Auch die SPD-Fraktion hatte Bedenken[887], rang sich jedoch dazu durch, das Verfahren zu akzeptieren.

Das Gesetz zu G 10 war ebenso umstritten. Grundsätzlich wird in ihm unterschieden zwischen der Individualkontrolle (§ 2 G 10-Gesetz), die sich mit dem inneren Notstand und genau benannten Personen beschäftigt, und der ‚strategischen oder globale Kontrolle' (§ 3 G 10-Gesetz), die auf den Verteidigungsfall abzielt. Für eine Individualkontrolle muss ein Verdacht auf konkrete Straftatbestände vorliegen. Dabei handelt es sich um Friedens-, Landes- und Hoch-

[883] Entwurf für Manfred Schulte, 8. Januar 1968, Gl./Kl., AdsD, SPD-BT-Fraktion, 5. WP, Mappe: 1302.
[884] 5. WP, BT-Protokoll 117, 29. Juni 1967, S. 5883.
[885] 5. WP, Drucksache 2873, 9. Mai 1968, S. 21.
[886] 5. WP, BT-Protokoll 117, 29. Juni 1967, S. 5888f.
[887] Ergebnisse der Klausurtagung der Notstandsverfassung am 15. und 16. Januar 1968, Stand: 18. Januar 1968, AdsD, SPD-BT-Fraktion, 5. WP, Mappe: 1302.

verrat und Straftaten, die den demokratischen Rechtsstaat, die äußere Sicherheit, die Landesverteidigung oder die Sicherheit der in der BRD stationierten Truppen gefährden.[888] Der BND darf in diesem Rahmen nur Anträge stellen, wenn sich Handlungen gegen seine Sicherheit richten. Berechtigt sind zu diesem Eingriff vor allem das Bundes- und Landesamt für Verfassungsschutz und der MAD sein. Jeder Antrag muss schriftlich eingereicht und in ihm angegeben werden, aus welchen Gründen der Sachverhalt nicht auf andere Weise aufgeklärt werden kann. Spätestens nach drei Monaten darf nur noch ein weiteres Mal ein gleicher Antrag gestellt werden.[889]

Die strategische Kontrolle bedeutet eine Überwachung, die sich nicht gegen Einzelpersonen richten darf und aufgrund der damaligen technischen Möglichkeiten auch nicht richten konnte. Sie dient dazu, Sachinformationen zu sammeln. Bei Entstehen des Gesetzes sollte sie wie ein Seismograf die militärische Situation der Warschauer-Pakt-Länder aufzeichnen und im Spannungsfall Alarm schlagen.[890] Der parlamentarische Geschäftsführer der SPD-Bundestagsfraktion Schulte notierte sich dazu: „Man gewinnt durch Zusammensetzung von zahllosen Einzelmitteilungen ein Mosaikbild, das nach Aussage von Fachleuten wichtige Erkenntnisse über militär- und sicherheitspolitische Fragen verschafft.“[891] Die Informationen dürfen weder für noch gegen die Betroffenen eingesetzt werden. In diesem Fall ist nur der Präsident oder sein Stellvertreter antragsberechtigt.

Um die Maßnahmen zu kontrollieren, gab es gegenüber dem Vorschlag aus der Regierungszeit Erhards eine entscheidende Änderung. Danach hatte ein Richter die Maßnahmen prüfen und einleiten sollen, die so genannte ‚Richterlösung'. Der Bundesinnenminister Paul Lücke, CDU, machte in der ersten Gesetzesberatung deutlich, dass dieser Vorschlag aus seiner Sicht nicht durchführbar sei. An diese Stelle trat daher die ‚politische Lösung', indem ein parlamentarisches Gremium die Grundrechtseingriffe kontrollieren sollte.

Das Gremium aus fünf Abgeordneten erhielt keine Kompetenz, um einzelne Beschränkungsmaßnahmen zu kontrollieren oder zu überwachen.[892] Ihm sollte es obliegen, mindestens alle sechs Monate einen allgemeinen – nicht auf einzelne Maßnahmen abgestellten – Bericht des zuständigen Bundesministers entgegen-

---

888 5. WP, Drucksache 2930, ohne Datum, S. 7.

889 Ebd.

890 Siehe: Borgs-Maciejewski, Hermann v.; Ebert, Frank: Das Recht der Geheimdienste: Kommentar zum Bundesverfassungsschutzgesetz (Gesetz über die Zusammenarbeit des Bundes und der Länder in Angelegenheiten des Verfassungsschutzes), Stuttgart, 1986, S. 176.

891 Entwurf für Manfred Schulte, 8. Januar 1968, Gl./Kl., AdsD, SPD-BT-Fraktion, 5. WP, Mappe: 1302.

892 Das Gremium bestand von 1968 bis 1999, als es im Parlamentarischen Kontrollgremium für die Nachrichtendienste, dem Nachfolger des Vertrauensmännergremiums, aufging.

zunehmen.[893] Für den Bereich der Individualkontrolle war dies der Bundesinnenminister, für den Bereich der strategischen Kontrolle der Verteidigungsminister. Die beiden Minister mussten jederzeit Rede und Antwort über alle Aspekte der Brief- und Fernmeldüberwachung geben können.[894] Das G 10-Gremium diente seit diesem Zeitpunkt der abstrakten politischen Kontrolle. Diese Tatsache kritisierte der FDP-Abgeordnete Busse: „Sie [die Abgeordneten] werden huldvoll alle sechs Monate über das unterrichtet, was geschehen ist. Sie können dann zwar sagen: das gefällt uns nicht. Aber inzwischen ist alles längst erledigt.“[895] Man müsse zu nachhaltigeren Kontrollen kommen.

Eine weitere Funktion des Abgeordnetengremiums war die Wahl der G 10-Kommission und die Zustimmung zu deren Geschäftsordnung. Anders als das Gremium war und ist diese Kommission keine parlamentarische Kontrollinstanz. Ihre Mitglieder sind keine Abgeordneten. Statt der Möglichkeit, den Rechtsweg zu beschreiten, sollte diese unabhängige, nicht an Weisungen gebundene Kommission die Maßnahmen regelmäßig überprüfen.[896] Diese besteht aus drei Persönlichkeiten des öffentlichen Lebens und einem Vorsitzenden, der zum Richteramt befähigt sein muss.[897] Die Kommission ist ein Staatsorgan sui generis. Schon deshalb und wegen ihrer richterlichen Unabhängigkeit sind die Mitglieder der Kommission weder Vertreter einer Partei noch einer Parlamentsfraktion. Sie üben im Schwergewicht keine politische, sondern eine richterliche Kontrolle aus, wenngleich ihre Kompetenz, auch die Zweckmäßigkeit (Notwendigkeit) einer Beschränkungsmaßnahme zu überprüfen, über den Rahmen des rein Richterlichen hinausgeht.[898] Gewählt werden sie vom G 10–Gremium für die Dauer einer Wahlperiode und führen ihr Amt bis zur Wahl einer neuen Kommission weiterhin aus.[899] Auf Vorschlag des Bundesrates wurde die Vorschrift eingefügt, dass die G 10-Kommissionsmitglieder „in ihrer Amtsführung unabhängig und an Weisungen nicht gebunden sein“ [900] sollten. Damit sollten einige wesentliche Elemente der richterlichen Kontrolle verbindlich festgelegt werden.

---

[893] Arndt, Claus: Das G 10-Verfahren, in: Verfassungsschutz und Rechtsstaat, Hrsg.: Bundesministerium des Innern, Köln, Berlin, Bonn, München 1981, S. 55.

[894] Deutscher Bundestag: Die Parlamentarische Kontrolle der Nachrichtendienste in Deutschland, Sekretariat des Parlamentarischen Kontrollgremiums, Berlin, 9. September 2000, S. 24.

[895] 5. WP, BT-Protokoll 117, 29. Juni 1967, S. 5889.

[896] Kant, Martina: Innenausschüsse, Parlamentarische Kontrollkommissionen, G 10-Gremien und G 10-Kommissionen, in: Bürgerrechte und Polizei, J. 52, N. 3, 1995, S. 25.

[897] Porzner, Konrad: Der Bundesnachrichtendienst im Gefüge der öffentlichen Verwaltung, in: Regierungssystem und Verwaltungspolitik, Opladen, 1995, S. 136 f.

[898] Arndt: Das G 10-Verfahren, S. 54.

[899] Ebd.

[900] Ebd.

Insgesamt gesehen waren die parlamentarischen Kontrollmöglichkeiten nach diesen Gesetzesänderungen beschränkt und doch ein Gewinn. Die Kernfrage bleibt: Wie können die Rechte der Betroffenen gewahrt und gleichzeitig die Sicherheit des Staates geschützt werden? Der Kompromiss 1968 enthielt beide Elemente, juristische und politische. Zweifellos ließ sich damit nicht verbergen, was dem Parlamentarischen Geschäftsführer der SPD-Bundestagsfraktion, Manfred Schulte, sehr bewusst war: „Es besteht gar kein Zweifel daran, dass es sich hierbei um eine höchst unangenehme Sache handelt. Das Abhören von Telefonen und das Öffnen von Briefen ist auch dann unangenehm und schlecht, wenn es von deutschen Beamten und deutschen Dienststellen statt von Alliierten gemacht wird.“[901]

5.2.5 Alte und neue Kontakte: Der BND kooperiert mit CDU und SPD

Für die Zeit der Großen Koalition lässt sich ein Kontakt beschreiben, den die CSU zum BND pflegte. Die Partei unterhielt besonders gute Verbindung zu Kurt Weiß[902], der - wie im Zusammenhang mit der ‚Spiegel-Affäre' dargestellt - für Presseverbindungen zuständig war. Außerdem war Weiß verantwortlich für die Mobilmachung im Verteidigungsfall, die Aktenverfilmung, sowie ab 1962 amtierender Vizepräsident. Ihm unterstand der nach seinem Decknamen benannte ‚Winterstein-Dienst', bei dem die Informationen der BND-Außenstellen und der Partnerdienste einliefen.[903] Im September 1967 sandte er einen Brief an den CDU-Bundestagsabgeordneten Werner Marx, Experte seiner Partei für Verteidigungs-, Außen- und Sicherheitspolitik.[904] Weiß wollte mit der „Darstellung über das Zusammenwirken der östlichen Nachrichtendienste“ als Anlass nutzen, „alte Verbindungen“[905] – wie er sich ausdrückte – wieder aufleben zu lassen. Die Kontakte bestanden auf Grund seiner Mitgliedschaft im Führungsstab der Bundeswehr ‚Psychologische Kriegsführung im Bundesverteidigungsministerium' (PSK) von 1961 bis 1965[906], wo enge Kontakte zum BND und zu den anderen Diensten existiertem. Zu Beginn der 60er Jahre richtete Wessel beim Amt für die

[901] Entwurf für Manfred Schulte, 8. Januar 1968, Gl./Kl., AdsD, SPD-BT-Fraktion, 5. WP, Mappe: 1302.

[902] Weiß unterhielt auch engen Kontakt mit Franz Josef Strauß, was Friedrich Zimmermann im Interview mit der Autorin im September 2006 bestätigte.

[903] Geheimes Protokoll der 25. Sitzung des 2. UA der 7. WP, Aussage des Zeugen Gehlen, PA-DBT, 19. November 1974, S. 78.

[904] Brief von Winterstein an Werner Marx, ACDP, Nachlass Werner Marx, 01-356-041, 15. September 1967.

[905] Ebd.

[906] Gegründet 1958 von Franz Josef Strauß.

Sicherheit der Bundeswehr das Referat ‚Psychologische Lage' ein. Beim BND liefen die Verbindungen zur PSK über Weiß und Worgitzky.[907] Im Anschreiben von Weiß wird Marx offeriert: „An unserer Bereitschaft soll es nicht fehlen: Wir sind mit Freuden bereit, uns mit Ihnen abzustimmen und Ihnen – im Rahmen unserer Möglichkeiten – behilflich zu sein (so wie wir in vielen Fällen auch Ihren Rat sehr gut gebrauchen können...)."[908] Wichtig ist der Zusatz, dass auch der Präsident zu einem Gedankenaustausch nach Pullach lade, was darauf hinweist, dass Gehlen über die Kontakte sehr gut informiert war. Marx wurde aufgefordert, den Absender BND nicht zu zitieren. „Wir sollten für die Zukunft sicherstellen, dass die zwischen uns bestehende Verbindung nicht durch bürokratische und sonstige Hemmnisse behindert wird"[909], beendete Weiß sein Schreiben.

Nach dem Tod Erlers mussten die Kontakte der Sozialdemokraten zum Bundesnachrichtendienst neu ausgerichtet werden. Die alten Verbindungen wurden von Schmidt und Hirsch nicht erneuert: 1967 meldete sich der ehemalige BND-Vertauensmann Ziegler mit einem Schreiben beim Fraktionsvorsitzenden Schmidt.[910] Seit ca. zwei Jahren aus dem BND entlassen und für die Friedrich-Ebert-Stiftung in Mexiko tätig, bot er dem Fraktionsvorsitzenden seine Hilfe an. Er habe „als Vertrauensmann der SPD in der Organisation an führender Stelle"[911] in den früheren Jahren in seinem oberbayerischen Haus in der Nähe von München eine Reihe von Gesprächen mit Erler geführt und ihn beraten. Ziegler zeichnete ein düsteres Bild der Situation der den Sozialdemokraten nahe stehenden Mitarbeiter im BND: „Mit meinem Ausscheiden waren auch die letzten wenigen Mitglieder der SPD und die Sympathisierenden ausgeschaltet bzw. ausgebootet oder zumindest so unter Druck gesetzt, dass sie die Partei verlassen mussten."[912] Anlass des Briefes sei daher sein politisches Verantwortungsgefühl. Die Partei, warnt er, habe im BND drastisch an Einfluss und Kontrolle verloren. Ziegler resümierte: „Unsere Partei läuft Gefahr, aus Unkenntnis eine Mitverantwortung zu übernehmen statt gründlich zu kontrollieren oder sich zu distanzieren."[913] Das Schreiben kann Schmidt nur wenig beeindruckt haben. Ziegler, damals noch in Mexiko, wartete über ein Jahr auf eine Einladung. Dann schrieb er

---

[907] Stellungnahme zum Fall „Oberst Trentzsch", Briefwechsel zwischen Gerhard Schröder und Werner Marx. ACDP, Nachlass Gerhard Schröder, 01-483 113/3, 27. Februar 1968.

[908] Brief von Winterstein an Werner Marx, ACDP, Nachlass Werner Marx, 01-356-041, 15. September 1967.

[909] Ebd.

[910] Brief von Siegfried Ziegler an Helmut Schmidt, 21. Mai 1967, AdsD, SPD-BT-Fraktion, 5. WP, Mappe: 1744.

[911] Ebd.

[912] Ebd.

[913] Ebd.

erneut. Er versuchte noch einmal, seine Kenntnisse deutlich zu machen und erneuerte sein Gesprächsangebot. Mittlerweile sei seiner Partei die Lage im BND wohl bewusst – schließlich habe sie einen Untersuchungsausschuss eingesetzt. Dazu seien seine Kenntnisse sicher von Nutzen, betonte Ziegler und warnte erneut: „Ohne Kenntnis von Interna wird nach meiner Beurteilung der Materie dieser Untersuchungsausschuss nicht zu den Kernfragen der Sicherheit im Dschungel der Nachrichtendienste vordringen können.“[914] Die Parlamentskontrolle, so Ziegler, habe es seit Jahren an Wachsamkeit fehlen lassen.

Die SPD-Fraktion war und blieb skeptisch. Sie befragte Erlers ehemalige Sekretärin. In einem Vermerk heißt es: „Frau Eick kennt ihn [Ziegler] von früheren Besuchen bei Erler uns weist darauf hin, dass Erler ihn immer ein wenig mit Vorsicht und Distanz behandelt habe. Z. [Ziegler] war früher beim BND und ist dort wegen irgendwelcher persönlichen Querelen ausgeschieden. Vorschlag: BND um kurze Beurteilung bitten.“[915] Ob der Nachrichtendienst ein Urteil abgab, ist nicht überliefert. In einem weiteren, wohl letzten Schreiben des ehemaligen BND-Mitarbeiters vom Januar 1969 forderte dieser Hirsch auf, aus den Erkenntnissen des Untersuchungsausschusses personelle Konsequenzen zu ziehen. Ziegler behauptete, aus Prestigegründen sei so mancher Spionageverdachtsfall im BND nur intern untersucht worden. Das dem Ausschussvorsitzenden zur Verfügung stehende Material werde daher mit großer Wahrscheinlichkeit nicht vollständig sein.[916] Ziegler erwähnte seine seit Jahren immer wieder vorgetragene These, der BND lege Dossiers über Personen des öffentlichen Lebens an. So heißt es im Brief abschließend: „Und wenn die Öffentlichkeit erfahren würde, gegen wen alles mit deutschen Steuergeldern im In- und Ausland Dossiers gesammelt werden, das Staunen würde kein Ende nehmen.“[917] Er wolle sich nicht aufdrängen, bemerkte Ziegler. Es gibt keine Hinweise, dass die Partei mit ihm Verbindung aufnahm.

Neue Kontakte entstanden zwischen dem BND und Hirsch wenige Tage nach dem Tod Erlers im Februar 1967. Hirsch sollte 1971 aus dem Bundestag ausscheiden, um als Richter im Zweiten Senat des Bundesverfassungsgerichts zu wirken. Der Oberst im Generalstab Eschenburg meldete sich bei ihm „als ständiger Repräsentant des Präsidenten des BND in Bonn“ [918], da der Abgeordnete in das Parlamentarische Vertrauensmännergremium nachrückte. Er bot Hirsch offi-

---

[914] Brief von Siegfried Ziegler an Helmut Schmidt, 30. Oktober 1968, AdsD, SPD-BT-Fraktion, 5. WP, Mappe: 1744.
[915] Vermerk von 1968, ebd.
[916] Brief von Siegfried Ziegler an Martin Hirsch, 10. Februar 1969, AdsD, SPD-BT-Fraktion, 5. WP, Mappe: 1744.
[917] Ebd.
[918] Brief von Oberst Eschenburg an Martin Hirsch, 23. Februar 1967, ebd., Mappe: 999.

ziell seine Hilfe an für, wie er sich ausdrückte, „alle im hiesigen Raum anfallenden eilbedürftigen Fragen“[919] und bat um einen Termin. Gleichzeitig wurden ihm nun die Berichte und Meldungen zugänglich gemacht.[920] Aus den Unterlagen der SPD-Fraktion lässt sich ersehen, dass Hirsch eine Einladung des Präsidenten des BND zu einer Dienstreise nach Pullach vom 23. bis 24. Mai 1967 annahm. Dort sollte er die Einrichtung besichtigen und in die Arbeitsweise eingeführt werden.[921] Auch Schmidt als Fraktionsvorsitzender traf im November 1968 mit Wessel zu einer Unterredung zusammen. [922]

Die parlamentarische Untersuchung des BND motivierte dessen Mitarbeiter, sich den Abgeordneten mit ihrer Kritik anzuvertrauen – wenn auch manchmal nur anonym. So leitete Waldemar von Knoeringen, ehemals SPD Bundestags- und Landtagsabgeordneter, etwas ratlos die Fragelisten „einer Dame“ an Hirsch weiter. Die BND-Mitarbeiterin sei schon öfter wegen persönlicher Probleme zu ihm gekommen. Von Knoeringen schrieb, Hirsch könne die Liste zu den Akten legen und vielleicht passe sie mit ähnlichen Kritiken zusammen.[923] Die BND-Mitarbeiterin fragte zum Beispiel: „Darf man Angestellte oder Beamte monatelang ohne Arbeit aber mit Gehalt zu Hause isolieren?“[924] Hirsch legte das Schriftstück nicht nur zu seinen Unterlagen, sondern leitete die Fragen an Gehlen weiter. Der warb in seinem Antwortschreiben um Verständnis, die Fragen nur sehr allgemein beantworten zu können. „Eine konkretere Stellungnahme wäre jedoch nur in Kenntnis des spezifischen Falles möglich gewesen. Ich würde es außerordentlich bedauern, wenn die vom Fragesteller offenbar ausdrücklich gewünschte Anonymität einer vollständigen Aufklärung und möglicherweise notwendigen Bereinigung der Angelegenheit im Wege stünde.“[925]

Der BND-Präsident hatte eine 13 Seiten umfassen Anlage beigefügt, die zu jeder Frage eine teilweise sehr ausführliche Antwort gab. Zur erwähnten Frage antwortete Gehlen, dass solche Fälle in der Tat vorkommen könnten.[926] Bei einer Panne müsse von heute auf morgen eine ganze Dienststelle aufgelöst oder für geraume Zeit stillgelegt werden. Gehlen schlug Hirsch außerdem vor, das ausgearbeitete Papier in der Sitzung des Vertrauensmännergremiums am 13. April 1968 zu besprechen.

---

919 Ebd..
920 Ebd.
921 Brief von Martin Hirsch an Heinz Frehsee, 12. Mai 1967, ebd., Mappe: 999.
922 Brief von Gerhard Wessel an Helmut Schmidt, 13. November 1968, AdsD, Nachlass: Helmut Schmidt, Mappe: 1/HSAA005367.
923 Brief von Waldemar von Knoeringen an Martin Hirsch, 19. Dezember 1967, AdsD, SPD-BT-Fraktion, 5. WP, Mappe: 999.
924 Fragenkatalog ohne Autorenhinweis und ohne Datum, ebd..
925 Brief von Reinhard Gehlen an Martin Hirsch, 29. Februar 1968, ebd..
926 Anlage, ebd.

5.2.6 *Mit Verzögerung gestartet: Vertrauensmännergremium wird zur Südkorea-Affäre unterrichtet*

Die Probleme im Kanzleramt, das mangelnde Zusammenwirken von Knieper und Kiesinger, hatten für die parlamentarische Aufsicht des BND Konsequenzen. Wieder entstand dadurch eine Phase ohne Kontrolle, wenn auch nicht für einen so langen Zeitraum wie zu Beginn der 60er Jahre, vermutlich weil das Kanzleramt die ausstehenden Fragen der Parlamentarier zu zögerlich behandelte. Erst vier Monate nach dem Regierungswechsel suchte Knieper den Kontakt zu den Fraktionsvorsitzenden, um – wie es Schmidt in einem Brief an Brandt ausdrückte - das „alte Vertrauensmänner-Gremium für die Nachrichtendienste[927]“ wieder aufleben zu lassen. Er bat um Personalvorschläge für das Gremium, je zwei Vertreter von den Regierungsfraktionen und einen der FDP.

Kanzleramtschef Knieper hatte jedoch grundlegende Organisationsfragen noch nicht geklärt. Schmidt bestand darauf, zum Beispiel erst einmal festzulegen, wer den Vorsitz führen sollte und dass dies ein Parlamentarier sein sollte.[928] Der SPD-Fraktionsvorsitzende hatte auch Einwände gegen die Regelung, alle drei Dienste zusammen zu kontrollieren. In einem Gespräch mit dem Bundeskanzler fragte Schmidt nach, wie die Aufgaben des Ausschusses definiert seien und wer – nach Wegfall des Krone-Ministeriums – von Seiten der Regierung der Partner wäre. Übergreifend für alle Dienste verantwortlich sah der SPD-Fraktionsvorsitzende nur den Bundeskanzler.[929] Da derart grundlegende Sachverhalte noch nicht geklärt waren, formulierte er 3 Fragen für Knieper:

> „1.) Welche Stelle innerhalb der Bundesregierung soll der Partner dieses Ausschusses sein?
> 2.) Wie werden die Aufgaben des Ausschusses definiert?
> 3.) Wer führt den Vorsitz? Da es sich um eine informelle parlamentarische Kontrolle handelt, erscheint mir sinnvoll, den Vorsitz in die Hand eines Abgeordneten zu legen.“[930]

Erst nach Beantwortung dieser Fragen werde er die Mitglieder benennen, stellte Schmidt in Aussicht. Der Kanzleramtschef antwortete Schmidt über einen Monat später. Er habe auf seinen Brief hin mit dem Bundeskanzler gesprochen. Der Partner des Vertrauensmännergremiums sei in der Regel das Kanzleramt. Bei Einzelfragen zum Bundesamt für Verfassungsschutz und dem Amt für Sicherheit

---

[927] Alles: Brief von Helmut Schmidt an Willy Brandt, 17. März 1967, AdsD, WBA, A 7, Mappe: 17.
[928] Ebd.
[929] Brief von Helmut Schmidt an Willy Brandt, 17. März 1967, AdsD, WBA, A 7, Mappe: 17.
[930] Brief von Helmut Schmidt an Werner Knieper, 17. März 1967, AdsD, WBA, A7 (Außenminister), Mappe: 13.

der Bundeswehr seien die Bundesminister des Innern und der Verteidigung zuständig. Bei den Aufgaben des Gremiums verwies Knieper auf den Bericht des Bundesministers des Innern vom 5. Oktober 1964 an den Präsidenten des Deutschen Bundestages. Danach sollte das Gremium Berichte der Leiter der drei Nachrichtendienste entgegennehmen, der Bundesregierung Anregungen übermitteln und sie in grundsätzlichen Fragen der Arbeit der drei Nachrichtendienste beraten. Zur Frage des Vorsitzes erklärte der Chef des Kanzleramtes, dass früher immer Bundeskanzler Adenauer das Gremium geleitet habe, ab 1964 habe dies Krone übernommen. Knieper teilte mit, Kiesinger werde selbst den Vorsitz übernehmen.[931] Zum Schluss seines Briefes bat er Schmidt, die Vertreter der SPD bald zu benennen, damit das Gremium rasch zusammentreten könne.

Die nächste Verzögerung für das Zusammentreten des Vertrauensmännergremiums bewirkte der SPD-Fraktionsvorsitzende. Er antwortete erst am 9. Juni, um als Mitglieder des Gremiums für die SPD Hirsch und sich selbst zu benennen.[932] Es sollte noch zu einem weiteren Aufschub kommen. Hirsch erklärte am 6. September 1967 gegenüber seinem Fraktionskollegen Stammberger[933], das Gremium sei bisher nicht zusammengetreten, obgleich es für die Sommerpause vorgesehen war. Laut einer Einladung war der 18. Juli vorgesehen gewesen.[934]

Die lange Pause sah der Abgeordnete nicht als Problem an, vielleicht erweise sich diese „an sich unverantwortliche Verzögerung jetzt doch als ganz zweckmäßig“, schrieb er. Erst jetzt könne er vor dem Gremium mit ganz konkretem Material aufwarten.[935] Aller Wahrscheinlichkeit handelte es dabei um Unterlagen zur Nachfolge Gehlens. Hirsch hatte Brandt einen Tag zuvor den Grafen Kielmannsegg als Kandidaten vorgeschlagen.[936]

Nach den ausgewerteten Unterlagen kam das Vertrauensmännergremium erst am 9. November 1967[937] zur ersten Sitzung zusammen. Ihr folgte eine zweite Sitzung gut einen Monat später. [938] Die genauen Themen sind nicht überliefert, es wurde jedoch über die Nachfolge Gehlens gesprochen.[939] In der Sitzung im März

---

[931] Brief von Dr. Werner Knieper an Helmut Schmidt, 24. April 1967, AdsD, Nachlass: Helmut Schmidt, Mappe: 1/HSAA005110.

[932] Brief von Helmut Schmidt an Dr. Werner Knieper, 9. Juni 1967, ebd..

[933] Dieser war 3. Juni 1964 von der FDP zur SPD gewechselt.

[934] Vermerk von Helmut Schmidt und Martin Hirsch, 27. Juni 1967, AdsD, Nachlass: Helmut Schmidt, Mappe: 1/HSAA005110.

[935] Brief von Martin Hirsch an Wolfgang Stammberg, 6. September 1967, AdsD, SPD-BT-Fraktion, 5. WP, Mappe: 1000.

[936] Brief von Martin Hirsch an Willy Brandt, 5. September 1967,ebd. , 5. WP, Mappe: 999.

[937] Einladung Vertrauensmännergremium, 13. Oktober 1967, AdsD, Nachlass: Helmut Schmidt, Mappe: 1/HSAA005110.

[938] Einladung Vertrauensmännergremium, 11. Dezember 1967, ebd., Mappe: 1/HSAA005110.

[939] Brief von Keßler an Ottheinrich Hoffmann, 6. November 1967, AdsD, SPD-BT-Fraktion, 5. WP, Mappe: 999.

1968[940] stand das Gesetz zu Artikel 10 des Grundgesetzes im Mittelpunkt.[941] Außerdem wurde der Fall der Dame diskutiert, deren Kritikpunkte Hirsch erhalten und weitergeleitet hatte.[942]

Die handschriftlichen Notizen Carstens über die Sitzung vom 25. Juni 1968 erlauben erstmals einen tieferen Einblick in die Arbeit des Vertrauensmännergremiums. An der Sitzung nahmen Bundeskanzler Kiesinger, Stücklen, Hirsch, Mischnick, Barzel und Emde teil.

Der erste Tagesordnungspunkt beschäftigte sich mit der so genannten ,Südkorea-Affäre'. 17 Bürger des asiatischen Staates waren vom Geheimdienst ihres Landes, der südkoreanischen CIA, aus Westdeutschland in ihr Heimatland entführt worden.[943] Das hatte bereits zu einer Anfrage im Parlament geführt. Stammberger fragte nach, worauf das Versagen des BND, der erst im Nachhinein von der Aktion erfahren habe, zurückzuführen sei.[944] Von Guttenberg äußerte sich im Parlament unkonkret und verwies auf das Vertrauensmännergremium. In der entsprechenden Sitzung wurde der Punkt, nach den Aufzeichnungen zu urteilen, nur kurz angesprochen. Es waren mittlerweile auch mehrere Monate seit dem Vorfall vergangen und die öffentlichen Debatten bereits geführt. Der Bundesinnenminister berichtete den Mitgliedern des Vertrauensmännergremiums, weder der Verfassungsschutz noch die Polizei hätten ständig den südkoreanischen Dienst beobachtet. Es war demnach nicht allein der BND zu kritisieren.[945]

Punkt zwei der Tagesordnung betraf den Sozialistischen Deutschen Studentenbund. Der Präsident des Bundesamtes für Verfassungsschutz, Hubert Schrübbers, äußerte die Ansicht, der SDS müsse beobachtet werden. Dagegen gebe es jedoch Widerstand u.a. aus Nordrhein-Westfalen und Hessen. Siegfried Fröhlich, Ministerialdirektor im Bundesinnenministerium, beruhigte die Abgeordneten, sie planten nicht geheime Mittel einzusetzen, sondern wollten allein die Szene beobachten.[946] Mischnick schlug vor, die beiden Ministerpräsidenten zu ihren Einwänden zu hören.

Ein weiterer Punkt der Sitzung war die Lage in Jugoslawien; ferner wurde der MAD (Amt für Sicherheit der Bundeswehr) dem Gremium ausführlich vorgestellt, da Carstens sich unter anderem die Anzahl der Mitarbeiter, 1500, der

---

940 Einladung Vertrauensmännergremium, 29. Februar 1968, AdsD, Nachlass: Helmut Schmidt, Mappe: 1/HSAA005110.

941 Notiz, 16. Februar 1968, AdsD, Nachlass: Helmut Schmidt, Mappe: 1/HSAA005110.

942 Brief von Reinhard Gehlen an Martin Hirsch, 29. Februar 1968, AdsD, SPD-BT-Fraktion 5. WP, Mappe: 999.

943 http://www.koreaverband.de/news/artikel.php?index=56, 7.2.2007

944 5. WP, BT-Protokoll 147, 18. Januar 1968, S. 7588.

945 Parlamentarisches Vertrauensmännergremium für die geheimen Nachrichtendienste, Aufzeichnung von Karl Carstens, BAK, NL 1337/587, 25. Juni 1968.

946 Ebd.

beweglichen MAD-Truppen, 36 und den Anteil an Soldaten im Personal, 64 Prozent, notierte.[947]

Unter Punkt fünf hielt Wessel einen Vortrag über das Thema „Möglichkeiten und Grenzen eines Nachrichtendienstes". Die Stichworte weisen daraufhin, dass er die elektronische Nachrichtenaufklärung und die Zusammenarbeit mit der Bundespost erwähnte.

Ein wichtiger und umfangreich ausgeführter Punkt war die gespannte Personallage des Dienstes, wohl mit dem Hintergrund, die Abgeordneten für Neueinstellungen zu gewinnen. In diesem Zusammenhang machte der BND-Präsident den Vorschlag, die Altersgrenze flexibler zu gestalten. Dazu werde er in einem halben Jahr einen neuen Vorschlag machen. In die Diskussion brachten sich vor allem Stücklen, der Bundeskanzler, Mischnick und Emde ein. Letzterer sprach noch die Tet-Offensive der nordvietnamesischen Armee und des Vietcongs sowie Waffenlieferungen an Israel an. [948] Emde, so erinnerte sich Wessel 1976, habe kritisch bemerkt, ob der BND denn die Waffenlieferung an Israel 1964 nicht „geräuschloser" hätte durchführen können. Diese sei dem Dienst aber nicht bekannt gewesen.[949]

Am 8. Oktober 1968 bewirkte der Freitod des Vizepräsidenten Wendland den Wunsch nach einem weiteren Sitzungstermin. Hirsch schrieb an den Bundeskanzler, dass von Guttenberg zwar versucht habe, ihn persönlich zu informieren, er es aber für politisch notwendig halte, dass das Vertrauensmännergremium zusammentrete. Es müsse eine Aussprache über den Tod Wendlands geben. „Für die Effektivität der parlamentarischen Kontrolle ist es wichtig, dass sie sichtbar funktioniert", schrieb Hirsch in seinem Brief.[950] Doch es gab Terminschwierigkeiten und die geplante Zusammenkunft am 17. Oktober wurde verschoben. Weder Barzel noch Stücklen hätten teilnehmen können.[951] Die Sitzung fand dann erst Ende Oktober statt.[952] Da kurz darauf der Hirsch-Untersuchungsausschuss eingerichtet wurde, existieren ab diesem Zeitpunkt für das Vertrauensmännergremium keine Einladungen mehr. Die Sitzungen fanden im Rahmen des Untersuchungsausschusses und unter strenger Geheimhaltung statt.

---

[947] Ebd.

[948] Ebd.

[949] Schreiben des Rechtsanwalts bei dem Oberlandesgericht, Dr. Lothar Bungartz an das Oberlandesgericht, 15. Zivilsenat in Sachen Dr. Carstens/Metzger, 12. Juli 1976, darin: Mitschrift des Vertrauensmännergremiums, AdsD, Nachlass: Helmut Schmidt, Mappe: 1/HSAA009298, S. 2.

[950] Alles im Brief von Martin Hirsch an Kurt Georg Kiesinger, 11. Oktober 1968, SPD-BT-Fraktion, 6. WP, Arbeitskreis VII – Rechtswesen, Mappe: 1020.

[951] Ausarbeitung für Herr Neusel von Karl Theodor Freiherr von und zu Guttenberg, BAK, NL 1397/94, 16. Oktober 1968, Blatt: 257.

[952] SPD-Fraktionsvorstandssitzung, 29.10.1968, AdsD, SPD-BT-Fraktion, 6. WP, Mappe: 320.

5.2.7 Haushalten mit den Mitteln: Einsparungen durch die neue Organisation des BND

Der Haushaltsausschuss behielt in Sachen BND seine Vorgehensweise der letzten Legislaturperiode bei. Der Unterausschuss beriet jährlich den Wirtschaftsplan des Auslandsnachrichtendienstes, diskutierte, wie dieser die Mittel verwenden wollte und ließ sich über die Planstellen informieren. Der BND-Etat wurde stets erhöht, gleichzeitig wurden die Regierungsvorschläge kritisch geprüft und gekürzt. 1967 verringerten die Abgeordneten den Ansatz von 68 539 200 DM auf 66 207 200 DM. Dies bedeutete gegenüber der Regierungsvorlage eine Kürzung um 2,9 Prozent. Der Vorsitzende des Unterausschusses, Schoettler, betonte gegenüber dem Haushaltsausschuss, bei den personellen Schwierigkeiten des Nachrichtendienstes, die auch im Untersuchungsausschuss Thema waren, wäre eine weitere Kürzung nicht möglich gewesen. Die Streichungen seien einschneidend genug.[953]

Im nächsten Jahr ergab sich ein ähnliches Bild. Wieder wurde der Regierungsansatz gekürzt, dieses Mal etwas moderater um gut ein Prozent von 70 207 200 DM auf 69 440 200 DM. Der BND erhielt nur höhere Mittel, weil dies die technologische Entwicklung erforderte, so der Berichterstatter Fritz Baier, CDU, auf eine Frage des CSU-Abgeordneten Hans Seidel hin.[954]

Wessels Neuorganisation beschäftigte den Unterausschuss im Dezember 1968. Sie half den Abgeordneten beim BND an verschiedenen Bereichen zu sparen, insgesamt waren dies 1,3 Mio DM. Der Unterausschuss, so geht es aus dem Protokoll hervor, wollte den personellen Umbau des BND hin zu qualifizierten Wissenschaftlern und Technikern aktiv fördern. Dazu sollten Arbeitsplätze nach dem bestehenden Zuschnitt nicht wiederbesetzt werden. Ein 72,2 Mio DM Etat stand dem Dienst für 1969 zur Verfügung. Dass die Kosten insgesamt wuchsen, lag an den Tariferhöhungen für Angestellte und Arbeiter sowie am Ausbau der Fernmeldetechnik.[955] Der Unterausschuss wurde vom Haushaltsausschuss im gleichen Monat beauftragt, sich mit der Stellensituation beim BND und beim Verfassungsschutz zu beschäftigen. Leider lässt sich wegen der fehlenden Protokolle nicht mehr rekonstruieren, inwiefern dies geschah.[956]

---

[953] 5. WP, Protokoll Nr. 65 des Haushaltsausschusses, PA-DBT, 27. April 1967.
[954] 5. WP, Protokoll Nr. 98 des Haushaltsausschusses, PA-DBT, 23. Januar 1968.
[955] 5. WP, Protokoll Nr. 144 des Haushaltsausschusses, PA-DBT, 5. Februar 1969.
[956] Brief von Herbert Wehner an Helmut Schmidt, 24. Februar 1969, AdsD, Nachlass Helmut Schmidt, Mappe: 1/HSAA005408.

6 Reform oder Politisierung?
Kanzler Willy Brandt, 21.Oktober 1969-7. Mai 1974

6.1 Entwicklung der exekutiven Kontrolle

6.1.1 Ein umstrittener Weg: Horst Ehmkes Umgang mit dem BND

Mit der Regierungsübernahme der sozial-liberalen Koalition am 21. Oktober 1969 begann gleichzeitig der Kampf um Einfluss und Veränderung im BND. Am 9. Dezember 1969 tagte ein Arbeitskreis der SPD in München und einer der CDU-Fraktion einen Tag später, in Bonn. Dies zeigt, welch hohe Bedeutung die Frage der Nachrichtendienste besaß. Die SPD hielt fest, der CDU-Kreis verfolge das Ziel seinen Einfluss im BND zu erhalten – wenn nicht auszubauen.[957] Ihren eigenen Stand im BND sah die Partei sehr kritisch: „Der Sozialdemokratischen Partei ist es seit Übernahme der ‚Organisation Gehlen' in die Regie des Bundes nicht gelungen, im BND Fuß zu fassen und auch nur eine einzige führende Position in dieser Organisation zu besetzen."[958] Die SPD erkannte in der Altersstruktur der BND-Leitungsebene eine große Chance, innerhalb der nächsten drei bis vier Jahre sowohl sachlich als auch personell an Einfluss zu gewinnen. Es wurde klar formuliert, dass es darum gehe, Machtstrukturen zu verändern: „Die von der Sozialdemokratie maßgeblich geführte Bundesregierung sollte jetzt und in den nächsten Jahren jeden sich bietenden Anlass nutzen, Führungspositionen dieses Nachrichtendienstes mit geeigneten und bewährten Personen zu besetzen. Dies gilt gerade für den Präsidenten und Vizepräsidenten des BND."[959] Dieser Kurs sollte zu einer großen Konfrontation zwischen Regierung und Opposition führen. Er erhielt das Schlagwort „Politisierung des BND" und hatte zur Folge, dass der Reformprozess sachlich angreifbar wurde.

Verantwortlich dafür war vor allem der neue Chef des Bundeskanzleramtes, Dr. Horst Ehmke. Er erhielt wie vor ihm Westrick den Rang eines Bundesminis-

---

[957] Protokoll des Arbeitskreises für Staatsschutzfragen, 12. Dezember 1969, AdsD, Nachlass: Helmut Schmidt, Mappe: 1/HSAA006244.

[958] Ebd.

[959] Ebd.

ters für besondere Aufgaben, was bereits formal zeigte, dass er weniger eine dem Kanzler dienende als eine mehr eigenständige Position einnahm.[960] Mit dem bisherigen Bundesjustizminister kam ein Mann an die Spitze des Kanzleramtes, der die Konfrontation mit dem Nachrichtendienst nicht scheute und sie sogar provozierte. Dies ist sicher darauf zurückzuführen, dass Ehmke bei Amtsantritt entscheidende Informationen erhielt, die ihm den Eindruck vermittelten, der BND habe jahrelang seine Kompetenzen überschritten. Diese Punkte sollten gut vier Jahre später vom Guillaume-Untersuchungsausschuss ebenfalls untersucht werden.

Carstens notierte sich am 21.Oktober 1969 in einem Vermerk: „Ich habe KM Ehmke heute folgende Akten persönlich übergeben:

Ostkontakte MD Bahr
„1) Aufz. StS Carstens v. 21.X.1969
2) Sondermappe Bericht StS Carstens v. 15.12.1968
geheim StS Carstens 14102.-1302/68 geh. V. 15.12.1968
1. Anruf B + 6 Anlagen (zusammen 20 Blatt)
2. Anruf B + 4 Anlagen (zusammen 13 Blatt)
3) Sondermappe Norden/Verner
Chef BKv. 25.7.1969 1 Blatt
Chef BK A 14102-306/69 II geh. V. 2.5.1969 an PStS-Innern
PStS der BM Ausw. 273/69 geh. V. 21.2.1969 1. Ausf.
4) Sondermappe Aufz. MD Bahr über seine Ostkontakte v. 16.12.1968
Vermerk L Pl v. 16.12.68 6 Bl.
Diverse weitere Schriftstücke
5) Sondermappe Fragestunde im BT
v. 22. II. u. 12.12.68
6) Sondermappe Presseverlautbarungen
Diverse Schriftstücke offen
7) Sondermappe Nebenpunkte
Chef BKA 14102-12 70/68 geh. V. 28.11.68
a) 3. Ausf. Do
b) 4. Ausf. m E.
Chef BKA 350/4-1257/68 geh v. 25.11.68
Diverse Schriftstücke offen

[960] Knoll: Das Bundeskanzleramt, S. 179.

8) Sondermappe Ermittlungen des BND über das Papier „Vielain", Chef BKA 14102-275/68 II geh. V. 6.12.68 (Telex), Präs. BND 311/68 geh. V. 12.12.68 8. Ausführung, diverse Schriftstücke des BND offen[961]
9) Ostkontakte MD Bahr
1. Aufz. StS Carstens u. 7 Sondermappen [962]."

Carstens übergab also seinem Nachfolger umfangreiche Bestände zu Bahrs angeblichen Ostkontakten. Ehmke ging der Information nach, zwei Journalisten seien Zeuge gewesen, dass sich Bahr in Prag mit zwei Mitgliedern der SED-Führungsgruppe, Albert Norden und Paul Verner, getroffen habe.[963] Carstens hatte ihm dazu einen handschriftlichen Vermerk überreicht. Ehmke sprach mit den beiden Journalisten, einem deutschen und einem ausländischen Kollegen, die nach Aussage des Kanzleramtschefs empört gewesen seien, dass ihre Namen für eine solche Behauptung in Anspruch genommen worden waren.[964]

Aber es gab noch weitere unerledigte Fälle. Wessel hatte kurz nach seinem Amtsantritt von Gerüchten gehört, dass Akten über Persönlichkeiten des öffentlichen Lebens existierten und missbräuchlich verwendet würden. Es liegt nahe zu vermuten, dass die Hinweise aus dem gleichen Umfeld stammten, die zur Einsetzung der Mercker-Kommission geführt hatten. Der BND-Präsident ordnete in einer Abteilungsleiterbesprechung am 7. Juni 1968 - exakt eine Woche nach Einsetzung der Kommission - an, dass von allen Abteilungen, in denen solche Unterlagen vorhanden seien, diese an die Leiter der Zentralabteilung[965] abgegeben werden müssten.[966] Die Frage ist, warum die Vorwürfe nicht von der Kommission untersucht bzw. an sie delegiert wurden, dies umso mehr, als Mercker von den Vorwürfen durch Stammberger seit 1966 informiert war.[967] Merkwürdig ist auch, dass Wessel Carstens nicht über den Fund der ‚Dossiers' unterrichtete.[968]

---

961 Vermerk von Karl Carstens, BAK, NL 1337/10, 21. Oktober 1969, Blatt: 285.

962 Eine Kopie des Vermerks übermittelte Carstens dem Guillaume-Untersuchungsausschuss, Quelle: BAK, NL 1337/10, 21. Oktober 1969, Blatt: 284.

963 Laut Horst Ehmke von einem Herrn Back, (BfV), Protokoll der 19. Sitzung des 2. UA der 7. WP, Aussage des Zeugen Karl Carstens, PA-DBT, 10. Oktober 1974, S. 35f.

964 Protokoll der 18. Sitzung des 2. UA der 7. WP, Aussage des Zeugen Dr. Ehmke, PA-DBT, 9. Oktober 1974, S. 57f.

965 Gemeint ist die Abteilung IV: Zentrale Aufgaben.

966 Protokoll der 18. Sitzung des 2. UA der 7. WP, Aussage des Zeugen Gerhard Wessel, PA-DBT, 9. Oktober 1974, S. 94.

967 Siehe Brief von Wolfgang Stammberger an Reinhold Mercker, 22. August 1967, AdsD, SPD-BT-Fraktion, 5.WP, Mappe: 1000.

968 Protokoll der 19. Sitzung des 2. UA der 7. WP, Aussage des Zeugen Karl Carstens, PA-DBT, 10. Oktober 1974, S. 43.

Ehmke – gerade ins Amt gekommen – erkundigte sich bei Wessel nach den Dossiers und vertrat später die genau entgegengesetzt lautende Darstellung, der BND-Präsident habe ihm die Information überbracht.[969] So wie Wessel es schildert, ist es überzeugender: „Anfang Dezember 1969 hat mich dann der Chef des Kanzleramtes, Minister Ehmke, um Unterrichtung zur Frage der angeblich im Bundesnachrichtendienst geführten Dossiers über Politiker und meine Stellungnahme gebeten."[970] Ehmkes Nachfrage übte Druck aus, die Frage der Akten zu klären. Sie lagerten in Wessels Sicherheitsraum, nachdem sie zuvor vom Oktober 1969 an beim Leiter der Zentralabteilung in einem eigenen verschließbaren Blechschrank im Gesamtkarteiraum aufbewahrt worden waren.

Am 9. Dezember fand das entscheidende Gespräch zwischen dem BND-Präsidenten und dem Kanzleramtschef statt. Wessel schlug Ehmke vor, die Unterlagen zu vernichten, da sie „keine für den Auftrag des Bundesnachrichtendienstes wesentlichen Erkenntnisse enthielten"[971]. Ehmke wollte die Akten jedoch zuvor stichprobenartig testen und wählte dazu jeweils eine Akte von jeder Partei aus. Diese ausgesuchten ‚Dossiers' brachte der BND-Präsident zur nächsten Besprechung mit. Die Unterredung fand noch im Dezember 1969 statt. Ehmke studierte die Inhalte eingehend und konfrontierte Wessel mit Nachfragen. Einen nachrichtendienstlich relevanten Hintergrund konnte er nicht feststellen und ordnete daher die Vernichtung der ‚Politiker-Dossiers' an. Die erfolgte am 17. April 1970[972], worüber Vernichtungsprotokolle angelegt wurden.[973]

Am 9. Dezember 1970, exakt ein Jahr später, kamen erneut Gerüchte auf, dass Personendossiers existierten.[974] Der BND-Präsident will auf einer Abteilungsleiterkonferenz ein zweites Mal seine Haltung deutlich gemacht haben. Der Bundesnachrichtendienst, so seine Aussage, dürfe sich in keinerlei Form mit innen- oder parteipolitischen Fragen oder gar gezielter Nachrichtenbeschaffung auf diesem Gebiet befassen. Die BND-Leitung erkannte jedoch im März 1971,

---

969 Horst Ehmke sagte aus: „Mein Eindruck war, dass es eine Sache war, die Präsident Wessel bedrückte, dass er die Dinger aus dem Verkehr gezogen hatte, bei sich gesammelt hatte und dass er jetzt, bevor er zur Vernichtung kam, politische Rückendeckung haben wollte." In: Protokoll der 18. Sitzung des 2. UA der 7. WP, Aussage des Zeugen Dr. Ehmke, PA-DBT, 9. Oktober 1974, S. 82.

970 Protokoll der 18. Sitzung des 2. UA der 7. WP, Aussage des Zeugen Wessel, PA-DBT, 9. Oktober 1974, S. 94.

971 Ebd.

972 Ebd., S. 176.

973 Protokoll der 18. Sitzung des 2. UA der 7. WP, Aussage des Zeugen Dr. Ehmke, PA-DBT, 9. Oktober 1974, S. 55f.

974 Protokoll der 18. Sitzung des 2. UA der 7. WP, Aussage des Zeugen Wessel, PA-DBT, 9. Oktober 1974, S. 94.

dass entgegen dem Auftrag in einer Außenstelle, in diesem Fall über die SPD gearbeitet worden war.[975]

Ehmke schilderte seine Version der dazugehörenden Geschichte vor dem Guillaume-Untersuchungsausschuss: „Im Frühjahr 1977 [Datum muss 1971 sein, Anm. der Autorin[976]] erhielt ich einen ernst zu nehmenden Hinweis, und zwar keine nachrichtendienstliche Information, sondern einen politischen Wink, dass offenbar regelmäßig BND-Informationen über die SPD, SPD-Interna, an Außenstehende gingen."[977] Daraufhin habe er beim BND angefragt, ob ein Herr, der längere Zeit für den Parteivorstand gearbeitet hatte, auch beim BND in Diensten stand bzw. für ihn noch arbeite. Bei diesem handelte es sich um die BND-Sonderverbindung Helmut Bärwald[978] (Deckname Fränzel)[979], der vorher Leiter des gesamtdeutschen Referats der SPD gewesen war. Seine Arbeit für das Ostbüro machte ihn für den BND interessant. Alle ‚Sonderverbindungen' zur SPD seien, so der BND-Mitarbeiter Wilhelm Friedrich Höffer von Löwenfeld vor dem Guillaume-Untersuchungsausschuss, auf Wunsch und mit Hilfe von SPD-Vorstandsmitgliedern eingerichtet worden. Mit Erler sei damals ein Abkommen getroffen worden, dass sie die Meldungen des Ostbüros erhielten. Der BND und die Partei hätten zum „beiderseitigen Nutzen"[980] auf bestimmten Gebieten zusammengearbeitet.

Die Zugehörigkeit Bärwalds zum BND sei, so Ehmke, vom Nachrichtendienst nach einigem Zögern bejaht worden. Er ordnete an, den Außenbereich des BND stärker zu kontrollieren. Am 2. und 3. März 1971 wurde eine Akte gefunden – es handelte sich laut Höffer von Löwenfeld um eine Quellenakte[981] seiner Münchener Außenstelle. Sie enthielt auch die Meldungen Bärwalds.[982] Ehmke erfuhr an ungewöhnlicher Stelle, dass seine Anordnung erfolgreich war: Bei einer Karikaturenausstellung der Süddeutschen Zeitung traf der Kanzleramtschef Strauß. Dieser, so erinnerte sich Ehmke, habe ihm im Beisein von ausländischen

[975] Geheimes Protokoll der 20. Sitzung des 2. UA der 7. WP, Aussage des Zeugen Wessel, PA-DBT, 11. Oktober 1974, S. 40.

[976] Protokoll der 18. Sitzung des 2. UA der 7. WP, Aussage des Zeugen Dr. Ehmke, PA-DBT, 9. Oktober 1974, S. 59.

[977] Ebd., S. 58.

[978] Aufzeichnung des SPD-Arbeitskreises zum 2. UA 7. WP, 11. Mai 1974, AdsD, SPD-BT-Fraktion, 7. WP, Mappe: 2/BTFG003035.

[979] Deckname: Raven, Quelle: Süddeutsche Zeitung, 25. Oktober 1974, Süskind, Martin E.: Namen werden nur geflüstert, S. 3.

[980] Protokoll der 26. Sitzung des 2. UA der 7. WP, Aussage des Zeugen Höffer von Löwenfeld, PA-DBT, 4. Dezember 1974, S. 168.

[981] Ebd., S. 165.

[982] Protokoll der 18. Sitzung des 2. UA der 7. WP, Aussage des Zeugen Dr. Ehmke, PA-DBT, 9. Oktober 1974, S. 58.

Journalisten vorgeworfen, Akten beschlagnahmt zu haben. Die Unterlagen wurden in die Zentrale gebracht und Höffer von Löwenfeld entlassen. Bärwald wechselte zur CDU und beriet die Partei dann in Geheimdienstfragen.[983] Angeblich, so die Frankfurter Allgemeine Zeitung, habe Ehmke daraufhin bei der BND-Zentrale die Quellenlisten aus der Vergangenheit angefordert.[984] Die ,Welt' berichtete, dass es sich um etwa 33 bis 36 Listen mit jeweils 20 Namen und Tarnnamen von Mitarbeitern des Dienstes gehandelt haben solle, sowie mit kurzen Charakteristiken dieser Personen, die für die BND-Zentrale in Pullach in der Bundesrepublik und im Ausland eingesetzt wurden.[985] Hintergrund der Maßnahmen sei gewesen, herauszufinden, welche Interna der BND in den 50er Jahren über die SPD recherchiert habe.

Diese Erkenntnisse und Vorgänge verhinderten, dass Ehmke mit Ruhe an die Neuausrichtung des BND gehen konnte. Seine Personalentscheidung, Dieter Blötz zum BND-Vizepräsidenten zu ernennen, machte ihn in der Öffentlichkeit angreifbar. Blötz war zuvor Leiter des SPD-Landesverbandes Hamburg gewesen. Die Presse und die Parlamentarier vor allem der Opposition reagierten mit Unverständnis auf die Ernennung. Die Süddeutsche Zeitung schrieb, durch die Entscheidung für Blötz bliebe nichts übrig für eine von der Regierungspartei unbeeinflusste Berichterstattung.[986] Blötz sei erst seit einer Legislaturperiode Mitglied der Hamburger Bürgerschaft und leite den Innenausschuss – was der Regierungssprecher Ahlers als Qualifikation ins Feld geführt habe – erst seit zwei Jahren. Für die Leitung eines Nachrichtendienstes seien dies außerdem keine hinreichenden oder notwendigen Qualifikationen. Die Frankfurter Allgemeine Zeitung bezeichnete Ehmkes BND als „Geheimdienst ohne Vertrauen“[987], da mit Blötz jemand ohne Verwaltungs- oder Nachrichtendiensterfahrung zum Vizepräsidenten ernannt worden sei. Die Zeitung schlussfolgerte: „Es fehlt im Kanzleramt Vertrauen zu den leitenden Männern des BND, womöglich gerade auf dem Feld, auf dem sich beide, BND und Bundesregierung stark fühlen, dem osteuropäischen.“[988]

Dabei gab es auch andere Personen als Blötz, die von der SPD für diese Position ins Gespräch gebracht worden waren. Am 11. Februar 1969 schrieb Hirsch an Schmidt, dass er den Verwaltungswissenschaftler und Bundestagsabgeordneten Claus Arndt angesprochen, jedoch eine Absage erhalten habe. Dieser habe allerdings zwei Namen genannt, die durchaus in Frage kämen. Der eine sei Hans

[983] Süddeutsche Zeitung, Süskind, Martin E.: Namen werden nur geflüstert, S. 3.
[984] FAZ.: Ehmke lässt Ahlers dementieren, Minister weicht Fragen zum BND aus, 22. März 1971.
[985] Die Welt: Kontroverse um Namensliste des BND weitet sich aus, 22. März 1971.
[986] Süddeutsche Zeitung, (Dg.): Politisierter Nachrichtendienst?, Nr. 82, 6. April 1970.
[987] FAZ, Gillessen, Günther: Geheimdienst ohne Vertrauen, 23.3.1971.
[988] Ebd.

Krollmann, früher Polizeipräsident und derzeit Stadtkämmerer in Kassel. Der zweite Vorschlag sei der Leitende Regierungsdirektor Herbert Rieck, der in der Hochschulabteilung der Schulbehörde in Hamburg tätig sei. Rieck war bereits als in der vergangenen Legislaturperiode als Vizepräsident im Gespräch gewesen. Er wechselte später zum BND als Leiter der Abteilung Verwaltung. Es wäre demnach möglich gewesen, ihn für die Position zu gewinnen. Auch Arndt war der Meinung, dass Rieck besonders geeignet sei.[989]

Nur einen Tag später machte der der SPD nahe stehende Verleger Arno Scholz einen weiteren Vorschlag: „Wie ich aus verlässlicher Quelle erfahren habe, sind einflussreiche Kräfte bemüht, auf diesen Platz unbedingt einen Volljuristen zu setzen. Ich bin der Ansicht, dass in diese wichtige Position ein Mann gebracht werden muss, der Erfahrungen im Nachrichtenwesen hat. Deshalb halte ich es für richtiger, dass jene Kräfte gefördert werden, die den derzeitigen Regierungsdirektor Fritz Michel aus dem Bundesamt für Verfassungsschutz zum Vizepräsidenten des Bundesnachrichtendienstes machen wollen."[990] Michel stehe der SPD nahe. Er sei vor einigen Jahren in der Redaktion der ‚Hannoverschen Presse' tätig gewesen. „Er ist ein ruhiger, kluger und im Nachrichtendienst erfahrener Mann, der der SPD innerlich sehr nahe steht",[991] lobte Scholz. All diese Vorschläge hatten keine Wirkung.

Hirsch lobte später gegenüber dem Historiker Gerd Buchheit die Personalentscheidung ‚Blötz' in geradezu grotesker Weise: „Ich bin der Meinung, dass mit der Entscheidung, die die Bundesregierung getroffen hat, fernab von Querelen der Parteipolitik insofern ein sachbezogen genau richtiger Griff getan worden ist, als ein Mann, der sich als Geschäftsführer eines großen Parteiverbandes bewährt hat, eigentlich genau die richtigen Voraussetzungen für sein Amt im Bundesnachrichtendienst mitbringt. Wenn sie sich vorstellen, welch ein sensibler Apparat die Partei in Hamburg ist, welche Bandbreite von Aufgaben der Landesgeschäftsführer dieses Verbandes bewältigen muss, dann meine ich, schaffe das nachgerade ideale Voraussetzungen für die Funktion, mit denen der Vizepräsident des Bundesnachrichtendienstes betraut ist. Und niemand hat bisher bestritten, dass Herr Blötz seine Aufgaben in Hamburg zu allseitiger Zufrieden-

[989] Brief Martin Hirschs an Helmut Schmidt vom 11.Februar .1969, AdsD, SPD-BT-Fraktion, 5. WP, Mappe: 1000.

[990] Anlage eines Briefes von Willi Berkhan an Martin Hirsch, 12.2.1969, AdsD, SPD-BT-Fraktion, 5. WP, Mappe: 1000.

[991] Ebd.

heit erledigt hatte."[992] Buchheit indes war weniger angetan und warnte vor einer „ev. beabsichtigten Politisierung des BND"[993].

Mit der Ernennung des Vizepräsidenten war der personelle Wechsel im BND nicht abgeschlossen. Ehmke wechselte kurz darauf das Personal in drei Zentralstellen aus und gab nach seiner Darstellung „Wessel eine neue Mannschaft"[994].

Außerdem wurde die Kartei des BND neu strukturiert. Zuvor gliederte sie sich in eine Sach-, eine Orts- und eine Personenkartei[995], mit deren Hilfe sich Sach- und Personendokumentationen finden ließen.[996] Ehmke führte die zentrale Datenverarbeitung ein.[997] Diese Umorganisation dauerte mindestens bis 1974.

Es gab weitere Änderungen. Zum Beispiel wurde die Presseabteilung aus der Abteilung Beschaffung ausgegliedert.[998] Sie war Weiß untergeordnet, der - von Beruf Journalist - zuständig war für die Zusammenarbeit mit Journalisten. Seine Pressestelle bestand aus zwei Bereichen, dem PR-Bereich, um den BND nach außen hin darzustellen, und einen weiteren Bereich, um Journalisten sowohl im Inland als auch im Ausland als Kontaktpersonen zu gewinnen.[999] Gehlen bemerkte, der erste sei der eigentliche Hauptzweck gewesen, zu dem die Pressestelle eingerichtet worden sei. Was der ehemalige BND-Präsident lobend im Guillaume-Untersuchungsausschuss zu Protokoll gab, war für Ehmke ein Anlass zur Verärgerung: „Dagegen ist es seinerzeit allmählich geglückt, Journalisten aller Schattierungen für Public-Relations-Zwecke für den Bundesnachrichtendienst einzuschalten, z.B. zur Klarstellung gegenüber diffamierenden oder unrichtigen Behauptungen des Ostens über den BND."[1000] Die Kontaktpersonen, die V-Leute, hätten keine Bezahlung erhalten, höchstens ein Geschenk, eine Einladung oder Ähnliches. Zur Vorgehensweise äußerte sich Weiß in geheimer

---

[992] Brief von Martin Hirsch an Gerd Buchheit, 8. Juni 1970, AdsD, SPD-BT-Fraktion, 6. WP, Mappe: 991.

[993] Brief von Gerd Buchheit an Kessler, 19. Februar 1970, AdsD, SPD-BT-Fraktion, 6. WP, Mappe: 991.

[994] Protokoll der 13. Sitzung des 2. UA der 7. WP, Aussage des Zeugen Dr. Ehmke, PA-DBT, 12. September 1974, S. 174.

[995] Protokoll der 25. Sitzung des 2. UA der 7. WP, Aussage des Zeugen Reinhard Gehlen: Anlage „Angebliche Innenpolitische Aufklärung und so genannte Dossiers", PA-DBT, 9. Oktober 1974, S. 2.

[996] Protokoll der 18. Sitzung des 2. UA der 7. WP, Aussage des Zeugen Gerhard Wessel, PA-DBT, 9. Oktober 1974, S. 93.

[997] Protokoll der 13. Sitzung des 2. UA der 7. WP, Aussage des Zeugen Dr. Ehmke, PA-DBT, 12. September 1974, S. 69.

[998] Protokoll der 18. Sitzung des 2. UA der 7. WP, Aussage des Zeugen Dr. Ehmke, PA-DBT, 9. Oktober 1974, S. 57.

[999] Geheimes Protokoll der 25. Sitzung des 2. UA der 7. WP, Aussage des Zeugen Gehlen, PA-DBT, 19. November 1974, S. 114.

[1000] Ebd., S. 35.

Sitzung: „Das heißt, die Pressestelle war nicht in der Lage, einen Journalisten in – sagen wir – Hongkong zu führen, sondern, wenn die Pressestelle einen gewissen Hinweis hatte, dass die Möglichkeit bestand, einen solchen Journalisten zu gewinnen, dann musste der an den operationell führenden Bereich abgegeben werden. Mit anderen Worten: die Pressestelle war eine Presseverbindungsstelle."[1001] Sie hätten eine Vielzahl solcher Journalisten im Ausland eingesetzt, teilweise in sehr schwierigen Ländern. Der Grund sei gewesen, dass jede andere Legende auf große Schwierigkeiten gestoßen wäre. Der journalistische Auftrag sei parallel ausgeführt worden. Weiß betonte: „Wir haben den größten Wert darauf gelegt, dass das, was der Journalist an seine Zeitung geliefert hat, von unseren Wünschen nicht berührt wurde, d.h. diese Berichterstattung hat uns sicherlich interessiert, aber in diesem Falle nur – ich möchte sagen – am Rande."[1002] Sie seien z.B. an internen Feststellungen und Personenbeschreibungen interessiert gewesen. Das Risiko, einmal selbst in Gefahr zu geraten und zweitens, dass die Zeitungen Ärger bekommen hätten, sei für die Journalisten sehr hoch gewesen.

Ehmke beurteilte dies ganz anders. Es habe regelmäßige Geldleistungen an Presseangehörige gegeben, „deren Gegenleistung – falls es überhaupt eine Gegenleistung gab – jedenfalls nicht auf dem Gebiet der Auslandsaufklärung lag"[1003], so der Kanzleramtschef. Es habe Missstände in der Form gegeben, dass Mitarbeiter von Pressediensten gleichzeitig vom Bundesnachrichtendienst beschäftigt worden seien. Ehmke erklärte den Abgeordneten des Guillaume-Untersuchungsausschusses: „Das ging dann etwa so, dass sie eine Meldung an den BND gaben und dann kurze Zeit darauf in der Zeitung schrieben: Wie wir aus gut unterrichteter Quelle wissen, hat der BND..."[1004] Der Kanzleramtschef war der Meinung, dass dies einen Teil der Presse korrumpiere. Dieses Vorgehen berge zudem ein hohes Sicherheitsrisiko, denn ein in solcher Form in Anspruch genommener Dienst werde über Querverbindungen eventuell von gegnerischen Diensten angezapft. „Ich weiß wovon ich rede" [1005], betonte er und veranlasste „überflüssige"[1006] Pressekontakte zu lösen.

Wie der BND wurde auch das Kanzleramt seit 1969 grundlegend neu strukturiert. Dass Ehmke einen Großteil des Personals des Kanzleramtes auswechselte

[1001] Geheimes Protokoll der 22. Sitzung des 2. UA der 7. WP, Aussage des Zeugen Kurt Weiß, PA-DBT, 6. November 1974, S. 266.
[1002] Ebd., S. 267.
[1003] Protokoll der 18. Sitzung des 2. UA der 7. WP, Aussage des Zeugen Dr. Ehmke, PA-DBT, 9. Oktober 1974, S. 57.
[1004] Ebd.
[1005] Ebd.
[1006] Ebd., S. 62.

bzw. auf andere Posten versetzte, führte zu scharfer Kritik. Gumbel, einst Globkes Stellvertreter im Kanzleramt und ehemaliger Staatssekretär des Bundesverteidigungsministers, wurde von von Guttenberg gebeten, die Entscheidungen Ehmkes juristisch zu bewerten. Sein Urteil lautete, dass es aus rechtlicher Sicht keine Beanstandungen gebe. „Eine ganz andere Frage ist die nach der Art des Vorgehens und der Form. Es ist alles andere als taktvoll verfahren worden."[1007]

Der Kritik begegnete Ehmke, indem er alle Mitglieder des Bundestages über seine neue Konzeption des Kanzleramtes (Organisation, Personalstruktur, Unterbringung) informierte.[1008] Grund der Neugestaltung seien die komplexeren und gewachsenen Politikfelder.[1009] Nach der Darstellung des Kanzleramtschefs war der technische Stand der Regierungszentrale veraltet. Das Amt verteilte sich auf fünf verschiedene und „vom technischen Stand antiquierte"[1010] Gebäude. Der Aktenumlauf vollzog sich nur schleppend. Sehr anschaulich und gerade für die geheimdienstlichen Fragen problematisch zeigte sich folgendes Problem: Das Kanzleramt erfüllte nicht einmal die notwendigsten Sicherheitsanforderungen. Es gab keine abhörsicheren Räume. Die Telefonanlage war nicht abhörgeschützt und veraltet.[1011] Obwohl der Oberbefehl im Spannungsfall auf den Bundeskanzler überging, existierte kein einsatzbereiter Krisenstab. Ehmke führte aus: „Die Fernmeldeverbindungen zu den wichtigsten in- und ausländischen Regierungsstellen und Bündniseinrichtungen, gerade für Krisen- und Spannungsfälle, sind völlig ungenügend."[1012] Der Kanzleramtschef schlug einen Neubau vor, der 1974 begonnen wurde.

Die neue Organisationsstruktur sah statt der bisherigen drei Abteilungen jetzt fünf vor.[1013] Die für den BND zuständige Gruppe I/2 blieb zunächst nahezu unverändert und unterstand weiterhin direkt dem Chef des Bundeskanzleramtes. Von Koester wurde durch den Ministerialdirigenten Schlichter ersetzt. Der Staatssekretärsausschuss für Nachrichtendienste und Sicherheit wurde um eine Arbeitsgruppe für das geheime Nachrichtenwesen erweitert.

[1007] Ausarbeitung von Karl Gumbel, BAK, NL 1397/200, 27. Januar 1969, Blatt: 35.

[1008] Brief von Prof. Dr. Horst Ehmke an die Mitglieder des Bundestages, BAK, NL 1397/200, 18. März 1970, Blatt: 181.

[1009] Ausarbeitung des Chef des Bundeskanzleramtes: Organisation, Personalstruktur und Unterbringung des Kanzleramtes, BAK, NL 1397/200, 8. März 1970, Blatt 184.

[1010] Ebd.

[1011] Ebd., Blatt 185f..

[1012] Ebd., Blatt 186.

[1013] Ebd., Blatt 191.

Dem Chef des Bundeskanzleramtes waren mit Bezug auf den BND folgende Angelegenheiten direkt unterstellt:

- Bundesnachrichtendienst
- Geheime Angelegenheiten der Nachrichtendienste
- Geschäftsverkehr des Bundeskanzleramtes und der
- Bundesministerien mit dem Bundesnachrichtendienst
- Lageinformation. [1014]

Der Präsident des Bundesrechnungshofes stellte als ‚Bundesbeauftragter für Wirtschaftlichkeit in der Verwaltung' im Dezember 1971 ein mehr als hundertseitiges Gutachten vor. Dabei ging es in der Hauptsache um die Organisation des Bundeskanzleramtes. Gegenstand war auch die Aufsicht über den Bundesnachrichtendienst. Die Gruppe I/2, die nach wie vor für den BND zuständig war, sollte ihre Dienstaufsicht über den BND verstärken und wie ein Fachressort arbeiten. Gleichzeitig sollten Aufgaben wieder an den Nachrichtendienst delegiert werden.[1015]

Die Auswertung der BND-Mitteilungen solle, so das Gutachten, zusammen mit denen vom Auswärtigen Amt und anderen Stellen beim Bundeskanzleramt eingehen, gesammelt und aufbereitet werden.[1016] Diesen Vorschlag hatte auch Ehmke schon gemacht: „Eine derartige zusammengefasste Auswertung des Nachrichtenaufkommens gibt es im Gegensatz zu allen anderen vergleichbaren Ländern befremdlicherweise in der Bundesrepublik nicht.“ [1017] Der CDU-Abgeordnete Baier kritisierte dieses Ansinnen mit scharfen Worten: „Es würde dem die Krone aufsetzen, wenn Sie nun Ihr Vorhaben verwirklichten und eine gemeinsame Auswertung für die Nachrichtendienste im Bundeskanzleramt einrichteten, um dann etwa so auszuwerten, wie es im Belieben des Bundeskanzleramtes stünde.“[1018] Das Vorhaben wurde mit dem Referat II/4 umgesetzt, doch bereits im Frühjahr 1973 wurde die Einrichtung wieder aufgelöst.

[1014] Hausanordnung 8/71, Chef des Bundeskanzleramtes, ACDP, Nachlass Karl Gumbel, 01-142-003/2, 31. April 1971.

[1015] Der Präsident des Bundesrechnungshofes als Beauftragter für Wirtschaftlichkeit in der Verwaltung: Gutachten der Organisation des Bundeskanzleramtes, Dezember 1971, S. 31 f.

[1016] Ebd., S. 74.

[1017] Ausarbeitung des Chef des Bundeskanzleramtes: Organisation, Personalstruktur und Unterbringung des Kanzleramtes, BAK, NL 1397/200, 8. März 1970, Blatt 191.

[1018] 6. WP, BT-Protokoll 56, 4. Juni 1970, S. 3001.

6.1.2 Nach der Bundestagswahl: Horst Grabert löst Horst Ehmke ab

Schmidt und Wehner waren diejenigen, die sich gegen eine zweite Ernennung von Ehmke zum Chef des Kanzleramtes nach der Bundestagswahl im November 1972 engagierten. Horst Grabert erinnert sich in seinen Memoiren: „Helmut Schmidt hatte schon im Sommer bei seiner Ernennung zum ‚Superminister' verlangt, Horst Ehmke solle nicht mehr das Kanzleramt leiten, weil er nach Schmidts Meinung ‚zu eigenmächtig' sei."[1019] Ehmke wechselte auf den Posten des Forschungsministers.

An seiner Stelle wurde wieder ein Staatssekretär zum Chef des Kanzleramtes ernannt: Horst Grabert, der unter Brandt schon Leiter der Senatskanzlei in Berlin gewesen war. Dieser, ein Mann mit Verwaltungserfahrung, sollte Ruhe in das Verhältnis der Regierungszentrale zum BND bringen. Sein Regierungsstil war dann auch weitaus lautloser als der Ehmkes.

Die nachrichtendienstlichen Aufgaben der Gruppe I/2 wurden aus der Abteilung 1 „Recht und Verwaltung" ausgegliedert und erhielten die neue Bezeichnung Gruppe 07. Über diese lief nun der Geschäftsverkehr des Bundeskanzleramtes und der Bundesministerien mit dem BND. Außerdem wurden darüber weiterhin die Geschäfte des Staatssekretärausschusses und der Arbeitsgruppe geführt.[1020]

Die Zusammenarbeit habe sich „gut entwickelt"[1021], so Grabert in seiner Autobiografie, Wessel habe ihm jede Woche die Lagebeurteilung des BND vorgetragen und die zugehörigen Unterlagen übergeben. Der Kanzleramtschef führt in seinen Erinnerungen auch ein Beispiel für die Zusammenarbeit zwischen BND und Kanzleramt an:

Am vierten Tag des Jom-Kippur-Krieges bat der Vizepräsident des BND, Blötz, Grabert spät abends um ein Gespräch. „Er trug vor, dass der israelische Partnerdienst berichtet habe, die ägyptischen Panzer seien in der Lage nachts genau zu schießen, so dass die israelische Armee grosse Verlust habe hinnehmen müsse. Es solle sich um Nato-Gerät handeln, das dies ermögliche und es bestehe der Verdacht dieses Gerät sei aus Deutschland nach Ägypten gelangt."[1022] Blötz erklärte dem Chef des Kanzleramtes, er habe dies geprüft und festgestellt, dass die Meldung im Wesentlichen richtig sei. Grabert informierte den Kanzler und bat ihn, die Israelis zu unterstützen. Brandt war nicht an den Einzelheiten interessiert und genauso wenig bereit, die Verantwortung zu übernehmen. Er gab

[1019] Grabert, Horst: Wehe, wenn Du anders bist - ein politischer Lebensweg für Deutschland, Dößel 2003, S. 144.
[1020] Knoll: Das Bundeskanzleramt, S. 195.
[1021] Grabert, Horst: Wehe, wenn Du anders bist, S. 154.
[1022] Grabert: Wehe, wenn Du anders bist, S. 153.

jedoch seine Einwilligung unter der Voraussetzung, dass die Aktion verdeckt laufen müsse.[1023] Der Bundeskanzler entwickelte in seiner zweiten Amtszeit ein distanziertes Verhältnis zum BND und soll nicht mehr an den Lagebesprechungen im Kanzleramt teilgenommen haben.[1024]

Nach der Bundestagswahl wurde ein folgenschwerer Schritt in der Neuorganisation der Regierungszentrale vorgenommen. Das Kanzlerbüro wurde erweitert und übernahm die Zuständigkeit für die Verbindungen zu Parteien und Fraktionen. Diese Aufgabe wurde Günter Guillaume übertragen und auf diese Weise gelangte er in die Nähe des Kanzlers.

6.1.3 Ein Chefredakteur als Doppelagent? ‚Stern'-Redakteure beraten sich mit Kanzleramt und BND

Auch Grabert geriet als Kanzleramtschef mit einem Vorfall in die Kritik. Am 25. Oktober 1973 erschien im ‚Stern' ein Artikel mit der Überschrift „Der Doppelagent". Damit war Heinz van Nouhuys, Chefredakteur des Magazins ‚Quick' gemeint. Die Zeitung machte immer wieder mit Enthüllungsgeschichten von sich reden. Sie druckte zum Beispiel die geheimen Protokolle des Bundeskanzlers und Egon Bahrs von Vertragstexten zur Ostpolitik ab unter der Überschrift „Diese Dokumentation beweißt – Bonn will Berlin verschenken"[1025]. Eine Aufsehen erregende Geschichte war auch die über Horst Bosse, von dem später im Vertrauensmännergremium noch die Rede sein wird. Der Interzonenhändler, so das Magazin, sei in der DDR keines natürlichen Todes gestorben.[1026]

Die Veröffentlichung im ‚Stern' fand parallel zur Vernehmung von ‚Quick'-Redakteuren durch den Untersuchungsausschuss zum gescheiterten Misstrauensvotum gegen Brandt statt. Sie wurden befragt, weil sie das Geständnis des Bundestagsabgeordneten Julius Steiner, CDU, veröffentlicht hatten. Dieser hatte im Magazin verkündet, bei seiner Stimmenthaltung beim konstruktiven Misstrauensvotum der Union gegen Brandt vom Geschäftsführer der SPD-Bundestagsfraktion, Wienand, mit 50. 000 DM bestochen worden zu sein.[1027] Dies gab Anlass zur Vermutung, der Zeitpunkt der Diskreditierung van Nouhuys sei bewusst gewählt worden und verfolge politische Absichten.

[1023] Ebd.

[1024] Happrecht, Klaus: Im Kanzleramt, Tagebuch der Jahre mit Willy Brandt, Reinbeck bei Hamburg 2000, S. 364.

[1025] Schell, Manfred: Protokoll eines Komplotts, Mainz 1980, S. 8 und 11.

[1026] Ebd., S. 12.

[1027] Edb., S. 13.

Der ,Stern'-Artikel stellte die Behauptung auf, van Nouhuys arbeite unter dem Decknamen ,Nante' für den Staatssicherheitsdienst der DDR und habe binnen sechs Jahren 200. 000 DM verdient.[1028] Zur gleichen Zeit sei er vom BND mit dem Decknamen ,Handwerker' eingesetzt worden.[1029] Das Nachrichtenmagazin druckte auch zwei MfS-Quittungen über 800 und 2000 DM ab, die später in einem Zivilprozess vor dem Landgericht München vorgelegt werden sollten. Der ,Stern' musste dort jedoch seine Behauptung zurückziehen, van Nouhuys sei ein Doppelagent gewesen, nachdem dieser ausgesagt hatte, zwischen 1960 und 1963 rein journalistische Kontakte zum BND gepflegt zu haben. Bei den Quittungen handele es sich um Fälschungen.[1030] Der Chef der Hauptabteilung Aufklärung der DDR, Markus Wolf schreibt in seinen Erinnerungen, dass er das Gefühl gehabt habe, van Nouhuys sei bewusst an seinen Dienst herangespielt worden, womit als Auftraggeber wohl der BND gemeint ist. Nach Darstellung Wolfs wurde der Chefredakteur schließlich enttarnt, weil er mit seiner Zeitung zu stark gegen die Ostpolitik gearbeitet habe. Es habe die Gefahr bestanden, dass die Ostverträge torpediert würden. Daher seien dem ,Stern' die Originalquittungen mit van Nouhuys Unterschrift zugespielt worden.[1031]

Grabert beschreibt in seiner Autobiografie die Hintergründe folgendermaßen: Im Herbst 1973 meldeten sich bei ihm zwei Redakteure des ,Stern' und kündigten an, etwas „Wichtiges besprechen zu müssen" [1032]. Sie hätten dann eine große Anzahl von Fotokopien mitgebracht, aus denen sich ergeben habe, dass der Chefredakteur der ,Quick' ein ,Doppelagent' sei. „Ich sagte den Herren, dass ich mich zu der Sache ohne eingehende Prüfung nicht äußern könne"[1033], schreibt Grabert. Am nächsten Tag fand die wöchentliche Lagebesprechung statt und der Kanzleramtschef übergab dem BND-Präsidenten das Material des „Stern". Wenige Tage danach antwortete Blötz, das Material sei sehr interessant. Entscheidend ist die Aussage, dass der Vizepräsident mitteilte, er könne noch nicht belegen, dass van Nouhuys für den BND gearbeitet habe, denn „die Unterlagen seien beim Regierungswechsel weitgehend vernichtet worden"[1034]. Die ,Stern'-Mitarbeiter, so Grabert, hätten immer mehr Material von einer Ostberliner Quelle geliefert, darunter sogar einen Personalausweis aus Berlin mit dem Foto von van Nouhuys und einem anderen Namen. Das Magazin führte nicht nur mit dem Chef des Kanzleramtes umfangreiche Gespräche. Der damalige ,Stern'- Mitar-

---

[1028] Stern: Der Doppelagent, 25. Oktober 1975, S. 198-208.

[1029] Schell: Protokoll eines Komplotts, S. 16.

[1030] Ebd., S. 17.

[1031] Wolf, Markus: Spionagechef im geheimen Krieg, Berlin, 6. Aufl., 2005, S. 350f..

[1032] Grabert, Horst: Wehe, wenn Du anders bist, S. 156.

[1033] Ebd.

[1034] Ebd.

beiter Manfred Bissinger sagte in einem anderen Zusammenhang vor einem Untersuchungsausschuss des Bayerischen Landestages aus: „Ich hatte [...] Gelegenheit damals, mit dem Präsidenten, dem Vizepräsidenten, mit den Abteilungsleitern des BND intensivst zu diskutieren, über Dokumente, Wahrheiten des Geheimdienstes ect. und dies in vielen vielstündigen Unterhaltungen.“[1035] Das zeigt, dass sich die Redakteure in ihrem Vorgehen intensiv mit dem BND und dem Kanzleramt abstimmten.

6.2 Entwicklung der parlamentarischen Kontrolle

6.2.1 Debatten im Parlament: Horst Ehmke und Horst Graberts Vorgehen in der Kritik

Ehmke musste sich zu seiner Entscheidung, Blötz zum Vizepräsidenten des BND zu ernennen, kritische Fragen gefallen lassen, so zum Beispiel vom CSU-Abgeordneten Dr. Walter Becher aus Pullach. Der merkte an, dass Ehmkes Ausspruch, den BND aus dem „innenpolitischen Getto“ herauszuholen, konterkariert werde, wenn dieser Berufungen mit „parteipolitischem Akzent“ [1036] vornehme.

Der CDU-Abgeordnete Baier, viele Jahre Mitglied und sogar Vorsitzender des Vertrauensmännergremiums, entwickelte sich zum schärfsten Kritiker Ehmkes im Parlament. Er warf dem Kanzleramtschef vor: „Bei der Besetzung der Führungsspitzen der Geheimdienste haben Sie Parteianhänger bevorzugt und haben so die Durchdringung des so sensiblen Apparates eines Geheimdienstes begonnen und ihn damit in die Innen- und Parteipolitik hineingezerrt.“[1037] Ein Jahr später führte er neue Argumente an. Wieder rügte er die parteipolitische Besetzung von Positionen im BND und den Hang zu zu großer Transparenz. Dahinter verbarg sich die Kritik an der ‚Spiegel'- Serie „Pullach-Intern“, die nach Meinung der CDU/CSU-Fraktion vom Bundeskanzleramt forciert worden war. Baier fragte in der Debatte: „Ich möchte Sie fragen, ob Sie es für sinnvoll halten, wenn mehr und mehr Details über Personen und Aktionen des BND in die Öffentlichkeit gelangen, und ich möchte Sie fragen, ob es zweckmäßig ist, wenn eine Zeitschrift demnächst in einer Artikelserie Details aus Vergangenheit

[1035] Protokoll der 4. Sitzung des Untersuchungsausschusses des Bayerischen Landtages zur Prüfung der landespolitisch bedeutsamen Gesichtspunkte der Affäre um behauptete Veröffentlichungen, Kenntnisse und Verhaltensweisen des Leiters der Abteilung Staatsschutz im Bayerischen Staatsministerium des Innern, Archiv des bayerischen Landtags, 5. Mai 1982, S. 4.
[1036] 6. WP, BT-Protokoll 43, 16. April 1970, S. 2215.
[1037] 6. WP, BT-Protokoll 56, 4. Juni 1970, S. 3001.

und Gegenwart des Bundesnachrichtendienstes preisgibt."[1038] Dabei handele es sich seiner Meinung nach um eine zweite ,Spiegel-Affäre' noch größeren Ausmaßes.

Eine zweite, immer wiederkehrende Kritik Baiers war, dass der Chef des Bundeskanzleramtes das Vertrauensmännergremium viel zu selten zusammenrufe. Diesen Vorwurf erhob er sowohl im Februar 1971 als auch im September 1972. Er ergänzte die Feststellung damit, dass die Inlandsaufklärung im Vertrauensmännergremium nie an konkreten Beispielen diskutiert worden sei.[1039]

1972 geriet Ehmke selbst in den Verdacht, eine Inlandsaufklärung des BND gedeckt zu haben. Im Zusammenhang mit der neuen Pressestelle des Dienstes stellte eine BND-Mitarbeiterin die Anfrage nach der Parteizugehörigkeit von den Mitgliedern der Geschäftsleitung, den Besitzverhältnissen und der strategischen Zukunftsausrichtung der Zeitungsverlage Bauer, Springer und Bertelsmann. Sie fragte in einem Brief an, der über den normalen Postweg bei dem freien Mitarbeiter Heysing eintraf, ob er solche Informationen beschaffen könne. Dieser hatte, wie schon dargestellt wurde, 1962 ein Dossier zum ,Spiegel' verfasst. Der genannte Brief gelangte über Heysing in die Öffentlichkeit und Ehmke geriet daraufhin in die Kritik. Kurz vor dieser Indiskretion war Heysing als freier BND-Mitarbeiter gekündigt worden. Er selbst notierte in seinem Lebenslauf für Carstens: „Ausschaltung erfolgte ohne präzise Begründung jäh im Juni 1972 auf Veranlassung von Blötz."[1040]

Der Chef des Kanzleramtes hielt es für „absurd wie bösartig"[1041], aus den Wünschen der Presseabteilung auf Inlandsaufklärung schließen zu wollen. Bei Heysing, dessen Namen er nicht nannte, handele es sich nicht um einen V-Mann oder Agenten. Dies stimmte aber eindeutig nicht, schließlich war Heysing 22 Jahre lang für den BND als Sonderverbindung tätig.[1042]

In der Plenardebatte rechtfertigte Ehmke die Anfragen damit, dass jede Presseabteilung solche Informationen sammele und führte dann wieder die von ihm festgestellten geschichtlichen „Verfehlungen"[1043] des BND auf. Dr. Max Schulze-Vorberg, Abgeordneter der CSU, las ihm daraufhin die entsprechenden Passagen der Briefe vor. Am 4. Mai 1972 habe eine BND-Mitarbeiterin Folgendes verfasst: „Die Bauer-Ausarbeitung gibt schon einen guten Überblick. An

[1038] 6. WP, BT-Protokoll 96, 3. Februar 1971, S. 5338.
[1039] 6. WP, BT-Protokoll 198, 21. September 1972, S. 11682.
[1040] „Zur Person", Anlage eines Briefes von Günther Heysing an Karl Carstens, 6. Januar 1975, BAK, NL 1337/152, Blatt: 123 f.
[1041] 6. WP, BT-Protokoll 198, 21. September 1972, S. 11678.
[1042] „Zur Person", Anlage eines Briefes von Günther Heysing an Karl Carstens, 6. Januar 1975, BAK, NL 1337/152, Blatt: 123 f.
[1043] 6. WP, BT-Protokoll 198, 21. September 1972, S. 11678.

weiteren Einzelheiten, soweit sie bei Ihnen anfallen, sind wir interessiert. Insbesondere hoffen wir, über die versteckten Beteiligungen noch etwas von Ihnen zu erfahren."[1044] Damit war bewiesen, dass hier ein konkretes Interesse im Hintergrund gestanden hatte.

Ehmke erwähnte in der Debatte auch den Mercker-Bericht, den er, wie viele Zuhörer meinten, als Indiz für eine innenpolitische Aufklärung anführte.[1045] Mercker, der ehemalige Staatssekretär, schrieb daraufhin einen Brief an Ehmke und stellte richtig, in dieser Frage hätte seine Kommission nicht ermittelt.[1046] Da Ehmke jedoch keinen direkten Zusammenhang in seinen Ausführungen hergestellt habe, sei man jedoch vermutlich einer Meinung. Ehmke bestätigte dies.[1047]

Auch Ehmkes Nachfolger Grabert war Ziel von Baiers Kritik. Im Juni 1973 erkannte der CDU-Abgeordnete zwar eine Verbesserung der Organisation des BND, Personalentscheidungen unterlägen aber offensichtlich weiterhin in starkem Maße parteipolitischen Gesichtspunkten.[1048] Grabert antwortete ihm in einem Brief unmissverständlich, was er von seinen Äußerungen hielt: „Ihr Vorwurf, die Personalpolitik im BND sei parteipolitisch orientiert, ist eine Behauptung, die Sie seit Jahren bei jeder sich bietenden Gelegenheit immer wieder aufstellen. Die Bundesregierung hat hierzu mehrfach Stellung genommen und Ihre Vorwürfe als unbegründet zurückgewiesen."[1049] Mit der Antwort gab sich der CDU-Abgeordnete jedoch nicht zufrieden. Er beharrte auf seinem Standpunkt: „Es bleibt unbestritten, dass unter Ihrem Vorgänger, Prof. Ehmke, zwei Spitzenpositionen des BND mit Herren besetzt wurden, deren parteipolitische Verdienste ihre Erfahrungen im Auslandsnachrichtendienst' übertrafen".[1050] In der Plenardebatte hielt ihm zudem der FDP-Abgeordnete Victor Kirst entgegen, „dauernd mit unbewiesenen Vorwürfen gegenüber der Öffentlichkeit"[1051] zu arbeiten.

[1044] Ebd., S. 11683.
[1045] Ebd., S. 11678.
[1046] Brief von Reinhold Mercker an Horst Ehmke, ACDP, Nachlass: Heinrich Krone, 1-028-030/6, 9. Dezember 1972.
[1047] Brief von Horst Ehmke an Reinhold Mercker, ACDP, Nachlass: Heinrich Krone, 1-028-030/6, 11. Dezember 1972.
[1048] 7. WP, BT-Protokoll 44, 18. Juni 1973, S. 2505 und BT-Protokoll 46, 20. Juni 1973.
[1049] Brief von Horst Grabert an Fritz Baier, BAK, NL 1337/1, 22. Juni 1973, Blatt: 83f.
[1050] Brief von Fritz Baier an Horst Grabert, BAK, NL 1337/1, 5. Juli 1973, Blatt: 85.
[1051] 7. WP, BT-Protokoll 46, 20. Juni 1973, S. 2687.

6.2.2 Kein Kontroll-Gesetz: Vertrauensmännergremium wird stattdessen vergrößert

Es bestand bei allen Fraktionen zu Beginn der neuen Wahlperiode der Wunsch, die Beratungen um das gescheiterte Kontrollgesetz wieder aufzunehmen. Schon am 21. Oktober 1969 verhandelte der Arbeitskreis für Rechtsfragen der SPD-Bundestagsfraktion über die Wiederaufnahme.[1052] Dessen Vorsitzender Hirsch wurde beauftragt, an Barzel mit dem Wunsch nach Gesprächen heranzutreten. In einem Brief an Wessel begründete der SPD-Abgeordnete sein Engagement in der Sache: „Seitdem ich weiß, dass die Nachrichtendienste selbst erheblichen Wert auf ein ordentliches parlamentarisches Kontakt-Gremium legen, bin ich erst recht entschlossen, unseren in der vergangenen Legislaturperiode leider gescheiterten Vorschlag zur Einrichtung eines parlamentarischen Kontrollausschusses für die Nachrichtendienste mit neuer Intensität wieder aufzunehmen."[1053]

Im Januar 1970 nahm Hirsch Kontakt mit dem Fraktionsvorsitzenden der CDU/CSU auf. Im Anschreiben betonte der Sozialdemokrat, dass er nach wie vor die Verfassungsänderungen für dringend erforderlich halte, um die Rechte des Parlaments gegenüber der Regierung zu stärken.[1054] Hirsch wollte im Gegensatz zur letzten Wahlperiode die Anzahl der Mitglieder jedoch nicht mehr auf fünf festschreiben und auf die Möglichkeit verzichten, dass sich der Ausschuss ad hoc in einen Untersuchungsausschuss umwandeln könne.[1055] Drei Tage später antwortete Ernst Benda, der in seiner Fraktion den Arbeitskreis ‚Allgemeine und Rechtsfragen' leitete, im Auftrag seines Fraktionsvorsitzenden. Er sprach sich betont dafür aus, dass alle Fraktionen sich gemeinsam hinter die Initiative stellen sollten.[1056] Die Chancen dafür standen zu diesem Zeitpunkt gut, da sich Hirsch mit dem FDP-Fraktionsvorsitzenden Mischnick bereits einig geworden war.

Im Sommer 1970 brach – ohne ersichtlichen Grund - der Kontakt zwischen den Regierungs- und den Oppositionsparteien ab und das Projekt nahm eine andere Wendung. Die CDU/CSU entwarf darauf ein eigenes Gesetz – und überraschte damit die SPD. Die Sozialdemokraten fühlten sich vor vollendete Tatsachen gestellt. Benda unterrichtete jedoch Hirsch und sprach weiterhin nur von

---

[1052] AdsD, BT-Fraktion, 6. WP, AK VII (Rechtswesen), Mappe: 1301.

[1053] Brief von Martin Hirsch an Gerhard Wessel, 2. Dezember 1969, AdsD, SPD-BT-Fraktion, 6. WP, Mappe: 1020.

[1054] Brief von Martin Hirsch an Rainer Barzel, 13. Januar 1970, AdsD, SPD-BT-Fraktion, 6. WP, AK VII (Rechtswesen), Mappe: 1299.

[1055] Ebd.

[1056] Brief von Ernst Benda an Martin Hirsch, 19. Januar 1970, AdsD, SPD-BT-Fraktion, 6. WP, AK VII (Rechtswesen), Mappe: 1299.

einer „Initiative“[1057] seiner Fraktion.[1058] In einem Schreiben an Mischnick machte Hirsch sein Missfallen deutlich: „Wir sollten der CDU/CSU nun aber nicht das Erstgeburtsrecht für diese Initiative überlassen und den Antrag mit unterzeichnen.“[1059] Dem CDU/CSU-Fraktionsvorsitzenden signalisierte er gleichzeitig Gesprächsbereitschaft über die strittigen Punkte.[1060]

Die Regierung bot in dieser Situation der Opposition an, die Anzahl der Mitglieder des Vertrauensmännergremiums zu erhöhen.[1061] Im Gegenzug müsse die CDU/CSU ihre Unterschrift unter den Gesetzesentwurf in der ursprünglichen Fassung zurückziehen. Diesen Vorschlag akzeptierte die CDU/CSU und somit entfiel eine Institutionalisierung der Kontrolle durch ein Gesetz.[1062] Die Regierung hatte sich durchgesetzt. Dies führte in den eigenen Reihen zu offener Kritik. In einem Brief von Hirsch an Ehmke zeigt sehr deutlich den Unmut über das Vorgehen der Regierung. Der Parlamentarier kritisiert, dass die Vorschläge des Parlaments „ausgebremst“ [1063] wurden. Ehmke hatte dies gerechtfertigt, indem er darauf hinwies, dass sich das Vertrauensmännergremium selbst gegen den Beschluss des Untersuchungsausschusses entschieden hätte.[1064] Auf diese Äußerung reagierte Hirsch empört. Schließlich würden der Bundestag und der Bundesrat über Gesetzesänderungen und nicht das Vertrauensmännergremium entscheiden.

6.2.3 Schwache Argumente gegen ein Kontrollgesetz: Enquete-Kommission zur Verfassungsreform

Nicht nur im Kanzleramt standen Reformen an – auch die Verfassung sollte vom Parlament überarbeitet werden. Dazu konstituierte sich 1971 die Enquete-

[1057] Brief von Martin Hirsch an Wolfgang Mischnick, 17. Juni 1970, AdsD, SPD-BT-Fraktion, 6. WP, Mappe: 1298.

[1058] Brief von Ernst Benda an Martin Hirsch, 17. Juni 1970, AdsD, SPD-BT-Fraktion, 6. WP, AK VII, Mappe: 1301.

[1059] Brief von Martin Hirsch an Wolfgang Mischnick, 17. Juni 1970, AdsD, SPD-BT-Fraktion, 6. WP, Mappe: 1298.

[1060] Brief von Martin Hirsch an Ernst Benda, 22. Juni 1970, AdsD, SPD-BT-Fraktion, 6. WP, AKVII (Rechtswesen), Mappe: 1301.

[1061] Brief von Martin Hirsch an Horst Ehmke, 31. August 1970, AdsD, SPD-BT-Fraktion, 6. WP, Mappe: 1298.

[1062] Sitzungsprotokoll des Arbeitskreises VII der SPD-Bundestagsfraktion, 14. Oktober 1970, AdsD, SPD- BT-Fraktion, 6. WP, Mappe: 1298.

[1063] Brief von Martin Hirsch an Horst Ehmke, 31. August 1970, AdsD, SPD-BT-Fraktion, 6. WP, Mappe: 1298.

[1064] Brief von Horst Ehmke an Martin Hirsch, 21. August 1970, AdsD, SPD-BT-Fraktion, 6. WP, Mappe: 1298.

Kommission zur Verfassungsreform.[1065] Sie wurde damit begründet, dass die freiheitlich-demokratische Grundordnung an die raschen gesellschaftlichen und politischen Entwicklungen angepasst werden müsse. Die Kommission hatte unter anderem zum Ziel, die Kontrollmöglichkeiten, in diesem Fall auch die der Nachrichtendienste, zu verbessern. Beantragt wurde sie von der CDU/CSU-Fraktion und sie setzte sich zusammen aus 14 Mitgliedern, fünf Abgeordneten des Deutschen Bundestages, fünf Landtagsabgeordneten und vier Sachverständigen. Nach den Neuwahlen 1972 erfuhr die Kommission eine Wiederauflage. Der Abschlussbericht wurde erst vier Jahre später fertig gestellt.

Grundlage für die Beratungen zur Kontrolle der Nachrichtendienste waren der schriftliche Bericht des Untersuchungsausschusses der 5. Wahlperiode zu den Nachrichtendiensten und die Aussagen von Sachverständigen.[1066]

Dabei hatte die Kommission einige gute Gründe für ihre Vorschläge zum Kontrollgesetz gefunden. Der erste war, dass ein Ausschuss ein Selbstversammlungsrecht besitze und daher jederzeit zusammentreten könne. Die Sitzungen würden dadurch regelmäßiger stattfinden und bei besonderen Ereignissen bestehe die Möglichkeit zu Sondersitzungen. Das Vertrauensmännergremium könne hingegen eine Einladung des Bundeskanzlers nicht erzwingen.[1067]

Der zweite Grund für ein Kontrollgesetz war, dass die Arbeit des Gremiums aufgewertet würde. Ordentliche Mitglieder eines Ausschusses könnten ihn auf ihrer parlamentarischen Prioritätenliste höher ansetzen als ein informelles Gremium, das quasi als Zusatzaufgabe hinzukomme. Gerade bei den Fraktionsvorsitzenden – die vor allem im Vertrauensmännergremium vertreten waren – sei dies der Fall.

Für einen Parlamentarier würde der Vorsitz in einem solchen Gremium eine herausgehobene, attraktive Position bedeuten. Wenn ein Regierungsmitglied den Vorsitz innehätte, bestände dessen Interesse nicht unbedingt darin, dem Parlament weitgehenden Einblick zu gewähren, stellte die Kommission fest. Das bedinge das politische und staatsrechtliche Spannungsverhältnis zwischen Parlament und Regierung. Letztere würde sich schließlich einen möglichst großen Spielraum auf dem Gebiet der Nachrichtendienste erhalten wollen.[1068]

Die Mitglieder der Enquetekommission stellten außerdem fest, dass festgeschriebene Kontrollrechte einfacher durchzusetzen wären und die Regierung einem solchen Ausschuss bereitwilliger berichten würde.

[1065] 6. WP, Drucksache 653, 21. April 1970.

[1066] Fragen der Verfassungsreform: Zwischenbericht der Enquete-Kommission des Deutschen Bundestages, AdsD, SPD-BT-Fraktion 7. WP, Mappe: 2/BTF6000539, S. 35.

[1067] Ebd., S. 38.

[1068] Ebd., S. 38 f..

Als letztes Argument für ein Kontrollgesetz wurde angeführt, dass ein Ausschuss mit seinen Verfahrensregelungen nicht so sehr vom Vertrauen der Regierung abhängig sei wie das informelle Gremium. Zudem werde die Vertrauensbasis bei politischen Entwicklungen schneller beeinträchtigt und Belastungen ausgesetzt sein als ein förmliches Kontrollverfahren.[1069]
Alle diese Punkte waren überzeugend und ergaben sich aus den Erfahrungen der ersten 18 Jahre des Vertrauensmännergremiums. Im Gegensatz dazu waren die ablehnenden Gründe der Kommission rein pragmatisch und wenig stichhaltig. So lobte sie, in den letzten Jahren sei die Arbeitsweise des Gremiums stark verbessert worden. Es trete regelmäßiger und häufiger zusammen als früher, sein Verfahren sei stärker formalisiert. Nicht mehr allein der Bundeskanzler, sondern jedes Mitglied könne das Gremium einberufen. Es sei dadurch flexibel genug, um auf aktuelle Themen zu reagieren.

Diese Argumente sprechen zwar für eine bessere Arbeit des Gremiums in der Praxis. Aber wären sie durch ein Gesetz ins Gegenteil gekehrt worden? Sicherlich nicht, die praktische Arbeit hätte dadurch weiter verbessert werden können.

Mit dem folgenden Argument sprachen sich die Mitglieder der Enquete-Kommission gegen ein größeres zeitliches Engagement der Ausschussabgeordneten aus. Sie könnten aus ihrer Kontrolltätigkeit politisches Kapital schlagen, mutmaßten sie. Nimmt man die Aussage ernst, spricht sie gegen jeglichen Kontakt zwischen Nachrichtendienst und Politik. Jeder Einblick, die Voraussetzung für Kontrolle, birgt die Gefahr, eigene politische Projekte zu verfolgen. Ohne einen geregelten Austausch bestehen nur rein persönliche Kontakte zu den Diensten. Dies dient nicht immer dem sachlichen Umgang und erst recht nicht der Kontrolle. Somit kann dieses Argument klar zurückgewiesen werden.

Weiter führte die Enquetekommission an, dass den ordentlichen Mitgliedern eines derartigen Ausschusses die nötige Rückbindung an das Parlament fehle, da sie ihre Fraktionen nur teilweise über die geheimen Informationen unterrichten dürften. Das Argument ist unverständlich. Geheimhaltungspflicht bestand sowohl beim Vertrauensmännergremium als auch bei einem Ausschuss und hat bis heute Bestand.

Für das Vertrauensmännergremium spräche, so die Kommission weiter, dass es teilweise eine personelle Identität mit dem Unterausschuss des Haushaltsausschusses der Nachrichtendienste gebe. Dabei musste eine gesetzliche Regelung dies nicht notwendigerweise zur Folge haben. Bei der Reform des

[1069] Ebd., S. 39.

Kontrollgesetzes 1999 geschah dies, die Mitglieder des Unterausschusses können nun an den Kontrollgremiumssitzungen teilnehmen.[1070]

Das nächste Argument gegen das Gesetz ist ebenso nicht überzeugend. Die heiklen Operationen der Nachrichtendienste seien auf Grund der Natur der Sache nur bedingt kontrollierbar, heißt es im Bericht. In einem kleineren Gremium wie dem Vertrauensmännergremium sei die Regierung eher bereit, Informationen zu geben.[1071] Das Argument wurde durch die Praxis der 70er Jahre widerlegt. Das Vertrauensmännergremium wuchs auf über zehn Mitglieder. Wäre das Gesetz in der fünften Wahlperiode beschlossen worden, hätte es nur aus fünf Mitgliedern bestanden.

Im Vertrauensmännergremium, so die Kommission, bestehe zwischen Regierung und Parlament schon durch die Personenauswahl eine Vertrauensbasis, radikale Parteien im Bundestag blieben außen vor. Es darf bezweifelt werden, dass sich eine gewünschte Vertrauensbasis von selbst ergab. Gerade die Spannungen zwischen Regierung und Opposition in den 70er Jahren führten zu großen Vertrauenskrisen – erst recht im Vertrauensmännergremium. Da die Fraktionen selbst und nicht der Bundestag über die Besetzung entschieden, waren Kandidaten möglich, die nicht das Vertrauen des gesamten Parlaments besaßen. Dies sollte ein entscheidendes Kennzeichen der späteren, institutionalisierten Kontrollgremien werden. Eine 2/3 Mehrheit im Parlament für die Kandidaten zu fordern - wie beim ersten Kontrollgesetz 1978 - erwog die Kommission nicht.

Das Vertrauensmännergremium biete über die Kontrollfunktion hinaus die Möglichkeit für die Regierung, sich in nachrichtendienstlichen Fragen mit Vertretern des Parlaments zu besprechen, führte die Kommission weiter an. Auf diese Weise könne sie sich ihres Rückhaltes vergewissern und politische Informationen weitergeben. In der Tat ist es später beim Kontrollgremium zu einer Akzentverschiebung gekommen, weg von dem Aspekt, die Abgeordneten ins Vertrauen zu ziehen, hin zu mehr politischer Kontrolle. Ein Ausschuss schließt solche Formen der Verständigung sicher nicht aus.

Die Kommission hegte Bedenken, dass sich die Regierung bei zu weit reichenden, zu substantiellen Kontrollrechten in ihrer Unterrichtung zurückhalte; vor allem dann, wenn das Gremium sich in einen Untersuchungsausschuss umwandeln könne. Bei heiklen Informationen wird allerdings die Regierung so wenig wie möglich weitergeben, ohne Rücksicht auf die Rechte der Parlamentarier.

Die Kommission sah beim Untersuchungsausschuss außerdem das Problem, dass die Abgeordneten die eigenen Entscheidungen würden prüfen müssen. Das

[1070] Ebd.
[1071] Ebd.

Gremium könne so in eine Position zwischen Regierung und Parlament gedrängt werden. Bei einer Personalunion zwischen Vertrauensmännergremium und Untersuchungsausschuss entfiele auf der anderen Seite, so gab die Kommission zu, eine längere Einarbeitungszeit. Aufsehen könne vermieden werden, denn gerade Untersuchungsausschüsse würden immer in emotional aufgeladenen, gespannten Situationen eingerichtet.[1072] Das berge die Gefahr, dass die Personalauswahl nicht überlegt genug erfolge. Sicherheitsrisiken seien die Folge.[1073] Die Kommission entschied sich trotz dieser Argumente gegen eine solche Lösung. Sie betonte, die Öffentlichkeit fordere die Regierung heraus, Auskunft zu geben. Untersuchungsausschüsse seien ein sehr gutes Mittel, um auch die Rechte der parlamentarischen Minderheiten zum Ausdruck zu bringen.

Die Kommission beschloss bei zwei Gegenstimmen, dass eine Verankerung der Kontrolle der Nachrichtendienste im Grundgesetz nicht erforderlich sei. In ihrer Schlussbegründung heißt es, gerade ein institutionelles Gremium der Gesellschaft signalisiere, dass die Dienste eine Gefahr darstellten, die kontrolliert werden müsse. Dieses Argument wirkt konstruiert. Schließlich sind die Bürger auch nicht der Ansicht, das Auswärtige Amt sei gefährlich, weil es durch einen Ausschuss kontrolliert wird. Sicher kann ein Vertrauensmännergremium geräuschloser tätig sein, gerade weil es dem Parlamentsbetrieb entrückt ist. Die Arbeit war dadurch jedoch, wie mehrfach hier gezeigt, alles andere als von hoher Qualität.

Die Kommission schlug vor, den Vorsitz des Vertrauensmännergremiums einem Parlamentarier zu übertragen.[1074] Dies war ein hilfreicher Schritt, den Schmidt schon zu Beginn der letzten Wahlperiode gefordert hatte um den Schwerpunkt des Gremiums in Richtung Parlament zu verschieben.

6.2.4 Kontakte unerwünscht: Ehmke versucht Austausch von CDU und BND einzuschränken

Im Vertrauensmännergremium wurde verabredet, dass die Oppositionsparteien durch den BND unterrichtet werden sollten- nur über das ‚Wie' und den Umfang gab es bald Streit.[1075] Das Präsidium der CDU ernannte Karl Gumbel im April

[1072] Ebd., S. 41.

[1073] Ebd., S. 42.

[1074] 6. WP, Drucksache 3829, S. 23 bis 27.

[1075] Brief von Horst Ehmke an Bruno Heck, ACDP, Nachlass Dr. Bruno Heck, 01-022-023/1, Bonn, 06. Mai 1970.

1970 zu seiner Kontakt- und Verbindungsperson zu den Nachrichtendiensten.[1076] Der ehemalige Staatssekretär des Bundesministeriums der Verteidigung galt als erfahren in solchen Ausgaben. Kurz zuvor hatte ihn die sozialliberale Regierung mit 60 Jahren in den einstweiligen Ruhestand versetzt.[1077] In seiner Biografie bei der Konrad-Adenauer-Stiftung heißt es, Gumbel sei von 1969 bis 1972 „in der Industrie tätig“ [1078] gewesen.

Die Oppositionsfraktion erhielten das wöchentliche Lagebild BND, die ‚Nachrichtendienstliche Führungsorientierung'; Kiesinger als Vorsitzender der CDU, Barzel als Fraktionsvorsitzender und Stücklen als Vorsitzender der CSU-Landesgruppe.[1079]

Die ersten Gespräche zwischen Gumbel und Wessel fanden kurz nach seiner Benennung statt.[1080] Der Kontakt entwickelte sich so gut, dass der CDU-Vertrauensmann zusammen mit dem Generalsekretär der Partei, Dr. Bruno Heck, zum BND-Sitz nach Pullach eingeladen wurde. Dazu waren noch nicht einmal die Regierungsparteien gebeten worden. Außerdem erhielt der Kontaktmann jeden Dienstag einen Lagevortrag vom BND-Präsidenten.[1081]

Dies war jedoch nicht die Form von Unterrichtung, an die Ehmke gedacht hatte. Er wollte, dass Gumbel rein ‚organisatorische Kontakte' zum BND pflegen sollte. Es kam zu einem kontroversen Gespräch zwischen den beiden. Gumbel machte sich hierzu am 21. Juli 1970 eine Notiz. Danach verstand der Kanzleramtschef unter der Opposition allein die Bundestagsfraktion, vertreten durch Barzel, und nicht die CDU als Partei. Ehmke stimmte zu, dass sowohl Schröder als Vorsitzender des Auswärtigen Ausschusses als auch Dr. Johann Baptist Gradl, Vorsitzender des Innerdeutschen Ausschusses, durch den BND informiert würden.

In der Notiz bemerkt Gumbel, Ehmke habe es abgelehnt, auch dem Vertrauensmännergremium eingehende Sachinformationen geben zu lassen, wie dies von Seiten der CDU/CSU durch Jäger gefordert worden sei. „Er werde auch in Zukunft bei seiner Ablehnung bleiben.“[1082]

[1076] Brief von Bruno Heck an Horst Ehmke, ACDP, Nachlass Dr. Bruno Heck, 01-022-023/1, Bonn, 24. April 1970.

[1077] Vergl.: Hoffmann, Heinz: Die Bundesministerien 1949-1999, Bezeichnungen, amtliche Abkürzungen, Zuständigkeiten, Aufbauorganisationen, Leitungspersonen, Koblenz 2003, S. 186.

[1078] Siehe Findbuch, ACDP, Nachlass Karl Gumbel, 01-142.

[1079] Brief von Karl Gumbel an Bruno Heck, ACDP, Nachlass Dr. Bruno Heck, 01-022-023/1, Bonn, 05. Juni 1970.

[1080] Ebd.

[1081] Notiz von Karl Gumbel über ein Gespräch mit Horst Ehmke, ACDP, Nachlass Dr. Bruno Heck, 01-022-023/1, Bonn, 21. Juli 1970.

[1082] Ebd.

Ehmke machte Gumbel deutlich, dass die Unterrichtung in dieser Form nicht weiterlaufen könne. Der Vertrauensmann verstehe von der Sache etwas, sein Nachteil sei aber, dass er kein Abgeordneter sei. Gumbel äußerte Verständnis für den Ansatz Ehmkes, den Empfängerkreis geheimer Nachrichten nicht zu groß werden zu lassen. Anders als der Chef des Kanzleramtes sah er jedoch keinen Unterschied zwischen Partei und Fraktion. Das, hält Gumbel fest, sei auch in der Vergangenheit, als die SPD noch in der Opposition war, nicht so gewesen.[1083] Das Ergebnis des Gespräches war, dass der CDU-Vertrauensmann die Frage mit dem Präsidium erörtern wolle.[1084]

Die Unterrichtung scheint wie gewohnt weiter gegangen sein, darauf weisen Gumbels Notizen für die Sitzung des CDU-Präsidiums am 19. Oktober 1970 hin. Dort behandelte er ausführlich BND-Meldungen aus der DDR, der Sowjetunion, Polen, der CSSR, Rumänien, Jugoslawien, dem Nahen Osten, Frankreich, der USA und Chile.[1085]

Im Nachlass von Globke existiert eine 15-seitige Darstellung mit dem Titel „über den Auslands-ND als Instrument der Bundesregierung“[1086], die weder den Autor nennt noch mit Datum versehen ist. Da Ehmke als Kanzleramtschef beschrieben wird, muss sie nach dem November 1969 verfasst worden sein. Die Studie stellt kurz die geschichtliche Entwicklung des BND dar, dann den damals aktuellen Aufbau, um am Schluss Vorschläge zu entwickeln, wie der Auslandsnachrichtendienst im Falle einer CDU/CSU-Regierungsübernahme verändert werden müsse. Dazu stellt der Autor einen Drei-Phasen-Plan auf. Als erstes sollte der BND-Präsident gegen eine in Personal-, Verwaltungs- und Ministerialerfahrung geschulte Persönlichkeit ausgetauscht werden. Als möglichen Kandidaten nennt er Gumbel. In Phase zwei sollten die Abteilungsleiter überprüft und auf jeden Fall solle der Chef der Auswertung ersetzt werden. Zudem ist für alle BND-Abteilungen aufgeführt, wie eine Umbesetzung auszusehen hätte und wie die jetzigen Leiter zu beurteilen seien.[1087] Die dritte Phase müsse sich mit der Infrastruktur des BND beschäftigen. Der Autor betont allerdings: „Der Versuch einer einfachen Restauration – im Ganzen bewährter früherer Strukturen – verbietet sich aus sachlichen und personellen Gründen.“[1088] Hier wird deutlich, dass

[1083] Ebd.

[1084] Notiz von Karl Gumbel über ein Gespräch mit Horst Ehmke, ACDP, Nachlass Dr. Bruno Heck, 01-022-023/1, Bonn, 21. Juli 1970.

[1085] Notizen für die Sitzung des Präsidiums der CDU, ACDP, Nachlass Karl Gumbel, 01-142-001/3, 19. Oktober 1970.

[1086] Notiz über den Auslands-ND als Instrument der Bundesregierung, vermutlich von Hans Globke, ACDP, Nachlass Hans Globke, 01-070-001/2, ohne Datum.

[1087] Ebd.

[1088] Ebd.

hinter den Kulissen bereits Überlegungen ausgearbeitet wurden für den Fall, dass sich die Machtverhältnisse ändern sollten.

Über die Zusammenarbeit zwischen der SPD und dem BND können ab diesem Zeitpunkt keine fundierten Aussagen mehr getroffen werden, da der Nachlass Herbert Wehners, der 1969 den Fraktionsvorsitz übernahm, für diese Arbeit nicht zugänglich war.

6.2.5 Bessere Organisation und viel Kontinuität: Das Vertrauensmännergremium berät vor allem über Desinformation in den Medien

Es begann viel versprechend: Schon wenige Tage nach dem Antritt seiner Regierung, am 12. November 1969, schrieb Brandt an Wehner, der Fraktionsvorsitzende möge ihm bald die Vertreter der SPD für das Vertrauensmännergremium benennen. Er bat darum, dass zwischen dem Vertrauensmännergremium, dem Unterausschuss des Haushaltsausschusses und dem G 10-Gremium - Personalunion herrschen solle. Der Kanzler kündigte an, wie sein Vorgänger den Vorsitz im Gremium übernehmen zu wollen.[1089]

Wehner benannte sich selbst und Hans Hermsdorf. Letzterer war SPD-Finanzexperte, ebenfalls Mitglied in allen drei Kontrollgremien und gehörte seit 1953 dem Bundestag an. Von 1969 bis Mai 1971 war Hermsdorf stellvertretender Vorsitzender des Haushaltsausschusses. Lange war er nicht im Vertrauensmännergremium vertreten, ihn ersetzte schon im Juni 1971 Max Seidl, da Hermsdorf parlamentarischer Staatssekretär beim Bundesminister für Finanzen wurde. [1090] Auch Seidl blieb nur kurz, er schied mit der Wahl 1972 aus dem Bundestag aus.

Hirsch wäre gerne selbst Mitglied im Gremium geblieben, wie er in einem Brief an Wehner geschickt formuliert: „Aus meiner bisherigen Arbeit in diesem Zusammenhang muss ich allerdings sagen, dass es für Dich [gemeint ist Wehner] Zeitverschwendung wäre, wenn Du in dieses Gremium gingest. Deshalb würde ich vorschlagen, dass Du diese Aufgabe an mich delegierst, weil ich mich nun inzwischen eingearbeitet habe."[1091] Wehner war anderer Meinung und antwortete ihm am gleichen Tag, dass er sich bereits entschieden habe.[1092] Dies spricht für Wehners Interesse, selbst im Gremium vertreten zu sein. Hirsch verlor seinen

[1089] Brief von Willy Brandt an Herbert Wehner, 12.11.1969, AdsD, SPD-BT-Fraktion, 6.WP, Mappe: 319.

[1090] Protokoll SPD-Fraktionssitzung vom 8. Juni 1971, AdsD, SPD-BT-Fraktion, 6. WP, Mappe: 64.

[1091] Brief von Martin Hirsch an Herbert Wehner, 14.11.1969, AdsD, SPD-BT-Fraktion, 6.WP, Mappe: 319.

[1092] Ebd.

Sitz. Gegenüber Wessel bedauerte Hirsch ausscheiden zu müssen: „Die Zusammenarbeit insbesondere auch mit Ihnen persönlich hat mir immer viel Freude gemacht, und ich habe dabei manche Eindrücke und Erfahrungen gewonnen, die für mich sehr wertvoll waren und sind“[1093], schrieb der Sozialdemokrat. Wessel antwortete, er habe sich selten über einen Brief so gefreut. „Ihrem Brief entnahm ich, dass Sie, sehr geehrter Herr Abgeordneter, gespürt haben, wie viel mir an den Gesprächen unter vier Augen gelegen hat und was Ihr Verständnis und Ihre Ratschläge mir immer bedeuteten. In diesem Sinne denke ich besonders an unser letztes Gespräch und hoffe, dass der persönliche Kontakt auch in Zukunft erhalten bleiben kann.“[1094] Dies bestätigt die Vermutung, dass Hirsch das Argument der ‚Zeitverschwendung' nur als Vorwand benutzte, um weiter im Gremium bleiben zu können.

Die Opposition benannte Heinrich Köppler, CDU, und Richard Stücklen, CSU.[1095] Ersterer, in der Großen Koalition Parlamentarischer Staatssekretär beim Bundesministerium des Innern, legte jedoch im August 1970 sein Mandat als Parlamentarier nieder. Stücklen war in der vorherigen Wahlperiode stellvertretender Vorsitzender des Untersuchungsausschusses Nachrichtendienste gewesen.

Da Personalunion mit dem Unterausschuss des Haushaltsausschusses herrschen sollte, wurde die FDP mit hoher Wahrscheinlichkeit durch Dr. Christian Albrecht Haas vertreten, der nach seinem Tod am 20. Januar 1970 durch Victor Kirst[1096] ersetzt wurde.[1097] Kirst wurde im Januar 1971 stellvertretender Fraktionsvorsitzender seiner Partei.

Das neue CDU-Mitglied des Vertrauensmännergremiums, Heinrich Köppler[1098], schrieb Ende Januar 1970 an Brandt, er möge nun das Gremium einberufen.[1099] Die neue Möglichkeit für die Abgeordneten - die Initiative zu den Sitzungen zu ergreifen – wurde also von Beginn an genutzt. Gleich mehrere Beratungspunkte schlug Köppler vor:

> die Durchführung der Vorschläge des 2. Untersuchungsausschusses des 5. Bundestages, die Fortführung der von der letzten Bundesregierung eingeleiteten Maßnah-

[1093] Brief von Martin Hirsch an Gerhard Wessel, 2. Dezember 1969, AdsD, SPD-BT-Fraktion, 6. WP, Mappe: 1020.

[1094] Brief von Gerhard Wessel an Martin Hirsch, 8. Dezember 1969, AdsD, SPD-BT-Fraktion, 6. WP, Mappe: 1020.

[1095] Brief von Horst Ehmke an Bruno Heck, ACDP, Nachlass Dr. Bruno Heck, 01-022-023/1, Bonn, 06. Mai 1970.

[1096] Victor Kirst wurde am 21. September 1925 geboren und starb am 29. Mai 1997.

[1097] 7. WP, BT-Protokoll 46, 20. Juni 1973, S. 2686.

[1098] Heinrich Köppler wurde am 26. November 1925 geboren und starb am 20. April 1980.

[1099] Brief von Heinrich Köppler an Willy Brandt, 30. Januar 1970, AdsD, Nachlass: Willy Brandt, WBA, A8 (Bundeskanzler/Bundesregierung), Mappe: 23.

> men zur Verbesserung der Sicherheitslage, den gegenwärtigen Sachstand auf dem Gebiet ‚Austausch' die Erfahrungen der Nachrichtendienste mit den Post- und Fernmeldkontrollen sowie der Praxis der dafür vom Bundestag eingesetzten Organe.[1100]

Ein Sitzungstermin wurde erst im März angesetzt. Barzel musste die Sitzung nochmals anmahnen.[1101] Die Kritik Baiers im Bundestag, das Vertrauensmännergremium tage zu selten, war somit berechtigt. Eine Einladung ist nicht überliefert, doch schickte Ehmke Wehner zur Vorbereitung der Sitzung den Abschlussbericht der Bundesregierung zu den Spionage- und Selbstmordfällen von Bundesbediensteten, die in der letzten Legislaturperiode Inhalt des Untersuchungsausschusses gewesen waren. Der SPD-Fraktionsvorsitzende sollte den Bericht an die Mitglieder des Vertrauensmännergremiums weiterleiten.[1102] Aus ihm lässt sich entnehmen, dass der Staatssekretärsausschuss für Fragen des geheimen Nachrichtenwesens und der Sicherheit insgesamt neun Mal zu diesem Fragenkomplex – parallel zum Untersuchungsausschuss des Bundestages – zusammengekommen war. Ansonsten nimmt der Bericht Stellung zu den Forderungen, die Koordinierung und die Zusammenarbeit von Polizeibehörden und Nachrichtendiensten zu verbessern. Was die personelle und sachliche Ausstattung der Nachrichtendienste anbelange, seien bereits höhere Haushaltsansätze beschlossen worden. Eine offenere Mitarbeiterwerbung habe man ebenfalls eingeleitet.[1103]

Im Oktober 1970 wurde die Organisation des Vertrauensmännergremiums noch einmal verändert. Wie schon erwähnt, wurde die Anzahl der Mitglieder per Beschluss der Fraktionen auf neun erhöht, gleichzeitig wurde die verfassungsrechtliche Verankerung ad acta gelegt.[1104] Das heißt, es waren vier Mitglieder der SPD, drei der CDU/CSU und zwei der FDP vertreten. Zu den Mitgliedern des Vertrauensmännergremiums gehörten auch die Mitglieder des Unterausschusses Haushalt/BND.[1105] Diese Tatsache beschleunigte den Personalwechsel im Gremium zusätzlich, zumal Stücklen aus Zeitgründen ausschied und ihm Richard Jaeger, Vizepräsident des Deutschen Bundestages, folgte.[1106] Der dritte Vertreter

[1100] Ebd.

[1101] Ebd.

[1102] Brief von Horst Ehmke an Herbert Wehner, 16. März 1970, AdsD, SPD-BT-Fraktion, 6. WP, Mappe: 320.

[1103] Ebd.

[1104] Brief von Karl Wienand an Martin Hirsch, 13.10.1970, AdsD, SPD-BT-Fraktion, 6. WP, Mappe: 1298.

[1105] Brief von Willy Brandt an Wolfgang Mischnick, 28. März 1973, AdsD, Nachlass: Willy Brandt, WBA, A8 (Bundeskanzler/Bundesregierung), Mappe: 43.

[1106] Brief von Richard Stücklen an Karl Gumbel, ACDP, Nachlass Karl Gumbel, 01-142-001/3, 24. September 1970.

der CDU wurde Baier.[1107] Die SPD wurde vertreten durch Fritz Schäfer, Karl Wienand und weiterhin Wehner sowie Hans Hermsdorf.[1108] Der zweite FDP-Vertreter neben Kirst ist nicht bekannt.
Die erste Sitzung im erweiterten Kreis fand im Dezember 1970 statt.[1109] Von ihr sind in den Fraktionsbeständen keine Unterlagen erhalten.

Die nächste Zusammenkunft des Vertrauensmännergremiums am 17. März 1971 dauerte ganze vier Stunden und beschäftigte sich mit der angeblichen Äußerung Ehmkes, er wolle den Mercker-Bericht veröffentlichen.[1110] Dazu schrieb Jäger, dass es nur ein Exemplar des Berichts gebe und auch Wessel diesen nur auszugsweise kenne.[1111] Nach seinen Angaben bat er Ehmke in der Sitzung, ihm den Bericht zugänglich zu machen. Dafür gab er dem Kanzleramtschef vier Wochen Zeit, weil er sich einer längeren Kur unterziehen müsse. Der Kanzleramtschef zögerte und bat sich Bedenkzeit aus. Daraufhin erklärte Jäger, es sei ihm unmöglich, seine Aufgabe als Vertrauensmann der Fraktion zu erfüllen, wenn er den Bericht nicht kenne. Der CDU-Abgeordnete empörte sich im Brief an Barzel: „Ich habe sodann Dr. Ehmke gefragt, wieso er mit der Veröffentlichung dieses Berichts drohen könne, wenn er derartig geheim sei. Dr. Ehmke antwortete, er habe nie mit der Veröffentlichung gedroht und blieb dabei, auch nachdem Herr Benda auf eine Notiz in der ‚Welt' vom 23.3. verwiesen hatte. Ich habe daraufhin gefordert, dass die Antwort des Ministers ins Sitzungsprotokoll aufgenommen wird, was zugesagt wurde."[1112] Ob der Streit beigelegt werden konnte, ist nicht bekannt. Der Mercker-Bericht wurde nicht veröffentlicht.

Ein weiterer Tagesordnungspunkt der Sitzung am 17. März war die ‚Spiegel'-Serie „Pullach intern". Zwei von 14 Teilen waren zu diesem Zeitpunkt erschienen, der erste Teil am 8. März, der zweite am 15. März. In den Berichten des Hamburger Magazins wurden gegen Ehmkes neuen Führungsstil schwere Vorwürfe erhoben. Außerdem legten sie dar, dass der Dienst in der Ostaufklärung versage habe. Im ersten Bericht wird zum Beispiel behauptet, der Kanzleramtschef wolle Einblick bis in die Quellen des BND nehmen. Im Bericht heißt es: „Die Klar- und Decknamen von Mitarbeitern und sogar Quellen der Beschaffungs-Abteilung, so berichteten Geheimdienstler, seien in Listen zusammenge-

[1107] 6. WP, BT-Protokoll 96, 3. Februar 1971, S. 5340.
[1108] Brief von Karl Wienand an Martin Hirsch, 13.10.1970, AdsD, SPD-BT-Fraktion, 6. WP, Mappe: 1298.
[1109] 6. WP, BT-Protokoll 96, 3. Februar 1971, S. 5340f.
[1110] Vermerk für Rainer Barzel von Ottfried Henning, ACDP, Büro des Fraktionsvorstandes, 08-001-056/1, 16. März 1971. Die Sitzung des Vertrauensmännergremiums fand demnach am Mittwoch, dem 17. März 1971 statt.
[1111] Brief von Richard Jäger an Rainer Barzel, ACDP, Büro des Fraktionsvorstandes, 08-001-056/1, 25. März 1971.
[1112] Ebd.

stellt worden, die dann ein aus Bonn angereister Kanzleramts-Beamter in Empfang genommen habe.“[1113] Die Parlamentarier, vor allem die der Opposition, sahen in der Artikelserie einen bewussten Verrat von Quellen, Methoden und der Organisation des Dienstes. Auch nach Meinung des BND-Mitarbeiters Höffer von Löwenfeld, der dies vor dem Guillaume-Untersuchungsausschuss darlegte, kam es zu „echten Quellenverlusten“[1114].

Die Regierungskoalition wünschte eine gemeinsame Erklärung des Gremiums gegen den Vorwurf, Ehmke habe Agentenlisten und eine Stellungnahme zur Enttarnung von BND-Mitarbeitern angefordert. Jäger vertrat den Standpunkt, dass dies, wenn überhaupt, erst nach Ende der Serie möglich sei und eine gemeinsame Erklärung von allen Fraktionen des Gremiums getragen werden müsse. [1115] Der Abgeordnete hielt fest, dass letzteres allgemein anerkannt wurde, ersteres jedoch nicht.[1116]

Nach der Sitzung versuchte die Opposition zu klären, welche weiteren Kontroll- und Sanktionsmöglichkeiten ihr zur Verfügung ständen. Sie ließ unter anderem prüfen, ob eine Veröffentlichung des Mercker-Berichtes überhaupt möglich sei. Paul Mikat, CDU-Abgeordneter des Bundestages und ehemalige Professor für Bürgerliches Recht, den man um eine Stellungnahme gebeten hatte, sah sich jedoch außer Stande, eine juristische Einschätzung abzugeben, solange ihm der Bericht unbekannt sei.[1117]

Auf Grund der ‚Spiegel'-Serie trug sich die CDU/CSU-Fraktion mit dem Gedanken, einen Untersuchungsausschuss einzurichten, da sie in den Veröffentlichungen einen bewussten Geheimnisverrat der Regierung sah. Diese hatte nach einer vertraulichen Aufzeichnung Baiers wohl zugegeben müssen, dass ihr die erste Fassung der Artikel vorgelegen hatte und die Angaben geprüft worden seien.[1118] Baier verfasste einen Tag nach der Sitzung des Vertrauensmännergremiums am 18. März 1971, einen langen Fragenkatalog zur Veröffentlichung. Unter Punkt eins wollte er wissen, wer mit dem Magazin die Gespräche geführt hatte und mit welchem Ergebnis. Er fragte, ob es richtig sei, dass der Vizepräsident des BND, obwohl erst kurz im Amt, einen Großteil der Gespräche davon

[1113] Der Spiegel, Höhne, Heinz; Zolling Hermann: Pullach intern, die Geschichte des BND, Nr. 11, 8. März 1971, S. 65.
[1114] Protokoll der 26. Sitzung des 2. UA der 7. WP, Aussage des Zeugen Höffer von Löwenfeld, PA-DBT, 4. Dezember 1974, S. 166.
[1115] Brief von Richard Jäger an Rainer Barzel, ACDP, Büro des Fraktionsvorstandes, 08-001-056/1, 25. März 1971.
[1116] Ebd.
[1117] Vermerk von Paul Mikat für Rainer Barzel, ACDP, Büro des Fraktionsvorstandes, 08-001-056/1, 19. März 1971.
[1118] Vertrauliche Aufzeichnung von Fritz Baier, Fragen zur Spiegel-Veröffentlichung „Pullach Intern“, ACDP, Büro des Fraktionsvorstandes, 08-001-56/1, 18. März 1971.

geführt habe.[1119] Außerdem notierte er die Frage, ob der ‚Spiegel' nicht genehmigte Passagen gedruckt hätte. In diesem Fall mahnte er Konsequenzen an. Baiers zweiter Fragenkomplex beschäftigte sich mit der abgedruckten Passage aus einer Führungsorientierung. Ob diese authentisch sei und wer sie freigegeben habe, wollte der CDU-Abgeordnete wissen. Er empfahl in diesem Fall, den Generalbundesanwalt einzuschalten. Ebenso kritisierte er, dass das Organisationsschema des BND, Angaben zur Funkaufklärung (mit den Partnerdiensten), das Ausweichquartier des Dienstes im Ausland und die Beziehungen zu diversen Partnerdiensten veröffentlicht worden seien.

Baier warb für seine Ansichten zur ‚Spiegel'-Serie in einem Vortrag vor seiner Landesgruppe Baden-Württemberg.[1120] Deren Abgeordnete reagierten auf seinen Vortrag bestürzt und stellten fest, dass der Tatbestand des Geheimnisverrats mehrfach erfüllt sei und Ehmke sowie andere Beauftragte der Bundesregierung – aus welchen Gründen auch immer – diesen wissentlich deckten.[1121]

Mit dieser Unterstützung ausgestattet wollte Baier auch seine Fraktionsführung zu einem konsequenteren Verhalten gegenüber der Regierung ermuntern.[1122] Das gelang jedoch nicht. So musste er sich bei einer Besprechung zwischen Barzel, Strauß, Stücklen und Benda der Auffassung der Mehrheit fügen, dass der Zeitpunkt für einen Untersuchungsausschuss noch nicht gekommen, bzw. „unzweckmäßig"[1123] sei.

In der nächsten Sitzung am 21. September 1971 standen neben der Artikel-Serie auch viele andere Themen auf der Tagesordnung.[1124]

Das Gremium beriet unter den ersten Punkten noch einmal über seinen Aufgabenbereich, seine Zuständigkeiten und das Verhältnis der Mitarbeiter zu den Diensten. Dann folgten Austauschfragen und die Entwicklung des Linksradikalismus am Beispiel der DKP, sowie deren Unterstützung durch die SED. Auch die Arbeit gegnerischer Nachrichtendienste in der Bundesrepublik fiel unter diesen Tagesordnungspunkt.

Der Leiter des Amtes für die Sicherheit der Bundeswehr war als Sachverständiger angefordert worden. Verteidigungsminister Schmidt war verhindert und ließ sich durch seinen Staatssekretär Johannes Birckholtz vertreten.[1125] Darin

---

[1119] Ebd.

[1120] Baier vertrat seit 1957 den Landkreis Sinsheim.

[1121] Vertrauliche Aufzeichnung von Fritz Baier, ACDP, Büro des Fraktionsvorstandes, 08-001-056/1, 31. März 1971.

[1122] Ebd.

[1123] Ebd.

[1124] Handschriftliche Notiz auf dem Brief von Willy Brandt an Helmut Schmidt, 27. August 1971, AdsD, Nachlass: Helmut Schmidt, Mappe: 1/HSAA005703.

[1125] Brief von Willy Brandt an Helmut Schmidt, 27. August 1971, AdsD, Nachlass: Helmut Schmidt, Mappe: 1/HSAA005703.

hält er fest, dass es in der Sitzung eine Diskussion gegeben habe über die Frage, ob Bundestagsabgeordnete, die dem Vertrauensmännergremium angehören, Wehrübungen beim BND oder MAD ableisten sollten. Er, so Birckholtz, habe sich zu der Frage nicht geäußert. Beschlüsse seien nicht gefasst, es sei vielmehr verabredet worden, dass diese Frage im Ältestenrat des Bundestages beraten werden solle. Ein Argument sei gewesen, dass sowohl der Abgeordnete mit seinen parlamentarischen Kontrollbefugnissen als auch die ihm bei solcher Gelegenheit dienstlich vorgesetzten Offiziere in schwierige Situationen geraten könnten. Birckholtz schildert seine Einschätzung zum Stimmungsbild: „Zu diesem Punkt schien mir die überwiegende Meinung dahin zu gehen, dass Beschränkungen insofern nicht zweckmäßig seien."[1126]

Inhalt der folgenden Sitzung am 21. August 1972 waren die Briefe der bereits erwähnten BND-Mitarbeiterin, die Auskunft über Verlagsinterna erhalten wollte.[1127] In der Sitzung wurde eröffnet, dass der freie BND-Mitarbeiter Heysing über viele Jahre der Mitarbeiterin zugearbeitete habe. Baier soll den Briefwechsel dem Gremium vorgelegt haben.[1128] Woher er ihn bekommen hatte, verschwieg er. Wessel betonte später vor dem Guillaume-Untersuchungsausschuss, die Briefe seien „dumm und ungeschickt" und bezeichnete die Aktion als „Beschäftigungstheorie für einen Mitarbeiter, von dem wir uns trennen wollten"[1129].

Nach der Bundestagswahl am 19. November 1972 fanden ein halbes Jahr lang keine Sitzungen des Vertrauensmännergremiums mehr statt. Der Vorschlag der Enquete-Kommission, dessen Vorsitz einem Abgeordneten zu übertragen, wurde in einem Brief von Brandt an Mischnick aufgeführt. Der Kanzler schrieb, er sei mit einer solchen Regelung einverstanden, würde es aber begrüßen, wenn die Geschäftsführung wie bisher vom Bundeskanzleramt wahrgenommen würde.[1130] Einzelheiten könnten zwischen dem Vorsitzenden des Gremiums und dem Chef des Kanzleramtes vereinbart werden. Überraschend regte er zudem an, „aus Gründen der Intensivierung der parlamentarischen Kontrolle der Nachrichtendienste"[1131] die haushaltsmäßige Kontrolle von der des Vertrauensmännergremi-

[1126] Angehängtes Schreiben von Johannes Birckholtz an Helmut Schmidt (22. September 1971) an den Brief von Willy Brandt an Helmut Schmidt, 27. August 1971, AdsD, Nachlass: Helmut Schmidt, Mappe: 1/HSAA005703.
[1127] Geheimes Protokoll der 20. Sitzung des 2. UA der 7. WP, Aussage des Zeugen Gerhard Wessel, PA-DBT, 11. Oktober 1974,S. 79.
[1128] Der Spiegel: Casa Grillo, 18. September 1972, S. 21.
[1129] Geheimes Protokoll der 20. Sitzung des 2. UA der 7. WP, Aussage des Zeugen Gerhard Wessel, PA-DBT, 11. Oktober 1974,S. 79.
[1130] Brief von Willy Brandt an Wolfgang Mischnick, 28. März 1973, AdsD, Nachlass: Willy Brandt, WBA, A8 (Bundeskanzler/Bundesregierung), Mappe: 43. Auch im Nachlass von Mischnick überliefert: ADL, Nachlass Wolfgang Mischnick, A 40 0376
[1131] Ebd.

ums zu trennen. So könne das Gremium auf sechs Abgeordnete beschränkt werden, was es auch „beweglicher“ [1132] mache. Eine Absage erteilte Brandt der Empfehlung des Hirsch-Berichtes, einen ‚Beauftragten für die Nachrichtendienste’ einzusetzen. Dies wäre nur im Rahmen einer neuen Regierungsbildung zweckmäßig. Es ist außerdem bekannt, dass sich die Fraktionsvorsitzenden seit 1973 in der Leitung des Parlamentarischen Vertrauensmännergremiums abwechselten.[1133]

Die CDU/CSU-Fraktion drängte darauf, im Mai 1973 die Arbeit des Gremiums wieder aufzunehmen, vor allem im Zusammenhang mit der ‚Steiner-Wienand-Äffäre’. [1134] In der Fraktionssitzung am 5. Juni 1973 gab der Fraktionsvorsitzende Carstens Brisantes bekannt: „Wir müssen [...] feststellen, dass deutsche Nachrichtendienste von der Tatsache gewusst haben, dass ein – ich muss jetzt wohl korrekterweise sagen – früheres Mitglied der CDU/CSU-Fraktion im Dienste eines Nachrichtendienstes gestanden hat und (...) dass die deutschen Nachrichtendienste davon weder die CDU/CSU-Fraktion noch die CDU unterrichtet haben.“[1135] Woher dieses Versäumnis rühre, solle das Vertrauensmännergremium ergründen. Am 8. Juni wurden die Fraktionsvorsitzenden darüber vorab unterrichtet. Mit Carstens Äußerung war Julius Steiner gemeint, der auch für den BND und den Verfassungsschutz gearbeitet hatte.[1136] Steiner war 1956 gelegentlich und von Januar 1957 bis Mai 1961 regelmäßig und von Juni 1961 bis Oktober 1965 von Zeit zu Zeit Informant des Landesamt für Verfassungsschutz in Stuttgart.[1137] Steiner lieferte vorwiegend Erkenntnisse über rechtsradikale Bestrebungen. Über den Regierungsdirektor a.D. Waag kam er zudem 1958 in Kontakt mit dem BND. Dort fungierte er ab dem 1. Juli 1958 als „geheimer Mitarbeiter“. 1960 endete die Arbeit für den Auslandsnachrichtendienst kurz, wurde dann von Mai 1961 bis Januar 1964 fortgeführt.[1138] In dieser Zeit lernte er auch den BND-Mitarbeiter Dr. Erwin Hauschildt kennen, der 1969 für fünf Jahre beurlaubt wurde, um stellvertretender Vorsitzender der Geschäftsführung der Firma Verwertungsgesellschaft Dobbertin, Hamburg, zu werden. Diese kam später in

---

1132 Ebd.

1133 Brief von Manfred Schüler an Helmut Schmidt, 21. Juni 1974, AdsD, Nachlass: Helmut Schmidt, Mappe: 1/HSAA006888.

1134 Brief von Rainer Barzel an Willy Brandt, 2. Mai 1973, AdsD, Nachlass: Willy Brandt, WBA, A8 (Bundeskanzler/Bundesregierung), Mappe: 23.

1135 CDU/CSU-Fraktion im Deutschen Bundestag, Fraktionsprotokoll vom 5. Juni 1973, ACDP, 08-001-1032/2, S. 3.

1136 Notizen, Rückseite des Brief von Wolfgang Grabert an Wolfgang Mischnick, 6. Juni 1973, ADL, Nachlass: Wolfgang Mischnick, A 40 0376.

1137 Ebd.

1138 7. WP, Drucksache 1803, 13. März 1974, S. 64f.

den Verdacht illegalen Waffenhandels. [1139] Steiner hatte auch Kontakte zum Ministerium für Staatssicherheit und erhielt aus der Kasse der Hauptverwaltung Aufklärung 50. 000 DM für seine Stimmabgabe zugunsten Bundeskanzler Willy Brandts. Der Kanzler drohte am 27. April 1972 durch das konstruktive Misstrauensvotum von Rainer Barzel gestürzt zu werden. Grund waren die umstrittenen so genannten Ostverträge der Regierung.

Die erste Sitzung des Vertrauensmännergremiums am 14. Juni 1973 fand im kleinen Kreis der Fraktionsvorsitzenden Wehner, Carstens, Stücklen, Mischnick und des Kanzleramtschefs Grabert statt. Der Grund war, dass die Mitglieder des Gremiums noch immer nicht feststanden.[1140] Besprochen wurden Verfahrensfragen, so ist zum Beispiel beschlossen worden, die Teilnehmer des bis dahin gültigen Verteilers für die Nachrichtendienstliche Führungsorientierung weiter einzuschränken.[1141] Carstens verfasste zur Sitzung eine umfangreiche Aufzeichnung unter dem Titel „Vertrauensmännergremium für die Nachrichtendienste – Vorschlag des Bundeskanzlers (nach Diskussion, unter Berücksichtigung unserer Anregungen und der Anregungen von H. Wehner).“[1142] Danach sollte jede Fraktion in Zukunft drei Mitglieder und die Fraktionsvorsitzenden entsenden, die sich im vierteljährlichen Turnus im Vorsitz abwechseln sollten. Die Geschäftsführung sollte beim Bundeskanzleramt bleiben und der Vorsitzende jederzeit das Recht haben, eine Sitzung einzuberufen. Die Frage, ob das Grundgesetz ergänzt werden solle, bliebe durch die Regelung unberührt.[1143] Es wurde außerdem laut Tagesordnung der Fall Steiner besprochen.[1144] Aufzeichnungen darüber sind nicht überliefert.

In der ersten regulären Sitzung am 4. Dezember 1973 war der Fall van Nouhuys Thema. „Das Material stammt aus der DDR“[1145], heißt es in Carstens Notiz. US-Geheimmaterial belege, dass in mehreren Fällen Material durch Spionage vom KGB und zum ‚Stern' gelangt sei. Der Verdacht richte sich gegen Mitarbeiter der Zeitung in Moskau. Ebenfalls am 4. Dezember erörterten Blötz

---

[1139] Schreiben des Rechtsanwalts bei dem Oberlandesgericht, Dr. Lothar Bungartz an das Oberlandesgericht, 15. Zivilsenat in Sachen Dr. Carstens/Metzger, 12. Juli 1976, darin: Mitschrift des Vertrauensmännergremiums, AdsD, Nachlass: Helmut Schmidt, Mappe: 1/HSAA009298, S. 2.

[1140] Brief des Kanzleramtes an Wolfgang Mischnick, 6. Juni 1973, ADL, Nachlass: Wolfgang Mischnick, A 40 0376.

[1141] Brief von Willy Brandt an Josef Ertel, 16. Januar 1974, AdsD, Nachlass: Willy Brandt, WBA, A8 (Bundeskanzler/Bundesregierung), Mappe:37.

[1142] Mitschrift von Karl Carstens, BAK, NL 1337/44, 14. Juni 1973, Blatt: 28.

[1143] Ebd.

[1144] Brief Bundeskanzleramt an Wolfgang Mischnick, 6. Juni 1973, ADL, Nachlass: Wolfgang Mischnick, A 40 0376.

[1145] Aufzeichnung von Karl Carstens „Stern“ als Instrument sowjetischer Desinformationspolitik, NL 1337/44, 1. August 1975, Blatt: 9.

und Grabert in einem Gespräch im Bundeskanzleramt eine G 10-Meldung (d.h. eine Meldung, die aus Brief- oder Telefonüberwachung gewonnen wurde), in der es auch um den Fall Nouhuys ging. Sie stammte vom 8. November 1973 und besagte, dass sich der Journalist Stramentow zweimal, im Juli 1971 und September 1973, beim ‚Stern' aufgehalten habe.[1146] Was die beiden Autoren nicht vermerkten ist, was Carstens sich hinter die Bemerkung „Hinweise auf Stramentow" notierte: „KGB-Mann"[1147].

In der gleichen Sitzung berichtete Blötz, es existierten zum Fall Nouhuys nur unvollständige Akten. Er stellte den Lebenslauf bzw. die vielfältigen nachrichtendienstlichen Kontakte Nouhuys nach seinem Wissenstand dar: In den Jahren 1949 und 1950 hatten Kontakte zum britischen Nachrichtendienst und 1951 zur CSSR bestanden. Das Angebot der Staatssicherheit der DDR sei Mitte der 50er Jahre erfolgt. Nach den Erinnerungen von Markus Wolf war dies 1954 erfolgt.[1148] Blötz führte den MfS Oberst Helmut Wagner an, mit dem sich Nouhuys 1959 getroffen habe. Alle weiteren Aufzeichnungen sind sehr schlagwortartig und daher schwer zu interpretieren. Kern der Sitzung war wohl allein der Werdegang Nouhuys. Es gibt keine Hinweise darauf, dass die Verbindungen des Kanzleramtes in diesem Fall auch nur an einer Stelle zur Sprache gekommen wären.

In der nächsten Sitzung des Vertrauensmännergremiums am 25. April 1974 beherrschte verständlicher Weise nur ein Thema die Diskussion: Einen Tag zuvor war Günter Guillaume verhaftet worden. Carstens unterrichtete seine Fraktion – die Vertraulichkeitsregeln betont einhaltend – über die Diskussion im Vertrauensmännergremium.[1149] Der CDU/CSU-Fraktionsvorsitzende begann mit einem kurzen Abriss über Guillaumes Biografie und dessen Stellung im Kanzleramt. Er betonte, im Vertrauensmännergremium auf zwei Dinge Wert gelegt zu haben: Einmal habe er verlangt, dass den Mitgliedern innerhalb einer Woche eine Liste sämtlicher Dokumente, zu denen Guillaume Zugang gehabt habe, zugänglich gemacht werde. Zum anderen habe er darauf hingewiesen, dass seiner Ansicht nach die Agenten zu schnell ausgetauscht würden und auf diese Weise die Abschreckung zu gering sei.[1150]

[1146] Müller; Mueller: Gegen Freund und Feind, S. 569.
[1147] Aufzeichnung von Karl Carstens „Stern" als Instrument sowjetischer Desinformationspolitik, NL 1337/44, 1. August 1975, Blatt: 9.
[1148] Wolf: Spionagechef im geheimen Krieg, S. 95f..
[1149] CDU/CSU-Fraktion im Deutschen Bundestag, Fraktionsprotokoll vom 25. April 1974, ACDP, 08-001-1036/2, S. 1f.
[1150] Ebd.

Vor der folgenden Sitzung des Parlamentarischen Vertrauensmännergremiums gab es eine Vorabunterrichtung der CDU/CSU-Fraktion am 30. April.[1151] Inhalt war der Ablauf des Einstellungsverfahrens von Guillaume im Kanzleramt. Eine Woche später, am 7. Mai 1974, einen Tag nach dem Rücktritt Brandts, kam das Vertrauensmännergremium erneut zusammen. Nollau erschien jedoch nicht. Carstens vermerkte: „Er ließ sich durch Krankheit oder, weil er kurbedingt sei, entschuldigen".[1152] Das sah der CDU/CSU-Fraktionsvorsitzende als eine Brüskierung des Vertrauensmännergremiums an, da jener am Abend zuvor noch im Fernsehen Stellung genommen hatte.[1153]

Carstens und Stücklen gaben in der Sitzung des Vertrauensmännergremiums – laut Aussage in der Fraktionssitzung am gleichen Tag – eine Reihe von Erklärungen ab. Sie hätten sich gegen die öffentliche Erklärung Genschers gewandt, dass im Vertrauensmännergremium bis jetzt keine Vorwürfe gegen Ehmke erhoben worden seien. Das sei falsch.[1154] Dem ehemaligen Kanzleramtschef sei der Vorwurf zu machen, fahrlässig Sicherheitshinweise des Bundesnachrichtendienstes außer Acht gelassen zu haben. Der Verfassungsschutz habe damals den Vorschlag gemacht, weitere Untersuchungen anzustellen. Genschers Rolle, so Carstens, sei ebenfalls zu prüfen, schließlich habe dieser zu verantworten, dass Guillaume nach der Spionageerkenntnis acht Monate lang in der Nähe des Kanzlers geblieben sei.[1155]

In der Sitzung kam es zu einem Streit zwischen dem Ministerialdirigenten des Kanzleramtes, Schlichter, der auch Geschäftsführer des Vertrauensmännergremiums war, und Carstens. Der CDU-Fraktionsvorsitzende behauptete, Schlichter habe ihm in der Vorabunterrichtung erklärt, bei der Einstellung Guillaumes sei Zeitdruck auf ihn ausgeübt worden, einmal von der Personalabteilung des Bundeskanzleramtes wie auch von der SPD in Frankfurt.[1156] Schlichter soll geantwortet haben, er kenne erstens keinen Menschen bei der SPD in Frankfurt und zweitens sei er von niemanden irgendwoher angerufen bzw. unter Druck gesetzt worden.[1157]

Carstens erklärte im Vertrauensmännergremium außerdem, ihm sei eine vertrauliche Information zugegangen, nach der ein weiterer Spionagefall möglich

1151 Protokoll der 26. Sitzung des 2. UA der 7. WP, Aussage des Zeugen Dr. Jenninger, PA-DBT, 4. Dezember 1974, S. 95f..

1152 CDU/CSU-Fraktion im Deutschen Bundestag, Fraktionsprotokoll vom 7. Mai 1974, ACDP, 08-001-1036/2, S. 3.

1153 Ebd.

1154 Ebd. S. 1f..

1155 Ebd., S. 2f..

1156 Ebd.

1157 Protokoll der 26. Sitzung des 2. UA der 7. WP, Aussage des Zeugen Neusel PA-DBT, 4. Dezember 1974, S. 108.

sei.[1158] Das habe auch der Fernsehbericht untermauert, in dem sich Nollau geäußert habe. Der Name des möglichen zweiten Spions ist leider nicht überliefert. Fest steht nur, dass es kein Mitglied des Vertrauensmännergremiums war.[1159]

6.2.6 BND-Etat steigt wieder: Mehr Haushaltsmittel für die Mitarbeiter des Dienstes

In der Regierungszeit Brandts gab es zum Thema BND im Haushaltsausschuss nur eine einzige Diskussion. Ansonsten wurde allein der Haushaltsansatz des Unterausschusses verkündet und – wie es scheint – ohne Diskussion übernommen. Der Unterausschuss kürzte den Regierungsansatz um ein ähnliches Maß wie in der vergangenen Legislaturperiode. 1970, 1971 und 1972 wurde der Regierungsentwurf jeweils um ca. eine Million DM abgesenkt, im ersten Jahr auf 75 400 000 DM[1160], im zweiten auf 78 949 400 DM und im dritten auf 89 250 000 DM.[1161] Erst 1973 erfolgte eine größere Kürzung um 5,5 Millionen auf 94 500 000 DM. [1162] Im Jahr darauf kam es zu einem, leider nicht weiter begründeten Anstieg des BND-Etats auf 97 665 000 DM.[1163] Innerhalb von vier Jahren stieg der Zuschuss für den Auslandsnachrichtendienst demnach um 22 Mio. DM, d.h. um fast ein Drittel. Der Mehrbedarf gegenüber den Vorjahren wurde stets damit begründet, dies beruhe hauptsächlich auf den gesetzlich vorgeschriebenen Besoldungserhöhungen.[1164] Der entscheidende Grund war jedoch mit großer Sicherheit, dass das Personal aufgestockt wurde, wie dies der Untersuchungsausschuss der letzten Wahlperiode gefordert hatte.

Der einzige ausführlichere Bericht des Haushaltsausschusses stammt vom Mai 1973. Der Berichterstatter Baier bemängelte, dass ihm entgegen langjähriger Übung bei der Tagung des Unterausschusses am 2. und 3. Mai 1973 der Lagebericht vom BND verweigert worden sei. Das, so habe es geheißen, geschehe auf ausdrückliche Anordnung des Kanzleramtschefs Grabert. Dieser erklärte den Mitgliedern des Haushaltsausschusses in der Sitzung, solche Auskünfte solle in Zukunft nur das Vertrauensmännergremium erhalten. Ohne diesen Bericht, kritisierte Baier, werde eine politische Bewertung dessen, was zu bewilligen sei,

[1158] CDU/CSU-Fraktion im Deutschen Bundestag, Fraktionsprotokoll vom 7. Mai 1974, ACDP, 08-001-1036/2, S. 3.
[1159] Ebd.
[1160] 6. WP, Protokoll Nr. 18 des Haushaltsausschusses, PA-DBT, 30. April 1970.
[1161] 6. WP, Protokoll Nr. 74 des Haushaltsausschusses, PA-DBT, 27. Januar 1972.
[1162] 7. WP, Protokoll Nr. 12 des Haushaltsausschusses, PA-DBT, 16. Mai 1973.
[1163] 7. WP, Protokoll Nr. 41 des Haushaltsausschusses, PA-DBT, 13. Februar 1974.
[1164] 6. WP, Protokoll Nr. 18 des Haushaltsausschusses, PA-DBT, 30. April 1970.

unmöglich gemacht.[1165] Dieser Ansicht schloss sich Dr. Walter Althammer, CSU, an: Die Rechte des Haushaltsausschusses würden auf diese Weise behindert.[1166]

Der stellvertretende Vorsitzende Karl Haehser, SPD, der auch Mitglied im Unterausschuss war, vermisste den Lagevortrag hingegen nicht. Kirst unterstützte ihn. Der Vortrag sei nicht notwendig, um die Mittel zu bewilligen. Der FDP-Abgeordnete kritisierte jedoch, der Bericht könne nicht mit dem Argument verweigert werden, dass er dem Vertrauensmännergremium vorgelegt werde.[1167] Letztlich setzte sich das Kanzleramt durch.

[1165] 7. WP, Protokoll Nr. 12 des Haushaltsausschusses, PA-DBT, 16. Mai 1973.

[1166] Ebd.

[1167] 7. WP, Protokoll Nr. 41 des Haushaltsausschusses, PA-DBT, 13. Februar 1974.

7 Kontinuität und Rückschau
Kanzler Helmut Schmidt, 8. Mai 1974- 3. Oktober 1976

7.1 Entwicklung der exekutiven Kontrolle

7.1.1 Reformen abgeschlossen: die Kontrolle unter Kanzleramtschef Manfred Schüler

Dr. Manfred Schüler[1168], seit 1974 der neue Kanzleramtschef, wird als „geräuschlos, aber sehr bestimmt arbeitend, nicht auf Publizität aus, sondern sehr diskret“[1169] beschrieben. Die terroristischen Aktivitäten der Roten Armee Fraktion konfrontierten ihn dann mit einer Situation, in der ihm diese Eigenschaften halfen. Der Weihnachtsbrief 1977 des Bundeskanzlers Helmut Schmidt an den Präsidenten des Bundesnachrichtendienstes zeigt, dass die Leistungen des BND in diesem Bereich geschätzt wurden. Darin heißt es: „Mein Dank gilt besonders den Mitarbeitern, die in den vergangenen Monaten bei der Bekämpfung des Terrorismus oftmals überdurchschnittliche Leistungen erbracht haben.“[1170]

Schmidt erklärte im Interview[1171], er habe den BND nicht zu Lagevorträgen empfangen und ihm auch keine Besuche in Pullach abgestattet. Sein Nachlass bei der Friedrich-Ebert-Stiftung weist nur auf einen Besuch in seiner Zeit als Verteidigungsminister hin. Diesen regte Ehmke als Chef des Kanzleramtes und Bundesminister an.[1172] Der Termin war für Februar 1971 vorgesehen und sollte sich mit Wehrtechnik und Rüstungsindustrie beschäftigen.[1173] Es gibt jedoch

---

[1168] Dr. Manfred Schüler, * 1932, Wirtschafts- und Verwaltungsfachmann, Dr. rer. pol; Studium der Wirtschaftswissenschaften in Köln; seit 1959 Mitglied der SPD; 1969-1972 als Ministerialdirektor Leiter der Grundsatzabteilung und 1972-1974 als beamteter Staatssekretär im Bundesfinanzministerium; 1974-1980 Chef des Bundeskanzleramtes; 1981-1999 im Vorstand der Kreditanstalt für Wiederaufbau (KfW) .

[1169] Knoll: Das Bundeskanzleramt, S. 249.

[1170] Brief von Helmut Schmidt an Gerhard Wessel, 22. Dezember 1977, AdsD, Nachlass: Helmut Schmidt, Mappe: 1/HSAA007306.

[1171] Gespräch mit der Verfasserin am 11. Januar 2005, Hamburg.

[1172] Brief von Horst Ehmke an Helmut Schmidt, 8. Oktober 1970, AdsD, Nachlass: Helmut Schmidt, Mappe: 1/HSAA005476.

[1173] Brief von Willikens an Staatssekretär Dr. Mommsen, 11. Februar 1971, AdsD, Nachlass: Helmut Schmidt, Mappe: 1/ HSAA005668.

keine Unterlagen, die beweisen, dass der Besuch tatsächlich stattfand. Schüler wiederum modifizierte, der Kanzler habe die Vorlagen des BND sehr wohl genau studiert.[1174]

Die Hauptaufgabe im Bereich ‚Nachrichtendienste' fiel Schüler zu, weil er der erste Zuarbeiter des Kanzlers war und ab 1975 ‚Beauftragter für die Nachrichtendienste'.[1175] Daneben gab es noch eine zweite wichtige Änderung in der Organisation des Kanzleramtes, die für das Verhältnis mit dem BND wichtig war:

Die Gruppe 07, die in der zweiten Regierungszeit Brandts entstanden war, erhielt zusätzlich zu ihren Aufgaben aus dem Referat I/2 den Bereich Verfassungsschutz und den Geheimschutzbeauftragten des Bundeskanzleramtes zugewiesen.[1176]

Ihre ursprünglichen Aufgaben umfassten:

- Lageinformation
- Bundesnachrichtendienst
- Gemeinsame Angelegenheiten der Nachrichtendienste
- Geschäftsführung des Staatssekretärsausschusses und der Arbeitsgruppe für das geheime Nachrichtenwesen und Sicherheit
- Geschäftsverkehr mit den Nachrichtendiensten

1975 wurde die Gruppe nochmals erweitert und in Referate untergliedert. Der Leiter wurde gleichzeitig Vertreter des Beauftragten für die Nachrichtendienste, zu diesem Zeitpunkt war es Ministerialdirigent Schlichter. Ihm unterstand das Referat des Regierungsdirektors Staubwasser, der sich mit den Personalangelegenheiten und dem Geschäftsverkehr des BND befasste. Dem Referat des Ministerialrats Koch waren die Organisations- und Haushaltsangelegenheiten des BND zugeordnet, eine Aufgabe, die von der Gruppe I/2 abgegeben worden war.

Drei Referate sollten der Koordinierung der Nachrichtendienste dienen. Das erste unter der Leitung von Regierungsdirektor Radau regelte die allgemeine Zusammenarbeit und den Informationsaustausch. Das noch unbesetzte zweite sollte außerdem Verwaltungsangelegenheiten und öffentliches Dienstrecht behandeln. Organisations- und Haushaltsstrukturen und Fragen der Technik waren die besonderen Aufgaben des Ministerialdirigenten Wiedenhaupt. Die Aufgabe des Geheimschutzbeauftragten erhielt Ministerialdirigent Theißinger.[1177]

[1174] Gespräch am 15. September 2005 mit der Verfasserin in Pech bei Bonn.

[1175] Letzteres wird im nächsten Abschnitt näher geschildert.

[1176] vergl. Knoll: Das Bundeskanzleramt, S. 230.

[1177] Knoll: Das Bundeskanzleramt, S. 230f..

Der Bundesnachrichtendienst hingegen – nimmt man das Schreiben des Ministerialdirigenten Schlichter an den Bundeskanzler als Beurteilungsgrundlage - hatte seine Organisationsreform größtenteils umgesetzt. Die Reform war 1969 angeregt worden auf Grund des Mercker-Berichts - dessen zweiten Teil im Zusammenhang mit dem der ‚Kommission Vorbeugender Geheimschutz'[1178] veröffentlicht wurde. 1974 wurden folgende Maßnahmen aufgeführt:

- eine verbesserte Aus- und Fortbildung, die mehr Risikobereitschaft und bessere Effizienz fördere;
- die Beschaffung, in der die Vertrauensgrundlage geschwunden war, sei neu gegliedert worden;
- die Präsidenten der Dienste ließen sich zur Vorbereitung der wöchentlichen Lagebesprechung alle einschlägigen Originalmeldung vorlegen, eine Manipulation von Meldungen sei daher kaum mehr möglich;
- Sonderverbindungen seien reduziert worden;
- das so genannte ‚Schottenprinzip' sei auf das erforderliche Maß reduziert und der Informationsfluss von der Leitung her verbessert (z.B. häufige gemeinsame Besprechungen, Herausgabe einer Hauszeitung) worden;
- Die Personalverwaltung sei verstärkt worden;
- Verbesserungen habe es bei Auflösungsverträgen im Fall von ‚verbrannten' Mitarbeitern gegeben;
- Unterschlagungen würden nun - bis auf besonders begründete Ausnahmefälle - zur Anzeige gebracht;
- Das Personalvertretungsgesetz sei verbessert und einheitliche Beurteilungsbestimmungen erlassen worden;
- Mittlerweile werde das Personalvertretungsgesetz auch auf den BND angewendet und das System der Vertrauensleute dadurch ersetzt;
- Die Sicherheitsvorschriften seien überprüft und übersichtlich in einer Loseblattsammlung allen Mitarbeitern zugänglich gemacht worden;
- Alle personellen Veränderungen des Berichts seien umgesetzt worden. [1179]

Alle diese Maßnahmen zeigen, dass der Reformprozess im November 1974 nahezu abgeschlossen war.

[1178] 7. WP, Drucksache 3083, 11. November 1974.

[1179] Die Kommission beschäftigte sich mit Sicherheitsaspekten der Affäre Guillaume, siehe: Darstellung des Mercker-Berichtes zitiert nach dem Anhang des Schreibens von Schlichter an den Bundeskanzler Helmut Schmidt, 27. November 1974, AdsD, Nachlass: Helmut Schmidt, Mappe: 1/HSAA007461.

7.1.2 Mehr Koordination der Dienste: der erste Beauftragte für die Nachrichtendienste

Die Bundesregierung beschloss am 14. und 29. Mai 1974 eine unabhängige Kommission einzusetzen, die Sicherheitsfragen im Zusammenhang mit dem Fall Guillaume aufklären sollte.[1180] Diesem Gremium, das auch als ‚Vierer-Kommission' bezeichnet wurde, gehörten an:

Vierer-Kommission oder auch Eschenburg-Kommission

- Staatssekretär a.D. Johannes Birckholtz[1181]
- Professor Dr. Theodor Eschenburg[1182]
- Staatssekretär a.D. Dr. Hermann Maassen[1183]
- Staatssekretär a. D. Dr. Reinhold Mercker[1184]

Der CDU-Fraktionsvorsitzende Carstens zeigte sich wenig überzeugt, dass eine ‚Kommission Vorbeugender Geheimschutz' notwendig sei. Er verwies in einem Brief an den Bundespräsidenten Walter Scheel – der die Geschäfte des Bundeskanzlers für die Zeit nach dessen Rücktritt übernommen hatte - darauf, dass es bereits zwei Kommissionen, die Mercker-Kommission bestehend aus hohen Beamten und die Hirsch-Kommission zusammengesetzt aus Abgeordneten gegeben habe. „Die Berichte beider Kommissionen liegen vor, sind aber bisher nicht ausgewertet worden. Mir würde es richtiger erscheinen, zunächst einmal die Vorschläge der beiden früheren Kommissionen auf ihre Verwertbarkeit zu prüfen, bevor eine neue Kommission eingesetzt wird",[1185] schrieb Carstens. Scheel

[1180] 7. WP, BT-Drucksache 3083, 11. November 1977, S. 1.

[1181] Johannes (Hans) Birckholz, Staatsrat in Hamburg, 1969-1971 beamteter Staatssekretär im Bundesministerium der Verteidigung.

[1182] Prof. Dr. Theodor Eschenburg, * 1904- † 1999, 1945-1947 Staatskommissar für das Flüchtlingswesen in Württemberg-Hohenzollern, 1947-1952 Innenministerium des Landes Württemberg-Hohenzollern, dort zuletzt als Staatsrat Leiter der Abteilung I (Allgemeine Dienst- und Personalangelegenheiten, Ausbildungswesen, Besoldungs- und Tarifrecht) und Stellvertreter des Ministers, 1952-1972 ordentlicher Professor für Wissenschaftliche Politik an der Universität Tübingen.

[1183] Dr. Hermann Maassen * 1915, promovierter Jurist, Bundesministerium der Justiz, 50er und 60er Jahre Mitarbeit an den Strafrechtsnovellen des Ministeriums, dort von 1969-1971 beamteter Staatssekretär, gehörte 1982-1983 der von Bundespräsident Karl Carstens eingesetzten Kommission an, die im Rahmen der Flick-Affäre eine Neuregelung der Parteienfinanzierung erarbeitete, später Rechtsanwalt.

[1184] Siehe auch: Brief an den Präsidenten des Deutschen Bundestages, 3. Dezember 1974, AdsD, Nachlass: Helmut Schmidt, Mappe: 1/HSAA007461.

[1185] Brief von Karl Carstens an Walter Scheel, ACDP, Büro des Fraktionsvorstandes, 08-001-461/2, 10. Mai 1974.

stellte seinerseits klar, dass die Tätigkeit der Kommission nicht die Arbeit des Vertrauensmännergremiums beeinträchtigen solle.[1186]

Der Bericht der Vierer-Kommission vom November 1974 beinhaltete den Werdegang Guillaumes, den Einstellungsvorgang und die Sicherheitsüberprüfungen. Dann widmete er sich dessen Karriere und den Umständen, unter denen sich der Verdacht gegen Guillaume entwickelt hatte. Kritisch analysierte die Kommission die Mängel bei dessen Einstellung und den Sicherheitsüberprüfungen.

In dem Teil ‚Verbesserungsvorschläge' beschreibt die Kommission die Zusammenarbeit der Dienste zunächst im Ist-Zustand. Es existierte die so genannte ‚Koordinationsrichtlinie' vom 23. Juni 1972 und die ‚Zusammenarbeitsrichtlinie' vom 23. Juli 1973. Außerdem wurde der BND 1972 an die ‚zentrale Hinweiskartei für die Nachrichtendienste' des Bundesamtes für Verfassungsschutz angeschlossen. Dieser Vorgang, kritisierte die Kommission, nehme sich „wie ein Staatsvertrag" [1187] aus. Eine Weisung der beiden Aufsicht führenden Stellen, des Bundeskanzleramtes und des Bundesministers des Innern, wäre aus ihrer Sicht angemessener gewesen.[1188]

Die Koordinierung der Dienste sei „unbefriedigend", bedürfe eines „Korrektivs", so das Credo der Autoren, wobei sich Überschneidungen der Aufgaben nicht ausschließen ließen.[1189] Der Weg, alle drei Dienste zu einem zusammenzufassen, oder aber sie einer Behörde zu unterstellen, sei auf Grund von politischen und psychologischen Gründen nicht vertretbar. Die Kommission berief sich dabei auf die Ergebnisse des Hirsch-Untersuchungsausschusses.

Als Lösung wurde daher eine „institutionell abgesicherte Koordination durch einen Dritten" vorgeschlagen. Weil der BND dem Kanzleramt zugeordnet bleiben müsse, sei hier der geeignete Ort für eine solche Einrichtung. Da dessen Chef durch eigene Aufgaben zu stark belastet sei, solle er sich in Zukunft eines besonderen „Beauftragten" bedienen. Folgende Aufgaben sollten diesem zufallen:

- Führung der Dienst- und Fachaufsicht über den BND;
- Steuerung des BND in Personal-, Haushalts- und Organisationsangelegenheiten;
- Umsetzung der Weisungen des Bundeskanzlers gegenüber dem BND;
- Unterrichtung der Ressorts über die sie betreffenden Informationen des BND, soweit sie nicht unmittelbar vom BND unterrichtet werden;

[1186] Brief von Walter Scheel an Karl Carstens, BAK, NL 1337/63, 9. Mai 1974, Blatt: 43.

[1187] 7. WP, BT-Drucksache 3083, 11. November 1977, S. 33.

[1188] Ebd.

[1189] 7. WP, BT-Drucksache 3083, 11. November 1977, S. 35.

- Koordinierung der drei Dienste im Rahmen des Artikels 65 GG insbesondere:
  - Abstimmung gemeinsamer Arbeitsschwerpunkte,
  - Lösung gemeinsamer technischer Fragen
  - beschleunigter Ausbau des zentralen Informationswesens
  - Intensivierung der Zusammenarbeit der drei Dienste im Einvernehmen mit den beteiligten Ressorts
  - Beaufsichtigung der Zusammenarbeit der Dienste und Entscheidung über Beschwerden nach Abstimmung mit den beteiligten Ressorts
  - Klärung von Grundsatzfragen und Entscheidungen über Beschwerden in Zweifelsfällen im Zusammenwirken mit den beteiligten Ressorts
- Führung der Geschäfte des Staatssekretärsausschusses für Sicherheitsfragen;
- Verbindung der Bundesregierung zum Vertrauensmännergremium des Bundestages.[1190]

Diese Auflistung macht deutlich, dass die neue Regelung einen Qualitätssprung in der Fach- und Dienstaufsicht des BND bedeutete. Die Überlegung, die Aufsicht des BND vom Chef des Kanzleramtes auf einen beamteten Staatssekretär zu verlagern, hatte auch der Abgeordnete der SPD, Dr. Friedrich Schäfer geäußert. Er schrieb an Bundeskanzler Schmidt: „Der BND wird bei der derzeitigen politischen Konfrontation auch weiterhin im Schnittpunkt politischen Streites stehen. Der Chef des Bundeskanzleramtes sollte nicht in den Mittelpunkt politischer Auseinandersetzungen gerückt werden können, sondern sich ganz der ihm eigenen Aufgabe widmen, ohne ständig in der Öffentlichkeit sich mit der Opposition auseinandersetzen zu müssen.“[1191] Eine Konstruktion wie beim Büro Krone empfahl er nicht, da dafür ein eigener Minister ernannt werden müsse. Schäfer erschien die Vorstellung eines beamteten Staatsekretärs aus einem bemerkenswerten Grund sehr interessant. Er schrieb: „Ich bin überzeugt, dass die Opposition schnell die Lust daran verlieren würde, sich mit einem solchen Amt zu streiten, da dies für sie nur dann interessant ist, wenn sie den Kanzler oder den Chef des Bundeskanzleramtes ständig in der Öffentlichkeit damit in Verbindung bringen kann.“[1192]

[1190] Ebd., S. 37

[1191] Brief von Friedrich Schäfer an Helmut Schmidt, 12. Juni 1974, AdsD, SPD-BT-Fraktion, 7. WP, Mappe: 2/BTFG000711. Eine Woche zuvor hatte auch Karl Carstens an Schmidt einen Brief in dieser Frage geschickt: Brief von Karl Carstens an Helmut Schmidt, BAK, NL 1337/64, 6. Juni 1974, Blatt: 211.

[1192] Brief von Friedrich Schäfer an Helmut Schmidt, 12. Juni 1974, AdsD, SPD-BT-Fraktion, 7. WP, Mappe: 2/BTFG000711.

Auch Kanzleramtschef Schüler beurteilte den Vorschlag positiv, einen beamteten Staatssekretär einzusetzen.[1193] Erreichbar sei das aber nur, wenn diesem auch die übrigen Aufgaben des Bundeskanzleramtes, die mit dem Bundesnachrichtendienst und mit den übrigen Nachrichtendiensten zusammenhängen, übertragen würden. Es müssten, so Schüler, die Geschäftsführung des Parlamentarischen Vertrauensmännergremiums sowie die Geschäftsführung und der Vorsitz des Staatssekretärsausschusses für die Nachrichtendienste (und der Sicherheit) ebenfalls ausgegliedert werden. Der Kanzleramtschef wandte ein: „Falls eine solche Lösung ins Auge gefasst würde, wäre zu überlegen, ob dem PVMG [Parlamentarischen Vertrauensmännergremium] sein jetziges Gewicht als politisches Kampfinstrument dadurch wieder genommen werden könnte, dass die Mitte 1973 beschlossene turnusmäßige Vorsitzführung durch die Fraktionsvorsitzenden und vielleicht deren Mitgliedschaft überhaupt wieder aufgegeben wird.“[1194]

Auch die CDU schloss sich dem Vorschlag an. Gumbel, der Beauftragte der Partei, schrieb an Carstens: „Natürlich übersehe auch ich nicht, dass die Bundesregierung nach allem, was vorgefallen ist und danach propagiert und erklärt wurde, etwas unternehmen und so tun muss, als ob sie die Dienste stärker unter Kuratel stellen würden.“ [1195] In Anbetracht dessen sei nichts gegen die Bestellung eines hohen oder sehr hohen Beamten im Bundeskanzleramt zu einer Art Beauftragten der Bundesregierung für die Nachrichtendienste einzuwenden. Er fährt fort: „Auf die Bezeichnung kommt es mir nicht an; mit dem ‚Beauftragten' will ich keineswegs einen Vorschlag machen. Für mich wäre wichtig, dass daraus kein Super-Geheimdienstchef gemacht wird.“[1196] Der Beauftragte müsse als ‚Anlaufstelle' der Geheimdienste, insbesondere des BND, fungieren und den Diensten gegenüber die Aufträge und Forderungen der Regierung vertreten.[1197]

Carstens wurde drei Tage nach diesem Brief, am 25. November 1974, zu einem Gespräch beim Bundeskanzler geladen, was dieser selbst angeboten hatte. Das zeigt, dass Schmidt auf die Erfahrungen der Vorgängerregierungen zurückgreifen wollte und sich beraten ließ. Neben dem ‚Beauftragten für die Nachrichtendienste' stand bei diesem Gespräch auch der Zustand des Vertrauensmännergremiums auf der Tagesordnung.[1198]

1193 Brief von Manfred Schüler an Helmut Schmidt, 21. Juni 1974, AdsD, Nachlass Helmut Schmidt, Mappe: 1/HSAA006888.

1194 Ebd.

1195 Brief von Karl Gumbel an Karl Carstens, ACDP, Nachlass Gumbel, 01-142 015/5, 20. November 1974.

1196 Ebd.

1197 Ebd.

1198 Brief von Prof. Karl Carstens an Helmut Schmidt, 7.November 1974, AdsD, Nachlass: Helmut Schmidt, Mappe: 1/HSAA006992.

Auch bei den Koalitionsverhandlungen des Jahres 1975 zwischen SPD und FDP waren die Dienstaufsicht und Koordinierung des Bundesnachrichtendienstes ein Thema. Ein Vermerk von Ende Januar 1975 zeigt, dass über die neue Stelle eines ‚Beauftragten für die Nachrichtendienste' Einvernehmen zwischen den Parteien herrschte. Nur Bundesaußenminister Hans-Dietrich Genscher hielt noch einige Punkte für klärungsbedürftig, nämlich, ob der Chef des Kanzleramtes diese Funktion wirklich ausüben solle, ob es nicht zwischen Koordination und Dienstaufsicht zu Interessenkollisionen kommen könne und wie die anderen Dienste direkten Zugang zum Beauftragten erlangen sollten.[1199] Falls es über diese Punkte mit dem Innenminister Einvernehmen gebe, so Genscher, könne die neue Stelle in der Kabinettssitzung am 29. Januar beschlossen werden.

Dies geschah so. Der Erlass lautete folgendermaßen:

Organisationserlass
Beauftragter für die Nachrichtendienste

Gemäß § 9 der Geschäftsordnung der Bundesregierung ordne ich an:

I. Mit dem Ziel, die Zusammenarbeit des Bundesnachrichtendienstes, des Bundesamtes für Verfassungsschutz und des Amtes für die Sicherheit der Bundeswehr/Militärischen Abschirmdienstes untereinander und die ressortübergreifende Zusammenarbeit der Nachrichtendienste des Bundes mit anderen Behörden und Dienststellen zu verbessern und zu sichern, wird ein
Beauftragter für die Nachrichtendienste
eingesetzt.
Zum Beauftragten wird der Chef des Bundeskanzleramtes bestellt. Sein Vertreter ist ein Ministerialdirektor im Bundeskanzleramt.[1200]

Die bessere Koordination wirkte mit zahlreichen Arbeitsgruppen bis tief in die Arbeitsebene hinein.[1201]

1199 Vermerk zum Koalitionsgespräch am 27. Januar 1975, AdsD, Nachlass: Helmut Schmidt, Mappe: 1/HSAA009369.

1200 Erlass vom 29. Januar 1975, AdsD, Nachlass: Helmut Schmidt, Mappe: 1/HSAA009360.

1201 8. WP, Stenografisches Protokoll der 4. Sitzung des Innenausschusses, PA-DBT, 1. März 1977, S. 31.

7.2 Entwicklung der parlamentarischen Kontrolle

7.2.1 Mehr Geschichte als Gegenwart: der Guillaume-Untersuchungsausschuss und der BND

Es ist kaum bekannt, dass der Guillaume-Untersuchungsausschuss nicht nur den Spionagefall des Kanzleramtsmitarbeiters zum Inhalt hatte. Sein Auftrag war um einen Fragenkomplex erweitert worden, der eigentlich längst der Vergangenheit angehörte: Die vermutete innenpolitische Aufklärung des BND, sein Umgang mit Journalisten, seine mögliche Verstrickung in den Waffenhandel und die Beobachtung der Sozialdemokraten. Dass diese Vorgänge noch nicht Geschichte waren, zeigte sich zu Beginn des Guillaume-Untersuchungsausschusses: vom BND-Präsidenten wurde angeordnet, ab sofort dürften keine Vernichtungen von dienstlichem Schriftgut mehr vorgenommen werden. Damit sollte eine ernsthafte Überprüfung der Vorgänge sichergestellt werden. Wessel räumte gegenüber dem Untersuchungsausschuss ein: „Diese Prüfung ergab dann, dass meine seinerzeitigen Anordnungen von 1968 nicht vollständig ausgeführt waren."[1202] Es handelte sich nicht um vollständige Kopien, sondern um einzelne Blätter, Teile oder Karteikarten, die gefunden wurden. Wessel betonte, die Unterlagen seien nicht bewusst zurückgehalten worden.[1203]

Vielleicht war daher diese letzte Katharsis, die Vergangenheitsbewältigung, notwendig. Sie wäre jedoch gegen Ende der 60er Jahre sinnvoller gewesen, da sie den Reformprozess vorangetrieben hätte. So wurde viel Kraft – nicht zuletzt im Nachrichtendienst selbst – darauf verwendet, die Geschichte aufzuarbeiten, ohne die wahren Hintergründe aufklären zu können.

Der Schwerpunkt des Untersuchungsausschusses lag natürlich auf dem Komplex Guillaume, auf der Frage, wie es dazu kam, dass er im Bundeskanzleramt eingestellt und gefördert worden war. Die Abgeordneten fragten nach seinen Qualifikationen und danach, wie die Sicherheitsbestimmungen bei ihm gehandhabt worden waren. Der CDU-Abgeordnete Johannes Gerster sagte zum Beispiel in der Bundestagsdebatte zum Abschlussbericht des Untersuchungsausschusses, Guillaume habe keine abgeschlossene Berufsausbildung besessen und trotzdem eine BAT-IIa-Stelle eingenommen, für die eigentlich ein Hochschulstudium erforderlich gewesen sei.[1204]

1202 Protokoll der 18. Sitzung des 2. UA der 7. WP, Aussage des Zeugen Wessel, PA-DBT, 9. Oktober 1974, S. 96.

1203 Geheimes Protokoll der 20. Sitzung des 2. UA der 7. WP, Aussage des Zeugen Gerhard Wessel, PA-DBT, 11. Oktober 1974,S. 39.

1204 7. WP, BT-Protokoll 125, 27. Februar 1975, S. 10499.

In der Frage der Sicherheitswarnung war der BND nicht in der Kritik. Er hatte 1954 die Meldung erhalten, dass Guillaume im Auftrag des Verlages ‚Volk und Wissen' die Bundesrepublik Deutschland bereise, um Verbindungen zu Verlagen, Druckereien und Personen herzustellen mit dem Ziel, diese aus dem Osten zu infiltrieren. Der BND verfügte somit über Hinweise auf einen nachrichtendienstlichen Hintergrund Guillaumes.[1205] Ebenso war dem ‚Untersuchungsausschuss freiheitlicher Juristen' bekannt, dass man Guillaume der Agententätigkeit verdächtigte. Es wurde jedoch kritisiert, dass das Bundesamt für Verfassungsschutz und der Auslandsnachrichtendienst zu wenig kooperiert hätten. Nach dem großen Thema der exekutiven Kontrolle des BND der 60er Jahre stand nun das Thema Koordination der Dienste im Zentrum der Debatte. Wie schon dargestellt wurde versucht, dieses Problem mit dem „Beauftragten für die Nachrichtendienste" zu lösen.

Der Guillaume-Untersuchungsausschuss zerfiel somit in zwei Teile, ‚Guillaume' und ‚Bundesnachrichtendienst', die eigentlich keine inhaltliche Klammer besaßen. Ursprünglich waren zwei Untersuchungsausschüsse angedacht gewesen. Die Debatte über die beiden Berichte des Ausschusses, den der Mehrheit und den der Minderheit, zeigte, wie emotional beide Seiten ihre Schwerpunkte sahen. Die CDU/CSU konzentrierte sich auf ‚Guillaume', die SPD auf die ‚innenpolitische Aufklärung des BND'. Auch bei der Beurteilung des letzteren Themas fanden Regierung und Opposition nicht zusammen. Erstere sah die Vorwürfe der Inlandsaufklärung als bewiesen an, die CDU/CSU war weiterhin der Meinung, das Handeln des BND sei berechtigt gewesen.

Der erste strittige Sachverhalt war, ob und in welchem Maße die Inlandsaufklärung zum Aufgabenbereich des BND gehöre. Wessel legte im Untersuchungsausschuss dar, in welchem Rahmen sie vom Auftrag des Dienstes gedeckt war. Da es kein BND-Gesetz gab, konnte nicht von einer illegalen Praxis gesprochen werden. Soweit Informationen im auslandspolitischem Gebiet anfielen über inländische politische Parteien, Vereinigungen, Personen und deren Kontakte und Verbindungen, insbesondere zu kommunistischen Regierungen, Parteien, Vereinigungen und ihren Funktionären, so sei dies auftragskonform und könne Niederschlag in Akten, Schriftstücken und sonstigen Unterlagen des Bundesnachrichtendienstes finden.[1206]

Der zweite Streitpunkt war, ab wann man von Aufklärung sprechen könne. Für den Oberstleutnant a. D. Wilhelm Friedrich Höffer von Löwenfeld – bis 1971 Leiter der BND-Außenstelle München – gab es deshalb keine ‚innenpolitische Aufklärung', weil das bedeutet hätte, dass Agenten bewusst eingesetzt wor-

---

1205 7. WP, BT-Drucksache 3083, 11. November 1977, S. 16.

1206 Protokoll der 18. Sitzung des 2. UA der 7. WP, Aussage des Zeugen Gerhard Wessel, PA-DBT, 9. Oktober 1974, S. 92.

den wären, zum Beispiel um die SPD zu infiltrieren.[1207] Für den BND-Mitarbeiter fielen so genannte „Randerkenntnisse zur Innenpolitik" nicht unter den Aspekt „Aufklärung" [1208]. Die Sozialdemokraten hingegen empfanden bereits das Sammeln solcher Informationen in Akten mit dem Auftrag des BND nicht vereinbar. Dies war bei den so genannten Prominentenakten, bei den Akten zur SPD im Allgemeinen und insbesondere bei ihren Kontakten zur KPI sowie zu Egon Bahr geschehen. Da es den Abgeordneten nicht möglich war zu beweisen, dass die Informationen an Dritte weitergegeben wurden, was - wie am Beispiel von Guttenberg gezeigt - in der Tat geschah, waren sie argumentativ in einer schwachen Position. Es stand den Mitgliedern des Untersuchungsausschusses nur der Weg offen zu recherchieren und durch Befragungen zu ergründen, wie solche Akten entstanden waren, wer zu ihnen Zugang hatte und was ungefähr deren Inhalt gewesen war. Berichte des BND über ‚heikle' Beobachtungen waren stets mit der Bitte für den Empfänger versehen worden, sie nur selbst zu verwenden. So blieb die Argumentationskette unvollständig, denn keiner derjenigen, die über Jahre von den Informationen profitiert hatten, wollte dies zugeben.

Was konnten die Abgeordneten tatsächlich ermitteln? Wie tief ging der Einblick? Als Beispiel sollen hier die so genannten ‚Politikerdossiers' behandelt werden. Über deren Hintergrund berichtete Felfe bei seinen Vernehmungen gegenüber dem Bundeskriminalamt. Der Inhalt dieser Karteikarten sei, so der Doppelagent, nachrichtendienstlich als völlig wertlos zu bezeichnen. Er erklärte, die Kartei sei entstanden, als der so genannte III-Dienst „Beschaffung von Nachrichten im Inland und deren Auswertung, Abwehr geheimdienstlicher Angriffe gegen Westdeutschland"[1209] aufgelöst worden sei. Danach, so Felfe, seien politische Meldungen nur noch selten für die Kartei aufbereitet worden, deren Aussagefähigkeit schwand.[1210] Die Kartei bestand also – wie auch andere Aussagen bestätigten – zumindest zu einem Teil, seit der Zeit der Organisation Gehlen. Annelore Krüger, Deckname Kunze, die schon in der Abteilung ‚Fremde Heere Ost' für Gehlen gearbeitet hatte und ab 1957 die Akten verwaltete, erklärte vor dem Untersuchungsausschuss, die Kartei der Abteilung III sei damals geteilt

---

[1207] Protokoll der 26. Sitzung des 2. UA der 7. WP, Aussage des Zeugen Höffer von Löwenfeld, PA-DBT, 4. Dezember 1974, S. 168.

[1208] Ebd.

[1209] Höhne, Heinz; Zolling, Hermann: Pullach intern, S. 138f.. Die Auflösung geschah laut Aussage von Frau K. 1957/1958.

[1210] Vernehmungsprotokoll (Bundeskriminalamt) Felfes vom 3. Januar 1962, Bundesarchiv, B 362/10710.

worden. So sei es später vorgekommen, dass sie Hinweise auf Akten gefunden hätte, die nicht bei ihr in Verwahrung waren.[1211]

Da es, so Felfe, immer wieder zu peinlichen Situationen gekommen sei - zum Beispiel fragten Globke und Adenauer bei einem Besuch in der BND-Zentrale nach ihren Karteikarten[1212]- habe man im BND erörtert, ob diese Karteikarten vernichtet werden sollten.[1213] Der Doppelagent setzte sich für eine getrennte Aufbewahrung ein, die dann auch erfolgte.[1214] Dies war laut Gehlen im Jahr 1958 der Fall.[1215] Allerdings wurden die Suchkarten entfernt, damit niemand im Routinebetrieb auf die Unterlagen stieß.

Den Abgeordneten des Untersuchungsausschusses und der Presse wurde die Namensliste vorgelegt, die Ehmke 1969 ebenfalls erhalten hatte und deren Akten er vernichten ließ.

Die Namen der Dossiers vom 9. Dezember 1969

A

Prof. Dr. Wolfgang Abendroth, Dr. Victor Agartz, Conrad Ahlers, Dr. Adolf Arndt,

B

Fritz Baier, Franz Barsig, Dr. Rainer Barzel, Helmut Bazille, Arno Behrisch, Berthold Beitz, Ernst Benda, Willy Brandt, Günter Bachmann, Sigismus von Braun, Magarethe Buber-Neumann, Dr. Gerd Bucerius,

E

Prof. Dr. Ludwig Erhard, Fritz Erler,

G

Dr. Max Güde, Dr. Helmuth Grolman, Dr. Eugen Gerstenmaier,

H

Kai-Uwe von Hassel, Dr. Dr. Gustav Heinemann, Adolf Heusinger, Hellmuth Heye, Dr. Karl Hohmann[1216],

J

Dr. Hans-Edgar Jahn

[1211] Geheimes Protokoll der 22. Sitzung des 2. UA der 7. WP, Aussage des Zeugin Krüger, PA-DBT, 6. November 1974, S. 158.

[1212] Geheimes Protokoll der 25. Sitzung des 2. UA der 7. WP, Aussage des Zeugen Gehlen, PA-DBT, 19. November 1974, S. 12.

[1213] Vernehmungsprotokoll (Bundeskriminalamt) Felfes vom 3. Januar 1962, BAK, B 362/10710.

[1214] Ebd.

[1215] Geheimes Protokoll der 25. Sitzung des 2. UA der 7. WP, Aussage des Zeugen Gehlen, PA-DBT, 19. November 1974, S. 12.

[1216] Leiter des Kanzlerbüros Ludwig Erhards.

K

Dr. Kurt Kiesinger, Hans Kilb,

L

Ernst Lemmer, Dr. Heinrich Lübke,

M

Ernst Majonica, Dr. Erich Mende,

O

Dr. Theodor Oberländer, Erich Ollenhauer,

R

Heinrich Ritzel, Philip Rosenthal

S

Prof. Dr. Carlo Schmid, Dr. Gerhard Schröder, Dr. Hans-Christoph Seebohm, Dr. Hans Speidel, Dr. Gerhard Stoltenberg, Dr. Franz Josef Strauß,

T

Heinz Trettner

V

Friedrich-Karl Vialon, Dr. Hans-Jochen Vogel

W

Herbert Wehner, Herbert Weichmann, Ludger Westrick, Dr. Günther Wetzel, Simon Wiesenthal, Hans-Jürgen Wischnewski,

Z

Dr. Friedrich Zimmermann, Siegfried Zoglmann[1217]

Um zu verstehen, warum es sich um einen so heterogen erscheinenden Personenkreis handelte, muss geklärt werden, wie mit den Akten verfahren wurde. Dies war das Ergebnis, das die Abgeordneten nach allen Befragungen festhalten konnten: Bis Mai 1968 verwaltete Krüger, die Leiterin der so genannten Gruppe 2, die u.a. mit BND internen Sicherheitsüberprüfungen befasst war, die Akten für Gehlen. [1218] Sie lagerten ein Stockwerk über Gehlens Büro und umfassten einen oder zwei Aktenschränke mit je vier Schubladen und alphabethischer Nummerierung. [1219] Krüger durfte die Akten für ihre eigene Arbeit verwenden aber nicht an andere weitergeben.[1220] Wenn der BND-Präsident Inhalte der Akten benötigte,

[1217] Protokoll der 18. Sitzung des 2. UA der 7. WP, Aussage des Zeugen Dr. Ehmke, PA-DBT, 9. Oktober 1974, S. 54f.

[1218] Ursprünglich war Frau Krüger allein, später bekam sie einen Mitarbeiter (gemeint ist Castrop) und einige Sachbearbeiterinnen (u.a. Frau W.), Geheimes Protokoll der 22. Sitzung des 2. UA der 7. WP, Aussage des Zeugin Krüger, PA-DBT, 6. November 1974, S. 160.

[1219] Geheimes Protokoll der 25. Sitzung des 2. UA der 7. WP, Aussage des Zeugen Gehlen, PA-DBT, 19. November 1974, S. 43.

[1220] Ebd., S. 67.

schrieb sie ein Exzerpt oder eine kurze Notiz. Die Akten blieben als solche immer zusammen.[1221] Krüger bewahrte drei Arten von Akten auf: die unter dem persönlichen Zugriff des Präsidenten stehenden empfindlichen Akten (‚Prominentenakten') und sonstige Personalunterlagen, die Akten die für die laufende Arbeit im Büro des Präsidenten benötigt wurden (Fallakten) sowie die extra lagernden Sicherheitsüberprüfungsakten.[1222] Da bis 1960 die Abteilung mit Sicherheitsüberprüfungen beauftragt wurde – bekanntestes Beispiel Felfe – rückte die Bedeutung der Prominentenakten in den Hintergrund. „Sie wurden halt nur noch gefüttert, wenn Unterlagen kamen, aber sie hatten keine große Bedeutung mehr"[1223], betonte Krüger.

Welche Meldungen, Notizen und Vermerke in die Akten kamen, entschied der Präsident. Er schrieb oft nur die Dienstbezeichnung ‚2' auf das Schriftstück und es gelangte in die Kartei. Wenn ein neuer Name auftauchte, legte Krüger eine neue Akte an. Musste Gehlen zu einem Termin, z.B. nach Bonn, ließ er sich die entsprechenden Akten kommen.[1224]

Parallel mit der Amtsübergabe von Gehlen zu Wessel schied Frau Krüger aus dem Bundesnachrichtendienst aus. Das so genannte ‚Doktorhaus', in dem Gehlens Stab angesiedelt war, wurde renoviert. Daher mussten die Akten im Haus 37 c untergebracht werden und kamen in den Aktensicherungsraum[1225] sowie in die Zuständigkeit des Regierungsdirektors im BND, Hans-Henning Castrop[1226]. Castrops Vorgesetzter soll den neuen BND-Präsidenten über die Akten unterrichtet haben. Wessel habe daraufhin den Bestand gesichtet und entschieden, welche Akten er an sich ziehen wolle.[1227]

Die Durchsicht im Detail wurde von einer Sachbearbeiterin durchgeführt, um zu entscheiden, an welche neuen Stellen im BND die Akten abzugeben seien. Wie dargestellt, wurde mit Wessels Amtsantritt der Präsidentenstab verkleinert und eine umfassende Organisationsreform durchgeführt. Vor diesem Hinter-

[1221] Geheimes Protokoll der 22. Sitzung des 2. UA der 7. WP, Aussage des Zeugin Krüger, PA-DBT, 6. November 1974, S. 181.

[1222] Geheimes Protokoll der 25. Sitzung des 2. UA der 7. WP, Aussage des Zeugen Gehlen, PA-DBT, 19. November 1974, S. 70. und: Geheimes Protokoll der 22. Sitzung des 2. UA der 7. WP, Aussage des Zeugin Krüger, PA-DBT, 6. November 1974, S. 168.

[1223] Geheimes Protokoll der 22. Sitzung des 2. UA der 7. WP, Aussage des Zeugin Krüger, PA-DBT, 6. November 1974, S. 166.

[1224] Geheimes Protokoll der 25. Sitzung des 2. UA der 7. WP, Aussage des Zeugen Gehlen, PA-DBT, 19. November 1974, S. 83ff.

[1225] Geheimes Protokoll der 27. Sitzung des 2. UA der 7. WP, Aussage des Zeugen Castrop, PA-DBT, 5. Dezember 1974, S. 102.

[1226] Allerdings war dies ein formaler Übergang, da Castrop Frau Krüger stets vertrat. Eine regelrechte Übergabe erfolgte somit nicht.

[1227] Geheimes Protokoll der 27. Sitzung des 2. UA der 7. WP, Aussage des Zeugen Castrop, PA-DBT, 5. Dezember 1974, S. 108f.

grund muss die Aktenneubewertung gesehen werden. Die so genannten ‚Dossiers' zog Wessel an sich, ein Teil wurde vernichtet, ein anderer Teil wurde an die Unterabteilung Sicherheit abgegeben und ein vierter ging in der Zentralkartei des Dienstes auf (die gerade zu der Zeit auf EDV umgestellt wurde). Die Aufteilung übernahm eine Sachbearbeiterin unter der Regie von Castrop. Die letzte Entscheidung, Akten zu vernichten, lag beim Präsidenten, der diese noch einmal prüfte.[1228] Dies alles erklärt, warum die Auswahl der 54 Akten so rudimentär erscheint. Es handelte sich um den Teil, der weder für die Sicherheitsabteilung noch für die Zentralkartei interessant war. Es ist nicht auszuschließen, dass zu einigen Personen zwei Akten angelegt worden waren und damit nicht alle Bestände zu einer Person vernichtet wurden.

Alle Unterlagen waren seit der Kuba-Krise routinemäßig verfilmt worden, damit im Fall einer Mobilmachung sie an einem zweiten Ort sicher untergebracht waren. Weitere Kopien waren Castrop nicht bekannt, so antwortete er auf Nachfragen der Abgeordneten.[1229] Krüger erinnerte sich an zwei Kopien, die im gleichen Raum, im gleichen Aktenschrank aufbewahrt worden seien. Das war für Mobverfilmungen ungewöhnlich, da sie eigentlich an einem anderen Ort – angedacht waren Botschaften im Ausland - aufbewahrt werden sollten. Castrop erklärte, diese Ablichtungen seien stets zweifach vorhanden gewesen, da sie mit einer doppeläugigen Kamera aufgenommen wurden.[1230] Als Krüger ausschied, waren die Verfilmungen angeblich noch vorhanden. Castrop konnte sich jedoch nicht erinnern, sie je zu Gesicht bekommen zu haben. Es gelang dem Untersuchungsausschuss nicht zu klären, ob die Filme noch existierten oder ob sie gar an Dritte gelangten.

Der Umfang der Akten, die 1969 aufgelistet wurden, soll nach Wessels Darstellung sechs bis sieben Leitz-Ordner betragen haben.[1231] Meistens handelte es sich um Hängeordner, bei manchen Personen waren es schmale Leitz-Ordner.[1232] Weitaus größer war der Bestand, der an Fotokopien und weiterem Material 1974 im Rahmen des Guillaume-Untersuchungsausschusses auftauchte. Der BND-Präsident schätzte, es handele sich ca. um 300 Leitz-Ordner. Eine Sondergruppe oder ein Referat sollte das Material sichten.[1233]

[1228] Ebd.

[1229] Geheimes Protokoll der 27. Sitzung des 2. UA der 7. WP, Aussage des Zeugen Castrop, PA-DBT, 5. Dezember 1974, S. 103.

[1230] Ebd., S. 111.

[1231] Protokoll der 18. Sitzung des 2. UA der 7. WP, Aussage des Zeugen Wessel, PA-DBT, 9. Oktober 1974, S. 177.

[1232] Geheimes Protokoll der 20. Sitzung des 2. UA der 7. WP, Aussage des Zeugen Gerhard Wessel, PA-DBT, 11. Oktober 1974,S. 63.

[1233] Protokoll der 18. Sitzung des 2. UA der 7. WP, Aussage des Zeugen Wessel, PA-DBT, 9. Oktober 1974, S. 187.

Der FDP Abgeordnete Dr. Burkhard Hirsch gab in der Befragung des BND-Präsidenten bekannt, dass Vernichtungen von Personenakten auch nach der einmaligen Aktion von Ehmke weiterhin vorgenommen worden waren, zum Beispiel im November und Dezember 1973.[1234] Wessel stritt vehement ab, dass die nach 1967 angefertigten Dokumente einen ähnlichen Hintergrund wie die der ersten Liste hätten. Es handele sich lediglich um Schriftverkehr, wie er sich zwischen Kanzleramt und Bundesnachrichtendienst abspiele.[1235]

Zu den Gründen, warum Akten über die Personen angelegt wurden, äußerte sich Weiß, Leiter der Beschaffung, vor dem Untersuchungsausschuss. Es gebe sehr unterschiedliche Motive für die Anlage der Akten und mit ihnen schwanke auch deren Qualität. Folgende Gründe führte Weiß auf:

- Zusammenarbeit mit kommunistischen Tarnorganisationen (Hier ist beispielsweise Dr. Victor Agartz gemeint);
- kommunistische Infiltration oder Subversion, zum Beispiel im Zusammenhang mit Parteien aus der DDR, wie Ost-CDU und CDU (Hier könnten z.B. Ernst Lemmer und Dr. Theodor Oberländer gemeint sein);
- Wünsche auf Grund von ‚echten Verbindungen' (Weiß nannte Fritz Erler, Wolfgang Döring und Thomas Dehler)
- Wünsche im Zusammenhang mit Auslandsreisen. Langkau nannte hier das Beispiel des Abgeordneten Ernst Majonika (CDU).[1236]
- Diffamierungskampagnen aus dem Osten (Hans Speidel[1237], Adolf Heusinger, Kurt-Georg Kiesinger).[1238]

Bei der Liste von 1969 fällt auf, dass verhältnismäßig viele Vertriebenenpolitiker unter den genannten Namen sind, z.B. Dr. Theodor Oberländer und Siegfried Zoglmann. Keiner der Politiker im Untersuchungsausschuss fragte jedoch nach, warum Margarethe Buber-Neumann, die Witwe des kommunistischen Politikers und Journalisten Heinz Neumann, sich auf der Liste befand. Zum einen könnte dies mit Wehner zusammenhängen, da ihr Mann mit diesem befreundet war und wie dieser 1937 im Hotel ‚Lux' in Moskau gewohnt hatte. Neumann wurde während der Säuberungen verhaftet, am 26. November 1937 zum Tode verurteilt und erschossen. 1949 erschien ein Buch von Buber-Neumann, in dem sie behauptete,

---

1234 Ebd., S. 178.

1235 Ebd.

1236 Protokoll der 23. Sitzung des 2. UA der 7. WP, Aussage des Zeugen L. (Wolfgang Langkau), PA-DBT, 7. November 1974, S. 25.

1237 Vergleiche zur Kampagne: Leide: NS-Verbrecher und Staatssicherheit, S. 76.

1238 Protokoll der 23. Sitzung des 2. UA der 7. WP, Aussage des Zeugen L. (Wolfgang Langkau), PA-DBT, 7. November 1974, S. 38.

Wehner habe in Moskau ihren Ehemann als ‚Trotzkisten' denunziert und auch andere deutsche Emigranten ans Messer geliefert. Konservative Blätter wie der ‚Bayernkurier' oder die ‚Nationalzeitung' griffen diese Vorwürfe immer wieder auf, ohne sie belegen zu können.[1239] Es könnten aber auch Buber-Neumanns eigene politische Aktivitäten gewesen sein, die zur Anlage der Akte führte.

Die Befragung Höffer von Löwenfelds im Untersuchungsausschuss brachte einen überraschenden Hintergrund zur ‚Akte Wehner' hervor. Als 1971 in Höffer von Löwenfelds Münchner Außenstelle Akten kassiert wurden, suchte das Kanzleramt seiner Meinung nach Wehners Akte. Der BND-Mitarbeiter enthüllte, diese sei „auf Weisung von Herrn Dr. Schumacher vom Ostbüro“[1240] angelegt worden und dann verschwunden.

Aus den bereits genannten Kategorien fiel Simon Wiesenthal heraus. Keiner der Abgeordneten fragte nach, warum der Überlebende des Holocaust und engagierte Rechercheur in Sachen NS-Vergangenheit in die Akten des Dienstes gelangt war. Für die Abgeordneten war es schwierig zu ermitteln, wie genau der Inhalt der Dossiers aussah, da Ehmke sie hatte vernichten lassen. Das erschwerte den Beweis, dass es sich um missbräuchliche Informationen handelte. Bei einigen wenigen Beispielen gelang es, den Inhalt mehr zu erahnen als ihn genau zu rekonstruieren.

Langkau, der, wie geschildert, gut wissen musste, wie die Akten aussahen, erläuterte den Fall des Bundestagspräsidenten Dr. Eugen Gerstenmaier (CDU), bzw. die zu ihm bearbeiteten Vorgänge und die zugehörigen Führungsunterrichtungen. Gerstenmaier habe ca. 1959 einen BND-Bericht über die Arbeit der ‚Moralischen Aufrüstung in Caux'[1241] erhalten, der eine „erhebliche Auseinandersetzung“ [1242] nach sich gezogen hätte. Diese 1921 vom protestantischen Amerikaner Frank Buchman gegründete Bewegung zur ‚Förderung des politischen und sozialen Friedens im christlichen Geiste' nannte sich zuerst ‚Oxford-Gruppenbewegung', seit 1938 ‚Moralische Aufrüstung'. Zentrum war seit 1946 Caux in der Schweiz und die Bewegung verfügte damals über außerordentlich große Geldmittel unbekannter Herkunft.[1243] Langkau sah die Gruppierung so: „Die Moralische Aufrüstung hatte eine große Rolle gespielt: sachlich, ernsthaft, aber auch mit einigen recht eindringlichen Schlenkern nach einer Bewegung, die

[1239] Siehe: Stuttgarter Zeitung, Birkenmaier, Werner: Herbert Wehner – der Verräter, http://www.stuttgarter-zeitung.de/stz/page/detail.php/803126, 18.09.2006.

[1240] Geheimes Protokoll der 26. Sitzung des 2. UA der 7. WP, Aussage des Zeugen Höffer von Löwenfeld, PA-DBT, 4. Dezember 1974, S. 324.

[1241] Auch heute noch existent: http://www.caux.ch/

[1242] Protokoll der 23. Sitzung des 2. UA der 7. WP, Aussage des Zeugen L. (Wolfgang Langkau), PA-DBT, 7. November 1974, S. 66.

[1243] Heine, Fritz: Moralische Aufrüstung?, in: Gewerkschaftliche Monatshefte. - 12. 1961, S. 352.

man kommunistisch bezeichnen kann; ich sage: einigen."[1244] Erstmals sei der Hinweis von Langkaus Freund Dr. Dr. Gerhard Kroll (CSU)[1245] gekommen, als Mitglied der Abendländischen Gesellschaft. Der Bericht war ursprünglich über das Verteidigungsministerium an den Abgeordneten Paul Bausch (CDU) gelangt. Dieser schaltete Gerstenmaier ein und beschwerte sich bei Konrad Adenauer. An den genauen Inhalt des Berichtes konnte sich Langkau allerdings nicht erinnern.[1246]

Zu dem Fall Dr. Helmuth Grolman äußerte sich Langkau ebenfalls sehr vage. Es habe sich um das Thema ‚Sicherheitsrisiko' gehandelt.[1247] Grolman wurde öffentlich eine Beziehung zu einem Minderjährigen nachgesagt[1248], er trat daraufhin am 14. Juli 1961 zurück. Unter ‚Sicherheitsrisiko' war gemeint, dass angenommen wurde, der junge Liebhaber könnte Zugang zu dessen Akten in seiner Wohnung bekommen haben. Durch die Affäre, so vermuteten die Dienste, wäre der Junge erpressbar für östliche Nachrichtendienste gewesen. Langkau erinnerte sich in der Ausschusssitzung, dass eine entsprechende Meldung zu dem Fall an ihn gegangen sei.[1249] Gehlen betonte, dass die Akte bereits zuvor bestanden habe, da er über Jahre mit Grolmann, vor allem durch dessen Tätigkeit als Wehrbeauftragter, in Verbindung gestanden habe.[1250]

Gehlen selbst nahm zum Fall des Bundespräsidenten Heinrich Lübke Stellung. Der Fall sei auf ihn zugekommen im Zusammenhang mit den Behauptungen, Lübke habe wissentlich am Bau eines Konzentrationslagers mitgewirkt. Er habe damals den Auftrag gegeben, die Behauptungen aus dem Osten aufzuklären. Ein Teil der Unterlagen habe sich dann als Fälschung und östliche Diffamierungskampagne herausgestellt.[1251] Heute gehen Historiker davon aus, dass die

1244 Protokoll der 23. Sitzung des 2. UA der 7. WP, Aussage des Zeugen L. (Wolfgang Langkau), PA-DBT, 7. November 1974, S. 66.

1245 (*20 August 1910 – † 10. November 1963), Mitbegründer der CSU in Bamberg und Mitverfasser der ‚Bamberger Denkschrift', Landrat von Staffelstein, Mitglied des Landtages und des parlamentarischen Rates, Leiter des Instituts zur Erforschung des Nationalsozialismus (heute: Institut für Zeitgeschichte, München), 1951 Mitbegründer der Abendländischen Aktion sowie der Abendländischen Akademie München-Eichstätt.

1246 Protokoll der 23. Sitzung des 2. UA der 7. WP, Aussage des Zeugen L. (Wolfgang Langkau), PA-DBT, 7. November 1974, S. 16ff.

1247 Ebd., S. 28.

1248 Grolman hatte eine Affäre mit dem 17-jährigen Kellnerlehrling Eckard Krull. Als dies bekannt wurde, versuchten sich beide das Leben zu nehmen. Siehe: Der Spiegel: Die Bekenntnisse des Krull, 26. Juli 1961, S. 13

1249 Protokoll der 23. Sitzung des 2. UA der 7. WP, Aussage des Zeugen L. (Wolfgang Langkau), PA-DBT, 7. November 1974, S. 29.

1250 Geheimes Protokoll der 25. Sitzung des 2. UA der 7. WP, Aussage des Zeugen Gehlen, PA-DBT, 19. November 1974, S. 54.

1251 Ebd., S. 92.

von der DDR vorgebrachten Sachverhalte im Kern zutreffend waren, wobei das MfS das Material durch Manipulationen ‚angespitzt' hatte, so dass es sich propagandistisch besser nutzen ließ.[1252] Ebenfalls im Rahmen solcher Kampagnen gelangten laut Weiß die Namen Hans Speidel und Adolf Heusinger in die Akten. Sie erhielten vom BND Material, Stellungnahmen und Analysen, wie dies für Hans Globke dargestellt wurde.[1253]

Außerdem wurde noch der Fall des Unternehmers Berthold Beitz angesprochen. Gehlen sagte dazu, sein Kontakt zu ihm sei sehr intensiv gewesen, weil dieser aus geschäftlichen Gründen viele Reisen in den Osten unternommen habe. Für diese habe Beitz Rückendeckung haben wollen.[1254] Der FDP-Abgeordnete Hirsch äußerte zwar Verständnis für die Verbindung, allerdings sei auf der Karteikarte vermerkt, dass Beitz an einem bestimmten Tag in Hamburg den Präsidenten der Ärzteschaft, Dr. Fromme, treffen wolle. Hirsch fragte, warum dies Eingang in Akten des Bundesnachrichtendienstes finden mussten. Gehlen blieb die Antwort schuldig.

Nach den Befragungen der Abgeordneten sollen die Dossiers folgende Angaben enthalten haben:

- einen einführenden Teil mit Auszügen aus ‚Wer ist wer?'[1255];
- die Personenhinweiskarte, die andere Aktenbestände im Zusammenhang aufführte;[1256]
- Zeitungsausschnitte zur Person[1257]
- bei einem zahlenmäßig sehr geringen Teil „Bettgeschichten und ähnliche Interna"[1258], angeblich meist von Partnerdiensten (Beispiel aus Paris);[1259]
- Führungsunterrichtungen – zum Beispiel von Langkau - für Reinhard Gehlen zu den Personen;[1260]

[1252] Leide: NS-Verbrecher und Staatssicherheit, S. 82.
[1253] Protokoll der 22. Sitzung des 2. UA der 7. WP, Aussage des Zeugen W. (Kurt Weiß), PA-DBT, 6. November 1974, S. 23.
[1254] Geheimes Protokoll der 25. Sitzung des 2. UA der 7. WP, Aussage des Zeugen Gehlen, PA-DBT, 19. November 1974, S. 136.
[1255] Protokoll der 18. Sitzung des 2. UA der 7. WP, Aussage des Zeugen Gerhard Wessel, PA-DBT, 9. Oktober 1974, S. 106.
[1256] Geheimes Protokoll der 20. Sitzung des 2. UA der 7. WP, Aussage des Zeugen Gerhard Wessel, PA-DBT, 11. Oktober 1974,S. 70.
[1257] Protokoll der 18. Sitzung des 2. UA der 7. WP, Aussage des Zeugen Gerhard Wessel, PA-DBT, 9. Oktober 1974, S. 106.
[1258] Ebd., S. 164. Bestätigt durch den Abgeordneten Dr. Hirsch (FDP) in: Geheimes Protokoll der 25. Sitzung des 2. UA der 7. WP, Aussage des Zeugen Gehlen, PA-DBT, 19. November 1974, S. 145.
[1259] Allerdings gab es einen anderthalb Schreibmaschinenseiten umfassenden Vermerk zu den Trinksitten von Ludwig Erhard. Der BND-Mitarbeiter Weiß bestätigte einen Bericht über einen deutschen Politiker, der sich im Pariser Nachtleben vergnügte. Ebd., S. 47.

- Bei ca. 50 Prozent der Akten gab es Besprechungs- und Vortragsnotizen[1261] von Gehlen;[1262]
- Anfragen und Wünsche der Personen.

Nicht in den Akten sollen sich Bilder[1263], Quellenberichte und für den Verfassungsschutz[1264] relevante Inhalte befunden haben (diese waren bereits zur Abteilung Sicherheit abgeleitet worden).

Zu den Vortragsnotizen gab es einige sehr interessante Hinweise auf innenpolitische Aspekte – auch außerhalb der Sonderkartei. Der SPD-Abgeordnete Metzger nannte gegenüber dem Zeugen Castrop drei Vortragsnotizen[1265], die dem Ausschuss mit Nummern vorlagen:

- Vortragsnotiz 500, 5. Dezember 1958, „Betr. das Verhältnis der SPD-Abgeordneten Erler und Wehner zueinander." Darin steht auch die Passage: „Vorstehende Information erfolgt zur persönlichen Unterrichtung unter Hinweis auf die laufende Berichterstattung über Wehner."[1266]
- Vortragsnotiz 366, 4. Juli 1958, „Betr. Fabian von Schlabrendorff"[1267], „Bezug: Anweisung ... geschwärzt", „Quelle: Zuverlässiger Gelegenheitsinformant mit gutem Einblick in innerpolitische Vorgänge";
- Vortragsnotiz 1416, 9. März 1962, „Betr. Verleger Dr. Gerd Bucerius", „Quelle B"[1268].

Bei der Vortragsnotiz zu von Schlabrendorff ging es um die Frage, ob dieser Wehrbeauftragter werden sollte oder nicht. In der Notiz zu Bucerius wurde von der CDU-Parteispitze diskutiert, wie er innerparteilich behandelt werden sollte.

1260 Protokoll der 23. Sitzung des 2. UA der 7. WP, Aussage des Zeugen L. (Wolfgang Langkau), PA-DBT, 7. November 1974, S. 85.

1261 Geheimes Protokoll der 27. Sitzung des 2. UA der 7. WP, Aussage des Zeugen Castrop, PA-DBT, 5. Dezember 1974, S. 193.

1262 Geheimes Protokoll der 25. Sitzung des 2. UA der 7. WP, Aussage des Zeugen Gehlen, PA-DBT, 19. November 1974, S. 52.

1263 Geheimes Protokoll der 22. Sitzung des 2. UA der 7. WP, Aussage des Zeugin Krüger, PA-DBT, 6. November 1974, S. 163.

1264 Geheimes Protokoll der 20. Sitzung des 2. UA der 7. WP, Aussage des Zeugen Gerhard Wessel, PA-DBT, 9. Oktober 1974, S. 70.

1265 Alle waren versehen mit: Adressat, Auftraggeber, Quelle, Betreff und Zeit der Feststellung

1266 Geheimes Protokoll der 27. Sitzung des 2. UA der 7. WP, Aussage des Zeugen Castrop, PA-DBT, 5. Dezember 1974, S. 193.

1267 Dr. Fabian von Schlabrendorff war Jurist, Offizier und Widerstandskämpfer des 20. Juli 1944, *1907 in Halle, † 1980 in Wiesbaden, zu der fraglichen Zeit arbeitete er als Jurist.

1268 Geheimes Protokoll der 27. Sitzung des 2. UA der 7. WP, Aussage des Zeugen Castrop, PA-DBT, 5. Dezember 1974, S. 193.

Bucerius führte zu dieser Frage eine Auseinandersetzung mit Barzel. Laut Castrop kamen diese Vortragsnotizen wohl aus dem Bereich der Beschaffung. Es handelte sich von der Art her mehr um Meldungen. Genau diesen Charakter wiesen die Unterrichtungen Langkaus an von Guttenberg auf.

Von den Zeugen des BND äußerte sich nur Castrop kritisch zu den ‚Dossiers'. Er habe das Gefühl gehabt, dass aufgrund von sehr alten Berichten, zum Teil aus der Zeit der Organisation Gehlen, Vortragsnotizen verfasst worden seien, die damit „nicht ausreichend verifiziert "[1269] worden seien. Ein Beispiel dafür sei der Diplomat Günter Diehl. Gehlen erinnerte sich nur vage an den Fall. Es habe sich dabei um eine Fallakte und nicht um eine ‚Prominentenakte' gehandelt. Gegenüber Diehl habe ein noch vager nachrichtendienstlicher Verdacht bestanden. Gehlen gab die Akte an Globke, der wiederum reichte sie an Heinrich von Brentano weiter. Letzterer informierte Diehl und konfrontierte ihn mit den Vorwürfen. Daraufhin gab es laut Gehlen „großen Stunk"[1270].

Über diese gerade dargestellten Akten hinaus existierte ein weiterer wichtiger Bestand an Material mit innenpolitischem Bezug in der Abteilung von Weiß. Frau S.[1271], die die Akten anlegte, erklärte, sie habe dazu die von den Außenstellen einlaufenden Meldungen abgeheftet und Exzerpte und Führungsnotizen daraus verfasst.[1272]

Hirsch fragte nach: „Wenn ich Sie richtig verstanden habe, dann haben Sie doch Äußerungen von Politikern aller Art ausgewertet, sei es, dass sich Herr X über die Partei Y geäußert hat oder Herr Z über die Partei A."[1273] Frau S. bejahte dies und sagte, es habe sich um Äußerungen über den BND, über andere politische Institutionen und politische Wertungen gehandelt. Als Beispiel nannte die Zeugin Folgendes: „Damals ging es um die Frage, wer Vizepräsident des Dienstes werden sollte. Das war natürlich eine Frage, die die Führung interessierte. Dann kam eine Meldung, dass sich ein Politiker selber angeboten hatte, diesen Posten zu übernehmen. Das haben wir berichtet."[1274] Ein weiteres Beispiel seien Reisen von Politikern ins Ausland gewesen. Frau S. gab an, sie habe auch zu Bahr Meldungen aus Italien erhalten.[1275]

[1269] Geheimes Protokoll der 27. Sitzung des 2. UA der 7. WP, Aussage des Zeugen Castrop, PA-DBT, 5. Dezember 1974, S. 191.

[1270] Geheimes Protokoll der 25. Sitzung des 2. UA der 7. WP, Aussage des Zeugen Gehlen, PA-DBT, 19. November 1974, S. 99.

[1271] Name wurde im Untersuchungsausschuss nicht bekannt gegeben.

[1272] Geheimes Protokoll der 22. Sitzung des 2. UA der 7. WP, Aussage des Zeugen Frau S., PA-DBT, 6. November 1974, S. 204.

[1273] Ebd., S. 226.

[1274] Ebd., S. 229.

[1275] Ebd., S. 233.

Zur ‚Sonderverbindung Bärwald', die auch schon im vorigen Kapitel angesprochen wurde, erlangte der Untersuchungsausschuss einige neue Erkenntnisse. Höffer von Löwenfeld erklärte, Bärwald habe laufend Erkenntnisse geliefert, die für den BND wichtig gewesen seien.[1276] Große Mengen seien bei jedem Treff übergeben worden: „Es wurden Meldungen, Hinweise, Kommentare aus dem Bereich des Ostbüros dem Bundesnachrichtendienst zur Verfügung gestellt, von Quellen des Ostbüros."[1277] Er erhielt nach der Aussage Höffer von Löwenfelds zum Schluss ca. 300 bis 400 DM im Monat. Im Gegenzug sei Bärwald in Sicherheitsfragen beraten worden.

Diese Aufgabenbereiche standen nicht in der Kritik des Ausschusses. Bärwald berichtete jedoch auch über Vorgänge in der SPD. Über einen langen Zeitraum und über Seiten habe Bärwald, so der sozialdemokratische Abgeordnete Günther Metzger, über „interne, höchst interne Erkenntnisse innerhalb der Sozialdemokratischen Partei"[1278] berichtet. Der Abgeordnete Dr. Claus Arndt (SPD) las in der Zeugenbefragung aus den Akten vor, dass Bärwald damit beauftragt gewesen sei zu klären, ob ein Mitarbeiter des Parteivorstandes der SPD während des Kriegs desertiert oder tatsächlich gefangen genommen worden sei.[1279] Ein weiterer Punkt war, dass der BND sich über den Fall eines früheren Mitarbeiters des Ostbüros informieren ließ. Dieser war in der DDR verurteilt und dort inhaftiert worden. Als er freigelassen wurde, stellte der ehemalige Mitarbeiter gegenüber der Partei Forderungen. „Das war für uns schon aus nachrichtendienstlichem Interesse interessant; denn die Quelle, zurückkehrende Quelle und die prozessuale Behandlung einer zwielichtigen Quelle waren für uns selbstverständlich von Interesse,"[1280] begründete Höffer von Löwenfeld die Meldung.

Ob es Bärwald bewusst war, dass seine SPD-Interna, die er während der Treffgespräche erzählte, Eingang in die Treffberichte fanden, ist ungeklärt. Es war aber anzunehmen, dass er dies ahnen musste. Höffer von Löwenfeld zog sich immer wieder darauf zurück, Bärwald habe freiwillig berichtet und es daher keine bewusste Ausspionierung der SPD gegeben. Es gelang den Abgeordneten nicht zu klären, ob die Berichte auch an andere Stellen abgegeben bzw. von diesen genutzt wurden.

[1276] Protokoll der 26. Sitzung des 2. UA der 7. WP, Aussage des Zeugen Höffer von Löwenfeld, PA-DBT, 4. Dezember 1974, S. 199.

[1277] Geheimes Protokoll der 26. Sitzung des 2. UA der 7. WP, Aussage des Zeugen Höffer von Löwenfeld, PA-DBT, 4. Dezember 1974, S. 309.

[1278] Ebd., S. 310.

[1279] Protokoll der 26. Sitzung des 2. UA der 7. WP, Aussage des Zeugen Höffer von Löwenfeld, PA-DBT, 4. Dezember 1974, S. 202.

[1280] Geheimes Protokoll der 26. Sitzung des 2. UA der 7. WP, Aussage des Zeugen Höffer von Löwenfeld, PA-DBT, 4. Dezember 1974, S. 311.

Damit war das Thema ‚SPD' für den Untersuchungsausschuss noch nicht erledigt. Dass deren Kontakte in Italien mit der KPI beobachtet worden waren, war den Sozialdemokraten bekannt. Hintergrund der Gespräche seien jedoch andere gewesen, als ihnen die Opposition unterstellen wolle, machte Arndt im Untersuchungsausschuss deutlich. Sie hätten damals eine Reise zur Schwesterpartei nach Italien, den Saragat-Sozialdemokraten, geplant. Mehrere Mitglieder der CDU/CSU-Fraktion seien im Vorfeld mit der Bitte an die Sozialdemokraten herangetreten, sich in Rom für den SS-Führer Kappler[1281] einzusetzen. Dies sei geschehen, doch machte der Vorsitzende der italienischen Sozialdemokraten seinen deutschen Parteikollegen deutlich, dass es im Fall Kappler nur ein Fortkommen geben könne, wenn die Kommunisten eingebunden würden. Die Untaten des SS-Führers hätten zudem im Wahlkreis des Vorstandsmitglieds der kommunistischen Partei, Amendola, stattgefunden. Erst wenn dieser und mit ihm die KPI für die Freilassung gewonnen sei, habe das Unternehmen Aussicht auf Erfolg.[1282] Auf diese Weise sei der Kontakt zur KPI zu Stande gekommen.[1283]

Zur Frage der Beobachtung Bahrs erarbeitete der Ausschuss wenig Neues. Carstens hielt im Untersuchungsausschuss an der Behauptung fest, dessen Verhalten sei zweifelhaft gewesen. Was er auf dem Tonband gehört habe, lasse eine „wohlwollende, allerdings auch eine weniger wohlwollende Interpretation zu"[1284]. Bei Bahr habe es sich schließlich um ein Regierungsmitglied gehandelt. Die SPD-Abgeordneten hielten ihm entgegen, die Tonbandaufnahmen seien zu einer Zeit erstellt worden, in der dieser noch Leiter des Presse- und Informationsamtes des Landes Berlins war.[1285] Langkau dementierte deutlich, dass es Anweisungen von Gehlen gegeben habe, Bahr zu bespitzeln: „(...) Es ist wahrheitswidrig, dass gegen Egon Bahr von mir etwa gezielte Aufklärung, Observierung, Anlegung eines Dossiers (...) im Inland und Ausland angeordnet wurde oder je angeordnet worden ist."[1286]

An den nächsten Fragenkomplex sollte sich Carstens ungern erinnern, da seine Äußerung später Gegenstand eines Gerichtsprozesses wurde. Carsten sagte zum Thema ‚Waffenhandel' aus: „Ich habe in der Zeit, als ich die Aufsicht über den Bundesnachrichtendienst führte, über Waffenhandel des BND nie etwas

[1281] Kappler war zu dieser Zeit in Haft.
[1282] Protokoll der 19. Sitzung des 2. UA der 7. WP, Aussage des Zeugen Karl Carstens, PA-DBT, 10. Oktober 1974, S. 108f.
[1283] Protokoll der 26. Sitzung des 2. UA der 7. WP, Aussage des Zeugen Höffer von Löwenfeld, PA-DBT, 4. Dezember 1974, S. 166.
[1284] Protokoll der 19. Sitzung des 2. UA der 7. WP, Aussage des Zeugen Karl Carstens, PA-DBT, 10. Oktober 1974, S. 52.
[1285] Ebd., S. 53.
[1286] Protokoll der 23. Sitzung des 2. UA der 7. WP, Aussage des Zeugen L. (Wolfgang Langkau), PA-DBT, 7. November 1974, S. 72f..

gehört. Ich habe über andere Waffenhändler einiges gehört, aber nicht darüber, dass der BND an Waffenhandel beteiligt gewesen ist, und ich muss sagen, dass ich davon heute zum erstenmal höre.“[1287] Auch auf Vorhaltung – ob ihm nicht die Firma Dobbertin, Hamburg, gegen die solche Vorwürfe erhoben wurden, ein Begriff sei bestritt der ehemalige Kanzleramtschef dies vehement. Auch Wessel wollte nichts Weitergehendes aussagen.

Metzger fragte nach der Zusammenarbeit des BND mit der Firma Merex. Mit Verweis darauf, dass das Protokoll als ‚streng geheim' eingestuft werde, gab Wessel zu, dass Kontakte bestanden hätten. Der Fall sei das Musterbeispiel dafür, dass der BND über seinen Aufklärungsauftrag hineingezogen worden sei und das Unternehmen dann behaupte, die Geschäfte seien von Seiten des Staates gedeckt worden. Das Risiko, mit in den Handel hineingezogen zu werden und das unstete Vertrauensverhältnis hätten die Beziehung zu Merex belastet.[1288] Später wurde das Thema ausgeklammert. Dies lag am restriktiven Kurs des Kanzleramtes. In öffentlicher Sitzung wurden dazu keine Aussagen gemacht. Das Bundeskanzleramt lehnte es ab, von sich aus Zeugen zu gestatten, zu diesem Thema Stellung zu nehmen. Befragt wurden schließlich nur Ehmke, Carstens, Gehlen und Wessel.[1289]

Dem Untersuchungsausschuss war auch ein Aktenordner mit Papieren zu dem Journalisten und Sonderverbindung des BND, Günther Heysing, übergeben worden. Sie enthielten Vermerke über interne Vorgänge in Redaktionen und Verlagen.[1290] Arndt sagte, er habe sich vor der Sitzung acht Vermerke von leitenden Mitarbeitern des BND zu Heysing-Meldungen angesehen. In diesen seien ganz deutlich Aufträge erteilt worden. Weiß habe z.B. ausdrücklich darauf hingewiesen, dass der Präsident Kenntnis davon habe und sein Vorgehen lobe.[1291] Heysings Meldungen gelangten nicht in die allgemeine Auswertung, sondern verblieben in der Pressestelle und wurden dort ausgewertet. Der Abgeordnete Metzger sprach im Untersuchungsausschuss davon, dass Heysing selbstständig Politik betrieben habe. Der Journalist lieferte in seiner Zeit für den BND ca. 1200 Berichte.

[1287] Protokoll der 19. Sitzung des 2. UA der 7. WP, Aussage des Zeugen Karl Carstens, PA-DBT, 10. Oktober 1974, S. 134.

[1288] Geheimes Protokoll der 20. Sitzung des 2. UA der 7. WP, Aussage des Zeugen Gerhard Wessel, PA-DBT, 11. Oktober 1974,S. 54.

[1289] Geheimes Protokoll der 22. Sitzung des 2. UA der 7. WP, Aussage des Zeugen Kurt Weiß, PA-DBT, 6. November 1974, S. 280 b.

[1290] Geheimes Protokoll der 25. Sitzung des 2. UA der 7. WP, Aussage des Zeugen Gehlen, PA-DBT, 19. November 1974, S. 62.

[1291] Ebd., S. 60.

Gehlen stellte sich unwissend und erklärte, er habe Heysing nur zweimal gesehen. Er sei ein Mann „mit gewissen Eigenheiten“[1292]. Dieser sei über eine frühere Dienststelle des BND in Hamburg im Juni 1950 als freier Mitarbeiter vom späteren Vizepräsidenten Worgitzky[1293] geworben worden.[1294] Übernommen wurde er später von Weiß, vermutete Gehlen im Ausschuss. In einer wohl von Heysing selbst formulierten Biografie ist die Rede von einem „bescheidenen monatlichen Salär“ [1295]. Er habe „diverse Verwendungen“ gefunden. Nach Gehlens Pensionierung sei er von Wessel – den er seit Oktober 1944 persönlich kenne - in dieser Funktion übernommen worden. Das liest sich geradezu, als sei Heysing Gehlens eigene Sonderverbindung gewesen. Insgesamt habe er 22 Jahre für die Organisation Gehlen und den BND gearbeitet. Die Abschaltung sei im Juni 1972 jäh durch Blötz erfolgt.[1296]

Zum letzten Punkt der Inlandsaufklärung gab es im Untersuchungsausschuss keine neuen Erkenntnisse. Dabei ging es um die Pressestelle des BND, die im März 1972 in Erfahrung zu bringen suchte, wie die Parteizugehörigkeit der Mitglieder der Geschäftsleitung, die Besitzverhältnisse und die strategische Zukunftsausrichtung der Zeitungsverlage Bauer, Springer und Bertelsmann aussahen.

Insgesamt waren die Erkenntnisse des Untersuchungsausschusses unter den gegebenen Umständen, wie der schwierigen Datenlage,

beeindruckend. Die Tiefe des Einblicks rührte auch daher, dass die Vorgänge bereits lange zurück lagen und aktuelle Quellen des Dienstes, seine Organisation und Arbeitsweisen nicht zu stark berührt wurden. Nur in einem Fall war dies anders: bei den möglichen Verstrickungen in den Waffenhandel.

7.2.2 In der Defensive: CDU sieht ihren Einfluss im BND schwinden

Die CDU und die CSU sahen nach vier Jahren in der Opposition ihren Einfluss im BND schwächer werden. Eine Ausarbeitung für Marx zeigt, wie die christsozialen Parteien ihre Situation beurteilten[1297]. Zum ersten sollte mit den Ausführungen der Ist-Zustand abgebildet werden, zum anderen sollte eine Strategie

[1292] Ebd. S. 35.
[1293] Worgitzky war zeitweise im 2. Weltkrieg Heysings Vorgesetzter gewesen, in: Zur Person, Brief von Karl Carstens an Dr. Hans Schäfer, Bundesarchiv, NL 1337/152, ohne Datum, Blatt: 124.
[1294] Geheimes Protokoll der 25. Sitzung des 2. UA der 7. WP, Aussage des Zeugen Gehlen, PA-DBT, 19. November 1974, S. 114.
[1295] Zur Person, Brief von Karl Carstens an Dr. Hans Schäfer, BAK, NL 1337/152, ohne Datum, Blatt: 124.
[1296] Ebd.
[1297] Notizen zur Überlegung, ACDP, Nachlass Werner Marx, 01-365-015/2, Datum unbekannt.

entwickelt werden, wie – mit Blick auf eine spätere Regierungsübernahme – eine Kehrtwende eingeleitet werden könnte.

Die Lage wird zum Beispiel folgendermaßen beschrieben: „Die CDU/CSU-Angehörigen und Parteigänger fühlen sich im Stich gelassen und sind es auch. Offen geschieht keinem etwas, aber im Wege des Freiwerdens von Stellen, der Neuanschaffung herausgehobener Stellen, Umgruppierung und bes. der Stellenbesetzung in den Auslandsresidenturen kann der ursprüngliche kleine personelle Brückenkopf systematisch mit genehmeren Personen erweitert werden."[1298] Eine weitere Maßnahme der Regierung sei, unliebsame Mitarbeiter auf Auslandsposten oder in den einstweiligen Ruhestand zu versetzen.[1299]

An der Spitze des BND sähe die parteipolitische Zusammensetzung mittlerweile folgendermaßen aus:

„Präsident CDU [Gerhard Wessel, Anm. Autorin] zugeschrieben
Vizepräsident SPD (Blötz)[1300]
Leiter Abt. I FDP zugeschrieben (Dr. Meyer)
Leiter Abt. II SPD (Brigadegeneral - Grossler)
Leiter Abt. III SPD (von Alten)
Leiter Abt. IV SPD (Rieck)"[1301]

In einem anderen Dokument wird festgestellt: *„Konkret bedeutet das:* Viele im BND *wollen* Widerstand leisten und *‚die Stellung halten'* – es besteht aber die Gefahr, dass sie bei noch schärferer Konfrontation ausgeschaltet werden, ohne dass Ersatzlösungen zur Aufrechterhaltung von Präsenz, Einfluss und Information möglich sind."[1302]

Aus der schwierigen Konstellation heraus wurde vorgeschlagen, dass die CDU/CSU-Angehörigen des Vertrauensmännergremiums in die Lage versetzt werden müssten, ihre Kontrolle gezielter und aktiver auszuüben. Führungskräfte der beiden Parteien und deren Abgeordnete müssten sehr viel häufiger nach Pullach fahren und vorbereitet sein, Interesse am Dienst zeigen und dort Gesprä-

1298 Ebd.

1299 „Zur Situation im BND", vertrauliche Kurzinformation, ACDP, Nachlass Werner Marx, 01-356-A 0 181, 9. September 1974.

1300 Es sind gemeint: Dieter Blötz, Dr. Richard Meier, Hubertus Großler, Jürgen Magnus von Alten, Herbert Rieck.

1301 Ebd.

1302 „Zur Situation im BND", vertrauliche Kurzinformation, ACDP, Nachlass Werner Marx, 01-356-A 0 181, 9. September 1974.

che mit Dienstangehörigen führen. Die jeweiligen Beauftragten für Fragen der Sicherheitsdienste sollten sich deutlicher in Erinnerung bringen und den Präsidenten auf diese Weise veranlassen, häufiger und selbstverständlicher diese aufzusuchen und mit ihnen zu sprechen.[1303] Die Beauftragten wiederum müssten instand gesetzt werden, sachkundiger und mit aktuellem Bezug gezielter mit dem Präsidenten zu sprechen.

Der letzte Vorschlag lautete, die Vorsitzenden von CDU und CSU sollten jeder für sich baldmöglichst ein Gespräch mit dem Präsidenten des Dienstes führen.[1304] Ziel all dieser Bestrebungen war, durch aktives positives Interesse die Anteilnahme der CDU/CSU am Dienst zu verdeutlichen.

Es fanden daraufhin vielfache Gespräche mit dem BND statt, zum Beispiel eines von Strauß in Begleitung des Verlegers Axel Springer bei Wessel. Marx schreibt an Strauß, die Unterredung habe „guten Anklang gefunden“[1305]. Er fügte hinzu, dass der Präsident überall in der Zentrale die Behauptung verbreite, seine sehr politischen Gespräche mit Strauß und Springer seien „in sehr guter aufgelockerter Atmosphäre verlaufen“ und man wisse dort sehr wohl, was man an der konservativen Spitze des Dienstes habe“[1306]. Dieses Gespräch war bereits von Gumbel angeregt worden, nachdem ein ähnliches mit der CDU-Spitze stattgefunden hatte.[1307] Marx war zudem näher mit dem BND-Mitarbeiter Günther Baltutis[1308] bekannt, der bei CDU/CSU-Abgeordneten für ein verstärktes Engagement in Sachen BND warb.[1309]

Wie erfolgreich die Maßnahmen waren, lässt sich nicht abschließend beurteilen. Es wird aber deutlich, dass sich gerade Marx bei seinen Fraktionskollegen für einen intensiveren Austausch mit dem Auslandsnachrichtendienst einsetzte.

7.2.3 Eine Abhöraffäre, der Fall Günter Guillaume und Desinformation: das Vertrauensmännergremium arbeitet konzentriert

Das Vertrauensmännergremium hätte zu Beginn der Affäre Guillaume beinahe eine umfangreiche Aufgabe erhalten: Es wurde nämlich diskutiert, ob nicht die-

---

1303 Ebd.

1304 Notizen zur Überlegung, ACDP, Nachlass Werner Marx, 01-365-015/2, Datum unbekannt.

1305 Brief von Werner Marx an Franz Josef Strauß, ACDP, Nachlass Werner Marx, 01-356-A 267, 30. August 1974.

1306 Ebd.

1307 „Zur Situation im BND“, vertrauliche Kurzinformation, ACDP, Nachlass Werner Marx, 01-356-A 0 181, 9. September 1974.

1308 In den 70er Jahren Verbindungsführer in der Unterabteilung 12, dann im Polenreferat und Vertrauter von Marx , in: Müller; Mueller, Michael: Gegen Freund und Feind, S. 348.

1309 Notizen zur Überlegung, ACDP, Nachlass Werner Marx, 01-365-015/2, Datum unbekannt.

ses Gremium federführend den Fall untersuchen sollte. Carstens äußerte deutlich sein Misstrauen gegenüber einer solchen Lösung. Das Vertrauensmännergremium sei nicht geeignet, um den Sachverhalt hinreichend aufzuklären. Der Fraktionsvorsitzende bemängelte den Informationsstand des Gremiums. So sagte er: „Im Vertrauensmännergremium haben wir die Dinge, die wir wissen wollten, später erfahren als die Öffentlichkeit sie erfuhr. Das ist ein äußerst unbefriedigender Zustand.“[1310]

Er sprach sich daher für einen Untersuchungsausschuss aus. Das wichtigste Argument war für ihn, dass dort eine direktere Zeugenbefragung stattfinden könne. Auch sein Parlamentskollege Johann Peter Josten (CDU) stellte klar, dass noch viele Einzelheiten zu klären wären, schließlich sei ein Nobelpreis-Träger, ein Bundeskanzler, eine Regierung gestürzt worden wegen des Falles Guillaume. [1311] „Und da sollen wir diese Aufgabe bloß dem Vertrauensmännergremium überlassen?“[1312] Dr. Georg Gölter (CDU) ergänzte, dass das Vertrauensmännergremium im Bewusstsein der Öffentlichkeit nicht genügend verankert sei.[1313] Stücklen sprach sich entschieden dagegen aus, die Affäre dort zu behandeln: „Und wir werden nie zur Wahrheit durchstoßen und werden nie eine restlose Aufklärung erreichen in diesem Vertrauensmännergremium, wo es eben keine Zeugenvernehmungen gibt, wo es nicht die Möglichkeit gibt, dass ein Zeuge entsprechend auch unter eidlicher Voraussetzung nun aussagen muss oder die Bundesregierung auf Aussageverweigerung zurückziehen muss.“[1314]

Der Alternative, das Vertrauensmännergremium zu einem Untersuchungsausschuss umzufunktionieren, erteilte Carstens eine klare Absage. Dieses sei ungeeignet. Der Fraktionsvorsitzende pointierte: „Herr Stücklen und ich können nicht wochenlang im Vertrauensmännergremium sitzen. Das ist einfach physisch unmöglich.“[1315] Die CDU/CSU-Fraktion entschloss sich mit großer Mehrheit, einen Untersuchungsausschuss einzurichten.

Es gab aber noch einen weiteren Konfliktpunkt zwischen Regierung und Opposition. Carstens schrieb dem Bundeskanzler: „Der Vorsitzende der SPD-Bundestagsfraktion, Herbert Wehner, hat am 27. Mai 1974 auf einer Kundgebung gegen die CDU/CSU den Vorwurf erhoben, sie hätten den heimtückischen Versuch eines kalten Staatsstreiches unternommen.“[1316] Auf der SPD-

[1310] CDU/CSU-Fraktion im Deutschen Bundestag, Fraktionsprotokoll vom 4. Juni 1974, ACDP, 08-001-1036/2, S. 7.
[1311] Ebd., S. 8.
[1312] Ebd.
[1313] Ebd., S. 9.
[1314] Ebd., S. 11.
[1315] Ebd., S. 18.
[1316] Brief von Karl Carstens an Helmut Schmidt, BAK, NL 1337/1, 4. Juni 1974, Blatt: 230.

Kundgebung in Hannover hatte sich Wehner empört über die persönlichen Vorwürfe gegenüber Brandt im Nachgang der Guillaume-Affäre. geäußert Solange dieser ungeheuerliche Vorwurf von Wehner nicht zurückgenommen werde, betonte die CDU/CSU, würden die Mitglieder seiner Fraktion nicht mehr an den Sitzungen des Vertrauensmännergremiums teilnehmen. Stücklen nahm ebenfalls zu Wehners Aussage Stellung: „Wir können und wir müssen m. M. nach in diesem Vertrauensmännergremium die Konsequenzen ziehen, solange Wehner diesen Vorsitz hat. Wir können selbstverständlich nicht infinitum von uns aus sagen, dass wir an diesem Gremium der Information nicht mehr teilnehmen. Dann müssten wir auf Dauer einen anderen Ersatz haben, um wenigstens das bisschen noch zu erfahren oder anbringen zu können, was wir glauben, anbringen zu müssen und erfahren zu müssen, was in diesen Nachrichtendiensten vor sich geht."[1317] In den drei Sitzungen des Gremiums sei die Bedeutung Guillaumes heruntergespielt worden. Stücklen schloss mit der Aussage, dass die CDU/CSU-Fraktion bis zur lückenlosen Aufklärung des Falles an den Sitzungen des Vertrauensmännergremiums nicht mehr teilnehme, solange Wehner den Vorsitz habe, was bis zum 1. Juli 1974 der Fall war.

Die erste Sitzung des Vertrauensmännergremiums nach dem Streit und nach der Bundestagswahl, fand am 19. September 1974 statt. Die Mitglieder des Gremiums erhielten die Möglichkeit, Einblick in die Akten zum Fall ‚Heysing' zu nehmen, die keine geschwärzten Textteile aufwiesen.[1318]

Über den Zeitraum von einem Jahr findet sich in den Sitzungsmitschriften Carstens ein Komplex unter dem Titel „Tromsdorf – Skulla".[1319] Bei Guillaumes Verhaftung waren bei ihm zwei Aktenordner mit Unterlagen des Bundesamtes für Verfassungsschutz gefunden worden. Die ‚Frankfurter Allgemeine Zeitung' schrieb: „Die etwa 900 Blatt an Unterlagen sind gleichwohl von hoher Brisanz, weil es sich nicht nur um geheim zu haltendes Material über Operationen des Verfassungsschutz handelt, sondern aus den Berichten oft auch die Quellen hervorgehen, so dass heute die Befürchtung besteht, zahlreiche Mitarbeiter und V-Männer des Verfassungsschutzes könnten durch Guillaumes Agententätigkeit enttarnt worden sein."[1320] Es handelte sich um bedeutsame operative Vorgänge

[1317] CDU/CSU-Fraktion im Deutschen Bundestag, Fraktionsprotokoll vom 4. Juni 1974, ACDP, 08-001-1036/2, S. 10.

[1318] Brief an die Mitglieder des 2. UA, 25. November 1974, AdsD, SPD-BT-Fraktion, 7. WP, Mappe: 2/BTF6003031.

[1319] Die Zusammenhänge werden aus den Aufzeichnungen zwar deutlich, aber es bedurfte einer zweiten Quelle zum Abgleich und zur Verifizierung. Dazu musste unter anderem das von Guillaume selbst verfasste Buch: „Die Aussage" gewählt werden, da bisher keine wissenschaftliche Darstellung zu dem Fall existiert.

[1320] Frankfurter Allgemeine Zeitung, 11. September 1975, zitiert nach: Guillaume, Günter: Die Aussage, Berlin 1988, S. 287.

des Bundesamtes für Verfassungsschutz - darauf weisen auch die Aussagen in Carstens Aufzeichnung hin „die andere Seite wird warten bis G. abgeurteilt ist“ und „Quellengefährdung“ [1321].

Karl Tromsdorf und Skulla[1322] waren beide Mitarbeiter des Bundesamtes für Verfassungsschutz. Ersterer hatte eine bewegte Geschichte: in den 50er Jahren war er als SED-Sicherheitsbeauftragten bei seiner Arbeit im Weste erkannt und vom Bundesamt für Verfassungsschutz ‚umgedreht', d.h. abgeworben worden. 1960 drohte ihm die Enttarnung in der DDR und Tromsdorf setzte sich in den Westen ab. Dort wurde er von der SPD mit Sicherheitsaufgaben[1323] betraut.[1324] Die ‚Zeit' schrieb 1966: „Über die näheren Umstände des Frontwechsels dürften beim Bundesamt für Verfassungsschutz in Köln zureichende Unterlagen vorhanden sein.“[1325] Die Wochenzeitung bezeichnete Tromsdorf als Wehners Verbindungsmann zu den Nachrichtendiensten.[1326] Tromsdorf sei Ende der 50er Jahre bei seiner Arbeit im Westen enttarnt und in bewährter Manier umgedreht worden. Dies geschah – laut Mitschrift von Carstens – durch den Mitarbeiter des Verfassungsschutzes der Abteilung III (Linksradikalismus)[1327], den eben erwähnten Skulla.

Nach den Aufzeichnungen von Carstens zu urteilen, wurde Tromsdorf operativ gegen so genannte „östliche Agitation“ eingesetzt, im Speziellen gegen die Ostermarschbewegung. In der Mitschrift heißt es: „Tromsdorf arbeitete eifrig gegen kommunistische Agitation.“[1328] Der BfV-Abteilungsleiter Heinrich Degenhardt hielt laut der Mitschrift routinemäßig Verbindung mit dem V-Mann. Der Aktenumfang betrug laut Carstens Aufzeichnung ungefähr 900 Berichte. Diese Unterlagen waren Guillaume von seinem Vorgänger Peter Reuschenbach im Kanzleramt übergeben worden. Das bestätigten Carstens Mitschrift und Guil-

---

1321 Mitschrift von Karl Carstens, Bundesarchiv, NL 1337/44, 19. September 1974, Blatt: 23.

1322 Vorname oder Näheres zu seiner Person konnten nicht ermittelt werden.

1323 Im SPD-Parteivorstand legte Tromsdorf Dossiers an, die auf Grund einer Fragebogenaktion nach dem Muster der SED gestaltet gewesen sein sollten und deren offizielles Ziel es war, kommunistischer Infiltration vorzubeugen. Der Biograf Wehners, Wayne C. Tompson schreibt dazu: „Many Social Democrats found this man`s work to be odious, since questionnaires were distributed and dossiers kept containing information such as relatives in the GDR, political views of the parents, debts, and even member`s love lives“, in: Thompson, Wayne C.: The Political Odyssey of Herbert Wehner, Boulder [u.a.] 1993, S. 224.

1324 Guillaume: Die Aussage, S. 294.

1325 Der Artikel wurde bekannt unter der Bezeichnung „Heckenschützenmemorandum“: Die Zeit: Die Anklage der SPD-Fronde gegen Herbert Wehner, 11. Oktober 1966 http://www.zeit.de/archiv/1966/11/Zt19660311_003_0011_P?page=11, 9.11.2006.

1326 Ebd.

1327 Leiter der Abteilung wurde 1957 Günther Nollau.

1328 Mitschrift von Karl Carstens, Bundesarchiv, NL 1337/44, 19. September 1974, Blatt: 22.

laumes eigene Schilderung.[1329] Letzterer bezeichnete sie als ‚K-Akten', ‚Kommunismus-Akten'.

In der Mitschrift des Vertrauensmännergremiums weist Carstens zudem darauf hin, dass eine persönliche Bekanntschaft zwischen Nollau und Tromsdorf bestand. Nollau wie auch Degenhardt hätten die operative Führung gebilligt. „In vielen Fällen beschaffte Tr. das Rohmaterial, Skulla formulierte"[1330]. Diese heikle Verbindung war Guillaume bekannt geworden. Es wurde befürchtet und später im Prozess vor dem Strafsenat des Oberlandesgerichtes Düsseldorf eingehend diskutiert, dass die Unterlagen – systematisch ausgewertet – Guillaume die Möglichkeit gegeben hätten, BfV-Quellen zu enttarnen. Deshalb betonte Carstens in seiner Mitschrift den Aspekt der Quellengefährdung so stark. Guillaume schreibt in seinen Memoiren, dass Tromsdorf das Material beschaffte, es dann an Skulla weitergab, der die Informationen zu Berichten verarbeitete. Diese Analysen wiederum leitete Tromsdorf an den Parteivorstand weiter.[1331] Tromsdorf wurde als SPD-Mitarbeiter vom späteren Bundesgeschäftsführer Holger Börner entlassen.[1332]

In einem Schreiben des Abgeordneten Vogel (Ennepetal) im Oktober 1974 an seinen Fraktionsvorsitzenden Carstens wurde der Sachverhalt angedeutet: „Die beiden letzten Sitzungen des Vertrauensmännergremiums haben mir gezeigt, dass eine Aufklärung über die Umstände des Zugangs des Herrn Guillaume zu Unterlagen des Bundesamtes für Verfassungsschutz durch die Vertreter der Koalition nicht nur nicht gewünscht, sondern geradezu behindert wird."[1333] Das werfe für ihn erneut die Frage auf, ob nicht von der CDU/CSU-Fraktion die Einsetzung eines neuen Untersuchungsausschusses angestrebt werden müsse. Vogel formulierte den Prüfungsauftrag bereits vor: Im Kern solle geprüft werden, welche Unterlagen und Quellen des Bundesamtes für Verfassungsschutz Guillaume verraten haben könnte. Vogel kritisierte, es sei nicht gelungen, im Vertrauensmännergremium zu klären, ob die SPD außergewöhnlich oft mit Verfassungsschutzerkenntnissen bedacht worden sei.[1334]

In mehreren Sitzungen beschäftigte die so genannte ‚Abhör-Affäre Kohl Biedenkopf' das Vertrauensmännergremium. Am 1. und 2. Juni 1975 waren von Kaiserslautern aus zwei anonyme Briefe, einer an Mercker, einer an das Magazin

---

1329 Guillaume: Die Aussage, S. 288.

1330 Mitschrift von Karl Carstens, BAK, NL 1337/44, 19. September 1974, Blatt: 23. Meyer, Christoph: Herbert Wehner, München 2006, S. 279f..

1331 Guillaume: Die Aussage, S. 287ff.

1332 Leugers-Scherzberg, August H.: Die Wandlungen des Herbert Wehner, Berlin 2006, S. 403.

1333 Brief von Friedrich Vogel an Karl Carstens, BAK, NL 1337/10, 18. Oktober 1974, Blatt: 219.

1334 Anlage des Brief von Friedrich Vogel an Karl Carstens, BAK, NL 1337/10, 18. Oktober 1974, Blatt: 221.

‚Stern' verschickt worden. Der braune DIN-A5-Umschlag enthielt in beiden Fällen die Mitschrift eines Telefongesprächs zwischen dem CDU-Vorsitzenden und Ministerpräsidenten von Rheinland-Pfalz, Dr. Helmut Kohl und dem Generalsekretär der Partei, Dr. Kurt Biedenkopf. Das Gespräch war im Oktober 1974 geführt worden und beinhaltete CDU-Interna, vor allem Probleme der Parteiführung, in der Biedenkopf Kohl öffentlich kritisiert hatte. Der Inhalt des Telefongesprächs wurde am 19. Juni 1975 – unter Protest des Presserates – im ‚Stern' veröffentlicht.

Die Mitglieder des Vertrauensmännergremiums versuchten in ihrer Sitzung am 16. Juni 1975 zu enträtseln, wer die Abhöraktion durchgeführt haben könnte. Es gab verschiedene Hypothesen: Der amerikanische Geheimdienst, weil dieser derartige Formblätter wie das Deckblatt verwendete, der Bundesnachrichtendienst, angeblich weil dessen konservative Kreise Strauß als Kanzlerkandidaten sehen wollten, ein enger Mitarbeiter eines der beiden Dienste oder die Staatssicherheit der DDR im Zuge einer Desinformationskampagne waren in der Diskussion. Mercker hatte seine Sendung an die G 10-Kontrollkommission weitergegeben, von dort gelangten sie zum Ministerialdirigenten der Sicherheitsabteilung im Bonner Innenministerium, Gerhard von Loewenich.[1335]

Die Aufklärung der Abhöraktion gelang erst nach der Wiedervereinigung: Der Historiker Hubertus Knabe stellt gestützt auf Unterlagen der Staatssicherheit der DDR dar, wie die Affäre in Wirklichkeit ablief. Tatsächlich wurde das Gespräch von der Staatssicherheit der DDR abgehört. Die Niederschrift des Telefonats wurde auf ein Formblatt des US-Abwehrdienstes ‚Military Intelligence Group' übertragen. Knabe stellt fest: „Die Maßnahme diente nicht nur der Diskreditierung des CDU-Vorsitzenden und der Vertiefung bestehender oder vermuteter Differenzen zwischen den beiden Politikern, sondern legte auch den Verdacht illegaler Abhörpraktiken nahe, was zu mehreren kritischen Bundestagsanfragen führte."[1336]

Als ersten Tagesordnungspunkt der Sitzung des Vertrauensmännergremiums am 16. Juni behandelten die Mitglieder Kohl und Biedenkopfs Strafanzeigen gegen Unbekannt. Es folgten Hinweise, wo technische Schwachstellen in der Telefonanlage gewesen seien könnten, wer den Schlüssel zu ihr besaß ect.. Auch das Thema ‚Abhörmöglichkeiten' wurde an verschiedenen Stellen der Sitzung erörtert. Dass das Abhören leicht möglich sei, betonte der Staatssekretär im Bundesministerium für Post- und Fernmeldewesen, Dietrich Elias.[1337]

[1335] Vergleiche „Spiegel"-Artikel: „Abhöraffäre: „Es ist zum Kotzen"", Nr. 25, 16. Juni 1975, S. 21 und „Nannen: „Großer Gott, so what", Nr. 26, 23. Juni 1975, S. 21 f.

[1336] Knabe: Die unterwanderte Republik, S. 117.

[1337] Mitschrift von Karl Carstens, BAK, NL 1337/44, 16. Juni 1975, Blatt: 17.

Carsten notierte schon in seiner Mitschrift, das amerikanische Deckblatt sei nur ein Ablenkungsmanöver. Das Papier weise „viele untypische Merkmale auf“[1338]. Außerdem wurde in der Sitzung ausführlich besprochen, welchen Weg die beiden Ausführungen des Abhörprotokolls genommen hatten.[1339] Der Ablauf der Ereignisse wurde chronologisch erzählt, meistens sogar mit Uhrzeit.

Es wurde auch festgehalten, dass derjenige, der die Briefmarke aufgeklebt hatte, die Blutgruppe 0 besaß. Schüler erklärte, dass an die drei deutschen Dienste eine Anfrage ergangen sei. Keiner wolle in der Sache tätig geworden sein. Neben Schüler berichtete auch der Staatssekretär im Bundesministerium der Justiz, Günther Erkel. Es kam zu einer Diskussion zwischen Stücklen und Mercker, ob letzterer das Material zu lange zurückgehalten habe.[1340]

Innenminister Dr. Werner Maihofer schlussfolgerte, dass es bisher nur „gewisse“ Anhaltspunkte gebe. Insgesamt führte er jedoch ebenfalls – den Mitschriften nach zu urteilen – nur die bereits bekannten Punkte an.[1341]

Eine Sitzung reichte für die Behandlung des Themas nicht aus. Carstens bat in einem Brief Wehner als Vorsitzenden des Vertrauensmännergremiums, auch in der nächsten Beratung des Gremiums einen Bericht der Bundesregierung über das abgehörte Telefongespräch zwischen Kohl und Biedenkopf auf die Tagesordnung zu setzen – was auch geschah.[1342]

Mittlerweile war das Gremium zahlenmäßig so stark angewachsen, dass es sich nicht mehr um eine Einrichtung für intime politische Unterrichtungen handelte. Anwesend waren in der Sitzung am 26. Juni 1975 die Fraktionsvorsitzenden Wehner, Mischnick, Carstens, Stücklen, letzterer als CSU-Landesgruppenchef; außerdem die Abgeordneten Dr. Friedrich Schäfer (SPD), Dr. Andreas von Bülow (SPD), Hansheinrich Schmidt (Kempten) (FDP), Kirst (FDP), Fritz Baier (CDU). Laut Einladungsverteiler fehlten Manfred Schulte (Unna) (SPD), Alfred Ollesch (FDP), Friedrich Vogel (Ennepetal) (CDU) und Dr. Friedrich Zimmermann (CSU).[1343]

Noch vor Eintritt in die Tagesordnung kam es unter den Mitgliedern des Gremiums zu einer Diskussion. Auslöser des Streits waren öffentliche Äußerungen von Carstens, in der Sitzung solle über die Verbindungen zwischen dem Magazin ‚Stern‘ und dem KGB gesprochen werden.[1344] Der Fraktionsvorsitzende

---

[1338] Ebd.

[1339] Ebd., Blatt: 16.

[1340] Ebd.

[1341] Mitschrift von Karl Carstens, BAK, NL 1337/44, 16. Juni 1975, Blatt: 19.

[1342] Brief von Prof. Karl Carstens an Manfred Schüler und Herbert Wehner, 13. Juni 1975, AdsD, Nachlass: Helmut Schmidt, Mappe: 1/HSAA009317.

[1343] Einladung PVMG, 18. Juni 1975, AdsD, Nachlass: Helmut Schmidt, Mappe: 1/HSAA009317.

[1344] Vermerk von Karl Carstens, BAK, NL 1337/44, 26. Juni 1975, Blatt: 10.

notierte sich als Vermerk: „Mir wurde im PVMG vorgeworfen, dass die CDU/CSU öffentlich mitgeteilt hatte, dass ein bestimmtes Thema (KGB-‚Stern') im PVMG behandelt werden sollte. Ich habe geantwortet, öffentliche Ankündigungen von Themen, die im PVMG behandelt werden sollen, seien auch sonst erfolgt. So habe die Reg(ierung) mehrfach vor dem Plenum erklärt, über den Punkt sei sie bereit, im PVMG Näheres mitzuteilen."[1345]

Unter Tagesordnungspunkt 1 wurde über das abgehörte Gespräch zwischen Kohl und Biedenkopf beraten. Staatssekretär Dietrich Elias[1346] berichtete, dass keine Hinweise auf „illegale Angriffe" [1347] bestünden. Drei Schwachstellen – wohl in der Telefonanlage - müssten beseitigt werden, erklärte er den Abgeordneten.[1348] Seine Ausführungen ergänzte der Staatssekretär des Justizministeriums, Günther Erkel, dahingehend, dass in Mainz ein Verfahren der Staatsanwaltschaft zum Paragrafen 201 StGB ‚Verletzung der Vertraulichkeit des Wortes', eröffnet worden sei. Er sehe keine Hinweise darauf, dass der Generalbundesanwalt das Verfahren an sich ziehen müsse. Weiterhin gäbe es keine Indizien für einen bestimmten Täter.

Beim nächsten Tagesordnungspunkt kam das strittige Thema „Missbrauch des ‚Stern' durch den KGB" zur Sprache. Schüler erklärte, der sowjetische Nachrichtendienst versuche das Magazin für Desinformationskampagnen zu missbrauchen. Er nannte die Namen Stramentow (KGB) und Victor Louis[1349] als Kontakte des ‚Stern' in Moskau. Bei Louis handelte es sich um den Moskau-Korrespondenten der englischen Tageszeitung ‚Evening News'. Er wurde bekannt – und auch dies zeichnete Carstens auf – mit einem Artikel über die Memoiren der Stalin Tochter Swetlana. Der ‚Stern' veröffentlichte 1967 dazu einen Fotobericht, der von Louis angeregt worden war. „Die Tatsache, dass sie ihre Erinnerungen an das Leben des Despoten ausgerechnet zum 50. Jahrestag der Oktoberrevolution im Westen herausbringen wollte, hatte erhebliches Aufsehen erregt – und für Missstimmung beim KGB gesorgt."[1350] Ziel der Veröffentlichung unter dem Titel „Swetlana Stalin: Mein Vater war ein guter Mensch" sei gewesen – wie der ‚Stern' später selbst eingeräumt habe - der Autorin die Schau

[1345] Ebd.

[1346] Staatssekretär im Bundesministerium für Post- und Telekommunikation

[1347] Mitschrift von Karl Carstens, BAK, NL 1337/44, 26. Juni 1975, Blatt: 11.

[1348] Ebd.

[1349] Carstens schrieb fälschlich „Levis"

[1350] Knabe: Der diskrete Charme der DDR, S. 282f.

zu stehlen.[1351] Louis wird als einer der berühmtesten Agenten der Desinformation bezeichnet.[1352]

Außerdem notierte sich Carstens den Namen ‚Dieter Steiner'. Jener habe den Artikel zu Solschenizyn und weitere verfasst. Im November 1971 erschien ein ‚Stern'-Artikel über den damals noch in Russland lebenden Solschenizyn. Eine entfernte Tante kam in dem Artikel zu Wort, die sich abfällig über den Literaturnobelpreisträger äußerte. Der ‚Stern'-Reporter wollte die Dame angeblich in einem kleinen, für Ausländer gesperrten Ort im Kaukasus ausfindig gemacht haben. „Angriffsziel des Artikels war Solschenizyns historischer Roman ‚August 1914', der gerade in Deutschland erschienen war und von dem der ‚Stern' behauptete, dass er sich in Wahrheit gegen das Sowjetregime richte. Denselben Vorwurf erhob damals auch die sowjetische Kulturbürokratie.“[1353]

Die Anschuldigungen brachten Solschenizyn in Gefahr. Carstens erwähnt in seiner Mitschrift des Vertrauensmännergremiums, dass es zum Fall ‚Solschenizyn' auch eine Meldung des britischen Secret Intelligence Service vom November 1973 gebe.[1354] Unter der Überschrift „Bundesamt für Verfassungsschutz“ notierte Carstens weitere Hinweise des britischen Dienstes.[1355] Dabei ging es um Ladislav Bittmann und sein Buch ‚Geheimwaffe D'[1356], eine Insidergeschichte des tschechoslowakischen Geheimdienstes. Bittmann war ein Mitarbeiter aus dessen Desinformationsabteilung und schrieb, der ‚Stern' habe Geheimmaterial erhalten.

Im nächsten Abschnitt wurden noch die Fälle ‚Bosse', ‚van Nouhuys' und ein Artikel von 1975 genannt. Der MAD wies auf einen ehemals freien Journalisten hin, der später Redakteur des ‚Stern' geworden sei. Einen Namen nannte er – nach Carstens Mitschrift – nicht. Schmidt (Kempen) von der FDP, fragte, ob es ähnliche Vorkommnisse bei anderen Publikationen gebe. In der Intensität über 20 Jahre hinweg nicht, hielt Carstens fest.[1357]

Am 1. August 1975 fertigte Carstens für seine Unterlagen eine Aufzeichnung unter der Überschrift „Stern – als Instrument sowjetischer Desinformationspolitik“[1358]. Dort führt er die „gefälschten Swetlana Memoiren“ an, den Fall Lübke (1966), der mit Hilfe von Material aus der DDR als „KZ-Baumeister“

[1351] So von Barron, John: Arbeit und Organisation des sowjetischen Geheimdienstes in Ost und West, München 1974, S. 225.

[1352] Ebd., S. 282.

[1353] Ebd., S. 283.

[1354] Mitschrift von Karl Carstens, BAK, NL 1337/44, 26. Juni 1975, Blatt: 11.

[1355] Ebd.

[1356] Bittmann, Ladislav: Geheimwaffe D, Bern 1972.

[1357] Mitschrift von Karl Carstens, BAK, NL 1337/44, 26. Juni 1975, Blatt: 12.

[1358] Aufzeichnung von Karl Carstens ‚Stern' als Instrument sowjetischer Desinformationspolitik, BAK, NL 1337/44, 1. August 1975, Blatt: 9.

angegriffen worden sei und den Fall Solschenizyn.[1359] Der Fall Lübke war entstanden, weil die Staatssicherheit der DDR auf dessen technische Zeichnungen gestoßen war. Sie versah diese mit einem Deckblatt unter dem Titel „Vorentwurf zur Erstellung eines KZ-Lagers für 2000 Häftlinge der Fa. Kalag bei Schacht VI in Neu-Staßfurt“[1360]. Vertreter der Staatssicherheit, des ZK und anderer DDR-Einrichtungen bildeten eine spezielle ‚Arbeitseinheit Lübke'. Vorreiter der lancierten publizistischen Angriffe war wieder einmal der ‚Stern'. Die Kampagne trug einen nicht unerheblichen Teil dazu bei, dass der Bundespräsident vor Ende seiner Amtszeit zurücktrat.[1361]

Neben den Namen ‚Bosse' schrieb der Fraktionsvorsitzende der CDU/CSU „Photos der Leiche, Material aus der DDR“. Der Händler zwischen Ost und West, Horst Bosse, war laut Markus Wolf Informant des MfS.[1362] Er kam am 23. März 1972 auf dem Weg zur Leipziger Messe auf der Autobahn bei Gotha ums Leben. Es gab Gerüchte, dass der Unfall manipuliert worden sein könnte.[1363]

Im Vorfeld der nächsten Sitzung des Vertrauensmännergremiums bemühte sich der CDU/CSU-Fraktionsvorsitzende, noch einmal den Punkt „Informationsaustausch zwischen der Bundesregierung und dem Magazin ‚Stern'“ auf die Tagesordnung setzen zu lassen.[1364] Ministerialdirigent Schlichter[1365] vom Bundeskanzleramt formulierte für den Bundeskanzler das Antwortschreiben, in dem er bemerkte, dieser Punkt sei bereits auf die Tagesordnung gesetzt worden. Schlichter empfahl: „Ich halte diese Form des Antwortschreibens für geboten, um nicht den Eindruck zu erwecken, der Punkt sei erst auf Hinweis von Professor Dr. Carstens in die Tagesordnung aufgenommen worden.“[1366] Hintergrund war, dass die Bundesregierung auf eine Kleine Anfrage der CDU/CSU[1367] zu diesem Thema nicht im Plenum des Bundestages antworten wollte. Es war jedoch eine Unterrichtung des Vertrauensmännergremiums in Aussicht gestellt worden.[1368]

1359 Ebd.

1360 Knabe: Der diskrete Charme der DDR, S. 252.

1361 Ebd.

1362 Wolf: Spionagechef im geheimen Krieg, S. 185.

1363 So zum Beispiel in der „Quick“, vergl. Schell: Protokoll eines Komplotts, S. 12.

1364 Brief von Helmut Schmidt an Karl Carstens, 3. September 1975, AdsD, Nachlass: Helmut Schmidt, Mappe: 1/HSAA009317.

1365 Leiter der Gruppe 07 – Vertreter des Beauftragten für die Nachrichtendienste, Bundesnachrichtendienst (BND), siehe: Knoll: Das Bonner Bundeskanzleramt, S. 228/229.

1366 Brief von Helmut Schmidt an Karl Carstens, 3. September 1975, AdsD, Nachlass: Helmut Schmidt, Mappe: 1/HSAA009317.

1367 7. WP, Drucksache 3893, 28. September 1975.

1368 Brief von Prof. Karl Carstens an Manfred Schüler, 28. August 1975, AdsD, Nachlass: Helmut Schmidt, Mappe: 1/HSAA009317.

In der Sitzung des Vertrauensmännergremiums am 10. September 1975 teilte Justizminister Hans-Jochen Vogel mit, das Landeskriminalamt Koblenz habe gewisse „Unklarheiten“[1369] im Vorzimmer Biedenkopfs festgestellt, die im Zusammenhang mit der Abhöraffäre ständen. Carstens notierte sich, seinen Fraktionskollegen Vogel (Ennepetal) gebeten zu haben zu klären, worum es sich bei den ‚Unklarheiten' handele. Nicht vertieft wurde das Thema „Information durch den Stern“. Der Staatssekretär des Innenministeriums, Dr. Siegfried Fröhlich, bekräftigte, es lägen keine Anhaltspunkte für strafbares Verhalten vor.

Dann wandte sich das Vertrauensmännergremium wieder dem Komplex ‚Skulla – Tromsdorf' zu. Es bestehe der Verdacht, schreibt Carstens, dass Skulla seinen Pflichten als Beamter des Verfassungsschutzes zuwider gehandelt habe. Das Bundesinnenministerium, so der CDU/CSU-Fraktionsvorsitzende, erwarte jedoch „keine Klärung von weiteren disziplinarischen Ermittlungen; und beabsichtigt solche nicht.“[1370] Skulla sei erkrankt und mit einer neuen Aufgabe betraut worden. Er habe steht in der Mitschrift „aus lauteren Motiven gehandelt“[1371]. Für Tromsdorf ging die Arbeit für das Bundesamt für Verfassungsschutz zu Ende; er „wurde abgeschaltet“[1372]. Eine ausstehende Prämie von 10. 000 DM sei noch nicht ausbezahlt worden. Der CDU/CSU-Fraktionsvorsitzende bat, der Generalbundesanwalt Siegfried Buback solle dem Vertrauensmännergremium sobald wie möglich über das Verfahren berichten.

Die letzte Sitzung des Vertrauensmännergremiums der Wahlperiode fand am 19. Mai 1976 statt – es sollte nicht mehr einberufen werden. Im Jahr 1978 entstand nach einer zweijährigen Unterbrechung der Tätigkeit des Gremiums mit dem ersten Kontrollgesetz die Parlamentarische Kontrollkommission.[1373]

Diese letzte Sitzung ist die am ausführlichsten dokumentierte, da eine Passage des Sitzungsprotokolls an die Öffentlichkeit gelang. Sie sollte als Beweismittel im Prozess Carstens gegen den SPD-Abgeordneten Günther Metzger dienen.[1374] Dass das Dokument dafür verwendet wurde, empörte die Mitglieder des Vertrauensmännergremiums. Das Protokoll liege, so schrieb Stücklen an Schmidt, nur in einem Exemplar als stenografische Niederschrift im Kanzleramt vor. Die Mitglieder des Gremiums seien nicht im Besitz des Protokolls. Stücklen kritisierte daher sehr scharf, dass es an die Öffentlichkeit gelangt war: „Der Vor-

[1369] Mitschrift von Karl Carstens, BAK, NL 1337/44, 10. September 1975, Blatt: 8.

[1370] Ebd.

[1371] Ebd.

[1372] Ebd.

[1373] Siehe Kapitel 8

[1374] Schreiben des Rechtsanwalts bei dem Oberlandesgericht, Dr. Lothar Bungartz an das Oberlandesgericht, 15. Zivilsenat in Sachen Dr. Carstens/Metzger, 12. Juli 1976, darin: Mitschrift des Vertrauensmännergremiums, AdsD, Nachlass: Helmut Schmidt, Mappe: 1/HSAA009298, S. 2.

gang stellt nicht nur einen schwerwiegenden Bruch der Geheimhaltungsbestimmungen dar, sondern belastet auf das schwerste die Arbeit des Parlamentarischen Vertrauensmännergremiums."[1375]

In einem internen Vermerk stellte das Kanzleramt fest: „Die Passagen in dem Anwaltsschriftsatz sind wörtliche Zitate aus der nur in einem Exemplar existierenden Sitzungsniederschrift, die im Protokollband der PVMG-Akte in der VS-Registatur verwahrt wird." [1376] Es erscheine jedoch nicht tunlich, dieses im offenen Schriftwechsel mit dem Abgeordneten Stücklen zu bestätigen. Dadurch könnten möglicherweise amtliche Inhaltsteile des geheimen Protokolls preisgegeben werden.[1377] So überrascht es nicht, dass Stücklen nur eine sehr knappe Antwort auf seine Anfrage bekam. Im Protokoll heißt es lapidar, es sei keinem „Unbefugten zugänglich gemacht"[1378] worden.

Wie kam es zu dem Verfahren zwischen Carstens und Metzger? Ein halbes Jahr nach der Aussage des CDU/CSU-Fraktionsvorsitzenden vor dem Guillaume-Untersuchungsausschuss warf Metzger diesem vor, die Unwahrheit zum Thema ‚Waffenhandel' gesagt zu haben und dass dies ein Fall für die Staatsanwaltschaft sei.[1379] Carstens erhob daraufhin Klage gegen Metzger, um ihm die Verbreitung der Behauptung zu untersagen und gewann in zwei Instanzen, vor dem Landgericht Bonn am 18. Dezember 1975 und vor dem Oberlandesgericht in Köln am 15. Juli 1976.[1380] Die Angelegenheit zog sich durch zwei Revisionsverfahren bis 1979 hin, dem Jahr, in dem Carstens zum Bundespräsidenten gewählt wurde. Den Abschluss fand die Sache durch ein klärendes Gespräch: Am 25. Januar 1979 trafen sich Carstens und Bundeskanzler Schmidt. Schmidt stellte klar, dass aus seiner Sicht ein Vergleich die richtige Lösung darstelle. Im Vermerk heißt es, weder Schüler noch er selbst seien der Meinung, dass Carstens vor dem Ausschuss eine absichtliche Falschaussage gemacht habe. Jedoch hätte Carstens nach Akteneinsicht besser seine Aussagen ergänzen und den von ihm angestrengten Rechtsstreit beenden sollen.[1381] Carstens schloss sich der Meinung Schmidts an. Sie einigten sich auf die Sprachregelung, dass Carstens keine bewusste Falschaussage gemacht habe, sondern eine, die er jetzt nach Aktenein-

---

[1375] Brief von Richard Stücklen an Helmut Schmidt, 15. Juli 1976, AdsD, Nachlass: Helmut Schmidt, Mappe: 1/HSAA009298.

[1376] Vermerk „Betr. Schreiben des Abgeordneten Stücklen an den Bundeskanzler vom 15. Juli 1976", 29. Juli 1976, AdsD, Nachlass: Helmut Schmidt, Mappe: 1/HSAA009298.

[1377] Ebd.

[1378] Brief von Manfred Schüler an Richard Stücklen, 29. Juli 1976, AdsD, Nachlass: Helmut Schmidt, Mappe: 1/HSAA009298.

[1379] Carstens: Erinnerungen und Erfahrungen, S. 460f.

[1380] Ebd.

[1381] Vermerk zum Gespräch im Bundeskanzleramt, 25. Januar 1979, AdsD, Nachlass: Helmut Schmidt, Mappe: 1/HSAA009298.

sicht ergänzen müsse. Waffengeschäfte seien vom BND selbst nicht betrieben worden.[1382] Es kam dann am 7. März 1979 zu einem Vergleich vor dem Oberlandesgericht Köln.[1383]

Der Protokollauszug zum Thema ‚Waffenhandel' beinhaltete Folgendes: Wessel und Schüler hätten zu dem Tagesordnungspunkt zur Verfügung gestanden. Der BND-Präsident erklärte, er sei kurz nach seiner Amtsübernahme vom Vertrauensmännergremium auf diesen Themenkomplex aufmerksam gemacht worden. In dessen Sitzung am 25. Juni 1968 habe ein Mitglied, es handelte sich um Emde, FDP, bemerkt, ob denn der Bundesnachrichtendienst die Waffenlieferung an Israel 1964 nicht geräuschloser hätte abwickeln können. Wessel ergänzte: „Ich bin außerdem mit diesem Problem in Berührung gekommen durch die Wünsche von Nachrichtendiensten verschiedener Länder auf Lieferung von Waffen, z.B. Israel, Jordanien und anderer Länder."[1384]

Der BND-Präsident führte aus, er habe zu diesen Fragen u.a. Besprechungen mit Carstens, den Staatssekretären Duckwitz und Lahr, sowie später mit Ehmke und Grabert geführt. Im Protokoll werden die Waffenlieferungen im Zeitraum von August 1964 bis Februar 1967 zugegeben, die auch der Öffentlichkeit bekannt wurden: Lieferung von F- 86- Flugzeugen nach Portugal, von Überschussmaterial nach Saudi-Arabien, Verkauf von Seahawke nach Indien, Verkauf von 90 Flugzeugen in den Iran. Wessel erläuterte daraufhin, wer in die Vorgänge eingeweiht war und nannte das Kanzleramt, das Verteidigungsministerium und den Auswärtigen Ausschuss. Federführend war eine Tochterfirma der Firmengruppe ‚Dobbertin' mit dem Namen WAH, Werkzeugaußenhandelsgesellschaft. Die Operationen und Verbindungen, so Wessel, wurden von dem im Zusammenhang mit der Steiner-Wienand-Affäre erwähnten BND-Mitarbeiter Hauschildt geleitet.[1385]

Schüler ergänzte Wessels Bericht zu der Frage, wie und wann Mitarbeiter aus Firmen – wie z.B. Dobbertin – herausgelöst worden waren. Es sei so, heißt es im Protokoll, dass Carstens die Herauslösung unterschrieben und er auf diese Weise von den Vorgängen gewusst hätte.[1386] Sachgründe, hält Schüler fest, seien Carstens damals nicht mitgeteilt worden. Das sei nicht üblich, betonte der Kanzleramtschef und ergänzte: „Auch im innerbetrieblichen Verkehr werden selbst-

[1382] Vermerk zum Gespräch im Bundeskanzleramt, 25. Januar 1979, AdsD, Nachlass: Helmut Schmidt, Mappe: 1/HSAA009298.

[1383] Ebd., S. 464.

[1384] Schreiben des Rechtsanwalts bei dem Oberlandesgericht, 12. Juli 1976, darin: Mitschrift des Vertrauensmännergremiums, AdsD, Nachlass: Helmut Schmidt, Mappe: 1/HSAA009298, S. 3.

[1385] Siehe Kapitel 5.

[1386] Die Vorgänge waren Carstens laut Akten schon vor der Herauslösung Hauschildts bekannt. Er notiert: „Reg Dir Hauschild (jetzigen BND)", in: Notizen und Gesprächsvermerke aus der Zeit der Tätigkeit im Bundeskanzleramt, BAK, NL 1337/586, 9. Januar 1968, Blatt: 8 NL 1337.

verständlich gewisse nachrichtendienstliche Methoden angewandt, dass man nicht immer das im Klartext hinschreibt, was gemeint ist."[1387] Carstens drängte in der Sitzung darauf, die Frage abschließend zu klären, wie nun die Sprachregelung zum BND und Waffenhandel lauten müsse – um ihn vom Vorwurf Metzgers zu entlasten. Schüler betonte, er habe stets nur davon gesprochen, dass der BND an Waffengeschäften beteiligt gewesen sei, nie, dass er sie betrieben habe.[1388]

In der Sitzung am 19. Mai 1976 standen noch weitere Themen auf der Tagesordnung, wie Carstens Aufzeichnungen zeigen. Zu Beginn trug Generalbundesanwalt Buback zum Spionagefall ‚Böx-Berger' vor. Die Sekretärin des Auswärtigen Amtes, Helge Berger, war wegen Spionage zugunsten der DDR verhaftet worden. Sie hatte ein Liebesverhältnis mit Heinrich Böx, dem ehemaligen deutschen Botschafter in Polen. Als Berger verhaftet wurde, war Böx bereits außer Dienst und organisierte die CDU-Auslandsarbeit. Kennen gelernt hatten sich die beiden laut eines Artikels im ‚Spiegel' 1967, als Berger Sekretärin bei Böx war und dieser die Handelsmission in Warschau leitete.[1389] Dann trennten sich ihre beruflichen Wege. Berger wechselte 1970 zum Staatssekretär des Auswärtigen Amtes, Sigismund von Braun, wurde für kurze Zeit an die Botschaft in Paris versetzt und arbeitete in der Europa-Abteilung des Gesandten Gisbert Poensgen. Von dort kam sie zum Leiter der Handelsabteilung und späteren Staatssekretär, Peter Hermes, und war schließlich beim Ministerialdirektor des Auswärtigen Amtes, Hans Werner Lautenschlager[1390], beschäftigt. Laut ‚Spiegel' war die Aufklärung des Falles über den Britischen Geheimdienst erfolgt.[1391] Davon ist in den Mitschriften der Sitzung von Carstens nicht die Rede.

Böx wurde, nach Carstens Mitschrift, von den Aussagen Bergers schwer belastet. Er habe möglicherweise sowohl von ihrer Tätigkeit gewusst, als auch von der konspirativen Wohnung Klaus Wöhlers – Bergers Führungsoffizier - in Warschau. Böx bestreite die Vorwürfe, notierte sich Carstens.[1392]

Der Leiter der Hauptverwaltung Aufklärung der DDR, Wolf, schildert den Fall in seinen Erinnerungen: „Noch lückenloser informiert waren wir über die Verhandlungen der Brandt-Regierung mit Polen. Aus der BRD-Mission in Warschau wurden wir mit allen Informationen versorgt, die über den Tisch des bundesdeutschen Botschafters gingen. Unsere Informantin, Deckname Komtess, war 1967

1387 Schreiben des Rechtsanwalts bei dem Oberlandesgericht, 12. Juli 1976, darin: Mitschrift des Vertrauensmännergremiums, AdsD, Nachlass: Helmut Schmidt, Mappe: 1/HSAA009298, S. 4.

1388 Ebd., S. 5.

1389 Der Spiegel: „Schmutzige Wäsche", 24. Mai 1976, S. 28.

1390 Leiter der Abteilung 4, „Handelspolitische Abteilung."

1391 Der Spiegel: „Schmutzige Wäsche", 24. Mai 1976, S. 28.

1392 Mitschrift von Karl Carstens, BAK, NL 1337/44, 19. Mai 1976, Blatt: 3.

an die Mission versetzt worden. Alles, was der dortige Botschafter Heinrich Böx schrieb, las und sagte, übermittelte uns ‚Komtess'. Schriftliches trug sie im Einkaufsbeutel unter dem Strickzeug aus der Mission. Als mit der Zeit zwischen ihr und Böx ein sehr privates Verhältnis entstand, plauderte der Botschafter auch ungeniert Geheimes aus, das nicht in Schriftstücken auftauchte. Da Böx CDU-Mitglied war, interessierten uns seine Bewertungen besonders."[1393]

Der zweite Tagesordnungspunkt im Vertrauensmännergremium war der Fall ‚von Alten'. Am Tag der Sitzung war die Dienstwohnung von Jürgen Magnus von Alten, Leiter der Auswertung des BND, ergebnislos durchsucht worden – wegen angeblicher Spionage.[1394] Den Abgeordneten trugen der Generalbundesanwalt, Schüler und Wessel zum Thema vor. [1395]. Letzterer zeichnete von Altens Lebenslauf nach. Aber mehr als „neue Hoffnung auf Aufklärung" – wie sich Carstens notierte – muss es in der Sitzung nicht gegeben haben. Später stellt sich heraus, dass es sich um eine Namensverwechselung handelte und von Alten wurde rehabilitiert.[1396] Weitere Punkte der Sitzung behandelten Austauschfragen[1397], die Finanzierung der Deutschen Friedensunion (DFU) durch die SED und die Neuorganisation des MAD.[1398]

7.2.4 *Ohne Diskussionen beschlossen: Haushalt des BND steigt über eine Milliarde DM*

Nach den Protokollen zu urteilen fanden in dem Zeitabschnitt von 1974 bis 1978 im Haushaltsausschuss keine Diskussionen über das Budget des BND statt. Selbst an der Oberfläche verbleibende Erklärungen oder Fragen zum Anstieg der Ausgaben sind nicht dokumentiert. Dabei stieg der BND-Etat in diesem Zeitraum erstmals auf über eine Milliarde DM.[1399]

Für 1975 wuchs der Titel 04 04 für den BND auf 101 850 000 DM[1400], 1976 auf 110 000 000 DM[1401], 1977 auf 116 522 000 DM[1402] und 1978 auf 127,2 Mio

[1393] Wolf: Spionagechef im geheimen Krieg, S. 245f..
[1394] Müller; Mueller: Gegen Freund und Feind, S. 404.
[1395] Mitschrift von Karl Carstens, BAK, NL 1337/44, 19. Mai 1976, Blatt: 4.
[1396] Müller; Mueller: Gegen Freund und Feind, S. 404.
[1397] Zu Guillaume vermerkte Carstens „liegt kein Angebot vor", Mitschrift von Karl Carstens, BAK, NL 1337/44, 19. Mai 1976, Blatt: 5.
[1398] Mitschrift von Karl Carstens, BAK, NL 1337/44, 19. Mai 1976, Blatt: 6.
[1399] Da im Schlussabschnitt dieser Arbeit nur noch das Kontrollgesetz behandelt werden soll, wird die Haushaltsentwicklung der Jahre 1977 bis 1978 hier ebenfalls dargestellt.
[1400] 7. WP, Protokoll Nr. 79 des Haushaltsausschusses, PA-DBT, 12. Dezember 1974.
[1401] 7. WP, Protokoll Nr. 126 des Haushaltsausschusses, PA-DBT, 31. März 1976.
[1402] 8. WP, Drucksache 494

DM.[1403] Das bedeutete einen Anstieg um 27 Millionen DM innerhalb von vier Jahren.

Gegenüber dem Vorschlag der Regierung wurde der Ansatz im Jahr 1975 um eine Million DM[1404], 1976 um zwei Millionen DM[1405], 1977 um fünf Millionen DM, 1978 um drei Millionen DM gekürzt[1406], was sich im Rahmen der Einsparungen der Vorjahre bewegte.

1403 7. WP, Protokoll Nr. 31 des Haushaltsausschusses, PA-DBT, 7. Dezember 1977.
1404 7. WP, Protokoll Nr. 79 des Haushaltsausschusses, PA-DBT, 12. Dezember 1974.
1405 7. WP, Protokoll Nr. 126 des Haushaltsausschusses, PA-DBT, 31. März 1976.
1406 7. WP, Protokoll Nr. 31 des Haushaltsausschusses, PA-DBT, 7. Dezember 1977.

8 Das Kontrollgesetz entsteht
Kanzler Helmut Schmidt, 3. Oktober 1976- März 1978

8.1 Die Rote Armee Fraktion: Der Fall Klaus Traube und die Hintergründe eines schwierigen Themas

Das erste Kontrollgesetz zum Bundesnachrichtendienst entstand auf Grund einer politischen Krise, die das Nachrichtenmagazin der ‚Spiegel' mit einem Artikel auslöste. Die Frage, ob und wie die Geheimdienste zu kontrollieren seien, stand mit einem Mal im Mittelpunkt der öffentlichen Diskussion.

Der Hintergrund war folgender: Unter dem Titel „der Minister und die Wanze" erschien am 28. Februar 1977[1407] im ‚Spiegel' ein Bericht über eine Operation des Bundesamtes für Verfassungsschutz – zu dem Zeitpunkt lag sie jedoch bereits ein Jahr zurück.

Das Bundesamt für Verfassungsschutz hatte seit 1975 gegen den Atomwissenschaftler Dr. Klaus Traube umfangreiche Überwachungs-maßnahmen eingeleitet. Er wurde verdächtigt, Kontakte zu Sympathi-santen, wenn nicht gar Unterstützern der RAF zu unterhalten.

Folgende Verdachtsmomente führte der damalige Innenminister, Dr. Werner Maihofer, in einer Presseerklärung vom 1. März 1977 auf:

Seit Juli 1975 besäße Traube Verbindungen zum linksextremistischen CISNU[1408]-Funktionär Mehdi Khanbaba-Tehrani. Tehrani habe Verbindungen zu bekannten Terroristen, u.a. zu der in der Schweiz inhaftierten Terroristin Petra Krause. Der Exil-Iraner habe Traube in seiner Wohnung besucht. Der Atomwissenschaftler hielte außerdem Kontakt zur Frankfurter Rechtsanwältin Inge Hornischer. Richard Meier, Präsident des Bundesamtes für Verfassungsschutz, erklärte vor dem Innenausschuss: „Ich möchte nur sagen, dass Erkenntnisse aus verschiedenen zuverlässigen Quellen vorliegen, deren Kern ist, dass die Rechtsanwältin Inge Hornischer in terroristischen Kreisen als Vertrauensperson ange-

[1407] Der Spiegel: Der Minister und die Wanze, Nr. 10, 28. Februar 1977, S. 19

[1408] CISNU – Confederation of Iranian Students National Union, linksradikale exil-iranische Studentenorganisation, die den Anti-Schah-Protest mit prägte.

sehen werden müsse."[1409] Sie, so Maihofer, habe Tehrani bei seinem Besuch bei Traube begleitet. Hornischer war zudem liiert mit dem Aktivisten der Revolutionären Zellen[1410], Hans-Joachim Klein. Dieser habe den Wissenschaftler mehrfach in dessen Wohnung besucht und für mindestens eine Woche dort gewohnt. Im August 1975 hätten dann u.a. Traube, Hornischer und Klein einen gemeinsamen Urlaub auf der jugoslawischen Insel Korcula verbracht.

Besonders prekär erschien dem Bundesamt für Verfassungsschutz und dem Innenministerium, dass Traube als geschäftsführender Direktor der Kraftwerk-Union-Tochter Interatom Zugang zu Atomanlagen und große Kenntnisse im Nuklearbereich besaß. Sie befürchteten, Traube könne sein Wissen freiwillig oder unter Druck Kreisen der RAF zur Verfügung stellen. Seit 1975 liefen gegen Traube erste G 10-Maßnahmen, d.h. Brief- und Telefonkontrolle. Die Verdächtigungen ließen sich daraus nicht erhärten.

Die Wende in den bis dahin laufenden Aktionen gegen Traube kam mit dem 21. Dezember 1975. Ein sechsköpfiges Terrorkommando, an der Spitze der gebürtige Venezolaner Illich Ramirez Sanchez, genannt ‚Carlos', überfielen die Konferenz der OPEC, mit dabei Klein. Bei einem Schusswechsel wurden ein libyscher Delegierter, ein österreichischer Polizeibeamter und ein irakischer Sicherheitsbeamter erschossen. Klein erlitt einen Bauchschuss.[1411] Die Terroristen nahmen 70 Geiseln, darunter 11 Ölminister und erzwangen, dass eine Erklärung gegen Israel im Rundfunk verlesen wurde. Einen Tag später kamen die österreichischen Geiseln frei, die übrigen wurden nach Algier geflogen.[1412]

Das ließ beim Bundesamt für Verfassungsschutz Nervosität aufkommen. Zwei mögliche Gefahrenszenarien wurden durchgespielt. Das erste war ein Sprengstoffanschlag auf ein Kernkraftwerk, ähnlich wie damals in Frankreich. Das zweite Szenario war ein großer Befreiungsschlag, um die Spitzengruppe der RAF-Mitglieder in Stammheim freizubekommen.[1413] Die Verbindung Traubes zu Klein führte dazu, dass der Verfassungsschutz verstärkt beobachten wollte.

Da sich der Wissenschaftler, wie sich aus den Abhörmaßnahmen erkennen ließ, im Winterurlaub befand, ergriff das Bundesamt für Verfassungsschutz die

[1409] 8. WP, Stenografisches Protokoll der 5. Sitzung des Innenausschusses, PA-DBT, 2. März 1977, S. 20.

[1410] Ein linksextremistisches, terroristisches Netzwerk der 70er Jahre, bei dem einzelne Mitglieder und Gruppen autonom agierten (daher der Begriff ‚Zellen'). Anders als bei der RAF lebten ihre Mitglieder nicht im Untergrund.

[1411] Klein stieg 1977 aus dem Terrorismus aus und tauchte erst in Italien, dann in Frankreich unter. 1998 wurde er in der Normandie verhaftet, im Mai 1999 an die Bundesrepublik ausgeliefert und dort vom Landgericht Frankfurt a.M. zu 9 Jahren Haft verurteilt

[1412] Pflieger: Die Rote Armee Fraktion, S. 67.

[1413] 8. WP, Stenografisches Protokoll der 4. Sitzung des Innenausschusses, PA-DBT, 1. März 1977, S. 9f.

Chance, in das Haus des Wissenschaftlers einzudringen. Dazu bediente es sich der Hilfe des BND in Form einer „technischen Aushilfe“[1414]. Das Kanzleramt und der Präsident des BND waren nicht eingeweiht; dieser missbilligte in Nachhinein die Aktion.[1415] In der Wohnung wurden am 1. Januar 1976 Wanzen angebracht und Unterlagen abgelichtet.[1416] Die Operation sei am 29. Februar beendet worden, so Maihofer vor dem Innenausschuss, nachdem feststand, dass Traube aus der Firma Interatom ausscheiden würde.[1417] Dazu war der Wissenschaftler von seinem Arbeitgeber aufgefordert worden, nachdem diesem die Verdächtigungen eröffnet worden waren.

Am Eingriff in das Grundrecht auf die Unverletzlichkeit der Wohnung (Artikel 13, Absatz 3) entzündete sich später die öffentliche Debatte. Der durfte nur auf Grund eines außergewöhnlichen Notstandes geschehen und es musste die Gefährdung des Allgemeinwohls vorliegen. Genau in diese Richtung lief später die Argumentation des Bundesinnenministers, der auf Grund des OPEC-Anschlages eine akute Bedrohung sah.[1418] Das gab den Ausschlag für die Lauschoperation mit Einbruch in Traubes Wohnung.

Die Vermutungen gegen den Wissenschaftler ließen sich auch auf diese Weise nicht erhärten, zumal keine verwertbaren Erkenntnisse gewonnen wurden. Zwei Mitarbeiter des Verfassungsschutzes, Hans-Georg Faust und Karl Dirnhofe, gaben die geheimen Unterlagen der Operation an den ‚Spiegel‘ weiter.[1419]

Traube setzte sich gegen die öffentlich gewordenen Vorwürfe zur Wehr. In einem Brief an den Vorsitzenden des Innenausschusses Dr. Axel Wernitz, SPD, schrieb er, sein Zugang habe sich auf die beiden unter seiner Verantwortung stehenden Kernkraftwerke beschränkt. Das eine befinde sich im Bau, das andere im Umbau. Im ersten, Kalkar, sollte erst in den 80er Jahren nukleares Material eingesetzt werden. Das andere, im Karlsruher Kernforschungszentrum gelegene Versuchskraftwerk KNK sei seit dem Umbau im Jahr 1974 stillgelegt. Traube schlussfolgerte: „Beides sind also Kernkraftwerke, die sich nicht im mindesten

[1414] Ebd., S. 30.

[1415] 8. WP, Stenografisches Protokoll der 5. Sitzung des Innenausschusses, PA-DBT, 2. März 1977, S. 54.

[1416] 8. WP, Stenografisches Protokoll der 4. Sitzung des Innenausschusses, PA-DBT, 1. März 1977, S. 16.

[1417] Betr. Veröffentlichung im „Spiegel“, 1. März 1977, AdsD, Nachlass: Helmut Schmidt, Mappe: 1/HSAA009038.

[1418] Erklärung des Pressesprechers des Bundesministeriums des Innern vor der Bundespressekonferenz am 28. Februar 1977, AdsD, Nachlass: Helmut Schmidt, Mappe: 1/HSAA009038.

[1419] 8. WP, Stenografisches Protokoll der 4. Sitzung des Innenausschusses, PA-DBT, 1. März 1977, S. 8.

für einen terroristischen Anschlag eigneten und eignen."[1420] In der Sitzung des Innenausschusses stellt der Innenminister Dr. Werner Maihofer ohne weitere Begründung fest: „Das kann man ja alles mit dokumentarischem Material belegen, dass das genau so nicht ist."[1421]

Auch die intensiven Kontakte zu Terroristen nannte Traube „eine grobe Verdrehung der Tatsachen"[1422]. Der Atomwissenschaftler bezog sich direkt auf die eben angeführte Erklärung des Bundesinnenministers. Die Behauptung, Kontakte zu Tehrani unterhalten zu haben, sei schlicht falsch. Er machte deutlich: „Bewusst kann ich mich des Mannes nicht erinnern, es mag sein, dass ich ihn irgendwann, vielleicht im Umkreis von Frau Hornischer tatsächlich gesehen habe."[1423] Ähnlich sei der Fall Klein gelagert. Auch ihn habe er als „Anhängsel Frau Hornischers" kennen gelernt, aber kaum je ein ernsthaftes Wort mit ihm gewechselt. Von seiner Gefährlichkeit sei ihm nichts bekannt gewesen.[1424] Inge Hornischer kenne er seit etwa zehn Jahren. „Ich [...] weiß, dass sie die Gesellschaft verändert sehen möchte, dass sie aber Terrorismus aus politischen und moralischen Gründen scharf ablehnt"[1425], bemerkte Traube. Er habe eine freundschaftliche und keine politische Beziehung zu ihr.

Am 14. März 1977 kam es zu einer Besprechung zwischen Traube, seinen Rechtsanwälten, dem Staatssekretär des Bundesinnenministeriums Dr. Siegfried Fröhlich, dem Präsidenten des Bundesamtes für Verfassungsschutz Meier und Maihofer. Der Bundesinnenminister schrieb an Traube: „Ich komme nach eingehender Würdigung dieser Darlegung zu dem Ergebnis, dass gegen Sie keine Verdachtsmomente mehr bestehen und gehe davon aus, dass diese klärende Feststellung dazu beiträgt, die für Sie eingetretenen nachteiligen Folgen zu beseitigen."[1426]

Einen Tag nach dem Brief fand ein weiteres Treffen statt. Maihofer räumte ein, dass er nun erkennen könne, dass die berufliche Stellung von Traube einen Missbrauch durch Terroristen ausgeschlossen habe. Er habe weder einen Zugang zu geeignetem Material für den Bau einer Atomwaffe besessen noch das Wissen gehabt, eine solche zu bauen. Die beiden Kernkraftwerke seien in der Tat unge-

[1420] Brief von Klaus Traube an Dr. Axel Wernitz, 1. März 1977, AdsD, Nachlass: Helmut Schmidt, Mappe: 1/HSAA009038.

[1421] 8. WP, Stenografisches Protokoll der 5. Sitzung des Innenausschusses, PA-DBT, 2. März 1977, S. 18.

[1422] Brief von Klaus Traube an Dr. Axel Wernitz, 1. März 1977, AdsD, Nachlass: Helmut Schmidt, Mappe: 1/HSAA009038.

[1423] Ebd.

[1424] Ebd.

[1425] Ebd.

[1426] Brief von Prof. Dr. Werner Maihofer an Dr. Klaus Traube, 23. März 1977, AdsD, Nachlass: Helmut Schmidt, Mappe: 1/HSAA009038.

eignet für terroristische Aktionen gewesen.[1427] Damit war die Affäre sachlich, aber nicht politisch erledigt. Maihofer zog daraus die Konsequenzen und trat am 6. Juni 1978 zurück.

Es folgte eine erregte öffentliche Debatte, wie weit der Staat in das Leben der Bürger eingreifen dürfe. Die Affäre legte offen, wie gespalten die politische Meinung war, auch und gerade in der regierenden SPD. Rudolf Weidemann, Ortsvereinsvorsitzender der Partei in Sendling-West, schrieb an den Bundeskanzler: „Der Fall Traube zeigt, dass die Bedenken, die seinerzeit gegen die Notstandsgesetze geltend gemacht worden sind, voll berechtigt waren. Unter Berufung auf den Schutz des Staates werden die Grundrechte der Bürger unkontrollierbar ausgehöhlt. Die eingesetzten Mittel untergraben den Rechtsstaat, den sie schützen sollen. Die rechtwidrige Einschaltung des Bundesnachrichtendienstes ist dabei nur ein kleiner Teil des Problems."[1428] Es dürfe keine gesetzliche Legitimation für Eingriffe in die Unverletzlichkeit der Wohnung geben. Anders äußerte sich der sozialdemokratische Oberbürgermeister von Regensburg, Rudolf Schlichtinger, gegenüber Schmidt in einem Brief: „Gesetzt den Fall, diese Vermutung hätte sich bestätigt und Traube hätte tatsächlich mit Kreisen um den Terroristen Klein zusammengearbeitet. Was würde man heute über das Nichttätigwerden des Verfassungsschutzes und des Bundesinnenministers Werner Maihofer sagen, wenn Terroristen durch den Atomwissenschaftler Informationen bekommen hätte, die für die Sicherheit nicht nur der Bundesrepublik zu einer großen Gefahr geworden wäre?"[1429]

8.2 Umstrittene technische Hilfe des BND: Die Abhöraffäre Stammheim

Daneben gab es noch eine zweite, ähnlich gelagerte Debatte. In der Justizvollzugsanstalt Stammheim, in der Mitglieder der RAF inhaftiert waren, hatte der BND geholfen, eine Abhöreinrichtung zu installieren. Es war außer Acht gelassen worden, dass in den Räumen Gespräche der Inhaftierten mit ihren Verteidigern stattfanden.

Am 24. März 1977, es war das zweite Treffen seiner Art[1430], kamen auf Einladung von Bundeskanzler Schmidt die Parteivorsitzenden, die Fraktionsvor-

[1427] Brief von Prof. Dr. Werner Maihofer an Dr. Klaus Traube, 25. März 1977, AdsD, Nachlass: Helmut Schmidt, Mappe: 1/HSAA009038.

[1428] Brief von Rudolf Weidemann an Helmut Schmidt, 8. März 1977, AdsD, Nachlass: Helmut Schmidt, Mappe: 1/HSAA009322.

[1429] Ebd.

[1430] Helmut Kohl (dieser auch als Fraktionsvorsitzender), Willy Brandt, Werner Dollinger und Hans-Dietrich Genscher, Herbert Wehner und Wolfgang Mischnick, Einladung des Bundeskanzlers, 21. März 1977, AdsD, Nachlass: Helmut Schmidt, Mappe: 1/HSAA009038.

sitzenden sowie Maihofer, Justizminister Hans-Jochen Vogel und Schüler zusammen. Bei diesem Gespräch kam Brisantes zur Sprache. Der ‚Spiegel' hatte bereits drei Tage zuvor mit der Überschrift aufgemacht: „Abhöraffäre: Die Koalition schlingert"[1431]. Der Kanzleramtschef trug vor, wie die Vorgänge seines Wissens nach in Stammheim abgelaufen waren. Zuerst hatten sich der Justiz- und der Innenminister Baden-Württembergs an das Landesamt für Verfassungsschutz gewandt, um von ihnen technische Hilfe, in diesem Fall den Einbau von Mikrofonen, zu erhalten. Die Techniker des Amtes fuhren daraufhin einmal vom ersten bis dritten März 1975 und ein weiteres Mal am ersten Mai in die Justizvollzugsanstalt. Beim zweiten Mal wurde auch der BND um Hilfe gebeten.[1432] Darüber informierte der Präsident des Dienstes zeitnah Schüler. Die Zustimmung habe er, so der Kanzleramtschef in der Sitzung, nach dem 15. Mai 1975 gegeben. Davon, dass in den fraglichen Räumen Verteidigergespräche stattfinden würden, sei keine Rede gewesen. Er habe geglaubt, in diesen Räumen würden die Gefangenen im Falle besonderer Gefahr zusammengeführt, etwa bei einer laufenden Erpressungsaktion. Die Frage der offenen Verteidigerüberwachung sei zu diesem Zeitpunkt noch nicht entschieden gewesen.[1433]

Schüler trug weitere Fälle vor, in denen der BND technische Hilfe geleistet hatte. Seines Wissens sei jedoch von den Einrichtungen in keinem Fall Gebrauch gemacht worden. Es habe sich lediglich um Vorsorgemaßnahmen gehandelt. Der Kanzleramtschef wies darauf hin, dass zur Bekämpfung des Terrorismus in besonders angespannten Phasen, so etwa nach der Lorenz-Entführung und dem Stockholmer Anschlag, das Innenressort vom Bundesnachrichtendienst Observationstrupps zur Verfügung gestellt bekommen habe.[1434]

Daraufhin äußerten die Abgeordneten Kritik in der Sitzung. Genscher schlug drei Verbesserungsmaßnahmen vor. Als erstes sei die Berichtspflicht der Dienste gegenüber den politischen Entscheidungsträgern zu verbessern. Zum zweiten müssten die Entscheidungsträger verstärkt geeigneten parlamentarischen Gremien berichten. Der letzte – im Vermerk genannte – Kritikpunkt beinhaltete die Forderung, den BND auf eine gesetzliche Grundlage zu stellen.[1435] Genschers letztgenannte Ansicht erfuhr jedoch keine ungeteilte Unterstützung. Im Vermerk heißt es: „In der Aussprache über diese Fragen wurde geltend gemacht, dass eine gesetzliche Regelung der Aufgaben des BND nach der Natur der Sache schwer vorstellbar und sicher auch mit internationalen Verwicklungen verbunden sei.

[1431] Der „Spiegel": Abhöraffäre, die Koalition schlingert, 21. März 1977, S. 21
[1432] Pressekonferenz Nr. 32/77 (2.Teil), 18. März 1977, AdsD, Nachlass: Helmut Schmidt, Mappe: 1/HSAA009038.
[1433] Alles: Vermerk vom 24. März 1977, AdsD, Nachlass: Helmut Schmidt, Mappe: 1/HSAA009322.
[1434] Ebd.
[1435] Alles: Vermerk vom 24. März 1977, AdsD, Nachlass: Helmut Schmidt, Mappe: 1/HSAA009322.

Herr Kohl äußerte Skepsis gegenüber gesetzgeberischen Aktivitäten insgesamt."[1436]

8.3 Rasche Konsequenzen: Das erste Kontrollgesetz entsteht

Sowohl die Traube- als auch die Stammheim-Affäre wurden im Innenausschuss verhandelt, da in beiden Fällen vor allem der Verfassungsschutz betroffen war. Bereits in dessen vierter Sitzung, am 1. März 1977, forderten die Abgeordneten, die Kontrolle der Nachrichtendienste gesetzlich zu regeln. Vogel (Ennepetal), CDU, machte deutlich, welche Konsequenzen aus der Traube- und der Stammheim-Affäre zu ziehen seien: „In diesem Zusammenhang kommt eine Fragestellung hinein, mit der wir in internen Beratungen unserer Fraktion und unserer beiden Parteien seit einer Reihe von Monaten befasst sind, die Frage nämlich einer wirksamen, tatsächlichen, effektiven parlamentarischen Kontrolle im Bereich der Nachrichtendienste."[1437] Bei dem, was vorhanden sei, handele es sich um eine Scheinkontrolle, mit Ausnahme des G 10-Bereichs. Vogel vertrat die Ansicht, dass sich das Vertrauensmännergremium als ein untaugliches Mittel parlamentarischer Kontrolle erwiesen habe.[1438] Das Gremium wurde auch nicht mehr zusammengerufen, es gab lediglich zwei Treffen der Partei- und Fraktionsvorsitzenden, das erste im Frühjahr 1977, das zweite am 1. Februar 1978.[1439] Das stieß immer wieder auf Kritik bei den Abgeordneten, zum Beispiel bei Zimmermann.[1440]

In den Fraktionen des Bundestages setzten ausgiebige Vorberatungen zu einem Kontrollgesetz ein. Die Regierungskoalition schickte ihren Entwurf im Mai an die CDU/CSU-Fraktion.[1441] Grundlage der Beratungen war immer noch der Bericht des Untersuchungsausschusses aus der fünften Wahlperiode unter der Leitung von Martin Hirsch.

[1436] Ebd.

[1437] 8. WP, Stenografisches Protokoll der 4. Sitzung des Innenausschusses, PA-DBT, 1. März 1977, S. 18.

[1438] Ebd.

[1439] Hintergrund war in diesem Fall die Affäre des MAD, der in der Wohnung einer Mitarbeiterin einen Lauschmitteleinsatz vorgenommen hatte. Bundesverteidigungsminister Leber bot seinen Rücktritt an. Pressemitteilung des Regierungssprechers Bölling, 1. Februar 1978, AdsD, Nachlass: Helmut Schmidt, Mappe: 1/HSAA009293.

[1440] Vermerk von Schlichter für Helmut Schmidt, 16. Juni 1977, AdsD, Nachlass: Helmut Schmidt, Mappe: 1/HSAA009292.

[1441] Brief von Herbert Wehner an Dr. Helmut Kohl, 25. Mai 1977, AdsD, Nachlass: Helmut Schmidt, Mappe: 1/HSAA009403.

Der Entwurf für ein Kontrollgesetz wurde erst am 9. November 1977 von SPD und FDP eingebracht.[1442] Er enthielt bereits alle Charakteristika des späteren Gesetzes: der Bundestag legt die Zahl der Kontrollkommission-Mitglieder fest und jedes Mitglied kann die Kommission einberufen. Es solle, heißt es im Entwurf, kein regulärer Ausschuss eingerichtet werden, da sonst die Mitglieder des Bundesrates und des Bundestages uneingeschränkt Zugang zu den Sitzungen haben müssten.

In der ersten Beratung am 10. November 1977 stellte der SPD-Abgeordnete Gerhard Jahn, der in der Regierung Brandt Justizminister gewesen war, fest, das Vertrauensmännergremium habe zwar im „Großen und Ganzen" seinen Zweck erfüllt, sei jedoch keine „ausreichende, verfassungsrechtlich überzeugende und gesicherte Grundlage" [1443], um eine Kontrolle auszuüben. Der Parlamentarier der CDU und spätere Justizminister Baden-Württembergs, Dr. Heinz Eyrich, legte Wert auf die Feststellung, dass die Bundesregierung und nicht die Dienste selbst kontrolliert werden sollten. Zudem sollte es sich nach seiner Meinung allein um eine „nachträgliche Unterrichtung" gegenüber der Kontrollkommission handeln. Außerdem dürfe durch den Informationsfluss nicht die „Sicherheit des Bundes oder eines Landes gefährdet werden".[1444] Kurt Spitzmüller von der FDP betonte, dass die Ressortverantwortlichkeit voll gewahrt bleibe müsse.[1445]

Die Gesetzesberatungen wurden im Rechtsausschuss weitergeführt, der am 23. November 1977 zusammentrat. Es wurde in der Sitzung jedoch nur beschlossen, gemeinsam mit dem Innenausschuss einen ‚Unterausschuss Nachrichtendienst-Kontrollgesetz' zu diesem Themenbereich zu bilden.[1446] Der Vorsitz fiel an Dr. Heinz Eyrich, CDU.[1447] Mitglieder waren:

CDU/CSU	**SPD**	**FDP**
Dr. Heinz Eyrich	Hermann Dürr	Hans A. Engelhard
Dr. Hans Hugo Klein	Karl Liedtke	Jürgen Möllemann[1448]
Dr. Karl Miltner	Dr. Jürgen Linde	
Carl-Dieter Spranger	Conrad Ahlers	
Irma Tübler		

1442 8. WP, Drucksache 1140, 9. November 1977.
1443 8. WP, BT-Protokoll 55, 10. November 1977, S. 4277.
1444 Ebd., S. 4279.
1445 Ebd., S.4281.
1446 8. WP, Stenografisches Protokoll der 28. Sitzung des Rechtsausschusses, PA-DBT, 23. November 1977, S. 79.
1447 8. WP, Kurzprotokoll der 1. Sitzung des Unterausschuss „Nachrichtendienst-Kontrollgesetz", PA-DBT, 16. Dezember 1977.
1448 Ebd., S. 1.

Zu den Beratungen wurden alle vergleichbaren gesetzlichen Regelungen der wichtigsten anderen westlichen Demokratien zu Rate gezogen. Dass diese als Grundlage dienten, lässt sich an den Diskussionen des Unterausschusses allerdings nicht erkennen. Als Sachverständige wurden Blötz[1449] und der Präsident des Landesamtes für Verfassungsschutz Hamburg, Dr. Hans-Josef Horchem, befragt. Die Protokolle der Beratungen sind noch immer klassifiziert.

Die Mitglieder des Unterausschusses beschäftigten sich vor allem mit den umstrittenen Punkten des Gesetzes. Der erste war die offene Frage, ob für die geplante Regelung eine Grundgesetzänderung erforderlich sei. Dafür sprach sich Dr. Josef Klein[1450] (CDU) aus, der dies damit begründete, dass mit dem Gesetz bei der Kontrolle des Verfassungsschutzes stets auch Interessen der Länder berührt würden. Der Parlamentarische Staatssekretär des Innern, Gerhart Baum, erklärte, eine Grundgesetzänderung sei deshalb nicht notwendig, weil die Kommission die Kontrollbefugnis des Parlaments nicht ablöse, sondern „kumulativ zu ihr hinzutrete“[1451]. Das Gremium sei kein Parlamentsausschuss, sondern ein Gremium sui generis. Er empfehle, schon im ersten Paragrafen klarzustellen, dass die Rechte des Bundestages und seiner Ausschüsse nicht geschmälert würden. Die FDP-Fraktion sprach sich ebenfalls gegen eine Grundgesetzänderung aus.[1452] Die Frage blieb lange offen - sogar bis zur Beratung im Rechtsausschuss am 8. März 1978.[1453] Der Unterausschuss hatte seine Arbeit abgeschlossen und die Ergebnisse an diesen zurück überwiesen. Es blieb bei der einfachen gesetzlichen Regelung.

Die Art der Kontrolle wurde von den Abgeordneten unterschiedlich beurteilt. Vor allem die CDU/CSU-Fraktion hatte Bedenken gegenüber einer zu weit gehenden Kontrolle. Der SPD-Abgeordnete Karl Liedtke betonte wie Dr. Hans Hugo Klein von der CDU, es müsse sich um eine nachträgliche Kontrolle handeln.[1454] Hans A. Engelhard von der FDP setzte auf eine pragmatische Lösung, das ergebe sich aus der Kontrollpraxis selbst.[1455] Man könne nicht ausschließen, dass sich der zuständige Bundesminister schon vor einer Operation an die Kommission wende und die gegebene Situation darlege. In solchen Fällen, betonte der FDP-Abgeordnete, könne es jedoch nicht darum gehen, die Zustimmung der Kommission einzuholen. Die Debatten in der Kommission könnten aber zu be-

[1449] Wessel war aus Krankheitsgründen verhindert.
[1450] 8. WP, Kurzprotokoll der 2. Sitzung des Unterausschuss „Nachrichtendienst-Kontrollgesetz“, PA-DBT, 18. Januar 1978, S. 6.
[1451] Ebd., S. 8.
[1452] Ebd., S. 6.
[1453] 8. WP, Stenographisches Protokoll der 36. Sitzung des Rechtsausschusses, 8. März 1976, S. 56ff.
[1454] 8. WP, Kurzprotokoll der 2. Sitzung des Unterausschuss „Nachrichtendienst-Kontrollgesetz“, PA-DBT, 18. Januar 1978, S. 2 und 6.
[1455] Ebd., S. 7.

dachterem Verhalten bei den Verantwortlichen führen.[1456] Auch Klein bemerkte, es sei selbstverständlich, dass sich die Bundesregierung vor einer Operation an die Kommission wenden dürfe.[1457]

Schlichter brachte als der Beauftragte für die Nachrichtendienste ein Beispiel dafür, dass eine mitlaufende Kontrolle bereits im Vertrauensmännergremium etabliert gewesen sei, die der Spionagefälle. Dort sei immer der aktuelle Stand der Ermittlungen geschildert worden. Neben der Unterrichtung solle das Gremium auch in andere Vorgänge der Dienste eingebunden werden, zum Beispiel in Fragen des Agentenaustausches.[1458]

Bei den Auskunftsrechten wurde der Passus ,Fälle von besonderer Bedeutung' definiert. Engelhard legte dar, von diesen könne auf Grund der eingesetzten Mittel oder auf Grund des Ranges der betroffenen Person gesprochen werden.[1459] Der Unterausschuss war sich einig in der Frage, dass es nicht zu den Auskunftspflichten der Regierung gehöre, über Personalentscheidungen zu berichten.[1460]

Die Frage, welche Auskunftspersonen der Kontrollkommission zur Verfügung stehen sollten, wurde pragmatisch gelöst. Schlichter erläuterte, es sei bisher Praxis gewesen, dass die zuständigen Minister den Amtschef ihres Geschäftsbereichs mitgebracht hätten. Diese seien zuweilen auch noch von nachgeordneten Beamten begleitet worden.[1461] Ebenso seien immer alle einschlägigen Unterlagen bereitgehalten worden. Beides wurde nicht gesetzlich fixiert.

Zudem sollte nicht festgeschrieben werden, dass alle Fraktionen des Bundestages im Kontrollgremium vertreten sein müssen. Es sei nicht auszuschließen, so die Begründung, dass eines Tages extremistische Parteien im Bundestag vertreten sein würden. Aus dem gleichen Grund wurde Wert darauf gelegt, dass die Mitglieder der Kommission mit einer Zweidrittelmehrheit des Bundestages gewählt werden müssen.[1462] Über ihre Anzahl wurde diskutiert, Liedtke hielt fünf Mitglieder für optimal,[1463] Engelhard acht.[1464] Letzteres wurde vereinbart.

[1456] Ebd.
[1457] Ebd., S. 8.
[1458] Ebd., S. 10.
[1459] Ebd., S. 7.
[1460] 8. WP, Kurzprotokoll der 5. Sitzung des Unterausschuss „Nachrichtendienst-Kontrollgesetz", PA-DBT, 16. Februar 1978, S. 7.
[1461] 8. WP, Kurzprotokoll der 2. Sitzung des Unterausschuss „Nachrichtendienst-Kontrollgesetz", PA-DBT, 18. Januar 1978, S. 10.
[1462] Ebd., S. 6.
[1463] Ebd., S. 5.
[1464] Ebd., S. 7.

Die CDU/CSU-Fraktion legte sehr viel Wert darauf, die Geheimhaltungspflicht und den Quellenschutz im Gesetz stärker als im Entwurf zu verankern, was so geschah.[1465]

Die SPD-Fraktion betonte, das Gesetz solle nicht als eine perfekte Lösung angesehen werden. Es könne nur Grundsätze festlegen, deren Handhabung pragmatisch erfolgen solle.

Das erste ‚Gesetz über die parlamentarische Kontrolle der Nachrichtendienste' wurde am 9. März 1978 in zweiter und dritter Lesung verabschiedet. Die Aussprache fiel nicht sehr umfangreich aus. Klein betonte noch einmal, dass gegenüber dem Entwurf nun eindeutig klargestellt sei, wer Adressat der Kontrolle sei, nämlich die Bundesregierung und nicht die Dienste selbst.[1466] Klein stellte fest – ähnlich wie die SPD –, dass das Gesetz nicht alle Probleme beseitigen könne: „Eine demokratisch befriedigende Kontrolle eines so heiklen Bereichs wie des hier in Rede stehenden ist – darüber müssen wir uns meine ich, Rechenschaft ablegen – nahezu ein Ding der Unmöglichkeit. Löst man das Problem wie weiland Kolumbus das Problem des berühmten Eies, so geht das Objekt eben zu Bruch."[1467]
Das Gesetz wurde vom Bundestag mit einigen Enthaltungen angenommen.

Gesetz über die parlamentarische Kontrolle nachrichtendienstlicher Tätigkeit des Bundes vom 11. April 1978

Der Bundestag hat das folgende Gesetz beschlossen:

§ 1

(1) Die Bundesregierung unterliegt hinsichtlich der Tätigkeit des Bundesamtes für Verfassungsschutz, des Militärischen Abschirmdienstes und des Bundesnachrichtendienstes der Kontrolle durch die Parlamentarische Kontrollkommission. Die Aufgaben und Befugnisse dieser Behörden sind in Gesetzen und Organisationserlassen geregelt.
(2) Die Rechte des Bundestages und seiner Ausschüsse bleiben unberührt.

§ 2

(1) Die Bundesregierung unterrichtet die Parlamentarische Kontrollkommission umfassend über die allgemeine Tätigkeit der in § 1 genannten Behörden und

---

[1465] Ebd., S. 6.
[1466] 8. WP, BT-Protokoll 78, 9. März 1978, S. 6100.
[1467] **Ebd.**

über Vorgänge von besonderer Bedeutung. Die Parlamentarische Kontrollkommission hat Anspruch auf entsprechende Unterrichtung.
(2) Zeit, Art und Umfang der Unterrichtung der Kontrollkommission werden unter Beachtung des notwendigen Schutzes des Nachrichtenzugangs durch die politische Verantwortung der Bundesregierung bestimmt.
(3) Die Kontrolle der Durchführung des Gesetzes zu Artikel 10 des Grundgesetzes bleibt den auf Grund von Artikel 10 Abs. 2 Satz 2 des Grundgesetzes von der Volksvertretung bestellten Organen und Hilfsorganen vorbehalten.

§ 3

Die politische Verantwortung der Bundesregierung für die in § 1 genannten Behörden bleibt unberührt.

§ 4

(1) Der Deutsche Bundestag wählt zu Beginn jeder Wahlperiode die Mitglieder der Parlamentarischen Kontrollkommission aus seiner Mitte.
(2) Er bestimmt die Zahl der Mitglieder, die Zusammensetzung und die Arbeitsweise der Parlamentarischen Kontrollkommission.
(3) Gewählt ist, wer die Stimmen der Mehrheit der Mitglieder des Deutschen Bundestages auf sich vereint.
(4) Scheidet ein Mitglied aus dem Deutschen Bundestag oder seiner Fraktion aus, so verliert es seine Mitgliedschaft in der Parlamentarischen Kontrollkommission.

§ 5

(1) Die Beratungen der Parlamentarischen Kontrollkommission sind geheim. Die Mitglieder sind zur Geheimhaltung der Angelegenheiten verpflichtet, die ihnen bei ihrer Tätigkeit in der Parlamentarischen Kontrollkommission bekannt gegeben worden sind. Dies gilt auch für die Zeit nach ihrem Ausscheiden aus der Parlamentarischen Kontrollkommission.
(2) Die Parlamentarische Kontrollkommission tritt mindestens einmal im Vierteljahr zusammen. Sie gibt sich eine Geschäftsordnung.
(3) Jedes Mitglied kann die Einberufung und die Unterrichtung der Parlamentarischen Kontrollkommission verlangen.
(4) Die Parlamentarische Kontrollkommission übt ihre Tätigkeit auch über das Ende einer Wahlperiode des Deutschen Bundestages solange aus, bis der nachfolgende Bundestag gemäß § 4 entschieden hat.

§ 6

Das Gesetz tritt am Tage nach der Verkündigung in Kraft

Schluss

Neue Regelung – alte Probleme?

Die Abgeordneten erwiesen sich in ihrer Einschätzung des ersten Kontrollgesetzes als Realisten: Dieses löste selbstverständlich nicht alle Probleme. Vor allem die größten, wichtigsten Gegensätze konnten mit ihm nicht überwunden werden, die zwischen Geheimhaltung und Transparenz und zwischen Regierung und Opposition. Gerade heikle Informationen versuchte und versucht die Regierung zurückzuhalten. Deshalb ist es zu allen Zeiten vor allem die Presse, die Affären offen legt und das Kontrollgremium dasjenige, das sie im Anschluss berät, ob es sich um die Abhöraffäre Traube 1977, den Plutoniumschmuggel 1994 oder den Fall Murat Kurnaz 2006 handelt.

Das Kanzleramt ist stets bei sensiblen Operationen des Dienstes gefragt, weniger bei der großen Masse an Regelunterrichtungen. Erstere besitzen klar eine politische Dimension, wie in den 70er-Jahren die Beurteilung des Linksextremismus, in den 90er-Jahren die Frage der Stabilität Russlands oder aktuell die Einschätzung des internationalen Terrorismus. Bringt die Regierung solch heikle BND-Aufträge in das Kontrollgremium, weiß sie, dass die Opposition ihr Vorgehen nicht teilen wird und dieses eventuell zu verhindern versucht. Der Konflikt lässt sich nicht lösen. Die Regierung wird daher eher allgemein berichten, welchen Kurs sie einschlagen will, Details aber ausblenden.

Wichtig ist eine gesetzliche Grundlage, die dem Handeln der Exekutive Grenzen setzt. Die Gefahr, in ein Verfahren verwickelt zu werden, verhütet manch übereiltes Vorgehen. Es ist zu kritisieren, dass alle Gesetzesvorhaben, G 10-Gesetz, Kontrollgesetz und BND-Gesetz so zögerlich entstanden. Die letzteren beiden setzen nur Eckpfeiler, einmal der Kontrolle, einmal dem Handeln des Dienstes.

Schwierig sind extreme politische Situationen, in denen unter Zeitdruck entschieden wird; auch das hat diese Arbeit gezeigt: Entscheidungen allein auf Grund von Geheimdienstinformationen zu treffen, erwiesen sich in der Vergangenheit und erweisen sich in der Gegenwart als sehr problematisch. So kann es passieren, dass aus eher vagen Erkenntnissen Operationen mit großer Tragweite eingeleitet werden, die sich später als fahrlässig herausstellen. Denn sowohl bei Traube wie auch bei Kurnaz bestand der Verdacht, dass Beziehungen zu extremistischen Milieus gepflegt wurden. Als dann eine Gefahrenlage entstand, reagierten die zuständigen Minister bzw. der Kanzleramtschef über das reguläre Maß hinaus. Solche Fälle lassen sich nicht gänzlich ausschließen, zumal die Situationen eine Eigendynamik entwickeln. Ein parlamentarisches Kontrollgremium wird in solchen Fällen wenig helfen. Es sind die Dienst- und die Fachaufsicht gefragt, den Minister bzw. den Chef des Kanzleramtes neutral zu beraten und ihm die Risiken aufzuzeigen.

Die Themenkomplexe, die sich wie ein roter Faden durch die Arbeit des Vertrauensmännergremiums ziehen, waren:

- die Inlandsaufklärung,
- die NS-belasteten und dadurch für Gegenspionage angreifbaren Mitarbeiter,
- Qualitätsprobleme bei den Analysen des BND,
- schlechte Personalführung.

All diese Missstände konnten nur durch eine verbesserte exekutive Kontrolle behoben werden. Nur wenn die Regierung ihre Dienste kontrolliert, dessen Produkte evaluiert und Richtlinien festlegt, kann Missbrauch eingedämmt werden – ganz verhindern lässt er sich nicht. Die Bedeutung der exekutiven Kontrolle kann nicht hoch genug eingeschätzt werden. Wenn das Kanzleramt Desinteresse signalisiert, wird der Dienst ein Eigenleben entwickeln und sich – wie bei Krone gesehen – neue Ansprechpartner suchen. Entscheidend waren auch die Persönlichkeit und das Fachwissen des Kanzleramtschefs, später des Geheimdienstkoordinators oder des Beauftragten für die Nachrichtendienste. Dass sich die Kontrolle von 1968 bis 1976 spürbar verbesserte, liegt nicht zuletzt an den Fortschritten der Dienst- und Fachaufsicht.

Bis 1968, dem Beginn von Carstens Zeit als Chef des Kanzleramtes, konnte der BND ein Eigenleben führen. Die Abgeordneten wären nicht in der Lage gewesen, die Missstände, die die Mercker-Kommission aufdeckte, zu beheben. Gerade hier zeigt sich der Informationsvorsprung der Exekutive. Zudem war das Engagement der Parlamentarier zu gering, um die Regierung zu Maßnahmen zu drängen.

Schon zur Zeit des Vertrauensmännergremiums waren viele Themen der Kontrollarbeit aus der Öffentlichkeit an die Parlamentarier herangetragen worden. Die Presse ging meistens auf Indiskretionen schneller ein als die Abgeordneten – nicht immer zum Gewinn für sie selbst, wie sich am Fall Nouhuys zeigte. Zudem verbarg sich hinter mancher Enthüllungsgeschichte eine gezielte Desinformationskampagne. Die Abgeordneten zögerten, wenn BND-Mitarbeitern Ihnen ihre Probleme offenbaren wollten. Die SPD nutzte zum Beispiel das Wissen ihrer langjährigen Quelle Ziegler im Dienst nicht mehr, nachdem Erler gestorben war. Ihre Abgeordneten waren – ohne Akteneinsichtsrechte – zudem in der misslichen Lage, Gehlen glauben zu müssen, dass z.B. wirklich kein Material zu Brandt gesammelt werde. Dieses Problem lässt sich jedoch nicht auflösen, denn der Nachrichtendienst kann mit Hinweis auf die Geheimhaltungspflicht bzw. den Quellenschutz Akten stets zurückhalten.

Es gab jedoch durch das erste Kontrollgesetz wichtige Fortschritte, die nicht gering geschätzt werden dürfen. Das größte Problem des Vertrauensmännergremiums war, dass es über längere Zeiten nicht zusammentrat. Gerade wenn sich ein neuer Bundestag konstituierte, die Regierung sich erst zusammenfinden musste, ging dies zu Lasten des Gremiums. Daher ist die Regelung, dass die Kontrollkommission auch zwischen den Wahlperioden zusammentreten sollte und erst durch die Wahl einer neuen ihre Aufgabe verlor, sehr wichtig. Außerdem fühlten sich die Abgeordneten durch das Gesetz in die Pflicht genommen, ihre Aufgabe bis zur letzten Sitzung wahrzunehmen.

Im Gesetz war ebenso vorgeschrieben, wie oft die Kommission mindestens zusammentreten sollte: einmal im Vierteljahr. Die Praxis des neuen Gremiums zeigte, dass die Treffen weitaus öfter stattfanden. Das war gegenüber dem Vertrauensmännergremium eine große Verbesserung.

Die Abhängigkeit von der Einberufung durch den Bundeskanzler war bereits 1972 aufgehoben worden. Dies stellte sich als eine gute Entscheidung heraus. Zumal gerade die Probleme des Kanzlers mit den Diensten sich oft auf dessen Motivation auswirkten, das Vertrauensmännergremium zusammenzurufen (wie bei Adenauer). Zudem hatten mehrere Regierungschefs ein gespaltenes oder distanziertes Verhältnis zu den Diensten: Erhard, in gewisser Weise auch Kiesinger, Brandt und Schmidt. Die Gründe dafür sind sicher vielschichtig und reichen von Misstrauen bis zu Desinteresse.

Von diesen Punkten abgesehen wurde die Arbeit des Kontrollgremiums durch das Gesetz nicht wesentlich verändert. Die Themenzuschnitte blieben auch in der Folgezeit erhalten. Wie sich in den 70er-Jahren gezeigt hat, war das Bundesamt für Verfassungsschutz mit seinen Anliegen am stärksten repräsentiert. Dies lag natürlich mit an dem umfangreichen Komplex Guillaume.

Die Qualität des Gremiums hängt immer von der der Kontrolleure ab, von ihrem Fachwissen, von ihrem Zeiteinsatz. Jemand wie Erler, der ständig mit den Diensten zu tun hatte, konnte kritischere Fragen stellen als der, der sich allein auf die Sitzungen vorbereitete. Die Tatsache, dass die Fraktionsvorsitzenden im Gremium waren, wertete es auf, hatte auf der anderen Seite zur Folge, dass diese durch weitere Aufgaben bereits überlastet waren. Hilfreich war auch der Zugang zum BND über Vertrauensleute. Diese konnten den Abgeordneten Einblicke

verschaffen, die von außen nie möglich gewesen wären. Dass es sich dabei nicht um neutrale Personen handelte, ändert nichts an ihrer Bedeutung.
Die einzig weitergehende Lösung als die 1978[1468] gewählte, wäre die Möglichkeit für das Gremium, sich zu jeder Zeit in einen Untersuchungsausschuss umzuwandeln. Die Arbeit hat gezeigt, dass dieses schärfste Kontrollmittel des Parlaments an die gleichen Grenzen stieß wie das Vertrauensmännergremium. Akten wurden zurückgehalten oder Zeugen gemaßregelt, wenn durch sie Arbeitweisen und Quellen des Dienstes bekannt zu werden drohten. Dies ist und bleibt ein Konflikt, gerade wenn zeitnahe Kontrollaufträge vorgenommen werden. Bei diesen lässt sich eine Gefährdung nicht ausschließen, zum Beispiel, wenn ein aktueller BND-Resident vor einem Ausschuss über die Arbeitsweise seiner Abteilung aussagt. Die beste Aufklärungsmöglichkeit besteht bei abgeschlossenen, aber noch nicht zu weit zurückliegenden Vorgängen, ein gutes Beispiel ist der Hirsch-Untersuchungsausschuss oder der zur Telefonabhöraffäre. Der HS 30-Untersuchungsausschuss fand beispielsweise viel zu spät statt. Es ist für sensible nachrichtendienstliche Themen sicher von Vorteil, die Mitgliederanzahl des Untersuchungsausschusses gering zu halten und auf bereits eingearbeitete Parlamentarier der Kontrollgremien zurückzugreifen. Dem Auftrag des Parlaments am besten gerecht würde eine Gruppe, die sowohl aus diesen als auch aus anderen Abgeordneten besteht. Der Blick von außen kann sicher in vielen Fällen hilfreich sein. Ein gutes Beispiel dafür ist die Arbeit von Walter Wallmann und Claus Arndt, die den Guillaume-Untersuchungsausschuss leiteten. Beide waren keine Mitglieder der Kontrollgremien und leisteten doch eine beeindruckende Arbeit.

Liaison statt Kontrolle, dieses Problem ließ sich mit dem Gesetz nicht lösen. Dass die Liaison den Vorrang erhielt, lag im Eigeninteresse der Abgeordneten und des Dienstes begründet. Ein lockerer Austausch könnte durchaus als wünschenswert angesehen werden, was jedoch unter den Begriff Informationsaustausch fällt. Liaison geht darüber hinaus. Sie besteht aus Hilfestellungen, ob nun vom BND für die Abgeordneten oder von den Abgeordneten für den Dienst. Erstere zielte vor allem darauf ab, die Parlamentarier für die Interessen des Dienstes zu gewinnen. Das geschah, indem man ihnen die Informationen gab, die diese nicht für ihre Kontrolltätigkeit, sondern in der täglichen politischen Arbeit benötigten: seien es Hinweise zum verdächtig agierenden Koalitionspartner in Italien oder Informationen über Angriffe auf die eigene, vom Nationalsozialismus belastete Biografie. Diese vorliegende Arbeit hat gezeigt, dass Informationen ausgetauscht wurden, die die Unabhängigkeit der Parlamentarier beeinträchtigten.

[1468] 1992 und 1999 kamen noch das Akteneinsichts- und Zeugenbefragungsrecht hinzu.

Der BND sah zu Recht die Chance, mit Hilfe von Abgeordneten Einblick in sonst schwer zugängliche Länder (z.B. Nordafrika) und zu deren politischen Vertretern zu finden. Parlamentarier und Journalisten hatten die Möglichkeit, unter stimmiger Legende Gespräche zu führen. Dass beide Berufsgruppen in besonderem Maße vom BND ins Visier genommen wurden, ist nachvollziehbar. Es kam jedoch zu Loyalitätskonflikten, zumal wenn finanzielle Zuwendungen gezahlt wurden.

Auffällig ist, dass es eine gewisse Anzahl von Abgeordneten gab, die Interesse für die Nachrichtendienste entwickelten und dies aus sehr persönlichen Gründen: Werner Marx war aufgrund seiner beruflichen Erfahrung mit Nachrichtendiensten in Berührung gekommen. Heinrich Krone, interessierte sich für ein spezielles Thema, den Vatikan, zu dem der BND mit besonderen Informationen aufwarten konnte. Martin Hirsch, benötigte bestimmte Informationen und erhielt einen Zugang, den er offen halten wollte. Wer einmal im Netzwerk verankert war, kam immer wieder in Kontakt und die Liaison setzte sich fort.

Quellen und Literaturverzeichnis

Ungedruckte Quellen

Parlamentsarchiv des Deutschen Bundestages, PA-DBT

Ausschussprotokolle

2. Wahlperiode
Kurzprotokoll Nr. 5 des Ausschusses zum Schutze der Verfassung, 25. Februar 1954.
Protokoll Nr. 49 des Ausschusses für Fragen der europäischen Sicherheit und dem Ausschuss zum Schutze der Verfassung, 29. September 1955.
Protokoll Nr. 65 des Ausschusses für die Angelegenheiten der inneren Verwaltung, 13. Januar 1956.
Protokoll Nr. 166 des Haushaltsausschusses, 9. Juni 1956.
Protokoll Nr. 191 des Haushaltsausschusses, 10. Januar 1957.
3. Wahlperiode
Protokoll Nr. 9 des Haushaltsausschusses, 10. Juni 1958.
Protokoll Nr. 10 des Haushaltsausschusses, 20. Juni 1958.
Protokoll Nr. 76 des Haushaltsausschusses, 14. April 1959.
Protokoll Nr. 77 des Haushaltsausschusses, 15. April 1959.
Protokoll Nr. 163 des Haushaltsausschusses, 24. Februar 1961.
4. Wahlperiode
Protokoll Nr. 113 des Haushaltsausschusses, 13. Februar 1964.
Protokoll Nr. 122 des Haushaltsausschusses, 13. März 1964.
Protokoll Nr. 159 des Haushaltsausschusses, 17. Dezember 1964.
Protokoll Nr. 171 des Haushaltsausschusses, 18. März 1965.
Protokoll Nr. 191 des Haushaltsausschusses, 1. Juli 1965.
5. Wahlperiode
Protokoll Nr. 1 des Haushaltsausschusses, 2. Dezember 1965.
Protokoll Nr. 14 des Haushaltsausschusses, 17. März 1966.
Protokoll Nr. 65 des Haushaltsausschusses, 27. April 1967.
Protokoll Nr. 98 des Haushaltsausschusses, 23. Januar 1968.
Protokoll Nr. 144 des Haushaltsausschusses, 5. Februar 1969.
Protokoll Nr. 57 des Rechtsschusses/ Nr. 73 des Innenausschusses, 16. November 1967.

6. Wahlperiode
Protokoll Nr. 18 des Haushaltsausschusses, 30. April 1970.
Protokoll Nr. 74 des Haushaltsausschusses, 27. Januar 1972.

7. Wahlperiode
Protokoll Nr. 12 des Haushaltsausschusses, 16. Mai 1973.
Protokoll Nr. 41 des Haushaltsausschusses, 13. Februar 1974.
Protokoll Nr. 79 des Haushaltsausschusses, 12. Dezember 1974.
Protokoll Nr. 126 des Haushaltsausschusses, 31. März 1976.
Stenographisches Protokoll der 36. Sitzung des Rechtsausschusses, 8. März 1976.

8. Wahlperiode
Protokoll Nr. 31 des Haushaltsausschusses, 7. Dezember 1977.
Kurzprotokoll der 1. Sitzung des Unterausschuss „Nachrichtendienst-Kontrollgesetz", 16. Dezember 1977.
Kurzprotokoll der 2. Sitzung des Unterausschuss „Nachrichtendienst-Kontrollgesetz", 18. Januar 1978.
Kurzprotokoll der 5. Sitzung des Unterausschuss „Nachrichtendienst-Kontrollgesetz", 16. Februar 1978.
Stenografisches Protokoll der 4. Sitzung des Innenausschusses, 1. März 1977.
Stenografisches Protokoll der 5. Sitzung des Innenausschusses, 2. März 1977.
Stenografisches Protokoll der 28. Sitzung des Rechtsausschusses, 23. November 1977.

Gesetzesdokumentation
Gesetzesdokumentation zu Artikel 10 GG.
Gesetzesdokumentation zum Gesetz über die parlamentarische Kontrolle nachrichtendienstlicher Tätigkeit.

Untersuchungsausschüsse

Abhöruntersuchungsausschuss, 2. Untersuchungsausschuss der 4. Wahlperiode
Protokoll Nr. 3, 26. November 1963/Vormittagssitzung.
Protokoll Nr. 4, 6. Dezember 1963.
Protokoll Nr. 6, 15. Januar 1964.
Protokoll Nr. 9, 24. Januar 1964.

Guillaume-Untersuchungsausschuss, 2. Untersuchungsausschuss der 7. Wahlperiode
Protokoll der 13. Sitzung, Aussage des Zeugen Dr. Ehmke, 12. September 1974.
Protokoll der 14. Sitzung, Aussage des Sachverständigen Dr. Knieper, 13. September 1974.
Protokoll der 18. Sitzung, Aussage des Zeugen Dr. Ehmke, 9. Oktober 1974.
Protokoll der 18. Sitzung, Aussage des Zeugen Wessel, PA-DBT, 9. Oktober 1974.
Protokoll der 19. Sitzung, Aussage des Zeugen Karl Carstens, 10. Oktober 1974.
Protokoll der 20. Sitzung, Aussage des Zeugen Egon Bahr, 11. Oktober 1974.

Geheimes Protokoll der 20. Sitzung, Aussage des Zeugen Gerhard Wessel, 11. Oktober 1974.
Protokoll der 22. Sitzung, Aussage des Zeugen W. (Kurt Weiß), 6. November 1974.
Geheimes Protokoll der 22. Sitzung, Aussage des Zeugen Kurt Weiß, 6. November 1974.
Geheimes Protokoll der 22. Sitzung, Aussage des Zeugen Frau K., 6. November 1974.
Geheimes Protokoll der 22. Sitzung, Aussage des Zeugen Frau S., 6. November 1974.
Protokoll der 22. Sitzung, Aussage des Zeugen Dr. Kurt-Georg Kiesinger, 6. November 1974.
Protokoll der 23. Sitzung, Aussage des Sachverständigen Mercker, 7. November 1974.
Protokoll der 23. Sitzung, Aussage des Zeugen L. (Wolfgang Langkau), 7. November 1974.
Geheimes Protokoll der 25. Sitzung, Aussage des Zeugen Gehlen, 19. November 1974.
Protokoll der 26. Sitzung, Aussage des Zeugen Dr. Jenninger, 4. Dezember 1974.
Protokoll der 26. Sitzung, Aussage des Zeugen Neusel, 4. Dezember 1974.
Geheimes Protokoll der 26. Sitzung, Aussage des Zeugen Höffer von Löwenfeld, 4. Dezember 1974.
Geheimes Protokoll der 27. Sitzung, Aussage des Zeugen Castrop, 5. Dezember 1974.

Archiv des Bayerischen Landtags

Protokoll der 4. Sitzung des Untersuchungsausschusses des Bayerischen Landtages zur Prüfung der landespolitisch bedeutsamen Gesichtspunkte der Affäre um behauptete Veröffentlichungen, Kenntnisse und Verhaltensweisen des Leiters der Abteilung Staatsschutz im Bayerischen Staatsministerium des Innern, 5. Mai 1982.

Archiv des Liberalismus, ADL

Nachlässe
Wolfgang Döring: N 77-53.
Wolfgang Mischnick: A 40 0376.

Archiv Christliche Demokratische Politik, ACDP

Fraktion
Büro des Fraktionsvorstandes, 08-001: 054/1, 056/1, 057/2, 461/2, 1032/2, 1036/2, 1039/1.

Nachlässe
Hans Globke, 01-070: 001/2, 030/5, 054/1, 103/2, 123/2 (Korrespondenz G), 135
Karl Gumbel, 01-142: 001/3, 003/2, 015/5.
Dr. Bruno Heck, 01-022: 023/1.
Heinrich Krone, 01-028: 000/1, 030/6, 33/2, 044/3, 060/1, 060/2.

Werner Marx, 01-356: 015/2, 041, A 0 181, A 267.
Erich Mende, 01-269: 034/1.
Gerhard Schröder, 01-483: 113/3

Stiftung-Konrad-Adenauer-Haus, StBAH

Bestand I/04, Besucherlisten, Terminpläne
Bestand III/22.

Institut für Zeitgeschichte, München, IZG

Nachlass
Johannes Schauff ED 346/4

Archiv der sozialen Demokratie, AdsD

Fraktion
2. WP: 11.
3. WP: 274.
4. WP: 871, 872, 1782.
5. WP: 972, 999, 1000, 1062, 1202, 1302, 1744.
6. WP: 64, 319, 320, 991, 1020, 1298, 1299, 1301.
7. WP: 2/BTFG000539, 2/BTFG000711, 2/BTFG003031, 2/BTFG003035, 2/BT FG003036.

Nachlässe
Fritz Erler: 58 B (Fraktion), 59 A, 228.
Erich Ollenhauer: 208, 292, 410
Heinrich Ritzel: 260, 272, 278, 279, 289, 295, 759, 760, 855
Helmut Schmidt: 1/HSAA005110, 1/HSAA005367, 1/HSAA005408, 1/HSAA005476, 1/HSAA005668, 1/HSAA005703, 1/HSAA006244, 1/HSAA006888, 1/HSAA006992, 1/HSAA007306, 1/HSAA007461, 1/HSAA009038, 1/HSAA009292, 1/HSAA009293, 1/HSAA009298, 1/HSAA009317, 1/HSAA009322, 1/HSAA009360, 1/HSAA009369,1/HSAA009403.
Willy-Brandt-Archiv
A7, Außenminister: 13, 17.
A8, Bundeskanzler/Bundesregierung: 23, 37, 43.

Bundesarchiv Koblenz, BAK

Bundeskanzleramt, B 136: 4869, 4870, 4871.
Bundesnachrichtendienst, B 206: 899, 911.
Unterlagen zum Fall Felfe am Bundesgerichtshof, B 362: 5568, 10710, 10715.

Nachlässe
Karl Theodor Freiherr von und zu Guttenberg, NL 1397: 37, 42, 52, 54, 91, 94, 99, 105, 106, 200, 246, 257.
Prof. Dr. Karl Carstens, NL 1337: 1, 10, 44, 63, 64, 152, 586, 587, 589, 667, 675, 680.
Heinrich von Brentano, NL 239: 74.

Internetdatenbanken

Documents Diplomatiques Suisses. Internet-Datenbank DoDiS, ‹http://www.dodis.ch›

Gedruckte Quellen

Die CDU/CSU-Fraktion im Deutschen Bundestag, bearb. v. Schiffers, Reinhard, 1957-61, 2. Halbband, Bonn 2004.

Die Kabinettsprotokolle der Bundesregierung, Band 8: 1955, München 1997.
Die Kabinettsprotokolle der Bundesregierung, Band 10: 1957, München 1998.
Die Kabinettsprotokolle der Bundesregierung, Band 16: 1963, München 2006.

Krone, Heinrich: Tagebücher, Erster Band: 1945-1961, Düsseldorf 1995.
Krone, Heinrich: Tagebücher, Zweiter Band: 1961-1966, Düsseldorf 2003.

Verhandlungen des Deutschen Bundestages, Drucksachen, Bonn, Wahlperioden 1-8, Bonn, 1952-1978

Verhandlungen des Deutschen Bundestages, Stenographische Berichte, Wahlperioden 1-8, Bonn, 1952-1978.

Sekundärliteratur

A
Agrarumwälzung in Polen, Hrsg.: Terrapress, Hamburg 1959.
Arndt, Claus: Das G 10-Verfahren, in: Verfassungsschutz und Rechtsstaat, Hrsg.: Bundesministerium des Innern, Köln, Berlin, Bonn, München 1981.

B
Bahr, Egon: Zu meiner Zeit, Rheda-Wiedenbrück, 1996.
Barron, John: Arbeit und Organisation des sowjetischen Geheimdienstes in Ost und West, München 1974.
Bayerle, Konrad: Die Verfassung des Deutschen Reiches, Reichsgesetzblatt Jahrgang 1919, Nr. 152, München 1919.
Bittmann, Ladislav: Geheimwaffe D, Bern 1972.

Borgs-Maciejewski, Hermann v.; Ebert, Frank: Das Recht der Geheimdienste: Kommentar zum Bundesverfassungsschutzgesetz (Gesetz über die Zusammenarbeit des Bundes und der Länder in Angelegenheiten des Verfassungsschutzes), Stuttgart 1986.

Born, Hans (Lead Author): Parliamentary oversight of the Security Sector, Geneva Centre for the Democratic Control of Armed Forces, Genf 2003.

Breitman, Richard/Goda, Norman J.W./Naftali, Timothy/Wolfe, Robert: U.S. Intelligence and the Nazis, Cambridge, New York [u.a.] 2005.

Brenner, Michael: Bundesnachrichtendienst und Rechtsstaat, zwischen geheimdienstlicher Effizienz und rechtsstaatlicher Kontrolle, Baden-Baden 1990.

Bundesamt für Verfassungsschutz, Presse- und Öffentlichkeitsarbeit: Rechtsextremistischer Revisionismus, Köln 2001.

C

Cahn, Jean-Paul/ Müller, Klaus-Jürgen: La République fédérale d´Allemagne et la Guerre d´Algier 1954- 1962. Perceptions, implications et retmombées diplomatiques. Èdition du Félin, Paris 2003.

Carstens, Karl: Erinnerungen und Erfahrungen, Hrsg.: von Jena, Kai und Schmoeckel, Reinhard, Boppard am Rhein 1993.

Cookridge, Edward Henry: Gehlen, Spy of the century, London 1972.

Critchfield, James H.: Partners at the creation, the men behind Postwar Germany's Defense and Intelligence Establishment, Annapolis 2003.

D

Delmer, Sefton: Die Deutschen und ich, Hamburg 1962.

Der Präsident des Bundesrechnungshofes als Beauftragter für Wirtschaftlichkeit in der Verwaltung: Gutachten der Organisation des Bundeskanzleramtes, Deutscher Bundestag, Bonn, Dezember 1971.

Deutscher Bundestag: Die Parlamentarische Kontrolle der Nachrichtendienste in Deutschland, Sekretariat des Parlamentarischen Kontrollgremiums, Berlin, 9. September 2000.

Dorn, Wolfram und Weiskirch, Willi: Abgeordnete des Deutschen Bundestages, Aufzeichnungen und Erinnerungen, Band 15, München 1996.

G

Gassert, Philipp: Kurt Georg Kiesinger, 1904-1988, Kanzler zwischen den Zeiten, München 2006.

Gehlen, Reinhard: Der Dienst, Hamburg, München, 1971.

- Zeichen der Zeit, Mainz 1973.
- Der Aufbau und die Integration des Bundesnachrichtendienstes, in: Gotto, Klaus:

Der Staatssekretär Adenauers: Persönlichkeit und politisches Wirken Hans Globkes, Archiv für Christlich-Demokratische Politik, Stuttgart 1980.

Gibney, F. (Introduction): "The Penkowsky Papers", London, Collis, 1966.

Grabert, Horst: Wehe, wenn Du anders bist, ein politischer Lebensweg für Deutschland, Dößel 2003.
Grosser, Alfred; Seifert, Jürgen: Die Spiegel-Affäre: Die Staatsmacht und ihre Kontrolle, Freiburg im Breisgau 1966, Band 1.
Guillaume, Günter: Die Aussage, Berlin 1988.
Gumbel, Karl: Hans Globke – Anfänge und erste Jahre im Kanzleramt, in: Gotto,
Klaus: Der Staatssekretär Adenauers: Persönlichkeit und politisches Wirken Hans Globkes, Archiv für Christlich-Demokratische Politik, Stuttgart 1980.

H

Happrecht, Klaus: Im Kanzleramt, Tagebuch der Jahre mit Willy Brandt, Reinbeck bei Hamburg 2000.
Heine, Fritz: Moralische Aufrüstung?, in: Gewerkschaftliche Monatshefte, Dezember 1961, S. 347-353.
Hentschel, Volker: Ludwig Erhard – Ein Politikerleben, München und Landsberg am Lech 1996.
Hirsch, Alexander: Die Kontrolle der Nachrichtendienste: vergleichende Bestandaufnahme, Praxis und Reform, Berlin, 1996.
Hoffmann, Heinz: Die Bundesministerien 1949-199, Bezeichnungen, amtliche Abkürzungen, Zuständigkeiten, Aufbauorganisation, Leitungspersonen, Koblenz 2003.
Huber, Ernst Rudolf (Hrsg.): Quellen zum Staatsrecht der Neuzeit, Band II, Tübingen 1951.
Hug, Peter: Schweizer Rüstungsindustrie und Kriegsmaterialhandel zur Zeit des Nationalsozialismus,
Unternehmensstrategien – Marktentwicklung – politische Überwachung, Teil 1, Veröffentlichung der Unabhängigen Expertenkommission Schweiz – Zweiter Weltkrieg, Bd. 11, Zürich 2002.

K

Kant, Martina: Innenausschüsse, Parlamentarische Kontrollkommissionen, G 10-Gremien und G 10-Kommissionen, in: Bürgerrechte und Polizei, J. 52, N. 3, 1995.
Kleist, Peter: Auch Du warst dabei. Ein Buch des Ärgernisses und der Hoffnung, Heidelberg 1952.
- Herbert Wehner am Schalthebel, Hannover 1972.
- Wer ist Willy Brandt? Antwort in Selbstzeugnissen, Preußisch Oldendorf 1971.
Knabe, Hubertus: Der diskrete Charme der DDR, Stasi und Westmedien, Ulm 2003.
- Die unterwanderte Republik – Stasi im Westen, Berlin 1999.
Knoll, Thomas: Das Bundeskanzleramt, Organisation und Funktionen von 1949-99, Wiesbaden 2004.
Köhler, Henning: Adenauer, eine politische Biografie, Berlin 1994.
Kollmer, Dieter H.: Rüstungsbeschaffung in der Aufbauphase der Bundeswehr, Der Schützenpanzer HS 30 als Fallbeispiel (1953-1961), Stuttgart 2002.
Krieger, Wolfgang: Geheimdienste in der Weltgeschichte, München 2003.

Krüger, Dieter: Das Amt Blank – Die schwierige Gründung des Bundesministeriums für Verteidigung, Freiburg im Breisgau, 1993.

Krüger, Dieter; Wagner, Armin (Hg.): Konspiration als Beruf – Deutsche Geheimdienstchefs im Kalten Krieg, Berlin 2003.

L

Lanzenauer, Reiner Haehling von: Das Oberlandesgericht Karlsruhe und sein Präsident Max Silberstein, in: Jahrbuch der juristischen Zeitgeschichte 6 (2004/2005).

Leide, Henry: NS-Verbrecher und Staatssicherheit – die geheime Vergangenheitspolitik der DDR, Göttingen 2005.

Leugers-Scherzberg, August H.: Die Wandlungen des Herbert Wehner, Berlin 2006.

M

Maddrell, Paul: What we have discovered about the Cold War is what we already knew: Julius Mader and the Western secret services during the Cold War', *Cold War History*, Vol. 5, No. 2, 2005, S. 235-258.

Mende, Erich: Die neue Freiheit, 1945-61, München, Berlin 1984.
- Von Wende zu Wende, München, Berlin 1986.

Mercker, Reinhold: Das Bundeskanzleramt aus der Sicht eines Abteilungsleiters, in: Gotto, Klaus:

Der Staatssekretär Adenauers: Persönlichkeit und politisches Wirken Hans Globkes, Archiv für Christlich-Demokratische Politik, Stuttgart 1980.

Merseburger, Peter: Der schwierige Deutsche – Kurt Schumacher – eine Biografie, Stuttgart 1995.
- Willy Brandt, Stuttgart, München, 2. Aufl., 2002.

Mierzejewski, Alfred C.: Ludwig Erhard: der Wegbereiter der Sozialen Marktwirtschaft, München 2006.

Müller, Peter F. und Mueller, Michael: Gegen Freund und Feind, Hamburg 2002.

N

Naftali, Timothy: Reinhard Gehlen and the United States, in: Breitman, Richard/Goda, Norman

J.W./Naftali, Timothy/Wolfe, Robert: U.S. Intelligence and the Nazis, Cambridge, New York [u.a.] 2005.

P

Pflieger, Klaus: Die Rote Armee Fraktion, RAF, Baden-Baden 2004.

Porzner, Konrad: Der Bundesnachrichtendienst im Gefüge der öffentlichen Verwaltung, in: Regierungssystem und Verwaltungspolitik, Opladen 1995.

Reese, Mary Ellen: General Reinhard Gehlen: The CIA-Connection, Fairfax (Virginia) 1990.

Rempel, Gerhard: Hitler's Children: The Hitler Youth and the SS, Chapel Hill, London 1989.

Rhöndorfer Gespräche, Hrsg.: Buchheim, Hans, Band 8: Konrad Adenauer und der Deutsche Bundestag, Bonn 1986.

S

Schäfer, Gerhard: Bericht des Sachverständigen, Ausschussdrucksache des PKGr, Deutscher Bundestag, 26. Mai 2006.

Schell, Manfred: Protokoll eines Komplotts, Mainz 1980.

Schiffers, Reinhard: Verfassungsschutz und parlamentarische Kontrolle in der Bundesrepublik 1949-1957, Mit einer Dokumentation zum „Fall John" im Bundestagsausschuss zum Schutz der Verfassung, Düsseldorf 1997.

Schmückle, Gerd: Ohne Pauken und Trompeten – Erinnerungen an Krieg und Frieden, Stuttgart 1982.

Schneider, Dieter Marc: Johannes Schauff (1902-1990), München 2001.

Schoenbaum, David: Ein Abgrund von Landesverrat – Die Affäre um den „Spiegel", Wien-München, Zürich, 1968.

Scholz, Günther: Kurt Schumacher, Düsseldorf, Wien, New York, 1988.

Schöps, Joachim: Die Spiegel Affäre des Franz Josef Strauss, Hamburg 1983.

Schwarz, Hans-Peter (Hrsg.): Konrad Adenauers Regierungsstil, Rhöndorfer Gespräche, Band 11, Bonn 1991.

Schwarz, Hans-Peter: Adenauer: der Staatsmann: 1952-67, Stuttgart 1991.

Shpiro, Shlomo: Für Israels Sicherheit paktierten wir sogar mit dem Teufel, Das Parlament , Nr. 15, 11. April 2005,

Smidt, Wolbert; Poppe, Ulrike; Krieger, Wolfgang; Müller-Eenbergs: Geheimhaltung und Transparenz – Demokratische Kontrolle der Geheimdienste im internationalen Vergleich, Berlin 2007.

T

Thompson, Wayne C.: The Political Odyssey of Herbert Wehner, Boulder [u.a.] 1993.

W

Walde, Thomas: ND- Report: Die Rolle der geheimen Nachrichtendienste im Regierungssystem der

Bundesrepublik Deutschland, Hamburg 1971.

Wolf, Markus: Spionagechef im geheimen Krieg, Berlin, 6. Aufl., 2005.

Z

Zolling, Hermann/Höhne, Heinz: Pullach intern, Hamburg 1971.

Weitere Quellen

Zeitungen und Zeitschriften

Berliner Zeitung, http://www.berlinonline.de/berliner-zeitung/archiv/

Der Stern
Der Spiegel
Deutsche Welle, http://www.dw-world.de/
Die Welt
Die Zeit, http://www.zeit.de/archiv/
Frankfurter Allgemeine Zeitung
Neue Rheinische Zeitung
Sonntagsblatt
Stuttgarter Zeitung
Süddeutsche Zeitung

Internet

http://www.vernetztes-gedaechtnis.de
http://www.das-parlament.de

FSC
www.fsc.org
MIX
Papier | Fördert gute Waldnutzung
FSC® C083411

Kolibri 360 GmbH
Ferdinand-Jühlke-Straße 7
99095 Erfurt, Deutschland
produktsicherheit@kolibri360.de